התנ"ך המבואר
חמש מגילות

שיר השירים

רות

איכה

קהלת

אסתר

התנ"ך המבואר

על ידי הרב עדין אבן-ישראל (שטיינזלץ)

חמש מגילות

שיר השירים
רות
איכה
קהלת
אסתר

התנ״ך המבואר

על ידי הרב עדין אבן־ישראל (שטיינזלץ)

חמש מגילות

מהדורה ראשונה © 2017
הוצאת קורן ירושלים
ת״ד 4044 ירושלים 91040
טל׳: 02-6330533 פקס: 02-6330534

www.korenpub.co.il
דוא״ל לתיקונים: Tikunim@steinsaltz-center.org

מסת״ב ISBN 978-965-301-987-4

MATANEL FOUNDATION GRANTED TO GIVE

הספר יצא לאור
בסיוע קרן MATANEL

ביצירת הביאור של כרך זה השתתפו:

עורכים ראשיים:	שרה פרידלנד בן ארזה והרב יוסף בן ארזה
עורך:	הרב מאיר קליין
ראליה וריכוז תמונות:	הרב דניאל אליאב וצבי שפלטר
מרכז המערכת:	הרב מאיר הנגבי
הגהות:	גילה מאירסון וסימה אריה
עימוד:	חיה זיידבנד
איסוף תמונות ועיבודן:	רזיה ריצ'מן ואביטל כהן
איורים:	אמונה ש"ץ
ייעוץ גרפי:	הרב מאיר הנגבי, מיכל בריטמן, אליאב סטולמן ואליהו משגב

בהכנת הכתובים השתתפו:

הרב דוד פוקס
הרב חנן בניהו
הרב ינון חן
הרב כרמיאל כהן
אפרת גרוס

תוכן העניינים

הקדמה קצרה למהדורת 'התנ"ך המבואר'

יודעים המעיינים ואפילו הקורא הפשוט שיצירת פירוש חדש למקרא היא מעשה לא פשוט הזקוק לשפע ברכות שמים מעל ולמאמצים רבים מתחת. בכתיבת פירוש למקרא כרוכים שני קשיים מהותיים. הקושי האחד נתון בעצם היומרה להתייחס לטקסט העליון ביותר והמקודש ביותר שבגדר הנמצא ולהיצמד אליו בצורה כלשהי. הקושי השני נובע מכך שכבר נכתבו למקרא במשך 3,000 שנה פירושים רבים מאוד, והפירושים הללו נוצרו על ידי אנשים גדולים מכל ההיסטוריה שלנו; ומי יכול להתיימר להצטרף אל חבורה קדושה זו, ואפילו רק להיאחז בשוליה?!

את מפתח הכניסה למעשה נכבד זה אפשר למצוא בדברים שאמר רש"י לנכדו הרשב"ם (שכתב גם הוא פירוש לתורה), שאילו היה בכוחו, היה כותב עוד פירוש לפי "הפשטות המתחדשים בכל יום".[1] בכל דור ובכל יום עשוי להיפתח אור חדש או זווית ראייה חדשה. אכן, לא רק פירושים וחידושים מתחדשים בעולם, בכל דור מתעוררות שאלות חדשות בקרב לומדי התנ"ך, הן מתוך מה שמעסיק את הלומד באופן אישי הן מתוך עניינים האופייניים לתקופתו ולזמנו. כך אפשר לראות בדברי המפרשים הגדולים שנכתבו במשך הדורות, כי שאלות שעסק בהן האחד אינן מסוג השאלות שהטרידו את חברו. גם היום יש, תודה לא-ל, לומדים ומעיינים בתנ"ך ושאלות חדשות באמתחותיהם המצריכות תשומת לב, עיון והסבר חדשים. כל אלה מאירים את דברי תורת הנצח במגוון הסתכלויות המולידות "פשטות המתחדשים בכל יום".

הביאור שלפנינו מבקש לפרש את המקרא במישור הפשט. לכאורה זהו המישור הפשוט ביותר, אך לאמתו של דבר הוא הקשה ביותר. הפירושים על דרך הרמז, הדרש או הסוד פתוחים יותר. המפרשים בדרכים אלו הם בני חורין לקשר בין הפסוקים שלפניהם לבין דברים אחרים המצויים במרחבי הרמז, הדרש או הסוד, והם כבולים פחות למלות המקרא ולמושגיו. לעומת

1. פירוש הרשב"ם בראשית לז,ב.

זאת, בהגדרתו של הפשט ובדרכי יישומו התחבטו רבים. שכן פירוש פשוטו של מקרא צריך להיות אחוז באופן הדוק במשמעות המילולית והדקדוקית של המלים ולא להניח ידו גם מהקשרן התחבירי והענייני. אכן, בעיית היחס שבין 'פשוטו' ל'משמעו', אין לה פתרון מלא.[2] קושי עקרוני יותר הוא שבכתיבתו של פירוש על דרך הפשט מנסה המבאר לעמוד על דעתו של המחבר; אולם ספרי המקרא, שאינם מבטאים את דעתו של האדם שכתבם, אלא את התודעה האלוקית העומדת מאחוריהם – אי אפשר למצות את פשרם באותו אופן.

לביאור זה הוצמדו מראי מקומות המפנים למפרשים רבים, אולם אין הוא לקט מן המפרשים הללו. הוא לא נוצר בדרך זו, ואינו מתכוון להיות לקט או מבחר פירושים שנכתבו במשך הדורות. מראי המקומות מובאים כאן כדי להראות שיש לביאור ביסוס במקורות אחרים, או על כל פנים 'חברה'. אכן, אין תכליתו של הביאור הזה להציג חידושים מהפכניים; אדרבא, עיקר עניינו הוא לשמש ביאור שקוף. מגמתו היא להיות כה בלתי מורגש, עד שהקורא-הלומד לא יבחין בקיומה של מחיצה בינו לבין הכתובים. מעשה ההנגשה הזה מבקש לאפשר לתורה לדבר בעצמה, לנביאים לנבא את נבואתם ולחכמים ללמד את חכמתם. כדי שלא להפריע לקולם של הפסוקים להישמע, מנוסח הביאור בקיצור, כך שלא יהיה בגדר שריון מכביד ומסתיר אלא מעטה קל שאיננו ניכר.

במעמד הר סיני שמעו כל ישראל קוֹל גָּדוֹל וְלֹא יָסָף,[3] וחכמים ביארו כי קול גדול זה לא פסק.[4] תקוותי שמפעל זה יעזור לאנשים לשמוע את הקול המידבר מן התורה ומן הנביאים גם בעולם העסוק והרעשני שלנו.

הרב עדין אבן ישראל (שטיינזלץ)

2. ראו למשל הקדמתו של רבי אברהם אבן עזרא לפירושו.
3. דברים ה,יח.
4. אונקלוס; סנהדרין יז ע"א.

טיבו של החיבור

ביאור התנ"ך שלפנינו בא להקל על הקורא במקרא בן זמננו, לגשר על פערי השפה, תפיסת העולם והתרבות שבינו לבין עולם התנ"ך, להבהיר במידת האפשר עמימויות, ולענות על תמיהות וקשיים, מודעים וסמויים, בהבנתה.

לחיבור שני חלקים המשלימים זה את זה אך אינם זוקקים זה את זה: **ביאור** צמוד המשולב במלות המקרא, ו**הרחבות פרשניות וראליות** נפרדות בתחתיתו.

הביאור מחולק ליחידות ענייניות, חלוקה שאינה עולה בקנה אחד עם חלוקת הפרקים המקובלת. כל עניין תָּחום לעצמו, מוגדר בכותרת ופותח במבוא קצר. אין לראות בתבנית המופיעה כאן חלוקה פסוקה של המקרא, אלא מעין הצעת הגשה כחלק מהביאור, לנוחות הקורא והתמצאותו. מוצעת כאן גם תת-חלוקה לפסקאות בתוך כל עניין, וכן פתיחת כל דיבור בשיחה בשורה נפרדת. חלקים פואטיים קוטעו גם הם לשורות בצורה המבליטה מלה או ביטוי חוזרים.[5]

בביאור מתפרשים לשון הכתוב והקשרי המשפטים ברובד הפשוט ביותר, מתוך חתירה לקיצור ולהקלה על שטף הקריאה במקרא. כיוון שכך אין הפירוש צמוד לשיטה פרשנית אחת או לפירושים ידועים ומקובלים דווקא. למרות מגמה זו במקרים אחדים מוזכרים גם פירושים חלופיים, כאשר יש יותר מפירוש פשוט אחד. אף כאשר המסורת ההלכתית מפרשת את המקרא בדרך שונה, יוזכר הדבר וינומק בקיצור בביאור עצמו או בהפניות המצוינות בו, כדי לדבוק בפשט העולה מן הכתוב עצמו וגם לעמוד על פירוש הכתוב כפי שנלמד בתורה שבעל פה.

5. בטקסט המשלב בין פסוקי המקרא לבין הביאור מתקיימות זו בצד זו שתי מערכות פיסוק – סימני הפיסוק שנבחרו לפסוק עצמו, וסימני הפיסוק המתייחסים למהלך הביאור. משום כך ומסיבות דידקטיות רבים בו סימני פיסוק, גם שלא לפי כללי האקדמיה ללשון העברית הנוהגים היום.

יש לציין כי גם כשהדברים כתובים בלשון סתמית ופסקנית, הפירוש אינו מתיימר לקבוע כי זהו הפשט ואין בלתו. אין בכך אלא הצעה – לעתים חדשה – המתיישבת על פשוטו של מקרא ועל לב הקורא. מטעמים דידקטיים לא נפרשו כאן השיקולים הפרשניים העומדים מאחורי הבחירה לבאר כך ולא אחרת.

בצדו הימני של כל מַפְתֵּחַ מופיע רצף הפסוקים המנוקד והמפוסק בטעמי המקרא כבתנ"ך קורן, ובהמשכו ובצדו השמאלי מופיעות שנית כל מלות הפסוקים,[6] וביניהן משובצים דברי הביאור הצמוד. כך יוכל הלומד לשוב תמיד לעיין בהקשר הרצוף של מילות התנ"ך, והקריאה בביאור לא תחליף את קריאת המקור.

ההרחבות כוללות חומרי רקע, מקבילות פנים-מקראיות, פירושים חלופיים, העשרה בדברי מדרש ומחשבת ישראל לדורותיה, תעודות חיצוניות והערות לשוניות. בצדם של אלו מופיע חומר ראלי מילולי וחזותי לגבי מקומות, עמים, צמחים ועצמים המוזכרים במקרא – בהתאם לידע המדעי המעודכן ביותר. חומרים אלו מופיעים בצד הכותרת 'העולם'.

בסוף הספר מצוינים **מקורות** והפניות המסומנים בביאור. המקורות, שנכתבו על ידי העורכים, מתייחסים בדרך כלל לפסוקים ולביאוריהם במקומות אחרים במקרא, לדברי חז"ל בתלמודים ובמדרשים, פרשנים מקראיים, ספרי מחשבה, שאלות-ותשובות של חכמים ראשונים ועוד. כאשר המקור אינו זהה לגמרי לכתוב בביאור, הוא צוין כהפניה בלבד ("ראו...") ולא כמקור סתמי.

רצף הפסוקים של התנ"ך המובא במהדורה זו הוא הנוסח המדוקדק שנבחן היטב בהוצאת 'קורן'.[7] המהדורה יכולה להתאים ללימוד אישי, משפחתי או לימוד בחבורה. מחשבה ועבודה רבות הושקעו בעיצוב הנאה והנוח ביותר. עיצוב זה הוא פרי שיתוף הפעולה בין מסורת העיצוב המוקפד

6. בתוך הביאור הובא הנוסח המקראי כקריאתו. כלומר, הקרי הוכנס במקום הכתיב, ושמות הוי"ה מסומנים בדרך כלל: 'ה'', או 'ה' אלוהים' כשהצירוף הוא 'אדוני ה'', בהתאם לצורת הקריאה המקובלת.
מכיוון שבביאור ניטעים שברי הפסוק בתוך הקשר טקסטואלי חדש, יש שהניקוד המקורי אינו מופיע בשלמותו בעקבות אילוצי התחביר החדש. כמו כן הוסרו במקומות אחדים המקפים כאשר צירוף מקראי מוקף נשבר במילות הביאור.
7. לשם דיוק הקריאה הובחן כאן השווא הנע מן השווא הנח. סימנו של השווא הנע בולט יותר, למשל: **נַפְשְׁךָ**. כדי לבדל את הקמץ הקטן מן הקמץ הגדול סומן הקמץ הקטן באמצעות סימן גדול, דוגמת **חָכְמָה**.
עוד על שיטת הניקוד של תנ"ך קורן ראו בבלוג של הוצאת קורן.

של הוצאת קורן לבין הניסיון הרב שנצבר במכון לפרסומים תלמודיים. תודתנו לר׳ מאיר הנגבי שריכז את הפרויקט בתבונה, בעדינות וביעילות. ייזכר לברכה ר׳ חנוך בן ארזה ע״ה, אוהב תורה ושוחר ספר, אביהם של שניים מהעורכים, שרוחו והכבוד שחלק למלים שרו עליהם בעת העבודה על החיבור.

סגנון הכתיבה ישראלי-עכשווי. על אף המגמה הכללית לשמר ככל האפשר את שגב המקרא, נושבת על פני החיבור גם רוח מרעננת ורלוונטית לדורנו.

העורכים

לוח זמנים למגילות לפי מניין חז"ל (סדר עולם רבה)

התקופה	אירועים	המגילה (ומחברה לפי חז"ל)
	יציאת מצרים ב'רמ"ח 1312 לפנה"ס	
תקופת השופטים ב'ת"ק–ב'תת"ק המאות ה-13–10 לפנה"ס	הנהגת אבצן ב'תשצ"ב 973 לפנה"ס	רות[1] (שמואל)
תקופת המלוכה ב'תת"ק–ג'של"ח המאות ה-10–6 לפנה"ס	מלכות שלמה ב'תשכ"ד–ב'תשס"ד 796-836 לפנה"ס	שיר השירים קהלת (שלמה)
מלכות בבל ג'ש"כ–ג'ש"צ המאות ה-5–4 לפנה"ס	חורבן הבית ג'של"ח 422 לפנה"ס	איכה (ירמיהו)
מלכות פרס ג'ש"נ–ג'תמ"ח המאות ה-5–4 לפנה"ס	שיבת ציון ג'ש"צ 370 לפנה"ס מלכות אחשורוש ג'שצ"ג–ג'ת"ז 367–353	אסתר (אנשי כנסת הגדולה)

1 היו חכמים שייחסו את מגילת רות לתחילת ימי השופטים: ימי שמגר ואהוד או ימי ברק ודבורה (מכות כג ע"א, רות רבה א,ח), והיו שזיהו את בעז עם השופט אבצן (בבא בתרא צא ע"א).
על פי מסורת שהייתה בידי יוסף בן מתתיהו המגילה התרחשה בימי עלי הכהן בשלהי תקופת השופטים (קדמוניות ה,ט,א).

שיר השירים

מבוא לשיר השירים

ספר שיר השירים הוא אוסף שירי אהבה. למרות האחידות באופיו של הספר והכיוון הכללי שלו קשה לטוות מהשירים עלילה של ממש, ואיננו יכולים לראות בהם סיפור ברור של מעשה שהיה. בין נקודת ההתחלה העמומה של הספר לבין הסוף, המסתיים כנראה בחתונה, מתחוללים מעגלים חמקמקים של רדיפה וחיפוש הדדיים. עם זאת, השיר הכללי הוא הרמוני, ועל אף העליות והירידות בקשר אין בו מריבות; גם אם בני-הזוג מתרחקים מדי פעם – אחר כך הם שבים ומתקרבים. דמויות נוספות צצות בספר אך אינן משתתפות בהתרחשות המרכזית ואינן מניעות אותה קדימה. אלו הן דמויות שוליות, שלעתים פונים אליהן כדי לאפשר מבע נוסף של ההתרחשות שבין הדמויות המרכזיות.

המפגשים המתוארים כאן אינטימיים יותר מן המקובל בעולם היהודי העתיק. בהחלט ייתכן שהשירים אינם מתארים מציאות ממשית של מפגש פנים אל פנים. אפשר אפוא שמתוארים פה אהבה, תשוקה וחלום, ולא מדובר בהתרחשויות שאירעו במציאות החיצונית. ערפולו של הממד הסיפורי לאורך המגילה מחזק השערה זו.

האהבה שבין איש ואשה, שבה עוסק השיר כולו, הובנה במשך כל הדורות כאלגוריה. שיר השירים נתפס מקדמת דנא כשיר אהבה בין כנסת ישראל, עם ישראל בכללו, לבין הקדוש ברוך הוא.[1] יחסים אלו אינם מגולמים פה מצד ההוד וההדר שבהם, אלא מודגשות כאן האהבה והקִרבה. אכן, היחס בין ה׳ לעמו מתלבש במקומות רבים בתנ״ך, בעיקר בדברי הנביאים, בדימויים מתחום היחסים בין איש ואשה. רבים מהדימויים הללו גשמיים מאוד ואפילו חריפים; חלקם מתארים יחס של נישואין, ואחרים רגשות אהבה וקנאה, אם כי הם שונים מן התיאורים של שיר השירים.[2] כיוון שהפרשנות הזו לשיר השירים מעוגנת היטב בעולם הדימויים של המקרא,

1. ראו שבועות לה ע״ב; שיר השירים רבה א,יא.
2. ראו למשל ישעיה נ,א; נד,ד-יב; סב; ירמיה ב,ב; יחזקאל טז ועוד.

היא רחוקה מלהיות זרה למסורת היהודית. ומעין עדות חיצונית לכך – שירי אהבה אלגוריים היו מצויים בקרב עמי הסביבה; התגלתה למשל רשימה ארוכה של שירים שומריים עתיקים ביותר, בעלי קווי דמיון כלליים – אם כי שונים מאוד בפרטים – בינה לבין שיר השירים, ובכלל זה שימוש בביטויים משותפים, ובהם שירים שנועדו בפירוש לשם פולחן. מכאן ששירי אהבה שאינם בינאישיים, אלא כאלה המבטאים את רחשי לבו של המאמין לאלוהיו, אינם זרים לתקופה ולזמן. הפרשנות האלגורית אפוא אינה פרי תרבות זקנה הנבהלת משירי אהבה, אלא יסודה במסורת עתיקה ומבוססת.

על אף האמור אין מדובר כאן בשירים אוניברסליים כלליים וסתמיים; התיאורים המופיעים בהם מוגדרים מאוד, פרטיים ומקומיים. הם מתייחסים לארץ ישראל, לנופיה ולהווי החיים שבה, ובייחוד לירושלים וסביבותיה. אף על פי שקיימת רציפות מסוימת בזירת ההתרחשות ובדמויות, אין כאן דיווח מפורש ורציף על כל הפרטים הקשורים לדמויות האלה וליחסים ביניהן, כפי שהיה מקובל בספרות היוונית העתיקה. מדי פעם הדמויות משתנות ומתגלות בפנים אחרות, וכך נחשף צד נוסף בשיר. מבחינה זו, הפרטים המופיעים בשירים מעוררים עוד ועוד אפשרויות פרשניות והמשך גילויים של רבדים נסתרים. כל פרט נותר חיוני ומוחשי ועם זאת גם סמלי ועקרוני. בכך נעשה שיר השירים לדורות ישראל שיר אהבה על-זמני בינינו לבין הקדוש ברוך הוא.

עוד מימים קדמונים נהגו לקרוא את שיר השירים בחג הפסח החל תמיד באביב – תקופת ההתרחשות המתוארת בשיר, שהיא גם האביב של ישראל כעם.[3] נוסף על כך, בקהילות רבות נוהגים אנשים לקרוא את שיר השירים בכל שבוע, לקראת כניסת השבת.

3. ראו מסכת סופרים יד.

א ב שִׁיר הַשִּׁירִים אֲשֶׁר לִשְׁלֹמֹה: יִשָּׁקֵנִי מִנְּשִׁיקוֹת פִּיהוּ כִּי־
ג טוֹבִים דֹּדֶיךָ מִיָּיִן: לְרֵיחַ שְׁמָנֶיךָ טוֹבִים שֶׁמֶן תּוּרַק שְׁמֶךָ
ד עַל־כֵּן עֲלָמוֹת אֲהֵבוּךָ: מָשְׁכֵנִי אַחֲרֶיךָ נָּרוּצָה הֱבִיאַנִי
הַמֶּלֶךְ חֲדָרָיו נָגִילָה וְנִשְׂמְחָה בָּךְ נַזְכִּירָה דֹדֶיךָ מִיַּיִן מֵישָׁרִים

שירי הבת לשאהבה נפשה

פרק א – פרק ב פס׳ ז

ברובד הפשוט השירים מדברים על התשוקה שבין שני אוהבים צעירים, אך כאמור השירים מתפרשים ברבדים נוספים של קשרי אהבה. מעבר לדימוי הקבוע בדברי חז״ל לאהבה הכללית שבין כנסת ישראל לקדוש ברוך הוא,[1] השיר כולו עשוי להיות שיר אהבה פרטי מאוד של הנשמה מול בוראה.[2] מכיוון שהשיר מבטא גם את שירת הנשמה ואת שירתה של כנסת ישראל אל אלוקיה, כל אחד מהרבדים הללו מופיע באמצעות סמלים אחרים.

כותרת

פרק א פס׳ א

ביאור | פרק א א **שִׁיר הַשִּׁירִים**, השיר המיוחד בשירים **אֲשֶׁר לִשְׁלֹמֹה** מלך ישראל, עליו נאמר במפורש שחיבר שירים רבים מאוד.[3]

השיר הפותח

פרק א פס׳ ב–ד

השיר הראשון מביע אהבה מתפרצת, ונחשפים בו רמזים לממדים אחרים.

השיר פותח ללא זיהוי הדמות המדברת, אבל ברור מתוכו שמדובר

הרחבות | **׳שיר השירים׳** הוא גם הביטוי שהשתמשו בו חכמים כשקבעו ש״כל הכתובים (ולפי גרסה אחרת: השירים) – קודש, ושיר השירים – קודש קודשים״ (משנה ידים ג,ח). הדימוי לקודש הקודשים אינו מתייחס רק לנושא הקדושה וההקדשה, אלא גם לצורה הלשונית. אם קודש קודשים הוא הקדוש שבקודשים, שיר השירים יהיה המיוחד מבין השירים. (ראו שיר השירים רבה א,יא). מבחינה דקדוקית אפשר לראות בצירוף ׳שיר השירים׳ ביטוי של הפלגה, כמו ׳עבד עבדים׳. (ראו רשב״ם כאן; וראו עוד ראב״ע בראשית ט,כח). התואר הזה משקף גם את האופי הדואלי של הספר – המערך הכללי כסיפור אחד, וריבוי השירים הפרטיים שכל אחד מהם לעצמו הוא סיפור חלקי. המעברים מעניין לעניין עשויים להשאיר את הקורא נפעם ומבקש השלמה.

שְׁלֹמֹה מופיע כמה פעמים במגילה, לאו דווקא כמחברה אלא כדמות שלא ברור מה מקומה בשיר. לעתים הוא מופיע כדמות שלישית, בין שהיא חיצונית ובין שהיא מעין אפוטרופוס המייצג את הבת מול אחרים, ולעתים כדמות הדוד עצמו, ואולם מפסוקים אחדים עולה שגיבור השיר הוא רועה ואינו מלך. לפי הדרש, דמותו של שלמה בשיר השירים מרמזת למלך העליון, (ראו למשל שבועות לח ע״ב), אבל גם מבלי להיזקק לדרש, הדמות מופיעה בספר כתערובת של ישות אלגורית מסתורית ודמות ארצית ממשית. גם זה אחד מההיבטים המשתנים של הספר ומאופיו המעורפל.

בשירה של עלמה. ב **יִשָּׁקֵנִי מִנְּשִׁיקוֹת פִּיהוּ, כִּי־טוֹבִים דֹּדֶיךָ**, אֲהָבִיךְ,
או: רטיבות פיך[4] **מִיָּיִן**. המעבר מגוף נסתר לפנייה ישירה עשוי
להיות יותר מאשר סגנון של שירה; זהו ביטוי של חלום, בו הרצייה
וההשתוקקות נעשות חיוניות יותר ויותר. מכל מקום, בין אם זה
תיאור של חלום או פנייה ישירה לאהוב, הוא מבטא את כמיהתה
של הבחורה לנשיקותיו של אהובה. היא מוסיפה לשבח את בן-
זוגה: ג **לְרֵיחַ - שְׁמָנֶיךָ טוֹבִים**, שמניך טובים לריח. ולא רק ריחך נעים
ומבשם, אף כמו **שֶׁמֶן תּוּרַק**, שמן מבושם,[5] או: שמן תהיה מורק,[6]
תועבר כשיוזכר **שְׁמֶךָ**. גם שמך נעים כשמן הטוב, **וְעַל־כֵּן עֲלָמוֹת
אֲהֵבוּךָ**. אין היא מדברת רק על אהבה וכמיהה לקרבה אישית,
אלא גם על הערצה. את הערצתה לאהובה מבטאת הנערה בכך
שהוא אהוב על הכול. ד **מָשְׁכֵנִי אַחֲרֶיךָ וְנָרוּצָה** יחד. זהו תיאור מתוך
עולמם של האוהבים; הבחור מושך את הבחורה, והיא מחזיקה
בידו ורצה אתו, אך אין זו ריצה סתמית - **הֱבִיאַנִי הַמֶּלֶךְ** אל **חֲדָרָיו**
הפרטיים. כעת מתגלה רובד נוסף בשיר. היא מגלה לפתע שהאהוב
איננו סתם אדם, אלא המלך בכבודו ובעצמו. אמנם בהמשך הוא
יתואר לא פעם כרועה צאן, אך ייתכן שבחיזוריו אחריה המלך
רוצה להופיע כאדם פשוט ולא כשליט. לעומת זאת, כאשר הם
רצים יחד, הוא מושך אותה דווקא לחדרי ארמונו. אפשרות אחרת
להבנת הסיפור היא שבעיניה נראה האהוב הרועה כמלך, היא חשה
את עצמה כמלכה אהובה שחתנה המלך מביא אותה לביתו.[7] שם
נָגִילָה וְנִשְׂמְחָה בָּךְ, בְּךָ, **נַזְכִּירָה**, נדבר שם על **דֹדֶיךָ** המתוקים והמשכרים
יותר **מִיַּיִן**. **מֵישָׁרִים**, כשורה, בצדק **אֲהֵבוּךָ**, או: הולכי מישרים אוהבים
אותך.

גם ביטוי זה איננו שייך בפשטות לשיר אהבה, והוא חושף ממד נוסף בשיר. הנשמה, ששוטטה עד כה בעולמה המוכר והחיצוני, מוצאת את עצמה עם ההימשכות, ההערצה והריצה, בתוך חדרי המלך האהוב פנימה. שאיפתה להתאחדות כרוכה בערנות ובחיוניות, מצד אחד, ובתחושה של אינטימיות וסודיות, מצד אחר, בין שהדברים מתרחשים בחוויית ההווה, בזיכרון העבר או בטעימת העתיד.

דֹּדֶיךָ למלה 'דודים' שתי משמעויות: א. צורת הרבים של 'דוד', שמשמעו 'אוהב', כמו בפסוק זֶה דוֹדִי וְזֶה רֵעִי (להלן ה,טז) ופסוקים רבים אחרים בשיר השירים; ב. אהָבים, מעשיהם של האוהבים, על פי האכדית. זוהי המשמעות המופיעה כאן (וראו גם להלן פס' ד; ד,י; ז,יג; וכן משלי ז,יח).

העולם

אֲהֵבֽוּךָ׃ שְׁחוֹרָה אֲנִי וְנָאוָה בְּנוֹת יְרוּשָׁלָ͏ִם כְּאָהֳלֵי קֵדָר ה
כִּירִיעוֹת שְׁלֹמֹה׃ אַל־תִּרְאוּנִי שֶׁאֲנִי שְׁחַרְחֹרֶת שֶׁשֱּׁזָפַתְנִי הַשָּׁמֶשׁ ו
בְּנֵי אִמִּי נִחֲרוּ־בִי שָׂמֻנִי נֹטֵרָה אֶת־הַכְּרָמִים כַּרְמִי שֶׁלִּי לֹא נָטָרְתִּי׃

פנייה לבנות ירושלים

פרק א פס׳ ה–ו

כאן פונה העלמה לדמויות אחרות, ממשיות או מטפוריות.

ביאור | ואלו דברי הרעיה: ה **שְׁחוֹרָה אֲנִי וְנָאוָה**, יפה, **בְּנוֹת יְרוּשָׁלָ͏ִם**, העיר שהיא הרקע למתרחש בשיר. אני שחורה **כְּאָהֳלֵי** שבטי **קֵדָר**, העשויים מצמר עזים, שצבען הרגיל באזור הוא שחור, **כִּירִיעוֹת שְׁלֹמֹה**, שהיו מפוארות מאוד, ואולי גם הן שחורות. דמותה השחורה ונאווה מצטיירת באמצעות צירוף הדימויים המנוגדים – צמר גס ויריעה מלכותית. ו **אַל־תִּרְאוּנִי**, אל תסתכלו עלי בזלזול[8] מאחר **שֶׁאֲנִי שְׁחַרְחֹרֶת**, שחורה ביותר,[9] **שֶׁ**הרי אין זה צבעי הטבעי, אלא **שֱׁזָפַתְנִי**[10] **הַשָּׁמֶשׁ**. כאן מתבקש הסבר מדוע בת ירושלים ההגונה והצנועה נחשפה כל כך לשמש – **בְּנֵי אִמִּי נִחֲרוּ־בִי**, כעסו עלי **וְשָׂמֻנִי נֹטֵרָה**, הפקידו אותי לשמור **אֶת־הַכְּרָמִים** של המשפחה, להפגין בהם נוכחות אנושית ולהבריח בעלי חיים המנסים לחדור לתוכם. כתוצאה מהתפקיד שהוטל עלי, את **כַּרְמִי שֶׁלִּי לֹא נָטָרְתִּי**. גם לי יש כרם משלי, אבל בני המשפחה שרבו אתי דאגו לשלהם בלבד, ואילו כרמי שלי נעזב.

אפשר להבין תיאורים אלו כחוויה פרטית של מי שנדחקת להיחלץ ממצוקתה וכיעורה החיצוניים ולחשוף את יופיה החבוי, אך גם כמצבה של הנפש ושל האומה בכללה. אמנם אינני נקייה וצחה כשלג, אבל צבעי השחור אינו פגם טבעי, וגם אינו נובע ממצב שבחרתי בו. כעַם אולצנו להסתובב הרבה בחוץ; בעטיים של עמים אחרים נדחקנו לשאת בתפקידים שונים לטובת העולם

הרחבות | **׳שחורה אני ונאוה׳** במשך הדורות התפרש הביטוי כדברי התנצלות: אף שאני כהה או שזופה, ואינני תואמת בדיוק את דגם היופי האידיאלי בעיניכן, יש בי יופי. תפיסת היופי הזו קשורה לתחומי ארץ ישראל והמזרח התיכון, שבהם הצבע הטבעי הוא שחום, ולכן גוון בהיר נחשב בהם יפה יותר.

ושמירת כרמיו, ולא נותרו לנו זמן ואפשרות לשמור על כרמנו שלנו.

תחום נדודי שבטי קדר

אוהלים במדבר

העולם

שְׁחוֹרָה אֲנִי וְנָאוָה באכדית nawru משמעו 'נוצץ, זורח וצבעוני'. צבעו הכהה של עורה של נוטרת הכרמים שהשתזפה יכול להיות להבליטה בקרב חברותיה. באשר לגון עורם הרגיל של ישראל מעניין להזכיר את דברי המשנה (נגעים ב,א): "רבי ישמעאל אומר, בני ישראל, אני כפרתן, הרי הן כאשכרוע, לא שחורים ולא לבנים אלא בינוניים". צבע העצה של האשכרוע (שם מדעי: Buxus) הוא בין שנהב וחום בהיר.

קֵדָר נזכר כבנו השני של ישמעאל (בראשית כה,יג) וכשבט או קבוצת שבטי מדבר ערביים נודדים, מגדלי מקנה וגמלים ועוסקים במסחר (ראו ישעיה מב,יא; ס,ז; ירמיה מט,כח; יחזקאל כז,כא). בכתובות אשוריות מוזכרים מנהיגיהם וכן אזורי נדודיהם במדבר הערבי-סורי ממזרח לארץ הנושבת, בין ואדי סרחן שבגבול ערב ועבר הירדן למדבריות שמדרום לפרת. פליניוס מונה אותם עם הנבטים בעקבות חדירתם לבבל והתיישבותם בה, בעבר הירדן ובחצי-האי סיני והגעתם עד הדלתא של הנילוס.

כְּאָהֳלֵי קֵדָר, כִּירִיעוֹת שְׁלֹמֹה משמעות השורש ק,ד,ר היא כהה, שחור. בני קדר נקראו כך משום שלבושם ואוהליהם כהים. על רקע סלעי המדבר וחולותיו החיוורים גונם הכהה של אוהלי קדר בולט למרחקים. גם דימוי יריעות שלמה הססגוניות הארוגות כשטיח מציין התבלטות. אוהלי מלכים, וכך גם אוהל מועד של ישראל במדבר, כללו שתי שכבות יריעות - יריעה חיצונית שצבעה אחיד והיא עשויה מצמר עזים ויריעה פנימית רבגונית.

נֹטֵרָה אֶת הַכְּרָמִים העבודות העיקריות בכרם - בציר הענבים, אכסנתם והפקת היין והצימוקים מהם - נמשכות בין שלושה לחמישה חודשים. בתקופה זו הכרם חשוף למזיקים - בעלי חיים או בוצרים שלא ברשות וגנבים. בעלי הכרם ובני משפחותיהם היו נוהגים לשמור את הכרם במשך מספר חודשים. הנוטרים התגוררו בסוכה או במגדל. במקרים רבים נבנו שומֵרות - מבנים עגולים וגבוהים לתצפית בבנייה יבשה מאבני סיקול שבראש כל אחד מהם עמדה סוכה.

הַגִּידָה לִּי שֶׁאָהֲבָה נַפְשִׁי אֵיכָה תִרְעֶה אֵיכָה תַּרְבִּיץ בַּצָּהֳרָיִם ז
שַׁלָּמָה אֶהְיֶה כְּעֹטְיָה עַל עֶדְרֵי חֲבֵרֶיךָ׃ אִם־לֹא תֵדְעִי לָךְ הַיָּפָה ח
בַּנָּשִׁים צְאִי־לָךְ בְּעִקְבֵי הַצֹּאן וּרְעִי אֶת־גְּדִיֹּתַיִךְ עַל מִשְׁכְּנוֹת
הָרֹעִים׃ לְסֻסָתִי בְּרִכְבֵי פַרְעֹה דִּמִּיתִיךְ רַעְיָתִי׃ נָאווּ ט י
לְחָיַיִךְ בַּתֹּרִים צַוָּארֵךְ בַּחֲרוּזִים׃ תּוֹרֵי זָהָב נַעֲשֶׂה־לָּךְ עִם נְקֻדּוֹת יא

דברי הבת ותשובות האוהב

פרק א פס׳ ז – פרק ב פס׳ ז

עתה פונה הנערה אל האהוב, שמן הסתם לא היה נוכח בשיחתה עם בנות ירושלים. על כן יש לשער שאין זה דו-שיח ממשי אלא ביטוי של משאלה פרטית כמוסה.[11]

ביאור | ז **הַגִּידָה לִּי**, אתה **שֶׁאָהֲבָה נַפְשִׁי**, **אֵיכָה**, היכן **תִרְעֶה**, אתה רועה את הצאן? **אֵיכָה תַּרְבִּיץ**, אתה מֵניח את העדרים **בַּצָּהֳרָיִם**? **שַׁלָּמָה**, לשם מה[12] **אֶהְיֶה כְּעֹטְיָה**, כמי שכרוכה[13] **עַל עֶדְרֵי חֲבֵרֶיךָ**?! למה אצטרך להסתפח לעדרי הרועים האחרים?! אם תאמר לי היכן אתה, ותקבע לי מקום מפגש, לא איאלץ לתעות ולבוא בחברת זרים.

לראשונה מוצג מענה האוהב: ח **אִם־לֹא תֵדְעִי לָךְ**, אם אינך יודעת היכן אני, **הַיָּפָה בַּנָּשִׁים**, **צְאִי־לָךְ בְּעִקְבֵי**, בעקבות **הַצֹּאן וּרְעִי אֶת־גְּדִיֹּתַיִךְ**. נראה שאין היא רק נוטרת כרמים אלא גם רועת צאן. לרועָה הצעירה נמסר בדרך כלל עדר גדיים קטן.[14] עליך ללכת לחפש אותי **עַל מִשְׁכְּנוֹת**, מגורי **הָרֹעִים**.

האהוב אינו יכול לתת לבחירת לבו כתובת שבה תוכל למצאו. עליה לצאת לחפשו. היעד הסופי של מסעה הגדול של הנשמה – כמו יעדו של מסע ישראל במדבר – אינו נראה באופק.

והוא ממשיך לבטא בקיצור את אהבתו אליה, המודגשת אף יותר מביטויי אהבתה אליו: ט **לְסֻסָתִי**, לסוסה **שֶׁבְּרִכְבֵי פַרְעֹה דִּמִּיתִיךְ**, את דומה בעיני, **רַעְיָתִי**. הסוסים נתפסים בעיני מרבית בני האדם

הרחבות | ׳אֵיכָה תרעה׳ שאלה זו אינה נענית. התשובה היחידה שניתנה לה היא להמשיך לחפש. כך מבחינת הנפש וכך מבחינת העולם השמימי. החיפוש המתמיד הזה מתבטא גם במה שנאמר על המלאכים, השואלים שוב ושוב: ״איה מקום כבודו?״ (מתוך הסידור. וראו חגיגה יג,ב; פרקי דרבי אליעזר ד).

השאלה הזו בסגנון אחר מבוטאת בבקשתו של משה רבנו: אִם נָא מָצָאתִי חֵן בְּעֵינֶיךָ – הוֹדִעֵנִי נָא אֶת דְּרָכֶךָ... הַרְאֵנִי נָא אֶת כְּבֹדֶךָ. (שמות לג,יג יח). אם אתה אוהב אותי, תן לי להתקרב, לדעת אותך ולהיפגש.

ביצורים יפים. הסוסה הרתומה לרכבי פרעה מסורקת, מקושטת ומושלמת.[15] הוא מפאר של תכונות הנערה ויופיה, הרבה מעל לרועֶה פשוטה. י כאותה סוסה **נָאווּ**, יפות ומקושטות **לְחָיַיִךְ בַּתֹּרִים**, תכשיטים, כנראה עגילים ארוכים התלויים על האוזן ומקשטים את הלחיים. **צַוָּארֵךְ** מקושט **בַּחֲרוּזִים**. את ראויה אף לקישוט יפה יותר: יא **תּוֹרֵי**, טורי, מחרוזות[16] **זְהָב נַעֲשֶׂה־לָּךְ עִם נְקֻדּוֹת הַכָּסֶף**. צבע

צאן במרבצו

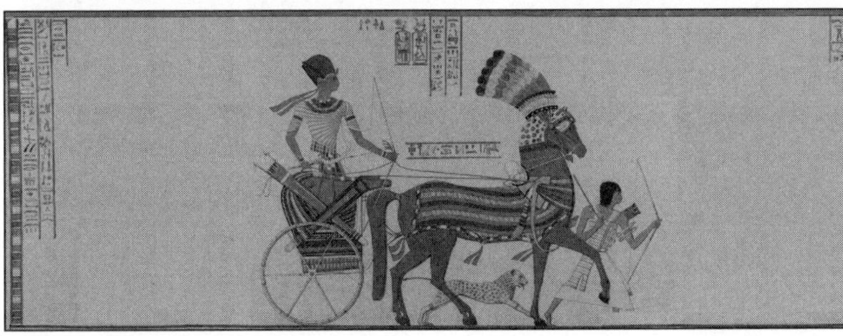

סוס ברכב פרעה
תמשיח
המאה ה–13 לפנה״ס
אבו סימבל,
דרום מצרים

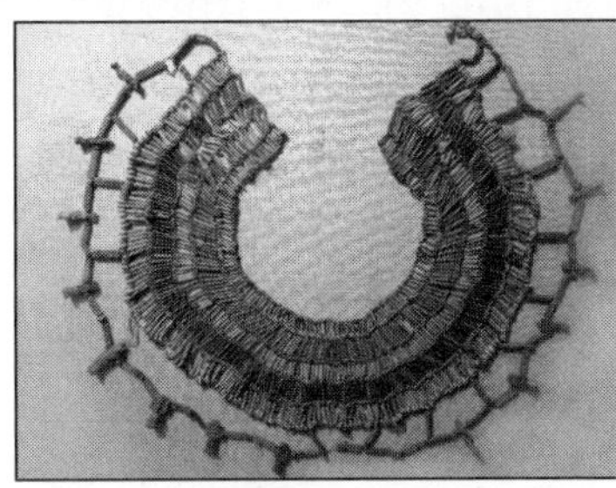

מימין:
מחרוזות לצוואר
המאה ה–7 לפנה״ס
מצרים

משמאל:
עגיל ובו נקודות זהב
המאה ה–4 לפנה״ס
איטליה

תַּרְבִּיץ בַּצָּהֳרָיִם יום מרעה הצאן מתחלק בדרך כלל לשלושה: הבוקר והשעות שלפני הצהריים משמשים לרעייה ואכילת הצמחים בשדה; שעות הצהריים – למנוחה, רביצה בקרבת צמחי צל, סלעים או מבנים והעלאת הגרה; אחר הצהרים ולפנות ערב – לרעייה נוספת עד קרוב לשקיעה וחזרה לדיר או למחסה למשך הלילה.

העולם

תּוֹרֵי זָהָב נַעֲשֶׂה לָּךְ עִם נְקֻדּוֹת הַכָּסֶף אפשר שנקודות הכסף האמורות כאן משולבות בין כדוריות זהב ליצירת רושם מהודר. צירוף דומה של תערובת הזהב והכסף נמצא במקומות נוספים (ראו משלי כה,יא; משנה פסחים ה,ה).

הַכָּֽסֶף׃ עַד־שֶׁ֤הַמֶּ֙לֶךְ֙ בִּמְסִבּ֔וֹ נִרְדִּ֖י נָתַ֥ן רֵיחֽוֹ׃ צְר֨וֹר הַמֹּ֤ר ׀ יב יג
דּוֹדִי֙ לִ֔י בֵּ֥ין שָׁדַ֖י יָלִֽין׃ אֶשְׁכֹּ֨ל הַכֹּ֤פֶר ׀ דּוֹדִי֙ לִ֔י בְּכַרְמֵ֖י עֵ֥ין יד
גֶּֽדִי׃ הִנָּ֤ךְ יָפָה֙ רַעְיָתִ֔י הִנָּ֥ךְ יָפָ֖ה עֵינַ֥יִךְ יוֹנִֽים׃ הִנְּךָ֨ טו טז

ביאור | נקודות הכסף בולט ומשלים את הרקע הזהוב, והוא דומה לנקודות הלבנות המופיעות על בעלי חיים שונים שצבע גופם חום או צהבהב.

כשמדובר בכנסת ישראל, רכבי פרעה מזכירים את יציאת מצרים; הקישוטים – את הרכוש הגדול שלקחו ישראל; וגם הזהב והכסף התפרשו באופנים רבים, בין על דרך הפשט ובין על דרך הסוד.[17]

תשובתה של הרעיה מבטאת שוב רצון לקרבה ואף להט: יב **עַד,** בעוד **שֶׁהַמֶּלֶךְ** יושב **בִּמְסִבּוֹ נִרְדִּי נָתַן רֵיחוֹ**. בין כל מיני ריחות הבשמים המצויים במסיבת המלך, מורגש ריח הנרד של המלך שלי.[18] יג **צְרוֹר הַמֹּר דּוֹדִי לִי.** לו יהיה אהובי כאגודה של בושם המור הנתלית על הצוואר ומונחת על החזה. זה תיאור של חלום מלא תשוקה שבו האהוב **בֵּין שָׁדַי יָלִין.** יד **אֶשְׁכֹּל הַכֹּפֶר,** צמח בושם שמופיע בצורת אשכולות, **דּוֹדִי לִי בְּכַרְמֵי עֵין גֶּדִי** – שם כנראה גדל הכופר. ייתכן ששם היא מצפה לפגוש את הדוד.

קצב התחלפות הקולות בדואט הופך מהיר יותר: טו **הִנָּךְ יָפָה, רַעְיָתִי, הִנָּךְ יָפָה. עֵינַיִךְ יוֹנִים.** היונים מסמלות יופי וחן, ודימוי העיניים ליונים מורה גם על תום ושלווה, המעוררים בו אהבה.[19]

מימין: אזוביון ('נרד'?)

משמאל: תליון ובו בית קיבול לעשבי בושם המאה ה-1 לסה"נ מצרים

הרחבות | **דוד** הוא אהוב, כפי ש'דודים' – אֲהָבִים. ואולי דוד קשור למלה ידיד, שבמקרא אינה מורה רק על יחס חברתי חיובי ונעים בין אנשים אלא על קרבה עמוקה (ראו דברים לג,יב; שמואל ב' יב,כה; ישעיה ה,א; ירמיה יב,ז).

עצי מור

מימין:
כופר לבן
('כֹפֶר'?)

משמאל:
פריחת התמר
('אשכֹל הכֹפר'?)

העולם

הנֵרְדְּ מופיע ברשימת צמחי בושם בהמשך הספר (ד,יד). שתי השערות עיקריות לזיהויו: אזוביון (שם מדעי: Lavandula angustifolia, ובעבר Lavandula officinalis), צמח בושם הגדל בר ברחבי המזרח התיכון ומצוי למשוטטים בטבע בארץ. פרחיו, שריחם מוכר גם היום, סדורים כשיבולת על חוטריהם, ועל כן הוא מכונה בלשון חכמים 'שיבולת נרד' (ראו כריתות ו ע"א. ביוון הקדומה נקרא Nardus). אפשרות אחרת: הנרד הוא הצמח המכונה באנגלית Spikenard (שם מדעי: Nardostachys jatamansi), הגדל בהרי ההימלאיה, שמעליו ומקנה השורש שלו מופקת תמצית שמן בושם יקר שריחו דומה למושק, ואינו אהוב על הכול. בזיהוי זה מתפרשת 'שיבולת נרד' כקשורה לשערות המכסות את תחתית גבעוליו. התרגומים וחלק מהחוקרים מזהים את הנרד עם צמחים נוספים: ורס – הכורכום; פרח הוורד והמורינגה הרותמית המצויה בנאות מדבר בארץ.

מֹר אחד הבשמים החשובים בעולם העתיק; מופק מפציעת הקליפה של מיני עצים הקרויים גם היום מור (שם מדעי: Commiphora) הגדלים באפריקה, דרום ערב ומזרח הודו. המור נזכר בכתובות ותעודות מן המזרח הקדום. הוא זוהה עם האנפאקינון, סוג של שמן זית המופיע בתלמוד (שבת פ ע"ב). לדעת הרמב"ם, המור מופק מבלוטה של אייל המושק. עד לאחרונה שימש המור כתמרוק. (וראו רמב"ן שמות ל,כג).

אֶשְׁכֹּל הַכֹּפֶר מזוהה על ידי רוב החוקרים עם הכופר הלבן (שם מדעי: Lawsonia inermis [alba]), שיח או עץ קטן שגובהו 1–6 מ'. בשל זיקתו לאקלים חם הוא גודל בעבר במדרגות הכרמים באזור עין גדי. אשכולות פרחיו ריחניים, ומשורשיו הטחונים מפיקים את צבע החינה הטבעי. זיהויים נוספים: פרחי התמר (הנקרא בגמרא 'כופרא'); ציפורן העץ וקינמון הקמפור, שאינם גדלים בארץ; ואפילו ברוש. היו שפירשו את הדימוי אֶשְׁכֹּל הַכֹּפֶר... בְּכַרְמֵי עֵין גֶּדִי כאשכול ענבים המקדימים להבשיל בכרמי עין גדי.

יָפֶה דוֹדִי אַף נָעִים אַף־עַרְשֵׂנוּ רַעֲנָנָה: קֹרוֹת בָּתֵּינוּ אֲרָזִים יז
רָהִיטֵנוּ רחיטנו בְּרוֹתִים: אֲנִי חֲבַצֶּלֶת הַשָּׁרוֹן שׁוֹשַׁנַּת הָעֲמָקִים: א ב
כְּשׁוֹשַׁנָּה בֵּין הַחוֹחִים כֵּן רַעְיָתִי בֵּין הַבָּנוֹת: כְּתַפּוּחַ בַּעֲצֵי ב ג

ביאור | והיא עונה: טז **הִנְּךָ יָפֶה, דוֹדִי, אַף נָעִים** להיות אתך, **אַף־עַרְשֵׂנוּ**, מיטתנו **רַעֲנָנָה**. נראה שזהו ביטוי לחלום על אהבה גדולה וקשר קרוב. היא חולמת גם על ביתם המשותף: יז **קֹרוֹת בָּתֵּינוּ** עשויות **אֲרָזִים, וְרָהִיטֵנוּ בְּרוֹתִים.**

שני צדדים שזורים בשירה הזו. בצד האהבה הלוהטת, שלפעמים יש בה אפילו פראות, מופיע מוטיב של בית ורגיעה. מָשְׁכֵנִי אַחֲרֶיךָ נָּרוּצָה אינו מבטא ריצה סתמית והשתובבות לשמה, כי בסופה נכנסים לחדרי המלך; לאחר האהבה הפורחת, המבוטאת בערש הרענן, מגיע החלום על הבית. מערכת היחסים הזו צריכה בסופו של דבר להתמסד – על דרך המשל: בחור ובחורה הלוהטים באהבתם, אך מעמידים את ביתם המשותף כתכלית; ועל דרך הנמשל: ישראל הדבקים בה' במצרים או במסע מופלא במדבר, אך משתוקקים תמיד להגיע הביתה.

הנערה ממשיכה: פרק ב א **אֲנִי** יפה כמו **חֲבַצֶּלֶת הַשָּׁרוֹן, שׁוֹשַׁנַּת הָעֲמָקִים**. יש ששיערו ששושנת העמקים היא השושן הצחור.[20]

ובן-זוגה מאשר: ב אכן **כְּשׁוֹשַׁנָּה בֵּין הַחוֹחִים, כֵּן רַעְיָתִי בֵּין הַבָּנוֹת.** את עומדת בפני עצמך בין הבנות, ושונה מהן. ועוד: כפי שאפשר להתרשם מיופיה של השושנה הבולט לעין, אך קשה להגיע אליה, כך את אינך נגישה בקלות. דימוי זה מרמז על קירוב-ריחוק בכל רובדי המשמעות שלו.

האהובה משבחת את רֵעהּ: ג **כְּ**עץ **הַתַּפּוּחַ** הניכר בריחו[21] **בַּעֲצֵי הַיַּעַר**, שבדרך כלל אינם מרובי פרחים ולא ריחניים במיוחד, **כֵּן**

מימין: ערער ברושי (בְּרוֹת)

משמאל: חבצלת החוף

מימין:
שושן צחור
('שושנה'?)

משמאל:
תפוח

העולם

אֲרָזִים (שם מדעי: Cedrus) הם עצי מחט מרשימים בגודלם והדרם ממשפחת האורנים. הם מגיעים לגובה של כ–40 מ' וגדלים באזורים גבוהים וקרים, בעיקר בלבנון. בגלל חוזקו של הארז, ענפיו הישרים והארוכים ועצתם הקשה והגמישה, השתמשו בו במיוחד לבניין מבנים ציבוריים וארמונות. על פי תעודות מצריות ואשוריות מהאלף הראשון והשני לפנה"ס, היו יערות הלבנון מקור עיקרי לחומרי בנייה שנועדו למבנים מפוארים, לאניות וסירות–פולחן, לריהוט ולארונות קבורה. כמו בימי שלמה אף בבניית בית המקדש השני הובאו ארזים מהלבנון (עזרא ג,ז).

בְּרוֹתִים הברותים או הברושים המקראיים נזכרים בתנ"ך בדרך כלל לצד הארז. וכמו מקורו של הארז, גם מקורם בהר הלבנון (ראו מלכים ב' יט,כג; יחזקאל כז,ה). אין זה הברוש של ימינו (שם מדעי: Cupressus), אלא הערער הברושי (שם מדעי: Juniperus excelsa), השכיח בלבנון, וגובהו מגיע ל–30 מ'.

חֲבַצֶּלֶת הַשָּׁרוֹן השרון הוא האזור שלחוף הים התיכון בין דור לגוש דן. הוא מכונה כך גם בכתובת של אשמונעזר מלך צידון מראשית התקופה הפרסית וגם במקורות מצריים. על חולות החוף שבשרון גדלה חבצלת החוף (שם מדעי: Pancratium maritimum) ממשפחת הנרקיסיים. פרחה לבן, נאה וריחני; קוטר כותרתו כ–10 ס"מ, וגובהו כ–60 ס"מ. הפרח הגדול שופע צוף ומדיף ריח נעים וחזק. בעבר זוהתה החבצלת עם השושן הצחור, הנרקיס ואפילו הסתוונית, אך כל הפרחים האלה אינם אופייניים לשרון.

שׁוֹשַׁנַּת הָעֲמָקִים... כְּשׁוֹשַׁנָּה בֵּין הַחוֹחִים רבו הדעות באשר לזיהויה: על פי האכדית היא הפרח הקרוי בפינו שושן צחור (שם מדעי: Lilium candidium), צמח המים לוטוס, או הנימפאה התכולה (שם מדעי: Nymphaea caerulea). זיהויה עם השושן הצחור אמנם מתאים לביטוי כְּשׁוֹשַׁנָּה בֵּין הַחוֹחִים כי לעתים צומחים בקרבתו חוחים קוצניים, אך אין הוא הולם צמח בר הגדל בעמקים. הלוטוס, לעומתו, פורח בברכות מים מתוקים או בביצות שבשפלה ובעמקים, אך אין סביבו חוחים. גם בזיהוי השושנה עם הנרקיס חסרים הקוצים המקיפים. זיהוי אפשרי אחר של השושנה הוא ורד צידוני (שם מדעי: Rosa phoenicia), שיח קוצני שפרחיו לבנים נאים וריחניים, ופריחתו שופעת, והוא גדל בארץ על גדות נחלים בעמקים. אם יתקבל הפירוש שהפסוק מדבר בשני צמחים שונים - שׁוֹשַׁנַּת הָעֲמָקִים ושׁוֹשַׁנָּה בֵּין הַחוֹחִים - אפשר יהיה לזהות את שושנת העמקים עם פרח הנימפאה הגדל בעמקי נחלים, ואת השושנה בין החוחים - עם השושן הצחור. אפשרות אחרת היא שהשושן הוא שם כללי לצמחים נאים הנושאים כותרת של עלים רבים ומרשימים הצומחים על גבעול בודד ולא מסועף. כך אפשר יהיה לכנות גם את עץ התמר על דרך ההשאלה שׁוֹשַׁנַּת הָעֲמָקִים בגלל בית גידולו, דמיון מראהו לפרח בעל כותרת עלים מפוארת והיותו מוקף בתחתיתו בחוטרים קוצניים. זיהוי זה נתמך גם בכותרות עמודים שעמדו באזור וכונו תימורות (מלכים א' ו).

תַּפּוּחַ (שם מדעי: Malus domestica) מין של עץ פרי נשיר ממשפחת הוורדיים. קרוב לוודאי שבשיר השירים מתואר אחד מאבות התפוח המודרני: תפוח הבר האסיאתי (שם מדעי: Malus sieversii) מעורב הצבעים הגדל בקזחסטן; תפוח הבר האירופי, הצהוב והריחני (שם מדעי: Malus sylvestris) הגדל ברחבי אירופה; או בן המכלוא שלהם מתורכיה, התפוח המזרחי (שם מדעי: Malus orientalis). כולם עצי יער או עצים הגדלים בשולי היער, בעלי תפרחת ריחנית יפה לבנה עד ורודה, וחלקם קוצניים. לפי התרגום, התפוח הוא האתרוג (וראו תוספות שבת פח ע"א). התפוח חוזר ומופיע בספר בתור מקום מוצל וריחני המתאים למפגש האוהבים. (ראו עוד להלן ז,ט; ח,ה).

הַיַּעַר כֵּן דּוֹדִי בֵּין הַבָּנִים בְּצִלּוֹ חִמַּדְתִּי וְיָשַׁבְתִּי וּפִרְיוֹ מָתוֹק
לְחִכִּי׃ הֱבִיאַנִי אֶל־בֵּית הַיָּיִן וְדִגְלוֹ עָלַי אַהֲבָה׃ סַמְּכוּנִי בָּאֲשִׁישׁוֹת ד ה
רַפְּדוּנִי בַּתַּפּוּחִים כִּי־חוֹלַת אַהֲבָה אָנִי׃ שְׂמֹאלוֹ תַּחַת לְרֹאשִׁי ו
וִימִינוֹ תְּחַבְּקֵנִי׃ הִשְׁבַּעְתִּי אֶתְכֶם בְּנוֹת יְרוּשָׁלִַם בִּצְבָאוֹת אוֹ ז
בְּאַיְלוֹת הַשָּׂדֶה אִם־תָּעִירוּ ׀ וְאִם־תְּעוֹרְרוּ אֶת־הָאַהֲבָה עַד
שֶׁתֶּחְפָּץ׃ קוֹל דּוֹדִי הִנֵּה־זֶה בָּא מְדַלֵּג עַל־הֶהָרִים ח
מְקַפֵּץ עַל־הַגְּבָעוֹת׃ דּוֹמֶה דוֹדִי לִצְבִי אוֹ לְעֹפֶר הָאַיָּלִים הִנֵּה־זֶה ט
עוֹמֵד אַחַר כָּתְלֵנוּ מַשְׁגִּיחַ מִן־הַחַלֹּנוֹת מֵצִיץ מִן־הַחֲרַכִּים׃ עָנָה י

ביאור | **דּוֹדִי בֵּין הַבָּנִים.** מלבד הריח יש לתפוח מעלות נוספות – **בְּצִלּוֹ חִמַּדְתִּי וְיָשַׁבְתִּי, וּפִרְיוֹ מָתוֹק לְחִכִּי.** ד **הֱבִיאַנִי אֶל־בֵּית הַיָּיִן**, מין בית מרזח, שבו הגברים שותים. לא ברור אם בית היין שירת גם נשים. על כן נראה שזהו ביטוי לחלומה של האוהבת שאהוב לבה יופיע אִתה בכל מקום שהוא הולך אליו. ושמא בית היין היה המקביל לבית קפה בימינו.[22] **וְדִגְלוֹ**, מבטו[23] **עָלַי אַהֲבָה.** או: אהבתנו היא דגלו. הוא שמח להיראות באהבה הקורנת מחברתנו.[24] ה **סַמְּכוּנִי**, תִּמכו בי **בָּאֲשִׁישׁוֹת**, מאכל או משקה העשוי מענבים.[25] **רַפְּדוּנִי** במצע **תַּפּוּחִים, כִּי־חוֹלַת אַהֲבָה אָנִי.** בחולשתה היא מבקשת להיות מוקפת בפֵרות כדי שהכול סביבה יהיה ריחני, רך ונעים.[26] ו **שְׂמֹאלוֹ תַּחַת לְרֹאשִׁי, וִימִינוֹ תְּחַבְּקֵנִי.** חולת האהבה מדמה שהיא שרויה עם בן-זוגה בקרבה יתרה. ז **הִשְׁבַּעְתִּי אֶתְכֶם, בְּנוֹת יְרוּשָׁלִַם**, שאינן חלק מן ההתרחשות אלא הן דמויות רקע סביב הרעיה, **בִּצְבָאוֹת**, נקבות הצבי **אוֹ בְּאַיְלוֹת הַשָּׂדֶה.** מכיוון שמדובר בענייני אהבה, היא משביעה את בנות ירושלים ביצורים המסמלים יופי ואהבה, ותוכן השבועה – **אִם־תָּעִירוּ וְאִם־תְּעוֹרְרוּ אֶת־הָאַהֲבָה עַד שֶׁתֶּחְפָּץ** להתעורר מאליה. אל תעוררו מבחוץ את האהבה. הניחו לה להתפתח באופן טבעי. הביטוי העמום הזה, החוזר יותר מפעם אחת בספר,[27] מלמד שהבת בטוחה באהבתה וחשה שהקשר הולך ומתעצם. היא מבקשת לאפשר לאהבה להתקדם בקצב הנכון.

מתוך תחושת האושר שבאהבה היא חולמת על קשר גלוי ומופגן – האהוב יוכל להביאה גם לבית היין ההומה ולהיראות אִתה בפומבי.

אכן, החלומות הללו אינם צריכים להתגשם מיד; אפילו קיים חשש שמא יוגשמו בטרם עת, אבל היא משתוקקת שהדוד יגלה לכול את האהבה המשותפת, ובנמשל הכללי – שהקדוש ברוך הוא יופיע ויגלה גם לעיני הגויים את אהבתו וקרבתו אלינו.

בקשות ודחיות

פרק ב פס׳ ח – פרק ג פס׳ ה

בצד הביטויים ההדדיים של אהבה ותשוקה משתקפות בשיר עליות וירידות בהתפתחותו של הקשר, ומודגש הצורך באורך רוח ובהמתנה בכל הקשור לאהבה. עם זאת, כל מערכות היחסים הללו – בין שהן הסיפור האישי-פנימי ובין שהן הסיפור הלאומי – מבטאות אהבה גדולה ובוודאי גם חלומות.

ח **קוֹל** צעדי **דּוֹדִי**, **הִנֵּה** אהובי **זֶה בָּא**, **מְדַלֵּג עַל־הֶהָרִים**, **מְקַפֵּץ עַל־הַגְּבָעוֹת**.
הוא רץ אלי בקפיצות. ט **דּוֹמֶה דוֹדִי לִצְבִי אוֹ לְעֹפֶר הָאַיָּלִים**, המדלג
במהירות על ההרים במלוא הדרו. **הִנֵּה־זֶה** כבר **עוֹמֵד אַחַר כָּתְלֵנוּ**.
אני שומעת אותו מאחורי הקיר וחשה את נוכחותו[1] – הוא **מַשְׁגִּיחַ מִן־הַחַלֹּנוֹת** ו**מֵצִיץ** אלי **מִן־הַחֲרַכִּים**, החריצים.

כמו מאורעות הגאולה, גם יחסי הנפש הפרטית עם הקדוש ברוך הוא אינם מהלך רצוף במסלול ישר ומסודר. הצבי הרץ בהרים ונעלם ומתגלה חליפות, והעמידה מאחורי הכותל והחרכים מרמזים על מצבים שונים של גילוי והסתרה.[2]

מימין: שתי צביות (׳צבאות׳)

משמאל: איילה ועופר

העולם

צְבִי הצבי הישראלי (שם מדעי: Gazella gazelle) הוא יונק ממשפחת הפריים ממעלי הגרה ושסועי הפרסה. זהו בעל חיים עדין, ארוך רגליים, מהיר תנועה וזהיר. צבעו חום בהיר, בטנו ואחוריו לבנים, זנבו הקצר שחור ובולט על הרקע הלבן. פעילותו ניכרת בשדות בלילות ירח מלא. לצביים ולצביות (צְבָאוֹת) קרניים קבועות שאינן מסתעפות. בחיזורם הזכרים רצים אחרי הצביות למרחק עד שהן נענות להם (עַד שֶׁתֶּחְפָּץ. ראו גם להלן ג,ה). הצבי חי בדרך כלל בקבוצות ובעדרים.

אַיְלוֹת הַשָּׂדֶה מקובל לזהותן עם אַיָּל הכרמל (שם מדעי: Capreolus capreolus), האייל הוא יונק ממשפחת האיילים, ממעלי הגרה ושסועי הפרסה. האייל נכחד מהארץ בתחילת המאה ה־20, ובשנים האחרונות מנסים להשיבו אל הטבע בהר הכרמל. אורך גופו 95–135 ס״מ, גובהו כ־75 ס״מ ומשקלו הממוצע 15–30 ק״ג. האייל שונה מהצבי בקרניו המסועפות המתחלפות מדי שנה. לנקבות אין קרניים; בעת דודים הן מושכות את הזכרים אל הטריטוריה שלהן.

יא דּוֹדִי וְאָמַר לִי קוּמִי לָךְ רַעְיָתִי יָפָתִי וּלְכִי־לָךְ׃ כִּי־הִנֵּה הַסְּתָו עָבָר
יב הַגֶּשֶׁם חָלַף הָלַךְ לוֹ׃ הַנִּצָּנִים נִרְאוּ בָאָרֶץ עֵת הַזָּמִיר הִגִּיעַ וְקוֹל
יג הַתּוֹר נִשְׁמַע בְּאַרְצֵנוּ׃ הַתְּאֵנָה חָנְטָה פַגֶּיהָ וְהַגְּפָנִים ׀
יד לָךְ סְמָדַר נָתְנוּ רֵיחַ קוּמִי לְכִי רַעְיָתִי יָפָתִי וּלְכִי־לָךְ׃ יוֹנָתִי
בְּחַגְוֵי הַסֶּלַע בְּסֵתֶר הַמַּדְרֵגָה הַרְאִינִי אֶת־מַרְאַיִךְ הַשְׁמִיעִנִי
טו אֶת־קוֹלֵךְ כִּי־קוֹלֵךְ עָרֵב וּמַרְאֵיךְ נָאוֶה׃ אֶחֱזוּ־
לָנוּ שׁוּעָלִים שֻׁעָלִים קְטַנִּים מְחַבְּלִים כְּרָמִים וּכְרָמֵינוּ סְמָדַר׃

ביאור | י כשהתקרב, פנה אלי – **עָנָה**, קרא בקול **דּוֹדִי וְאָמַר לִי: קוּמִי לָךְ, רַעְיָתִי יָפָתִי, וּלְכִי־לָךְ**, לכי לבדך, או: בואי אתי. הגיע זמנך לעזוב את מקומך, לצאת למסע ולהתקדם הלאה. יא **כִּי־הִנֵּה הַסְּתָו**, עונת הגשמים,[3] **עָבָר, הַגֶּשֶׁם חָלַף הָלַךְ לוֹ**. יב **הַנִּצָּנִים**, ראשיתם של הפרחים **נִרְאוּ בָאָרֶץ, עֵת הַזָּמִיר**, זמנה של ציפור השיר **הִגִּיעַ, וְקוֹל הַתּוֹר** האופייני **נִשְׁמַע בְּאַרְצֵנוּ**. הציפורים הנודדות הללו עוברות בארץ בזמן האביב, ועל כן הן נחשבות לסימני האביב. יג **הַתְּאֵנָה חָנְטָה**, התחילה להבשיל את **פַגֶּיהָ**. פֵּרות הבוסר מתחילים לקבל צורה של תאנים קטנות בתחילת האביב, **וְהַגְּפָנִים** שחנטו – **סְמָדַר**, פֵּרות הגפן בתחילת התפתחותם, המופיעים למשך תקופה קצרה כאשכולות של פרחים קטנים ולבנים, **נָתְנוּ רֵיחַ** נעים. **קוּמִי לָךְ, רַעְיָתִי יָפָתִי, וּלְכִי־לָךְ**. האביב הוא הזמן הטוב ביותר לצאת לטייל. יד את, אהובתי, **יוֹנָתִי** המתחבאת **בְּחַגְוֵי הַסֶּלַע**, בנקיקים שבין הסלעים, **בְּסֵתֶר הַמַּדְרֵגָה**, שטח צר במדרון ההר שהותקן לנטיעה, טרסה. צאי **וְהַרְאִינִי אֶת־מַרְאַיִךְ, הַשְׁמִיעִנִי אֶת־קוֹלֵךְ, כִּי־קוֹלֵךְ עָרֵב וּמַרְאֵיךְ נָאוֶה**, נאה.

דומה לקריאה זו הקריאה לנפש או לעם לצאת ולעשות, שכן כבר הגיע זמן גאולתם.[4] כאן יש רמז ברור ליציאת מצרים, שאירעה בחודש האביב.[5] וכשמדובר במבוכי הנפש, זמני הקור והאפלה שבהם הנפש הייתה רדומה, התחלפו באור ובחיים, וצריך לקום ולצאת.[6] אכן, גם לאחר שהאהובה קמה והלכה ממקומה פניה מוסתרים, לא מחמת חוסר רצון אלא מהצטנעות. הגיע הזמן להתגלות.

אלא שהדרך אינה ישרה וחלקה. טו **אֶחֱזוּ־לָנוּ**, תִּפסו בשבילנו את **הַשּׁוּעָלִים**, אותם **שֻׁעָלִים קְטַנִּים מְחַבְּלִים כְּרָמִים, וּכְרָמֵינוּ** כבר חנטו

סְמָדַר, ופגיעתם של השועלים בהם גדולה יותר. השועלים הקטנים מסמלים צרות ובעיות של הכלל והפרט. אין הם חיות טרף, אך הם מזיקים לכרמים, ובשלב שבו צומח הסמדר נזקם של השועלים

מימין: ניצני השקד

משמאל: זמיר הירדן

מימין: תור

משמאל: הַתְּאֵנָה חָנְטָה פַגֶּיהָ

מימין: יונה בחגווי סלע

משמאל: תן ארצישראלי ('שועל')

העולם

זָמִיר הזמיר הרונן (שם מדעי: Luscinia megarhynchos) נקרא גם זמיר הירדן. זהו עוף חום, זנבו אדמדם, ואורכו כ־15 ס"מ. הזמירים חולפים בארץ בנדידתם לאירופה בעיקר בחודש ניסן; אולם יש זמירים הנשארים בקיץ בארץ. זמרתם הרמה והערבה בולטת בעיקר בלילות, ומכאן שמו האנגלי של הזמיר – Nightingale.

תּוֹר התור המצוי (שם מדעי: Streptopelia turtur) ממשפחת היוניים ((Columbidae מגיע בלהקות לישראל באביב. חלקן חולפות צפונה, וחלקן נשארות עד עונת הנדידה דרומה בסתיו. התור ססגוני – מאפור עד ערמוני. בעורפו כתמים כהים, ואורך גופו כ־28 ס"מ. בעת החיזור הזכר משמיע קול המיה אופייני, שהוא מקור שמו בעברית, בערבית ובשפות אירופיות.

שֻׁעָלִים קְטַנִּים מְחַבְּלִים כְּרָמִים ככל הנראה מדובר בתנים הזהובים או הארצישראליים (שם מדעי: Canis aureus). תנים אלו מצויים בקרבת יישובים ומרבים באכילת צמחים ופֵרות באביב ובקיץ (כשליש ממזונו) בהתאם להצע החקלאות המקומית. בטרסות של הרי ירושלים וחברון גדלו בעיקר כרמי גפנים רבים. בזמני הפריחה שלהם באביב ובעתות הבשלת הענבים בקיץ נמשכו אליהם התנים מחפשי המזון. (ראו גם העולם לעיל א,ו והביאור לשופטים טו,ד).

טז יז דּוֹדִי לִי וַאֲנִי לוֹ הָרֹעֶה בַּשּׁוֹשַׁנִּים׃ עַד שֶׁיָּפוּחַ הַיּוֹם וְנָסוּ
הַצְּלָלִים סֹב דְּמֵה־לְךָ דוֹדִי לִצְבִי אוֹ לְעֹפֶר הָאַיָּלִים עַל־הָרֵי
ג א בָתֶר׃ עַל־מִשְׁכָּבִי בַּלֵּילוֹת בִּקַּשְׁתִּי אֵת שֶׁאָהֲבָה נַפְשִׁי
ב בִּקַּשְׁתִּיו וְלֹא מְצָאתִיו׃ אָקוּמָה נָּא וַאֲסוֹבְבָה בָעִיר בַּשְּׁוָקִים
וּבָרְחֹבוֹת אֲבַקְשָׁה אֵת שֶׁאָהֲבָה נַפְשִׁי בִּקַּשְׁתִּיו וְלֹא מְצָאתִיו׃
ג מְצָאוּנִי הַשֹּׁמְרִים הַסֹּבְבִים בָּעִיר אֵת שֶׁאָהֲבָה נַפְשִׁי רְאִיתֶם׃
ד כִּמְעַט שֶׁעָבַרְתִּי מֵהֶם עַד שֶׁמָּצָאתִי אֵת שֶׁאָהֲבָה נַפְשִׁי אֲחַזְתִּיו
וְלֹא אַרְפֶּנּוּ עַד־שֶׁהֲבֵיאתִיו אֶל־בֵּית אִמִּי וְאֶל־חֶדֶר הוֹרָתִי׃

ביאור | המסתובבים בכרם גדול. יש אפוא לתפסם ולהשליכם החוצה. גם כשהאוהבים יוצאים ומתגלים, לא הכול הולך למישרין, וצפויים בדרך מכשולים נוספים.

אכן קיימות מניעות, ולא תמיד אנחנו נפגשים, אבל לא בשל חוסר רצון או ריחוק רגשי – טז **דּוֹדִי לִי וַאֲנִי לוֹ**. הוא זוכר אותי, ואני – אותו, והאהבה בינינו תישאר. אין להטיל ספק בקיומו של הקשר, גם כאשר אני נזקקת לטפל בהברחת מחבלי הכרמים, והוא עוסק בדברים חשובים בעולמו – דודי **הָרֹעֶה בַּשּׁוֹשַׁנִּים**, כפי שאני מתרשמת מריחו הטוב.[7] יז איננו יכולים להתראות **עַד שֶׁיָּפוּחַ**, יזרח בשלמות, או: תנשוב רוח[8] **הַיּוֹם, וְנָסוּ**, ייפסקו **הַצְּלָלִים**. בינתיים **סֹב**, פנה אחורה, **דְּמֵה־לְךָ, דוֹדִי, לִצְבִי אוֹ לְעֹפֶר הָאַיָּלִים עַל־הָרֵי בָתֶר**, הרים מבותרים בגאיות ונחלים. המשך בתנועתך.

בצד הכיסופים לקרבה ניתנים כאן מנוחה ומרחב לבן-הזוג – מה שאינו מצוי תמיד בין אוהבים. אולי אין זה הזמן המתאים לתשוקה אינטנסיבית, ועדיף להניח לבן-הזוג לרוץ בעסקיו, ומכיוון שיש ביטחון בקשר – ידוע בוודאות שהוא יחזור. בין שמדובר במאורעות היסטוריים של תהליכי הגאולה הלאומית, ובין שהכוונה לחוויות הנפש הפרטית, יש זמנים של נוכחות, הצצה, התגלות וקרבה, ויש זמנים של הסתר ורגיעה. אין זו היפרדות של ממש, אלא קשר פחות בולט ותובעני. האהבה זקוקה לרגעי מנוחה כדי שלא תתפרץ יתר על המידה, ויש להניח לה שתתחפש בזמני הגעגוע מרחוק.

בעוד האהוב מתרוצץ במרחב, היא בביתה נתקפת בגעגועים – פרק

ג א **עַל־מִשְׁכָּבִי** – שכפי הנראה בהמשך אינו בית ההורים, **בַּלֵּילוֹת
בִּקַּשְׁתִּי**, רציתי **אֵת שֶׁאָהֲבָה נַפְשִׁי. בִּקַּשְׁתִּיו – וְלֹא מְצָאתִיו.** הוא לא
נמצא בקרבת מקום.
אחת המשמעויות הסמליות של התיאור היא של הנפש המבקשת
את ה' בזמנים של בדידות וקושי, ומגלה שהוא איננו קרוב.
ב הדבר הראשון שהיא עושה – **אָקוּמָה נָּא וַאֲסוֹבְבָה בָעִיר, בַּשְּׁוָקִים
וּבָרְחֹבוֹת, אֲבַקְשָׁה אֵת שֶׁאָהֲבָה נַפְשִׁי**, שמא הוא נמצא בחוצות העיר.
אך שוב – **בִּקַּשְׁתִּיו וְלֹא מְצָאתִיו.**
ג **מְצָאוּנִי הַשֹּׁמְרִים הַסֹּבְבִים בָּעִיר.** מדובר בעיר מסודרת, כנראה
ירושלים, שיש בה לא רק שווקים ורחובות אלא גם משמר מסייר.
בשלב השני היא שואלת את מי שאמורים לדעת: **אֵת שֶׁאָהֲבָה
נַפְשִׁי רְאִיתֶם?** כנראה גם תשובתם שלילית. ד מכיוון שלא עזרו
לה במציאה ובעצה, בדעתה לפנות מהם – **כִּמְעַט שֶׁעָבַרְתִּי מֵהֶם, עַד
שֶׁמָּצָאתִי אֵת שֶׁאָהֲבָה נַפְשִׁי.** אחרי שלושה ניסיונות מייאשים – הוא
איננו בבית, אין היא מוצאת אותו ברחוב, וגם אלו שאמורים לדעת
את המתרחש אינם יודעים היכן הוא – רק אז מצאתי אותו. **אֲחַזְתִּיו
וְלֹא אַרְפֶּנּוּ, עַד־שֶׁהֲבֵיאתִיו אֶל־בֵּית אִמִּי וְאֶל־חֶדֶר הוֹרָתִי.** שלא כמו
במקומות אחרים בשיר, שבהם מבטאים הבית והמיטה תשוקה
או אהבה,[9] כאן נראה שהבית מבטא קרבה נפשית ומשפחתיות.
מבחינת החוויה הפנימית הנפש מחפשת את מושא אהבתה על
מנת להחזיר אותו אל נקודת הראשית, אל היחסים הפשוטים.
בית האם וחדר ההורה הוא מקום ראשית החיים ומקום הגידול
הראשוני והפשוט, לכן שם ייבנה הקשר. במובן הסמלי של עם
ישראל בין העמים, החזרה אל בית האם רומזת לשיבה לארץ,[10]
ובמובן הרוחני – לשיבה אל ה'.[11] הבה נחזור שוב למצב הקודם,
בלי חוויות מיוחדות אבל יחד.

הארבל
דוגמה להר בתר

הִשְׁבַּעְתִּי אֶתְכֶם בְּנוֹת יְרוּשָׁלִַם בִּצְבָאוֹת אוֹ בְּאַיְלוֹת הַשָּׂדֶה ה
אִם־תָּעִירוּ | וְֽאִם־תְּעֽוֹרְרוּ אֶת־הָאַהֲבָה עַד שֶׁתֶּחְפָּץ׃ מִי ו
זֹאת עֹלָה מִן־הַמִּדְבָּר כְּתִימְרוֹת עָשָׁן מְקֻטֶּרֶת מֹר וּלְבוֹנָה
מִכֹּל אַבְקַת רוֹכֵל׃ הִנֵּה מִטָּתוֹ שֶׁלִּשְׁלֹמֹה שִׁשִּׁים גִּבֹּרִים סָבִיב ז
לָהּ מִגִּבֹּרֵי יִשְׂרָאֵל׃ כֻּלָּם אֲחֻזֵי חֶרֶב מְלֻמְּדֵי מִלְחָמָה אִישׁ ח
חַרְבּוֹ עַל־יְרֵכוֹ מִפַּחַד בַּלֵּילוֹת׃ אַפִּרְיוֹן עָשָׂה לוֹ הַמֶּלֶךְ ט

ביאור | ושוב חוזרת האזהרה: ה **הִשְׁבַּעְתִּי אֶתְכֶם, בְּנוֹת יְרוּשָׁלִַם, בִּצְבָאוֹת אוֹ בְּאַיְלוֹת הַשָּׂדֶה, אִם־תָּעִירוּ וְאִם־תְּעוֹרְרוּ אֶת־הָאַהֲבָה עַד שֶׁתֶּחְפָּץ.** כאמור, לאהבה יש מהלך התפתחות טבעי, וצריך להניח לה לצמוח בעצמה בזמנה הראוי. יש בשיר ביטויים אחרים של געגועים עזים או של תשוקה גדולה, אבל כאן המגמה הפוכה: הניחו לאהבה לבוא מאליה, ואל תלבו אותה מוקדם מדי.

הופעת הבת ותפארת שלמה

פרק ג פס׳ ו–יא

העניין פותח בשבח הבת העולה מן המדבר, אולי לקראת מפגש עם החתן, ועובר לתאר את חופתו המפוארת של שלמה המלך ועטרתו. לשאלה מה מקומו של המלך שלמה כאן אין פתרון חד-משמעי. ייתכן שהדוד העלום אינו אלא המלך שלמה עצמו, ועד כה הילך ברחובות ירושלים כאלמוני וחיזר אחר עלמה כלשהי שאינה יודעת את זהותו.[1] לחלופין, אפשר שהמלך שלמה נזכר כאן רק כרקע לסיפור. כדי להדגיש את פשטות חייהם ואהבתם של הדוד והרעיה הירושלמים, מובאת תמונת הרקע של שלמה המולך בירושלים, והוא מוקף שמירה, הוד והדר.[2] ברובד אחר קראו חז״ל את ׳שלמה׳ הנזכר בשיר השירים ככינוי למלך העליון, הקדוש ברוך הוא, אשר עומד, גם הוא, ברקעה של ההתרחשות.[3]

ו **מִי זֹאת עֹלָה מִן־הַמִּדְבָּר כְּתִימְרוֹת עָשָׁן**, כעמודי עשן זקופים, הנראים במדבר ממרחק?! אלא שאם לעשן יש גם צדדים שליליים, היא **מְקֻטֶּרֶת**, מבושמת **במֹר וּלְבוֹנָה**, בשמים בעלי ריח עז, **וּמִכֹּל** מיני **אַבְקַת**, בשמים כתושים של **רוֹכֵל**. הרוכלים העוברים ממקום למקום בימי קדם וגם בדורות מאוחרים היו מספקים לנשים תמרוקים ותכשיטים.

הרחבות | ׳**שִׁשִּׁים גִּבֹּרִים**׳ המספר שישים נושא משמעות. הוא מופיע בהמשך כמספרן של המלכות, שאף הן כנראה קשורות למלך שלמה (להלן ו,ח ורשב״ם). בדרשות חז״ל ניתנו הסברים שונים למספר הזה: למשל, המלכות זוהו עם שישים המסכתות (ראו שיר השירים רבה ו,ח), ושישים הגיבורים התפרשו כרמז לשישים האותיות שבברכת הכהנים (ראו שם ג,ז).

כאן מתרחשת קפיצה. המלך שלמה, שעד כה נזכר מפורשות רק
בכותרת השיר, מתואר כאן כחלק מהסיפור, כמלך היושב בתוך
עמו: ז **הִנֵּה מִטָּתוֹ שֶׁלִּשְׁלֹמֹה, שִׁשִּׁים גִּבֹּרִים סָבִיב לָהּ**, לאו דווקא
סמוך למיטה ממש אלא בעמדות שמירה במעגלים שונים, **מִגִּבֹּרֵי
יִשְׂרָאֵל.** ח הגיבורים הללו, **כֻּלָּם אֲחֻזֵי חֶרֶב מְלֻמְּדֵי מִלְחָמָה, אִישׁ חַרְבּוֹ
עַל־יְרֵכוֹ מִפַּחַד בַּלֵּילוֹת.** ישנם פחדים אפילו למעלה מעלה אצל המלך
שלמה, ולכן השומרים מקיפים את מיטתו. אין זה רק משמר כבוד
לתפארת המלכות; הגיבורים מגנים על המלך שלמה מפני התקפת
פתע לילית. ט **אַפִּרְיוֹן**, מיטה מפוארת, חופה, **עָשָׂה לוֹ הַמֶּלֶךְ שְׁלֹמֹה**

מימין:
עֹלָה מִן הַמִּדְבָּר
כְּתִימֲרוֹת עָשָׁן
מְקֻטֶּרֶת מוֹר וּלְבוֹנָה
מִכֹּל אַבְקַת רוֹכֵל

עשן הקטורת במשכן
שהקימו ישראל במדבר

משמאל:
לבונה

מלך באפריונו
איור על פי תמשיח
מצרים העתיקה

העולם

מְקֻטֶּרֶת מֹר וּלְבוֹנָה בושם הלבונה נקרא כנראה על שם הגרגירים הלבנבנים־צהבהבים המופקים בייבוש שרף עצי הלבונה ממשפחת הבשמיים (שם מדעי: Boswellia thurifera). העצים גדלים בדרום חצי־האי ערב, סומליה ואתיופיה. (ראו תמונה להלן ד,יד). בימי שלמה גודלו כנראה בעמק הירדן. בלבונה, שהייתה מעלה עשן ריחני בעת שרפתה, השתמשו במנחות במשכן במדבר ובבית המקדש בירושלים. (ראו ויקרא ב,א ו'העולם' שם).

מֹר ראו לעיל א,יג.

מִטָּתוֹ שֶׁלִּשְׁלֹמֹה שִׁשִּׁים גִּבֹּרִים סָבִיב לָהּ עוד בימי קדם שימש משמר המלך הן להגנתו האישית מחמת סכנת המרידה והן כסמל לחשיבות. ייתכן שגם לדוד היה משמר שהורכב משתי קבוצות בנות 30 גיבורים (ראו דברי הימים א' יא ודעת מקרא שם בסיכום הפרק). בימי השלווה של שלמה ביטא משמר גיבוריו כבוד בלבד. גם בימינו נהוג משמר כבוד למלכים ושליטים (לדוגמה, משמר הכבוד של מלכת בריטניה).

שְׁלֹמֹה מֵעֲצֵי הַלְּבָנוֹן: עַמּוּדָיו עָשָׂה כֶסֶף רְפִידָתוֹ זָהָב מֶרְכָּבוֹ י
אַרְגָּמָן תּוֹכוֹ רָצוּף אַהֲבָה מִבְּנוֹת יְרוּשָׁלִָם: צְאֶינָה | וּרְאֶינָה בְּנוֹת יא
צִיּוֹן בַּמֶּלֶךְ שְׁלֹמֹה בָּעֲטָרָה שֶׁעִטְּרָה־לּוֹ אִמּוֹ בְּיוֹם חֲתֻנָּתוֹ וּבְיוֹם
שִׂמְחַת לִבּוֹ: הִנָּךְ יָפָה רַעְיָתִי הִנָּךְ יָפָה עֵינַיִךְ יוֹנִים א ד
מִבַּעַד לְצַמָּתֵךְ שַׂעְרֵךְ כְּעֵדֶר הָעִזִּים שֶׁגָּלְשׁוּ מֵהַר גִּלְעָד: שִׁנַּיִךְ ב

ביאור | **מֵעֲצֵי הַלְּבָנוֹן.** י **עַמּוּדָיו**, רגלי האפריון **עָשָׂה כֶסֶף**, **רְפִידָתוֹ**, ריפודו **מִזָּהָב**, **וּמֶרְכָּבוֹ**, מקום מושבו המוגבה עשוי **אַרְגָּמָן**, אריג צבוע יקר ערך.[4] את האפריון של שלמה שמרו מהתקרבותם של זרים מן החוץ, אך **תּוֹכוֹ רָצוּף**, ממולא **בְּאַהֲבָה מִבְּנוֹת יְרוּשָׁלִָם**, המגיעות אל מיטתו של המלך שלמה.[5] יא **צְאֶינָה וּרְאֶינָה**, **בְּנוֹת צִיּוֹן**, המסמלות כאן את קהל הנוכחים ואת מציאות החיים שמסביב. לכו והביטו **בַּמֶּלֶךְ שְׁלֹמֹה**, **בָּעֲטָרָה שֶׁעִטְּרָה־לּוֹ אִמּוֹ בְּיוֹם חֲתֻנָּתוֹ וּבְיוֹם שִׂמְחַת לִבּוֹ.**

שירי הדוד לכלתו

פרק ד – פרק ה פס׳ א

עד כאן עיקר השיר היה של הרעיה אל דודה ועליו. עכשיו, לקראת התקרבותם, הוא שר לה שירי שבח ותשוקה.

השיר הראשון לרעיה

פרק ד פס׳ א–ז

הדוד משבח את יפי רעייתו בדימויי נוף מגוונים. לקראת סוף השיר הוא מודיע על פירוד פיזי זמני.

דברי השבח אינם תיאורים חיצוניים לחלוטין. הם מתחילים

הרחבות | **המלך שלמה** אם הוא כינוי למלך העליון "שהשלום שלו", הרי שכל התיאור מתייחס אליו. וכך אמרו חכמים: "'ביום חתונתו' – זה מתן תורה, 'וביום שמחת לבו' – זה בניין בית המקדש". (משנה תענית ד,ח). בית המקדש שייך כמובן גם למלך שלמה האיש, והאפריון מזכיר את קודש הקודשים, המקום האינטימי שלִפנַי ולפנים. (ראו שיר השירים רבה). האפריון בנוי מחומרים יקרים ביותר, והוא מלא אהבה של בנות ירושלים, המבטאת את הקשר הזורם מלמטה למעלה. כאן מתוארות התגלויותיו של המלך בתפארתו במהלך ההיסטוריה כמושיע וכמי שבידו גם העתיד.

עטרת חתנים נהוג היה לשים עטרה בראש החתנים ביום חתונתם, אבל המנהג בוטל לאחר חורבן בית המקדש. (ראו משנה סוטה ט,יד). במקומות בודדים היו מניחים בראשו של החתן בזמן החופה את הכתר של ספר התורה, ובין הפוסקים היו דיונים בנוגע למנהג זה. (בשולחן ערוך אורח חיים קנד,י מובא שיש למחות בנוהגים כן).

בחלקי גופה שבהם ניכרת הפנימיות. פרק ד א **הִנָּךְ יָפָה, רַעְיָתִי, הִנָּךְ יָפָה, עֵינַיִךְ** תואמות, חינניות ומשרות רוגע כזוג **יוֹנִים**, והן מציצות **מִבַּעַד לְצַמָּתֵךְ**, תסרוקתך או קווצת השער המונחת בחלקה על פנייך.[1]

ובמסגרת שירו של ה׳ לכנסת ישראל, למהותם של ישראל, התפרש הביטוי עֵינַיִךְ יוֹנִים כרמז לתכונת היונה שמקבלת עול, אינה מתריסה והולכת לכל מקום שהיא נקראת אליו.[2]

שַׂעְרֵךְ כְּעֵדֶר הָעִזִּים שֶׁגָּלְשׁוּ, החליקו **מֵהַר גִּלְעָד** – מקום גידול צאן. העזים היו כמעט תמיד שחורות לגמרי, והן קופצניות ומפוזרות יותר מן הכבשים. זהו תיאור של שער שחור גולש ומתולתל. ב **שִׁנַּיִךְ**

מימין:
עטרת עלים מוזהבים לראש
300-320 לפנה״ס
יוון

משמאל:
זוג יונים

העולם

אַרְגָּמָן שם כולל לחומר צביעה בגוני אדום-סגול שהופק מהחילזון ארגמון חד-קוצים (שם מדעי: Murex brandaris) החי בים התיכון. הנוזל המשמש להכנת צבע הארגמן הופק מחומר ההגנה של החלזונות הנמצא בכמות מזערית בבלוטה שלו. נדרשים אפוא אלפים רבים של חלזונות לצביעת יריעת בד. על פי תעודות קדומות, הצמר שנצבע בארגמן היה יקר פי ארבעים מצמר שנצבע בצבעים אחרים. הארגמן שימש כהנים, מלכים ושרים, ובגלל חשיבותו ומחירו הוטל פיקוח על ייצורו, ונאסר לסחור בו באופן חופשי.

בָּעֲטָרָה שֶׁעִטְּרָה לּוֹ אִמּוֹ בְּיוֹם חֲתֻנָּתוֹ וּבְיוֹם שִׂמְחַת לִבּוֹ בימי קדם נהגו לעטר את ראשי החתן והכלה בעטרות. (ראו משנה סוטה ט,יד ועוד). עטרות חתנים היו עשויות ממתכות יקרות כמו כסף וזהב, אך היו גם עטרות פרחים וקנים. מנהגים דומים מוכרים גם מן העמים השכנים. בתלמוד (שבת פח ע״א) מוזכרים כתרים שעטרו את בני ישראל לכבוד מתן תורה, שאותו דימתה המשנה לחתונת התורה ובני ישראל. (ראו משנה תענית ד,ח).

עֵינַיִךְ יוֹנִים יונת הסלע (שם מדעי: Columba Livia) המצויה בארץ חיה בטרסות, בקרבת בתי מגורים וגם בסלעי ההרים. היונים חיות בזוגות מונוגמיים, ומחליפות בני זוג רק במקרה של מות אחד מבני הזוג. מראה בני הזוג זהה. צבע היונים בעיקרו אפור, ועליו פסים שחורים. ייתכן שכאן הוא מרמז על צבע עיני הרעיה. יונת הבית בויתה מיונת הסלע, והיא דומה לה בתכונותיה ובמראה שלה. גם זוגות יוני הבית מונוגמיים כל ימי חייהם.

עֵדֶר הָעִזִּים שֶׁגָּלְשׁוּ מֵהַר גִּלְעָד הגלעד משתרע מים הכנרת ועד ים המלח בעבר הירדן המזרחי. זהו אזור הררי, עשיר במקורות מים וצמחייה ומתאים למרעה, (ראו במדבר לב,א), אך קשה יחסית לגידולים חקלאיים. שֵׂעָר הרעיה מדומה כאן למראה העזים השחורות הגולשות מן ההר – קווים שחורים על הרקע הבהיר של ההר.

כְּעֵדֶר הַקְּצוּבוֹת שֶׁעָלוּ מִן־הָרַחְצָה שֶׁכֻּלָּם מַתְאִימוֹת וְשַׁכֻּלָה אֵין
בָּהֶם: כְּחוּט הַשָּׁנִי שִׂפְתוֹתַיִךְ וּמִדְבָּרֵיךְ נָאוֶה כְּפֶלַח הָרִמּוֹן רַקָּתֵךְ ג
מִבַּעַד לְצַמָּתֵךְ: כְּמִגְדַּל דָּוִיד צַוָּארֵךְ בָּנוּי לְתַלְפִּיּוֹת אֶלֶף הַמָּגֵן ד
תָּלוּי עָלָיו כֹּל שִׁלְטֵי הַגִּבֹּרִים: שְׁנֵי שָׁדַיִךְ כִּשְׁנֵי עֳפָרִים תְּאוֹמֵי ה
צְבִיָּה הָרֹעִים בַּשּׁוֹשַׁנִּים: עַד שֶׁיָּפוּחַ הַיּוֹם וְנָסוּ הַצְּלָלִים אֵלֶךְ לִי ו
אֶל־הַר הַמּוֹר וְאֶל־גִּבְעַת הַלְּבוֹנָה: כֻּלָּךְ יָפָה רַעְיָתִי וּמוּם אֵין ז

ביאור | **כְּעֵדֶר** הכבשות **הַקְּצוּבוֹת**, המסודרות **שֶׁעָלוּ מִן־הָרַחְצָה**, שהן לבנות ביותר ונקיות. כאשר הכבשים יוצאים מן המים בבת אחת, אפשר לראות עדר שלם שמופיע בהתאמה. כך שִׁנייך – **שֶׁכֻּלָּם מַתְאִימוֹת וְשַׁכֻּלָה**, בודדת, או: חסרה **אֵין בָּהֶם**. ג **כְּחוּט הַשָּׁנִי**, הצבוע בצבע אדום בוהק **שִׂפְתוֹתַיִךְ**. לעתים יש שפתיים נאות מאוד, שברגע שהן נפתחות ומתחילות לדבר מתקלקל כל הרושם, ואילו אצלך **מִדְבָּרֵךְ**, דיבורך **נָאוֶה**, נאה. נוי דיבורך משלים את יופייך הפיזי. **כְּפֶלַח הָרִמּוֹן רַקָּתֵךְ**, צד המצח שליד האוזן, המתגלה **מִבַּעַד לְצַמָּתֵךְ**.

חכמים דרשו את המילה 'רקתך' מלשון ריקים ופוחזים, שאפילו הם מעולים כמו פלח הרימון המלא בגרעינים עסיסיים.[3]

ד **כְּמִגְדַּל דָּוִיד**, שאינו המגדל המכונה כך כעת, אלא מגדל גבוה וישר אחר שהיה בירושלים, ולו מדומה **צַוָּארֵךְ** הארוך והזקוף, **וּבָנוּי לְתַלְפִּיּוֹת**, כבניין מפואר.

זה שבח לעמידתה של הכלה, כנסת ישראל, ולקומתה הזקופה. וחז"ל דרשו זאת על בית המקדש, "תל שכל פיות (המתפללים) פונים בו".[4]

אֶלֶף הַמָּגֵן, אוסף המגִנים הרבים **תָּלוּי עָלָיו** – על המגדל, **כֹּל שִׁלְטֵי**, מגִני[5] **הַגִּבֹּרִים**. הגיבורים שבמבצר היו תולים על המגדל את מגניהם להתרברבות והפגנת כוח.[6] המגדל שתלויים עליו אלף מגִנים משמש דימוי לצוואר הזקוף המעוטר בתכשיטים רבים. ה **שְׁנֵי שָׁדַיִךְ כִּשְׁנֵי עֳפָרִים**, וולדות **תְּאוֹמֵי צְבִיָּה**. תאומים אינם מצויים אצל הצביים והאיילים בתדירות גבוהה. כאשר עופרים תאומים עומדים יחד, הם בולטים לעין בחוטמם השחור, בסביבתם, ובמיוחד כשהם – **הָרֹעִים בַּשּׁוֹשַׁנִּים**. רקע השושנים מוסיף ליופיים. כך נוצרת תבנית

מושלמת. ו בינתיים, **עַד שֶׁיָּפוּחַ**, יזרח, או: ינשוב רוח **הַיּוֹם** החמה,
עד הצהריים **וְנָסוּ הַצְּלָלִים, אֵלֶךְ לִי אֶל־הַר** שבו צומח **הַמּוֹר**[7] **וְאֶל־**
גִּבְעַת הַלְּבוֹנָה, שבהם האוויר מבושם ונעים. הדוד, הרועה בשושנים
ומשוטט בהרים, אומר לרעיה שהוא יוצא לזמן קצר וישוב הביתה
כשהאור והחום יהיו בתוקפם.
והוא מסכם מעין הפתיחה: ז **כֻּלָּךְ יָפָה, רַעְיָתִי, וּמוּם אֵין בָּךְ**. את
מושלמת. בזמן אהבה – בין שזו אהבה אנושית ובין שזו אהבה
אלוקית – לא נראים חסרונות באהובה. גם אם נגלים פה ושם פגמים
ותקלות, אין הם אלא כתמים זמניים וצללים חולפים, והמראה
הכללי נראה שלם.

פלח הרימון

מימין:
תליון ושרשרת בצורת מגני לוחמים
האלף ה-1 לפנה"ס
איראן

משמאל:
שני עופרים

העולם

שָׁנִי צבע אדום בהיר המופק מכנימה. הרבו להשתמש בו לצביעת בדים יוקרתיים, לטהרת מצורע ועוד (ויקרא יד). בתיאור בניין בית המקדש בספר דברי הימים (ב' ב,ו; יג,יד) במקום 'שני' כתובה המלה 'כרמיל', שהוא שמה של הכנימה (רס"ג, רש"י ורד"ק). בערבית הכנימה קרויה קרמז (Kermes), וכך גם בשפות האירופיות. החוקרים מזהים אותה עם כנימת הקוצים. תהליך הפקת הצבע כרוך בייבוש הכנימות, טחינתן ובישולן. הצבע האדום הנאה הוא שבח לשפתי הרעיה.

כֹּל שִׁלְטֵי הַגִּבֹּרִים במחרוזות קדומות היו שוזרים חרוזים צבעוניים וארוכים במערכת שורות. המחרוזות היו מונחות על הצוואר כמערכת מגנים התלויים על חומה או מגדל.

תְּאוֹמֵי צְבִיָּה בארץ חיים שני מיני צבאים: צבי ארצישראלי, המכונה גם צבי מצוי, וצבי המדבר. ייתכן שבעבר חי כאן גם מין צבאים נוסף – הצבי הפרסי (שם מדעי: Gazella subguttur osa), שתפוצתו מחצי־האי ערב ועד למרכז אסיה. הוא היה נפוץ מאוד בירדן ובסוריה. כאשר נקבת הצבי הפרסי בשיא תקופת הפריון שלה, מגיל 3 ועד 8, היא ממליטה תאומים ('החי והצומח בארץ ישראל').

בָּךְ: אִתִּי מִלְּבָנוֹן כַּלָּה אִתִּי מִלְּבָנוֹן תָּבוֹאִי תָּשׁוּרִי ׀ ח
מֵרֹאשׁ אֲמָנָה מֵרֹאשׁ שְׂנִיר וְחֶרְמוֹן מִמְּעֹנוֹת אֲרָיוֹת מֵהַרְרֵי
בְּאַחַת נְמֵרִים: לִבַּבְתִּנִי אֲחֹתִי כַלָּה לִבַּבְתִּנִי באחד מֵעֵינַיִךְ בְּאַחַד ט
עֲנָק מִצַּוְּרֹנָיִךְ: מַה־יָּפוּ דֹדַיִךְ אֲחֹתִי כַלָּה מַה־טֹּבוּ דֹדַיִךְ מִיַּיִן וְרֵיחַ י
שְׁמָנַיִךְ מִכָּל־בְּשָׂמִים: נֹפֶת תִּטֹּפְנָה שִׂפְתוֹתַיִךְ כַּלָּה דְּבַשׁ וְחָלָב יא
תַּחַת לְשׁוֹנֵךְ וְרֵיחַ שַׂלְמֹתַיִךְ כְּרֵיחַ לְבָנוֹן: גַּן ׀ נָעוּל יב
אֲחֹתִי כַלָּה גַּל נָעוּל מַעְיָן חָתוּם: שְׁלָחַיִךְ פַּרְדֵּס רִמּוֹנִים עִם יג

השיר השני לכלה

פרק ד פס׳ ח–יא

בשיר האהבה השני מביע הדוד רגשות ותחושות. האהובה שנקראה קודם ׳רעיה׳, נקראת כאן ׳כלה׳, ואזכוריה נעשים תכופים מאוד.

ביאור | ח **אִתִּי מהר הַלְּבָנוֹן, כַּלָּה, אִתִּי מִלְּבָנוֹן תָּבוֹאִי.** נטייל יחד בלבנון ונשוב. אולי הדוד בא מצפון הארץ. **תָּשׁוּרִי**, תביטי **מֵרֹאשׁ אֲמָנָה, מֵרֹאשׁ שְׂנִיר וְחֶרְמוֹן.** שניר הוא אחד השמות הנרדפים לחרמון, וייתכן שהוא מתייחס לצד אחר של ההר.[8] **מִמְּעֹנוֹת אֲרָיוֹת, מֵהַרְרֵי נְמֵרִים.** מקומות מיוערים אלו היו בעיקרם אדמת בר שבה חיו אריות ונמרים. ארץ הפרא של הלבנון על חיות הטרף השוכנות בה, משמשת רקע ניגודי לכלה המעודנת, כנסת ישראל או הנפש הקדושה.

ט **לִבַּבְתִּנִי**, משכת את לבי ועוררת אותו, **אֲחֹתִי**, אהובתי **כַּלָּה**. **לִבַּבְתִּנִי** אפילו כשאני צופה **בְּאַחַת מֵעֵינַיִךְ** בלבד, ואפילו **בְּאַחַד עֲנָק**, תכשיט או מחרוזת אחת **מִצַּוְּרֹנָיִךְ**, מתכשיטי צווארך. גם כאשר אני מסתכל בך רק מזווית צרה, אני נרגש מאוד.[9]

י **מַה־יָּפוּ דֹדַיִךְ**, תענוגות אהבתך, או: רטיבות פיך, **אֲחֹתִי כַּלָּה**, בין בדמיון בין במציאות.

הרחבות | ׳אחותי׳ הוא ביטוי של אהבה ששימש בפיהם של זוגות מימי קדם ועד השירה המודרנית. גם כשהתואר מופיע במשמעות פורמלית, כמו אברהם שאמר על שרה שהיא אחותו, (ראו בראשית כ,ב), הוא לפעמים ביטוי דו־משמעי שמורה על קשר שאיננו רק קרבת משפחה. גם אצל מלכים שונים בארצות המזרח הקדום נקראה המלכה אחות המלך, בין שהייתה אחותו בפועל – כפי שאירע לא פעם, ובין שלא.

מַה־טֹּבוּ דֹדַיִךְ יותר **מִיַּיִן, וְרֵיחַ שְׁמָנַיִךְ**, אפילו הפשוטים שבהם, טוב
יותר **מִכׇּל־בְּשָׂמִים.** יא **נֹפֶת**, מתק,[10] צוף דבש **תִּטֹּפְנָה שִׂפְתוֹתַיִךְ, כַּלָּה.**
דְּבַשׁ וְחָלָב תַּחַת לְשׁוֹנֵךְ, טעמך מתוק ונעים, **וְרֵיחַ שַׂלְמֹתַיִךְ**, שמלותייך
כְּרֵיחַ לְבָנוֹן, שהוא אזור גשום, דשן ומיוער.[11]

השיר השלישי והזמנתה של הכלה

פרק ד פס׳ יב – פרק ה פס׳ א

בשיר השלישי הדוד מוסיף על קסמה של הכלה את צניעותה ונאמנותה, ובסופו מביע משאלה. אחרי השיר נרמזת התקרבות האהובים במלים קצרות.

יב **גַּן נָעוּל** את, **אֲחֹתִי כַלָּה, גַּל**, מקור מים[12] **נָעוּל, מַעְיָן חָתוּם**, סגור.
אף על פי שיופייך מרהיב, הוא אינו נחלת הכלל. היא מיועדת
לאיש אחד בלבד. יג **שְׁלָחַיִךְ**, ענפייך המסתעפים,[13] מראך החיצוני,
בגדייך וכיסוייך דומים לענפי **פַּרְדֵּס רִמּוֹנִים** שמראהו נאה, **עִם**

מימין: הלבנון

משמאל: החרמון

גַּן נָעוּל

העולם

מֵרֹאשׁ אֲמָנָה מהסמיכות לשניר ולחרמון שבדרום הרי מול הלבנון נראה שגם אמנה היא פסגה בהרי מול הלבנון, ובקרבתה מקור נהר אמנה, המוזכר כאחד מנהרות דמשק (ומקובל לזהותו עם נהר ברדה החוצה את העיר). אמנה נזכרה בשומרית בשם 'אמנום', ועד התקופה הרומית הייתה תחנת דרכים בשם זה. היא זוהתה עם הר זבדאני, השוכן מצפון־מערב לדמשק, וגובהו 1,800 מ׳. נוף האמנה מיוער ומרשים, ובו צוקי סלעים. (אין לזהות את אמנה עם הרי אמנוס שבדרום־מזרח תורכיה).

מֵהַרְרֵי נְמֵרִים הנמר הישראלי, הקטן בעולם, הוא תת־מין של נמר המדבר (שם מדעי: Pantera pardus nimr). הנמר הישראלי הוא טורף שחי בבדידות, ומשקלו 20–30 ק״ג. הוא נפוץ בהרי מדבר יהודה והרי הנגב באזור מצפה רמון.

יד פְּרִי מְגָדִים כְּפָרִים עִם־נְרָדִים: נֵרְדְּ ׀ וְכַרְכֹּם קָנֶה וְקִנָּמוֹן
עִם כָּל־עֲצֵי לְבוֹנָה מֹר וַאֲהָלוֹת עִם כָּל־רָאשֵׁי בְשָׂמִים:
טו טז מַעְיַן גַּנִּים בְּאֵר מַיִם חַיִּים וְנֹזְלִים מִן־לְבָנוֹן: עוּרִי צָפוֹן וּבוֹאִי
תֵימָן הָפִיחִי גַנִּי יִזְּלוּ בְשָׂמָיו יָבֹא דוֹדִי לְגַנּוֹ וְיֹאכַל פְּרִי מְגָדָיו:
ה א בָּאתִי לְגַנִּי אֲחֹתִי כַלָּה אָרִיתִי מוֹרִי עִם־בְּשָׂמִי אָכַלְתִּי יַעְרִי
עִם־דִּבְשִׁי שָׁתִיתִי יֵינִי עִם־חֲלָבִי אִכְלוּ רֵעִים שְׁתוּ וְשִׁכְרוּ

ביאור | **פְּרִי מְגָדִים**, מבורך וטעים, והם ריחניים כמו **כְּפָרִים עִם־נְרָדִים**, מיני בושם.[14] את מקרינה יופי, ערבות ונעימות מכל צד – יד **נֵרְדְּ וְכַרְכֹּם, קָנֶה**, קנה הבושם, **וְקִנָּמוֹן עִם כָּל־עֲצֵי לְבוֹנָה, מֹר וַאֲהָלוֹת**, עצי בושם **עִם כָּל־רָאשֵׁי בְשָׂמִים**, הבשמים מהשורה הראשונה.[15]

מבין אחד-עשר סממני הקטורת שבבית המקדש, שרק ארבעה מהם פורטו בשמותיהם בתורה, רובם ככולם לקוחים מהרשימה הזו.[16]

המסתורין שבכלה לא יישאר סגור לחלוטין תמיד; הוא שמור ומחכה לאחד. טו בתוך הגן הנעול יש **מַעְיַן** שאף שהוא חתום בפני רבים, הוא משמש להשקות **גַּנִּים**, כ**בְאֵר מַיִם חַיִּים** ומחיים **וְנֹזְלִים מִן־לְבָנוֹן**. אין זה פלג קטן אלא מעיין שמקורו בראשי ההרים הפוריים הרחוקים.[17]

טז **עוּרִי**, רוח **צָפוֹן**, **וּבוֹאִי**, רוח **תֵימָן** הדרומית, **הָפִיחִי**, הפיצי ריח **גַנִּי** – הוא כלתי. **יִזְּלוּ**, יתפשטו, או: ייזל השרף של עצי **בְשָׂמָיו**.
שלא כבמקומות רבים בתנ"ך שבהם מדובר על הברית שבין ה' לישראל ועל המחויבות כלפיה, כאן מבוטא הצד הרומנטי. שיר האהבה והשבח המובא כאן מזכיר את ביטויי אהבת הכלולות של ישראל במדבר בפי ירמיהו.[18] ואכן גם השיר הזה הובן כמשל לישראל בצאתם ממצרים. בנקודת ההתחלה הזו היו הבטחה לעתיד, תום ואמונה שהכול יהיה טוב. החתן מתפעל מיופיה המושלם של הכלה ומנאמנותה, והוא ממתין שריחה הטוב יצא למרחקים.

אחרי כל שבחי הדוד, הכלה מקצרת במלותיה הצנועות והמזמינות: **יָבֹא דוֹדִי לְגַנּוֹ וְיֹאכַל פְּרִי מְגָדָיו**. בפניך אין הגן נעול; המעיין פתוח לקראתך.

אחרי ההזמנה הדוד מספר על קורת הרוח שמצא בכלתו המושלמת:

פרק ה א **בָּאתִי לְגַנִּי** המלא בכל טוב – הוא **אֲחֹתִי כַלָּה; אָרִיתִי**, ליקטתי את **מוֹרִי עִם־בְּשָׂמִי; אָכַלְתִּי יַעְרִי**, חלת הדבש שלי **עִם־דִּבְשִׁי; שָׁתִיתִי יֵינִי עִם־חֲלָבִי**.
– **אִכְלוּ רֵעִים, שְׁתוּ וְשִׁכְרוּ דּוֹדִים**. התעלסו באהבים.

מימין:
Saffron crocus
('כרכֹם')
משמאל:
Cinnamomum cassia
('קנמון'?)

מימין:
אֲהָלוֹת
משמאל:
Boswellia thurifera
('עצי לבונה')

יערת דבש

העולם

נרד ראו 'העולם' לעיל א,יב.

כַּרְכֹּם (שם מדעי: Crocus). פרח ריחני שמאז ימי קדם מפיקים ממנו את תבליני הכורכום והזעפרן.

קָנֶה וְקִנָּמוֹן יש הרואים בהם בושם אחד (השבעים) ואפשר שהוא מופק מקליפתו הפנימית של עץ הקינמון הטרופי, Cinnamomum, הגדל במזרח (ראו ירמיה ו,כ: וְקָנֶה הַטּוֹב מֵאֶרֶץ מֶרְחָק). הקליפה מתעגלת בתהליך הייבוש ונראית כקנה. יש שהציעו שהוא אחד הסוגים של העשב Cymbopogpn ממשפחת הדגניים, שעליו מכילים שמנים ארומטיים. אחרים זיהו אותו עם Acorus Calamus, צמח ממשפחת הלופיים ששורשו ריחני (פליקס).

עצי לבונה ראו 'העולם' לעיל ג,ו.

מֹר ראו 'העולם' לעיל א,יג.

אֲהָלוֹת מקובל לזהות צמח זה עם אחד ממיני עץ האלוי ההודי הטרופי Aquilaria, שמקליפתו מופק בושם עז ויקר.

דּוֹדִים׃ אֲנִי יְשֵׁנָה וְלִבִּי עֵר קוֹל ׀ דּוֹדִי דוֹפֵק ב
פִּתְחִי־לִי אֲחֹתִי רַעְיָתִי יוֹנָתִי תַמָּתִי שֶׁרֹּאשִׁי נִמְלָא־טָל קְוֻצּוֹתַי
רְסִיסֵי לָיְלָה׃ פָּשַׁטְתִּי אֶת־כֻּתָּנְתִּי אֵיכָכָה אֶלְבָּשֶׁנָּה רָחַצְתִּי ג
אֶת־רַגְלַי אֵיכָכָה אֲטַנְּפֵם׃ דּוֹדִי שָׁלַח יָדוֹ מִן־הַחוֹר וּמֵעַי הָמוּ ד
עָלָיו׃ קַמְתִּי אֲנִי לִפְתֹּחַ לְדוֹדִי וְיָדַי נָטְפוּ־מוֹר וְאֶצְבְּעֹתַי מוֹר עֹבֵר ה
עַל כַּפּוֹת הַמַּנְעוּל׃ פָּתַחְתִּי אֲנִי לְדוֹדִי וְדוֹדִי חָמַק עָבָר נַפְשִׁי ו
יָצְאָה בְדַבְּרוֹ בִּקַּשְׁתִּיהוּ וְלֹא מְצָאתִיהוּ קְרָאתִיו וְלֹא עָנָנִי׃

געגועי הרעיה

פרק ה פס׳ ב – פרק ו פס׳ ג

כעת הרעיה מספרת על חוויותיה שלה. היא פותחת בסיפור – שאולי אינו אלא סיוט לילי – על החמצתה. היא החמיצה את הפגישה עם האהוב בשל היסוסיה לפתוח את דלתה, ועתה היא מתייסרת, בודדה ומתגעגעת.

ביאור

ב **אֲנִי** הייתי **יְשֵׁנָה** באחד הלילות **וְלִבִּי** היה **עֵר**. בתודעתי המעורפלת משהו בתוכי שמע את **קוֹל דּוֹדִי דוֹפֵק**. מכוחו של הקשר הפנימי עם האהוב, למרות השינה הייתי דרוכה וערנית.

הדוד הדופק קרא אלי מבחוץ: **פִּתְחִי־לִי אֲחֹתִי**, אהובתי, **רַעְיָתִי**, חברתי הקרובה, **יוֹנָתִי תַמָּתִי**, יפתי השלמה, המושלמת. לביטויי החיבה הללו יש צליל של קרבת נפש רגועה ומשפחתית. הכניסי אותי מפני **שֶׁרֹּאשִׁי נִמְלָא־טָל** מהשהייה בחוץ בשעת לילה, **קְוֻצּוֹתַי**, תלתלי מלאים **רְסִיסֵי לָיְלָה**, טיפות טל. אני רטוב מעט, לא נוח לי בחוץ ואני מבקש מחסה.[1]

לא ברור אם הרעיה מתארת כאן התרחשות מציאותית או מספרת על חלום ארוך.[2] בין כך ובין כך היא אמרה לעצמה: ג כבר **פָּשַׁטְתִּי אֶת־כֻּתָּנְתִּי – אֵיכָכָה אֶלְבָּשֶׁנָּה**?! **רָחַצְתִּי אֶת־רַגְלַי** כדי להיכנס למיטה – **אֵיכָכָה אֲטַנְּפֵם** בלכתי על הרצפה לפתוח את הדלת?! היא איננה נענית לקריאה.

הרחבות

׳אני ישנה... דודי דופק׳ לא פעם בהיסטוריה נפתח פתח לצאת ולהשתחרר מעול כלשהו, אבל העם היה מנומנם ולא הגיב. מבחינה מהותית ובעומק הלב – ׳אני לדודי ודודי לי׳, אני בעד הגאולה ובעד החיבור, אבל למעשה – אני עצלה, רוצה לנוח בשלווה ואינני מוכנה לפעולה. בתוך שיר האהבה, על מורדותיו ועליותיו, הדוד והרעיה אינם מפסיקים לרצות זה בזה, אלא שהתנאים החיצוניים אינם מאפשרים להם להיפגש בקלות ולהתאחד, וכך הם נותרים פעמים רבות בגעגועיהם. הדפיקה אכן מעוררת, אבל ההתעוררות אטית מדי, והקריאה כבר פסקה. היה ביקור, הארה שהצריכה תגובה מידית, וכשלא הגיבו לה – פג תוקפה. בעקבות הביקור נותרו תשוקה עזה ותגבורת רצון, אבל ההזדמנות אבדה והפגישה הוחמצה.

ד **דּוֹדִי שָׁלַח**, הושיט[3] את **יָדוֹ מִן הַחוֹר** שבדלת. כאשר הוא הושיט
את ידו, אהבתי התגברה **וּמֵעַי הָמוּ**, קרבַי התהפכו מהתרגשות[4]
עָלָיו. ה על אף חששותי וחשבונותי כאשר הדוד כמעט היה בפנים
לא יכולתי עוד להתאפק – **קַמְתִּי אֲנִי לִפְתֹּחַ לְדוֹדִי, וְיָדַי** המבושמות
נָטְפוּ־מוֹר, המופיע כאן בצורת נוזל. **וְאֶצְבְּעֹתַי** נטפו **מוֹר** ש**עֹבֵר עַל
כַּפּוֹת**, ידיות **הַמַּנְעוּל**. ריחו של המור הנוזלי הורגש גם בחוץ. ו **פָּתַחְתִּי
אֲנִי לְדוֹדִי** ובינתיים, עד שהתלבטתי, התלבשתי, מצאתי את נעלי
והתבשמתי **דוֹדִי חָמַק עָבָר**, הסתלק ונעלם. **נַפְשִׁי יָצְאָה בְדַבְּרוֹ**. כשפנה
אלי קודם, כלתה נפשי מתוך אהבה וגעגועים, ואחרי שפתחתי
את הדלת, והנה הוא נעלם, **בִּקַּשְׁתִּיהוּ וְלֹא מְצָאתִיהוּ, קְרָאתִיו וְלֹא
עָנָנִי.**

כאמור, ייתכן שהרעיה קמה בפועל ממיטתה וייתכן שזהו תיאור חלום ביעותים של אהובה; הדוד לא הופיע באמת באמצע הלילה – שאיננו זמן מקובל לביקורי נימוסין, אבל לבה הער של האוהבת חולם בלהות על החמצה. בסיפור הגדול של הנמשל הדוד הדופק הוא התרחשות ממשית. בין אם מדברים על הנפש הפרטית או על העם, יש זמנים שבהם רוח ישראל או נשמת האדם רדומים, ואז מופיעה קריאה לגאולה, לישועה, ליציאה מהגבולות. קול הדוד קורא: פתחי לי, עכשיו נוכל להיפגש. אולם למרות הרצון הפנימי מתעוררים מכשולים שונים, הקשורים בלבושים חיצוניים, הרגלי נוחות וכדומה, והם מונעים את המפגש, וההזדמנות עוברת.

מימין: טַל... רְסִיסֵי לָיְלָה

משמאל: כף מנעול

העולם

דּוֹדִי שָׁלַח יָדוֹ מִן הַחוֹר נעילת הדלת מבפנים נעשתה בימי התנ"ך בבריח אנכי או אופקי שננעץ במזוזות, במשקוף או בסף ומנע את פתיחת הדלת מבחוץ. החור היה ככל הנראה אמצעי למשיכת דלת שאינה נעולה. בעולם העתיק היה אמנם מנגנון נעילה, שהגישה אליו הייתה באמצעות מפתח ארכובה דרך חור מן החוץ. אולם בארץ ישראל נמצאו כמותו רק בתקופה הרומית.

מְצָאֻנִי הַשֹּׁמְרִים הַסֹּבְבִים בָּעִיר הִכּוּנִי פְצָעוּנִי נָשְׂאוּ אֶת־ ז
רְדִידִי מֵעָלַי שֹׁמְרֵי הַחֹמוֹת: הִשְׁבַּעְתִּי אֶתְכֶם בְּנוֹת יְרוּשָׁלָםִ ח
אִם־תִּמְצְאוּ אֶת־דּוֹדִי מַה־תַּגִּידוּ לוֹ שֶׁחוֹלַת אַהֲבָה אָנִי: מַה־ ט
דּוֹדֵךְ מִדּוֹד הַיָּפָה בַּנָּשִׁים מַה־דּוֹדֵךְ מִדּוֹד שֶׁכָּכָה הִשְׁבַּעְתָּנוּ:
דּוֹדִי צַח וְאָדוֹם דָּגוּל מֵרְבָבָה: רֹאשׁוֹ כֶּתֶם פָּז קְוֻצּוֹתָיו תַּלְתַּלִּים י יא
שְׁחֹרוֹת כָּעוֹרֵב: עֵינָיו כְּיוֹנִים עַל־אֲפִיקֵי מָיִם רֹחֲצוֹת בֶּחָלָב יב
יֹשְׁבוֹת עַל־מִלֵּאת: לְחָיָו כַּעֲרוּגַת הַבֹּשֶׂם מִגְדְּלוֹת מֶרְקָחִים יג

ביאור | לאחר שחיפשתי את הדוד ליד הבית והוא לא נמצא, יצאתי לרחובות. ז שם **מְצָאֻנִי הַשֹּׁמְרִים הַסֹּבְבִים בָּעִיר**, ובראותם אותי מתרוצצת לבד בלילה, אולי לא לבושה לגמרי, **הִכּוּנִי פְּצָעוּנִי**, כנראה ראו בי משוטטת שיש להענישה. **נָשְׂאוּ**, סילקו **אֶת־רְדִידִי**, הבגד המכסה את הראש ואולי גם את הגוף **מֵעָלַי שֹׁמְרֵי הַחֹמוֹת**.

שומרי החומות אינם אויבים בהכרח. הם מופקדים על הסדר הציבורי ומענישים את הרעיה על התנהגותה הבלתי הולמת. ההתעוררות המאוחרת של הנפש הפרטית או של העם כולו דוחפת לעשייה שלא בזמנה ושלא במקומה. מכוח החוויה החזקה אנשים יוצאים מגדרם ומנסים לפעול, אך מעשיהם נתפסים כמוזרים וחריגים. התשוקה אמנם גדולה, ולגעגועים אין פתרון, שכן הדוד היה קרוב מאוד, אלא ששומרי החומות אינם מתחשבים בכל אלה, והם מונעים את שבירת הסדר כמצופה מהם.

ייתכן שרק כאן מגיע החלום לסיומו, ומכאן היא פונה לחברותיה. ח **הִשְׁבַּעְתִּי אֶתְכֶם, בְּנוֹת יְרוּשָׁלָםִ**, והפעם כדי להיחלץ לעזרתי: **אִם** וכאשר **תִּמְצְאוּ אֶת־דּוֹדִי, מַה־תַּגִּידוּ לוֹ**? – אמרו לו **שֶׁחוֹלַת אַהֲבָה אָנִי**. אם קודם לכן הן הושבעו להניח לאהבה להתעורר מאליה, כאן בעקבות דפיקותיו – הממשיות או המדומות – והיעלמותו המאכזבת מתפרצת בה תשוקה רבה. כבר אין בכוחה להסתיר דבר ולהמשיך לשחק את המשחק והיא מבקשת שיספרו לו על אהבתה העזה.

הבנות שואלות אותה: ט **מַה־דּוֹדֵךְ מִדּוֹד, הַיָּפָה בַּנָּשִׁים**? מיהו אהובך? מה סימן ההיכר שלו?
מַה־דּוֹדֵךְ מִדּוֹד שֶׁכָּכָה הִשְׁבַּעְתָּנוּ?
חלק מעניינו של השיר בכל רבדיו הוא שהדוד איננו מוכר. הוא מופיע מדי פעם ונעלם, איש אינו מזהה אותו ואינו יודע מהו מקומו, וברקע מרחפת השאלה עד כמה הוא מציאותי. אין לו כעת קשר פורמלי עם הרעיה. הם נפגשים לעתים רחוקות ובשלב זה של הסיפור אינם מתראים בפומבי.

הרעיה עונה להן: י עור פניו של **דּוֹדִי צַח**, נקי ולבן **וְאָדוֹם**, סמוק, לחייו אדמומיות כאיש צעיר ויפה.[5] הוא **דָּגוּל**, מורם כדגל, נבחר מתוך **רְבָבָה**, רבים מאוד. דודי הוא אחד ויחיד. יא **רֹאשׁוֹ** בנוי ומרשים כמו יצירת **כֶּתֶם פָּז**, זהב מובחר, נדיר ויקר.[6] **קְוֻצּוֹתָיו**, שערותיו **תַּלְתַּלִּים שְׁחֹרוֹת כָּעוֹרֵב**. בדורות ראשונים היה צבע שערותיהם של ישראל שחור בדרך כלל, ולכן השתבח הגבר הצעיר בכך ששער ראשו שחור לגמרי.[7] יב **עֵינָיו** מקרינות יופי, תום ורוגע **כְּיוֹנִים** העומדות **עַל־אֲפִיקֵי**, זרמי **מָיִם**. דימוי למראה פסטורלי של יונים חינניות ושלוות ליד מים שוטפים. שתיית היונים גם מאופיינת בשאיבה,[8] ומקורן משמש להן כקש שתייה הישר אל הוושט, ולא באיסוף מים בפה והשלכתם פנימה בהנעת הראש. זוג יונים שותה נראה תואם באשר אינו משנה את עמידתו ותנועתו. אולי גם מראה זה מפנה את תשומת לבו של הרואה אליהן. עיניו **רֹחֲצוֹת בֶּחָלָב**, דימוי לעיניים הכהות על רקע העור הלבן, **יֹשְׁבוֹת עַל־מִלֵּאת**, כאבני חן משובצות במילואן, שאינן בולטות ואינן שוקעות.[9] יג **לְחָיָו כַּעֲרוּגַת הַבֹּשֶׂם, מִגְדְּלוֹת**, הלחיים הן מקומות גידול **מֶרְקָחִים**, בשמים. בחור מישראל באותם זמנים בוודאי לא התגלח, וכיוון שהוא צעיר – זקנו קצר כצמחי הבושם הקטנים

יונה על מים

יד שִׂפְתוֹתָיו שׁוֹשַׁנִּים נֹטְפוֹת מוֹר עֹבֵר: יָדָיו גְּלִילֵי זָהָב מְמֻלָּאִים
טו בַּתַּרְשִׁישׁ מֵעָיו עֶשֶׁת שֵׁן מְעֻלֶּפֶת סַפִּירִים: שׁוֹקָיו עַמּוּדֵי שֵׁשׁ
טז מְיֻסָּדִים עַל־אַדְנֵי־פָז מַרְאֵהוּ כַּלְּבָנוֹן בָּחוּר כָּאֲרָזִים: חִכּוֹ
ו א מַמְתַקִּים וְכֻלּוֹ מַחֲמַדִּים זֶה דוֹדִי וְזֶה רֵעִי בְּנוֹת יְרוּשָׁלִָם: אָנָה
ב הָלַךְ דּוֹדֵךְ הַיָּפָה בַּנָּשִׁים אָנָה פָּנָה דוֹדֵךְ וּנְבַקְשֶׁנּוּ עִמָּךְ: דּוֹדִי יָרַד
ג לְגַנּוֹ לַעֲרֻגוֹת הַבֹּשֶׂם לִרְעוֹת בַּגַּנִּים וְלִלְקֹט שׁוֹשַׁנִּים: אֲנִי לְדוֹדִי
וְדוֹדִי לִי הָרֹעֶה בַּשּׁוֹשַׁנִּים:

ביאור | בערוגותיהם. **שִׂפְתוֹתָיו** בצבע[10] **שׁוֹשַׁנִּים**, או: רכות, קטיפתיות, ריחניות ונאות כעלי השושן הצחור,[11] **נֹטְפוֹת מוֹר עֹבֵר**, מדיף ריח. יד **יָדָיו** בנויות **כִּגְלִילֵי זָהָב מְמֻלָּאִים בַּתַּרְשִׁישׁ**, כמו יצירת זהב שמשובצת בה אבן יקרה. **מֵעָיו**, בטנו מוצקה ונראית **כְּעֶשֶׁת שֵׁן**, גוש שנהב, **מְעֻלֶּפֶת**, מכוסה[12] **בְּסַפִּירִים**, אבני ספיר.[13] טו **שׁוֹקָיו עַמּוּדֵי שֵׁשׁ**, שיש, **מְיֻסָּדִים**, שנבנו **עַל־אַדְנֵי־פָז**, אדנים מזהב. זו אינה דמות ממשית אלא מעין יצירת פאר. **מַרְאֵהוּ** הכללי **כַּלְּבָנוֹן**, שטח מיוער שהכול צומח בו ושוקק חיים, **בָּחוּר כָּאֲרָזִים** הגדולים והמרשימים הגדלים בלבנון. טז **חִכּוֹ**, פיו **מַמְתַקִּים, וְכֻלּוֹ מַחֲמַדִּים. זֶה דוֹדִי וְזֶה רֵעִי, בְּנוֹת יְרוּשָׁלִָם.**

באהבתה מתארת הכלה-הרעיה את הדוד כשלמות של יופי. בעיניה כל פרט בו נהדר ומושלם. תיאוריה המהללים לא יספקו לזולת נתונים על דמותו הממשית של האהוב כדי לסייע לה למצאו, אבל יש בהם כדי ללמד על יחסה לדוד. תיאור זה זכה בכמה וכמה הסברים אלגוריים.[14] בסופו של דבר, השאלה 'מה דודך מדוד' הופנתה לכנסת ישראל כבר למעלה מאלפיים שנה, ותשובתה היא: אתם אינכם רואים אותו – אולי תכירו אותו כשיתגלה, אבל אנחנו רואים כיצד הוא מושלם ואיננו יכולים שלא לרדוף אחריו ולחפש אותו בכל מקום.

פרק ו א בנות ירושלים עונות במקהלה לבת המחפשת את אהובה:
אָנָה הָלַךְ דּוֹדֵךְ, הַיָּפָה בַּנָּשִׁים?
אָנָה פָּנָה דּוֹדֵךְ? – **וּנְבַקְשֶׁנּוּ עִמָּךְ.** נעזור לך לחפש אחריו.

והיא עונה: ב **דּוֹדִי יָרַד לְגַנּוֹ, לַעֲרֻגוֹת הַבֹּשֶׂם**. אין זו כתובת ברורה, אבל הוא אמור להיות במקום שכולו יופי וניחוחות, לשם ירד כדי **לִרְעוֹת** את צאנו, או את עצמו **בַּגַּנִּים וְלִלְקֹט שׁוֹשַׁנִּים**. והיא מסיימת: ג **אֲנִי לְדוֹדִי וְדוֹדִי לִי**, הוא הדוד **הָרֹעֶה בַּשּׁוֹשַׁנִּים**.

אין הוא אתי עכשיו, לא מפני שברח או התחמק מחוסר רצון בי. בלי ספק אנחנו שייכים זה לזו, והקשר בינינו מתמיד, אלא שלעת עתה הוא הלך לגנו, ואולי יביא אתו שושנים.

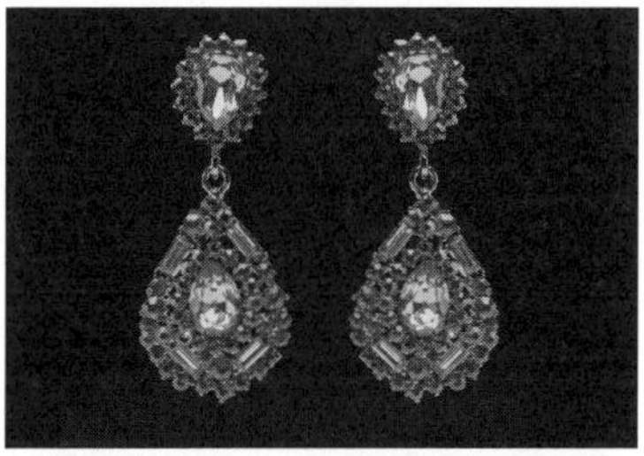

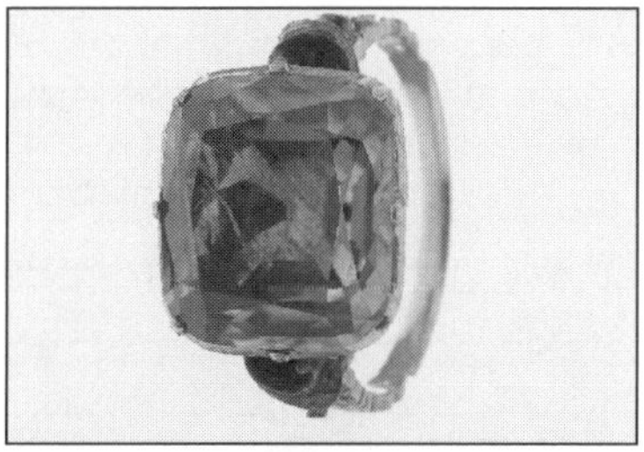

מימין: אקוומרין ('תרשיש'?)

משמאל: כריזוליט ('תרשיש'?)

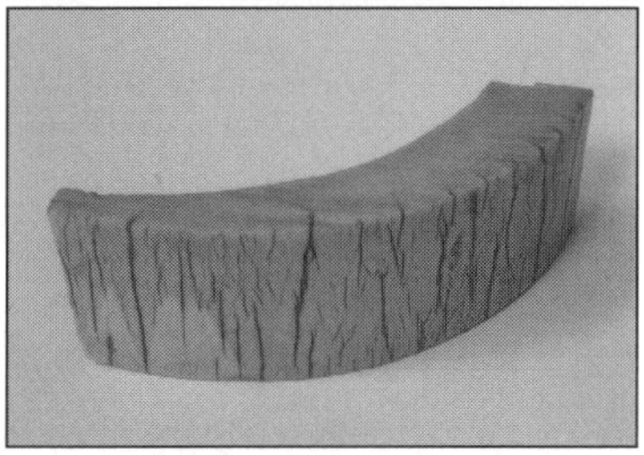

מימין: גוש שנהב ('עשת שן')

משמאל: עֲרֻגוֹת הַבֹּשֶׂם

שִׂפְתוֹתָיו שׁוֹשַׁנִּים אם זהו תיאור של צבע השפתיים, צבעו של השושן אדום, והואיל וכך אין לזהותו עם השושן הצחור הגדל בארץ, אלא עם הוורד. אולם ייתכן שהדימוי אינו מתייחס לצבע שפתי הדוד אלא לצורתן, ואז הולם הזיהוי עם השושן הצחור. כיוצא בזה מתוארת תבנית שפתו המעוצבת של אחד מכלי המקדש כְשְׂפַת כּוֹס פֶּרַח שׁוֹשָׁן (מלכים א' ז,כו) – עגולה ומדויקת. (ראו ראב"ע כאן; הקדמת הפירוש המיוחס לרמב"ן לשיר השירים: "קבלנו כי הוא הצמח הנקרא 'לידי' ויש לו ששה עלים").

סַפִּיר אחד הסוגים של המינרל קורונדום, שדרגת הקושי שלו גבוהה, והוא משמש אבן חן כחולה בתכשיטים. לעתים מינרל זה מופיע בצבעים אחרים, כגון אדום, ואז הוא מכונה אודם או רובי.

העולם

ד יָפָה אַתְּ רַעְיָתִי כְּתִרְצָה נָאוָה כִּירוּשָׁלָ͏ִם אֲיֻמָּה כַּנִּדְגָּלוֹת:
ה הָסֵבִּי עֵינַיִךְ מִנֶּגְדִּי שֶׁהֵם הִרְהִיבֻנִי שַׂעְרֵךְ כְּעֵדֶר הָעִזִּים שֶׁגָּלְשׁוּ
ו מִן־הַגִּלְעָד: שִׁנַּיִךְ כְּעֵדֶר הָרְחֵלִים שֶׁעָלוּ מִן־הָרַחְצָה שֶׁכֻּלָּם
ז מַתְאִימוֹת וְשַׁכֻּלָה אֵין בָּהֶם: כְּפֶלַח הָרִמּוֹן רַקָּתֵךְ מִבַּעַד לְצַמָּתֵךְ:
ח ט שִׁשִּׁים הֵמָּה מְלָכוֹת וּשְׁמֹנִים פִּילַגְשִׁים וַעֲלָמוֹת אֵין מִסְפָּר: אַחַת
הִיא יוֹנָתִי תַמָּתִי אַחַת הִיא לְאִמָּהּ בָּרָה הִיא לְיוֹלַדְתָּהּ רָאוּהָ
י בָנוֹת וַיְאַשְּׁרוּהָ מְלָכוֹת וּפִילַגְשִׁים וַיְהַלְלוּהָ: מִי־
זֹאת הַנִּשְׁקָפָה כְּמוֹ־שָׁחַר יָפָה כַלְּבָנָה בָּרָה כַּחַמָּה אֲיֻמָּה
יא כַּנִּדְגָּלוֹת: אֶל־גִּנַּת אֱגוֹז יָרַדְתִּי לִרְאוֹת בְּאִבֵּי הַנָּחַל לִרְאוֹת

שירי שבח והתקרבות של הדוד והרעיה

פרק ו פס׳ ד – פרק ז

דברי החיבה של הרעיה והדוד מתלהטים והולכים. נראה שהתיאורים והדימויים הולכים ונעשים גלויים ונועזים יותר משום שרגש הקִרבה מתעצם. בני-הזוג עומדים ומשתאים נוכח האהבה ההדדית – שאינה מובנת מאליה. אף שהאהבה לא הגיעה לכלל מימוש שלם, אין להם ספק בעצם קיומה. על אף הפירודים הזמניים, ההיעלמויות והעכבות, הם בטוחים בקשר [?] ביניהם.

ביאור

לאחר דברי הרעיה לבנות ירושלים בחיפושיה אחר אהובה, מגיעים דברי הדוד, שמן הסתם לא נשמעו באוזניה ישירות. פסוקים מעין אלה כבר הופיעו קודם לכן: ד **יָפָה אַתְּ, רַעְיָתִי, כְּתִרְצָה**, עיר לא גדולה בארץ אפרים, שהייתה בזמן מסוים בירת ממלכת ישראל.[1] ייתכן שגם בגלל יופיה נבחרה לבירה. **נָאוָה**, נאה אַתְּ **כִּירוּשָׁלָ͏ִם**, המתוארת כעיר יפה ביותר,[2] **וַאֲיֻמָּה**, יוצאת מן הכלל, פלאית ומפעימה,[3] **כַּנִּדְגָּלוֹת**, כמו דגלים, כמו יצירות מיוחדות המתנוססות לראווה, או: כגדודים מפוארים.[4] ה **הָסֵבִּי**, הפני את **עֵינַיִךְ מִנֶּגְדִּי**, אל תסתכלי בי, **שֶׁהֵם** – עינייך, כלומר מבטיהן **הִרְהִיבֻנִי**, מעוררים את גאוותי וזחיחות דעתי או מגבירים את רגשותי.[5] **שַׂעְרֵךְ** השחור גולש ומתולתל **כְּעֵדֶר הָעִזִּים שֶׁגָּלְשׁוּ מִן־הַגִּלְעָד**. ו **שִׁנַּיִךְ כְּעֵדֶר הָרְחֵלִים שֶׁעָלוּ מִן־הָרַחְצָה, שֶׁכֻּלָּם מַתְאִימוֹת** זו לזו **וְשַׁכֻּלָה אֵין בָּהֶם**. כל השִׁניים שלמות ויפות. אין ביניהן בולטות וגדולות. ז **כְּפֶלַח הָרִמּוֹן**, שהוא עגול ויפה, **רַקָּתֵךְ מִבַּעַד לְצַמָּתֵךְ**, מקלעת או קווצת שער הנתונה על קדמת הפנים והצדעיים.

ח **שִׁשִּׁים הֵמָּה מְלָכוֹת**, נשות שלמה המלך הנושאות בתואר רשמי, **וּשְׁמֹנִים – פִּילַגְשִׁים**, בעלות מעמד קבוע של נשים חצי רשמיות,

ובקרבתו גם **עֲלָמוֹת אֵין מִסְפָּר**. ייתכן שזהו שיר שהושר על שלמה המלך או שירו של המלך עצמו, מן הסתם בצעירותו.[6] ט ולמרות הנשים הרבות של שלמה – **אַחַת הִיא יוֹנָתִי תַמָּתִי**. היא מעל כולן. **אַחַת הִיא לְאִמָּהּ**, אין בת כמוה, **בָּרָה**, נקייה וטהורה **הִיא לְיוֹלַדְתָּהּ**. **רָאוּהָ בָנוֹת וַיְאַשְּׁרוּהָ**, הבנות הרואות אותה מהללות ומחזקות אותה, **מְלָכוֹת וּפִילַגְשִׁים** ראו אותה – **וַיְהַלְלוּהָ**.

המשך שבח הכלה: י **מִי־זֹאת הַנִּשְׁקָפָה**, מופיעה מרחוק זוהרת **כְּמוֹ הַשָּׁחַר** העולה, **יָפָה כַלְּבָנָה**, **בָּרָה**, צחה וזורחת **כַּחַמָּה**. אלה תיאורים הדרגתיים של אור. השחר הוא אור ראשון עדין מאוד; אור הלבנה איננו עז והוא נעים ונקי, ולבסוף – זריחת החמה.[7] **אֲיֻמָּה כַּנִּדְגָּלוֹת**, מדהימה.

את הדברים הבאים אפשר לייחס לשני הצדדים, אבל מסתבר שהם דברי הרעיה:[8] יא **אֶל־גִּנַּת אֱגוֹז יָרַדְתִּי, לִרְאוֹת בְּאִבֵּי**, ניצנים,[9] **פֵּרוּת**

מימין:
נחל תרצה

משמאל:
שחר

מימין:
אגוז באביב
לפני הבשלתו

משמאל:
תמרים לפני הבשלתם
('אִבֵּי הנחל'?)

העולם

תִּרְצָה עיר חשובה בנחלת מנשה, מזוהה עם תל פארעה כ-10 ק"מ מצפון-מזרח לשכם. העיר שולטת על הדרכים המובילות משכם אל מעברת הירדן שליד אדם ואל בית-שאן. תולדותיה של תרצה משתקפות גם בממצא הארכיאולוגי. לידה מעיין גדול, עין אל פארעה. העיר מוגנת בוואדיות משלושה כיוונים. נופה הנאה, הירוק ועשיר במים, ומקומה האסטרטגי הצדיקו את בחירתה כעיר בירתה של ממלכת ישראל. לאחר שנחרבה במרד בנו במקומה את העיר שומרון, המוגנת יותר.

אִבֵּי הַנָּחַל המלה אֵב מתבארת בדרך כלל כצמח רענן וצעיר, (ראו רש"י שמות ט,לא). לפי ביאור מקובל זה מדובר כאן בצמחים הגדלים על גדות הנחל. פירוש אחר מציע כי משמעה של המלה נָחַל כאן הוא עץ הדקל, על דרך הערבית (نخلة), (והדבר מתבאר יפה גם בבמדבר כד,ו). לפי פירוש זה האִבִּים הם התמרים בשלב גידול מוקדם שלהם, על דרך הארמית (וראו גם איוב ח,יב), ופסוקנו מדבר בארבעה עצי פרי: אגוז, תמר, גפן ורמון. (ראו דעת מקרא על פי י' פליקס).

יב הֲפָרְחָה הַגֶּפֶן הֵנֵצוּ הָרִמֹּנִים: לֹא יָדַעְתִּי נַפְשִׁי שָׂמַתְנִי מַרְכְּבוֹת
ז א עַמִּי נָדִיב: שׁוּבִי שׁוּבִי הַשּׁוּלַמִּית שׁוּבִי שׁוּבִי וְנֶחֱזֶה־בָּךְ מַה־
ב תֶּחֱזוּ בַּשּׁוּלַמִּית כִּמְחֹלַת הַמַּחֲנָיִם: מַה־יָּפוּ פְעָמַיִךְ בַּנְּעָלִים בַּת־
ג נָדִיב חַמּוּקֵי יְרֵכַיִךְ כְּמוֹ חֲלָאִים מַעֲשֵׂה יְדֵי אָמָּן: שָׁרְרֵךְ אַגַּן
הַסַּהַר אַל־יֶחְסַר הַמָּזֶג בִּטְנֵךְ עֲרֵמַת חִטִּים סוּגָה בַּשּׁוֹשַׁנִּים:
ד ה שְׁנֵי שָׁדַיִךְ כִּשְׁנֵי עֳפָרִים תָּאֳמֵי צְבִיָּה: צַוָּארֵךְ כְּמִגְדַּל הַשֵּׁן עֵינַיִךְ
בְּרֵכוֹת בְּחֶשְׁבּוֹן עַל־שַׁעַר בַּת־רַבִּים אַפֵּךְ כְּמִגְדַּל הַלְּבָנוֹן צוֹפֶה

ביאור | או צמחים רעננים[10] של **הַנָּחַל**, **לִרְאוֹת הֲפָרְחָה הַגֶּפֶן**, לראות אם **הֵנֵצוּ הָרִמֹּנִים**. זוהי תקופת האביב, שבה הולכים אל הגינה ולנחל וצופים בראשית הצמיחה והפריחה.

פירושים רבים זיהו את תקופת ראשית הצמיחה הזו עם יציאת מצרים. הדבר מסתבר בין אם מדובר בשיר שלו או בשיר שלה.[11]

יב אני משתאה ומשתוממת על החוויה, כאילו **לֹא יָדַעְתִּי**, אינני מכירה את **נַפְשִׁי** במצב לא ראלי זה, הדומה לחלום או לשכרות. נפשי **שָׂמַתְנִי**, אני מרגישה את עצמי **מַרְכְּבוֹת** של **עַמִּי נָדִיב**, כינוי מכבד המתאים לאהוב.[12]

חלק מהשיר נאמר בזמן שהבנות מחוללות יחד ושרות ליפהפייה שבהן: פרק ז א **שׁוּבִי שׁוּבִי**, חזרי אלינו לריקוד, או: הסתובבי, **הַשּׁוּלַמִּית**, המושלמת, מסתבר שאין זה שם פרטי. **שׁוּבִי שׁוּבִי, וְנֶחֱזֶה־בָּךְ**.

והתשובה: **מַה**, למה **תֶּחֱזוּ בַּשּׁוּלַמִּית כִּמְחֹלַת הַמַּחֲנָיִם**, במחול קבוצות הרוקדות?!

מצד אחד, השולמית מופיעה עם כולן; ומצד שני, היא יוצאת דופן. בין שהכוונה לכנסת ישראל ביחס לאומות או שזו הנשמה הקדושה שמתעלה למעלה, פונים אליה מתוך הערצה גדולה.

כעת מתואר יופיה בפרוטרוט, והפעם מכף רגל ועד ראש: ב **מַה־יָּפוּ פְעָמַיִךְ**, פסיעותייך[13] או רגלייך[14] **בַּנְּעָלִים**, **בַּת־נָדִיב**, בת אצילים. **חַמּוּקֵי**, עיגולי **יְרֵכַיִךְ** הם **כְּמוֹ חֲלָאִים**, תכשיטים **מַעֲשֵׂה יְדֵי אָמָּן**. מבנה ירכייך מושלם כמו יצירת אמנות. ג **שָׁרְרֵךְ**, טבורך הוא כמו **אַגַּן**, קערה, ספל **הַסַּהַר**, הירח במילואו. וכיוון שהוא נראה כמו כלי, **אַל־יֶחְסַר** בו

הַמָּזֶג. ראוי למלא אותו במשקה. יש לשער שבזמן שבנות רוקדות יחד הן עשויות להיות לא לגמרי לבושות. **בִּטְנֵךְ** בכללה מעוגלת, חלקה וסימטרית כ**עֲרֵמַת חִטִּים** בגורן. **סוּגָה**, גדורה **בַּשּׁוֹשַׁנִּים**, ביטוי המרמז על שימור ועל יופי כאחד.[15] ד **שְׁנֵי שָׁדַיִךְ** הם **כִּשְׁנֵי עֳפָרִים תָּאֳמֵי צְבִיָּה**. הדימוי בנוי הן על החיבה והן על המראה והמבנה של שני עופרים תאומים. ה **צַוָּארֵךְ** זקוף, לבן ונאה **כְּמִגְדַּל הַשֵּׁן**, שנהב. **עֵינַיִךְ** כמו **בְּרֵכוֹת בְּחֶשְׁבּוֹן** – עיר עתיקה בעבר הירדן, שהייתה בירה עוד לפני שנכנסו ישראל לארץ. ייתכן שהיו בה שתי ברכות גדולות **עַל־שַׁעַר בַּת־רַבִּים**. אולי הברכות התאומות הללו היו במקום ציבורי.[16] מכל מקום זהו דימוי לעיניים גדולות, עמוקות ושלוות. **אַפֵּךְ**, יש שפירושו: מצחך,[17] ישר **כְּמִגְדַּל הַלְּבָנוֹן** שצוֹפֶה, משקיף על **פְּנֵי דַמָּשֶׂק**,

מימין:
הֵנֵצוּ הָרִמֹּנִים

משמאל:
חֲלָאִים מַעֲשֵׂה יְדֵי אָמָּן
שרשרת עשויה חוליות זהב
התקופה הרומית
מצרים

מימין:
עֲרֵמַת חִטִּים
אחרי הדיש

משמאל:
מגדל דוד

העולם

חַמּוּקֵי יְרֵכַיִךְ כְּמוֹ חֲלָאִים מַעֲשֵׂה יְדֵי אָמָּן המלה 'חֶלְיָה' או 'חֲלִי' היא ככל הנראה תכשיט עגול. החלי נזכר בצד הנזם גם בספר משלי (כה,ב). היו שקשרו בינו לבין המלה 'חוליה' בלשון חכמים – חלק משרשרת או חרוז (רש"י ואחרים). לחלופין אפשר לקשור מלה זו למלה אכדית דומה המציינת חלציים. לפי זה הדוד משבח את מבנה אבריה של רעייתו הראויים ללידה.

חֶשְׁבּוֹן עיר חשובה בגבול נחלות שבטי גד וראובן (יהושע יג,יז). מקובל לזהותה עם חורבת חסבאן היושבת על דרך המלך על הרכס הנישא מעל מישור מידבא, כ-20 ק"מ מדרום-מערב לרבת עמון. על פי יוספוס פלביוס, חשבון עברה תחת כמה ידיים במלחמות שונות, והייתה נתונה תחת שלטון ישראל בתקופת החשמונאים. מכאן עולה שהעיר הייתה מוכרת בישראל. (ראו עוד רמב"ן במדבר לב,לח). אמנם סביבתה פורייה, אך הואיל ושכנה בגבול המדבר, צריך היה להוביל אליה את מי החורף מהוואדיות ולאגרם בברכות.

ו פְּנֵי דַמָּשֶׂק׃ רֹאשֵׁךְ עָלַיִךְ כַּכַּרְמֶל וְדַלַּת רֹאשֵׁךְ כָּאַרְגָּמָן מֶלֶךְ אָסוּר
ז ח בָּרְהָטִים׃ מַה־יָּפִית וּמַה־נָּעַמְתְּ אַהֲבָה בַּתַּעֲנוּגִים׃ זֹאת קוֹמָתֵךְ
ט דָּמְתָה לְתָמָר וְשָׁדַיִךְ לְאַשְׁכֹּלוֹת׃ אָמַרְתִּי אֶעֱלֶה בְתָמָר אֹחֲזָה
י בְּסַנְסִנָּיו וְיִהְיוּ־נָא שָׁדַיִךְ כְּאֶשְׁכְּלוֹת הַגֶּפֶן וְרֵיחַ אַפֵּךְ כַּתַּפּוּחִים׃ וְחִכֵּךְ
יא כְּיֵין הַטּוֹב הוֹלֵךְ לְדוֹדִי לְמֵישָׁרִים דּוֹבֵב שִׂפְתֵי יְשֵׁנִים׃ אֲנִי לְדוֹדִי
יב יג וְעָלַי תְּשׁוּקָתוֹ׃ לְכָה דוֹדִי נֵצֵא הַשָּׂדֶה נָלִינָה בַּכְּפָרִים׃ נַשְׁכִּימָה
לַכְּרָמִים נִרְאֶה אִם־פָּרְחָה הַגֶּפֶן פִּתַּח הַסְּמָדַר הֵנֵצוּ הָרִמּוֹנִים

ביאור | ניכר למרחוק.[18] ו **רֹאשֵׁךְ** עומד **עָלַיִךְ** והוא הדור ואולי גם מתולתל[19] **כַּכַּרְמֶל**, הר המלא בצמחייה, **וְדַלַּת**, קווצת השער שעל **רֹאשֵׁךְ**, תלתלייך מסודרים בקפידה ועומדים באופן מרשים וברכּות כלשונות של **אַרְגָּמָן**, שבשל ערכן הגבוה ונדירותן הן נשמרות בצורה מסודרת ומפוארת.[20] **מֶלֶךְ**, הראש[21] **אָסוּר**, קשור **בָּרְהָטִים**, סרטים ושרשרות בתכלית היופי והשלמות.

אחרי תיאור הכלה, שהוא אינטימי הרבה יותר מקודמיו, מובאים מכאן ואילך ביטויי האהבה ההדדיים של הדוד והרעיה: ז **מַה־יָּפִית וּמַה־נָּעַמְתְּ אַהֲבָה בַּתַּעֲנוּגִים**. כמה יופי ונעימות יש בתחושת האהבה בתענוגים. באהבה יש עליות וירידות, והיא עשויה לכלול חלומות, שאיפות ומועקות. אבל אהבה בתענוגים היא אהבה המגיעה לידי הגשמה.

שיר הקִרבה של הדוד: ח **זֹאת קוֹמָתֵךְ דָּמְתָה לְתָמָר**, שהוא עץ יפה ותמיר, **וְשָׁדַיִךְ** דומים **לְאַשְׁכֹּלוֹת** תמרים. מכבדות התמר הנושאות פרות צומחות סמוך לצמרת העץ, ומכאן הדימוי לשדיים. ט מכיוון שקומתך דמתה לתמר, **אָמַרְתִּי** בלבי: **אֶעֱלֶה בְתָמָר**, **אֹחֲזָה בְּסַנְסִנָּיו**, ענפיו,[22] בסיס הענפים הנשארים על העץ,[23] או: מכבדות.[24] **וְיִהְיוּ־נָא שָׁדַיִךְ כְּאֶשְׁכְּלוֹת הַגֶּפֶן**, **וְרֵיחַ אַפֵּךְ** נעים **כַּתַּפּוּחִים**, י **וְחִכֵּךְ**, טעם נשיקותייך **כְּיֵין הַטּוֹב** שהוֹלֵךְ **לְדוֹדִי**, לתענוגי האהבה שלי, או: לפי[25] **לְמֵישָׁרִים**, בנועם, **וּדוֹבֵב**, מעורר לדבר[26] **שִׂפְתֵי יְשֵׁנִים**. דימויים אלו מבטאים את הרצון להתקרב ולהתאחד.

הרעיה עונה לדודה ולמשאלותיו: יא **אֲנִי** משתוקקת, או: נתונה

לְדוֹדִי, וְעָלַי תְּשׁוּקָתוֹ. והיא ממשיכה בחלום שלה: יב **לְכָה, דוֹדִי, נֵצֵא** שנינו לבד אל **הַשָּׂדֶה, נָלִינָה בַּכְּפָרִים**. אין זו בהכרח משאלה שמנסים להגשים. דיבורי האהבה הללו בכל דרגותיהם נועדו לבטא את עומק הרגש והתשוקה. יג **נַשְׁכִּימָה לַכְּרָמִים, נִרְאֶה אִם** כבר **פָּרְחָה הַגֶּפֶן**, אם **פִּתַּח**, נפתח, התחיל[27] **הַסְּמָדַר**. פריחת הגפן איננה מרשימה, אך היא ניכרת לעין, ואחריה מתחיל להתפתח הסמדר – פרי הגפן הקטנטן בתחילת התפתחותו. נראה אם **הֵנֵצוּ**, הוציאו ניצן, **הָרִמּוֹנִים**. מדובר

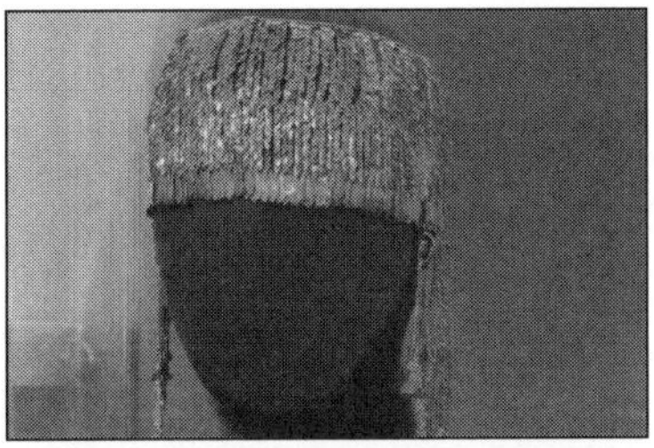

מימין:
הר הכרמל

משמאל:
אָסוּר בָּרְהָטִים
תכשיטים וגדילים לראש
המחצית הראשונה של האלף השני לפנה"ס
טרויה, יוון

מימין:
עצי תמר

משמאל:
סנסני תמר

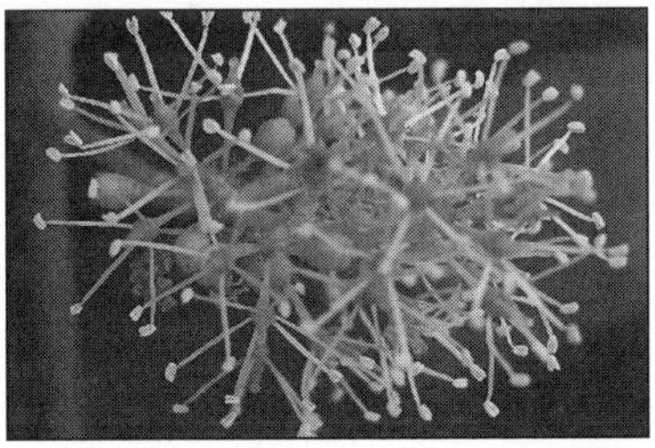

מימין:
אֶשְׁכְּלוֹת הַגֶּפֶן

משמאל:
פָּרְחָה הַגֶּפֶן פִּתַּח הַסְּמָדַר
בין האבקנים נראים הענבים הזעירים

מֶלֶךְ אָסוּר בָּרְהָטִים יש משערים שייתכן כי המלה מֶלֶךְ כאן באה מהמלה malu באכדית, שפירושה קווצת שערות שאינן מסורקות. דומה לה המלה היוונית μαλλου (mallu), המציינת תלתל של צמר ושער. לאור זה פורשה המלה רְהָטִים במשמע קורות. השֵׂער הטבעי מסודר כמו האריג הנתון בנול. (ראו תמונה).

העולם

פָּרְחָה הַגֶּפֶן פִּתַּח הַסְּמָדַר הֵנֵצוּ הָרִמּוֹנִים לאחר תחילת האביב, שבו הנצו פרחי השדה, והופיעו הזמיר והתור (לעיל ב,יא), מגיע עיצומו של האביב, וסופו בפריחת הגפן והרימון. אפשר להבחין בנשירת עלי הכותרת המאוחים והסגורים של פרחי הגפן, הסמדר, ובשחרור האבקנים והעלי להפריה עצמית או להפריה על ידי הרוח והחרקים. פריחתו של הרימון נאה במיוחד.

שָׁם אֶתֵּן אֶת־דֹּדַי לָךְ: הַדּוּדָאִים נָתְנוּ־רֵיחַ וְעַל־פְּתָחֵינוּ כָּל־ יד
מְגָדִים חֲדָשִׁים גַּם־יְשָׁנִים דּוֹדִי צָפַנְתִּי לָךְ: מִי יִתֶּנְךָ כְּאָח לִי יוֹנֵק א ח
שְׁדֵי אִמִּי אֶמְצָאֲךָ בַחוּץ אֶשָּׁקְךָ גַּם לֹא־יָבוּזוּ לִי: אֶנְהָגְךָ אֲבִיאֲךָ ב
אֶל־בֵּית אִמִּי תְּלַמְּדֵנִי אַשְׁקְךָ מִיַּיִן הָרֶקַח מֵעֲסִיס רִמֹּנִי: שְׂמֹאלוֹ ג
תַּחַת רֹאשִׁי וִימִינוֹ תְּחַבְּקֵנִי: הִשְׁבַּעְתִּי אֶתְכֶם בְּנוֹת יְרוּשָׁלָםִ מַה־ ד
תָּעִירוּ ׀ וּמַה־תְּעֹרְרוּ אֶת־הָאַהֲבָה עַד שֶׁתֶּחְפָּץ: מִי ה

ביאור | בתקופת האביב, הזמן שבו מתחילים הרימונים להוציא את פרחיהם, שהם ללא ספק פרחים מרשימים ביופיים. **שָׁם** – בתוך השלווה והיופי של הכרם **אֶתֵּן אֶת־דֹּדַי**, אהבי **לָךְ**.

תיאורי האביב שבשיר רומזים גם ליציאת מצרים, שכן חג הפסח חל בעונה זו. יש חובה מיוחדת לזכור שהיציאה ממצרים – שהיא האביב של ישראל כעם – אירעה בחודש שבו הטבע כולו פורח ומבטיח הבטחות לעתיד.[28]

יד כעבור זמן **הַדּוּדָאִים נָתְנוּ־רֵיחַ**. אם אלה הדודאים המזוהים בשם זה כיום, הם אינם נותנים את ריחם הנעים בעונת האביב. הם מגיעים להבשלה בערך חודש וחצי לאחר מכן, בזמן קציר החיטים. מכאן שהאמור כאן מתייחס לזמן ניכר לאחר ההזמנה. **וְעַל־פְּתָחֵינוּ** ניחוחות **כָּל־מְגָדִים**, יבול טוב ומתוק, **חֲדָשִׁים**, שצמחו עכשיו, **גַּם־יְשָׁנִים**. את

הרחבות | **מיני אהבה** בין אם מדובר בשיר של הנפש כלפי הקדוש ברוך הוא או בזוג נאהבים אחר, האהבה בסיפור מתחילה בתור רצון רחוק, וכעת האהובה מעוניינת לעבור לשלב מעשי יותר ולמסד את הקשר. רגשות האהבה והגעגועים מתפרצים וחומקים חליפות, והקשר המבוסס עליהם מעורפל. מכיוון שהרגש פרטי ואישי, אין הוא יכול להגיע לידי קביעות, ואי־אפשר להפגינו ברבים. החלוקה בין מיני האהבה השונים מבוטאת במקומות אחדים בספר גם באמצעות שימוש בתארים מתחלפים. יש הבדל בין 'יונתי תמתי' לבין 'אחותי' או 'אחי'. הראשונה היא אהבה מתוך בחירה, שעשויה להיות נלהבת, לוהטת ואולי אף פיוטית, אבל אין ביטחון בהמשכיותה. השנייה היא רגש קבוע, יציב ומיושב כדוגמת קשר הדם שבין אחים. בשלב מסוים ייתכן שיתעורר רצון לעבור מן האהבה הבוערת, שצריך להיזהר שלא להעיר ולעורר אותה בטרם עת, לאהבה של קביעות, שנבנות בה מסגרות יציבות.

'מה תעֹררו את האהבה עד שתחפץ' העיקרון הזה שב ומופיע בספר. גם כשהאהבה הדדית וברורה, אין מועילים לה אמצעים מלאכותיים, הבלטות והדגשים חיצוניים, שיתוף אנשים אחרים בפטפוטים ובסיפורים עליה. במידה מסוימת עירור חיצוני של הרגש והמרצתו יכולים להפריע או לעכב את ייצוב האהבה. מעבר לכך, בבקשה שלא לעורר את האהבה מוקדם מדי טמון ביטחון פנימי שהאהבה אכן קיימת ושהיא חזקה, ועל כן אין צורך לדאוג לה ולנסות לקרב את נושאיה זה לזה. אל לכן, בנות ירושלים, להיטפל לעניין הזה שכל כולו ביני לבין אהובי.

כל המתק, החדש עם הישן, **דּוֹדִי, צָפַנְתִּי לָךְ.**

כאן למעשה מגיע לסיומו מהלך שהתפתח בסיפור כולו. האהבה מתגלית כאן בשיאה, כאשר הדוד מתאר את אהובתו שכולה יפה וחיננית, והיא עונה לעומתו שהמציאות כולה בשלה ומוכנה למימוש אהבתם, והכול מחכה רק לו.

אהבת הרֵעים לקראת התמסדות

פרק ח

בעניין האחרון השירה היא אותה שירה, והאהבה אותה אהבה, אבל אפשר לזהות כאן חידוש. סיום הספר מתקדם לקראת שינויים ניכרים בקשר שבין הדוד והרעיה. תיאורי האהבה הפתוחה, שאינה ממוסדת ושאינה ברורה לגמרי, הולכים ומקבלים כאן ציור מעשי הרבה יותר, כמעט משפטי. בעניין מובעות גם כמה תובנות באשר לאהבה ולרגש הקנאה הנלווה אליה.

אם עד כה תוארה אהבה שאינה מוגבלת במקום ובזמן – האוהבים נמצאים בכל מקום ובשום מקום. בדבריה הבאים של האהובה
מובע רצון להפוך את הקשר ליציב וממוסד יותר: פרק ח א **מִי יִתֶּנְךָ,**
הלוואי שהיית **כְּאָח לִי, יוֹנֵק שְׁדֵי אִמִּי,** כי אז **אֶמְצָאֲךָ בַחוּץ אֶשָּׁקְךָ,**
גַּם לֹא־יָבֻזוּ לִי, שהרי נישוק אח קטן לעיני כול אינו נתפס כמעשה
בלתי מכובד. הלוואי שיכולתי לגלות את אהבתי אליך באופן טבעי
גם בחוץ. ב או-אז בלי בושה **אֶנְהָגְךָ,** הייתי מובילה אותך **וַאֲבִיאֲךָ**
אֶל־בֵּית אִמִּי תְּלַמְּדֵנִי, המלמדת אותי.[1] שם **אַשְׁקְךָ מִיַּיִן הָרֶקַח,** יין
מבושם, **מֵעֲסִיס רִמֹּנִי.**

עוד אני חולמת: ג **שְׂמֹאלוֹ** נמצאת **תַּחַת רֹאשִׁי וִימִינוֹ תְּחַבְּקֵנִי** מתוך
קרבה גדולה ואהבה. ד ועם זאת, **הִשְׁבַּעְתִּי אֶתְכֶם, בְּנוֹת יְרוּשָׁלָםִ,**
מַה, אם **תָּעִירוּ וּמַה,** ואם **תְּעֹרְרוּ אֶת־הָאַהֲבָה עַד שֶׁתֶּחְפָּץ.** אל תאיצו
את התהליך. הניחו לאהבה להתפתח מעצמה.

דודאים

הַדּוּדָאִים נָתְנוּ רֵיחַ פֵּרות הדודא הרפואי (שם מדעי: Mandragora autumnalis) המצוי בארץ מבשילים בתקופת קציר חיטים. אלו הם פרות כתומים עזי צבע ועזי ריח. הדודא פורח בחורף עד האביב בפריחה סגולה במרכזה של שושנת עלים השרועה על האדמה. הפרות אכילים, אך עליו, שורשיו וזרעיו רעילים. לדודא יוחסו סגולות רפואיות, וברפואה העממית הוא נחשב מסייע לפריון.

העולם

זֹאת עֹלָה מִן־הַמִּדְבָּר מִתְרַפֶּקֶת עַל־דּוֹדָהּ תַּחַת הַתַּפּוּחַ
עוֹרַרְתִּיךָ שָׁמָּה חִבְּלַתְךָ אִמֶּךָ שָׁמָּה חִבְּלָה יְלָדַתְךָ: שִׂימֵנִי ו
כַחוֹתָם עַל־לִבֶּךָ כַּחוֹתָם עַל־זְרוֹעֶךָ כִּי־עַזָּה כַמָּוֶת אַהֲבָה
קָשָׁה כִשְׁאוֹל קִנְאָה רְשָׁפֶיהָ רִשְׁפֵּי אֵשׁ שַׁלְהֶבֶתְיָה: מַיִם רַבִּים ז

ביאור | גם בקטע הבא, הנפתח מפיו של צד שלישי כביכול, מודגש הקשר מהיבט מוסדר יותר: ה **מִי זֹאת עֹלָה מִן־הַמִּדְבָּר** כשהיא **מִתְרַפֶּקֶת**, צמודה ונשענת[2] **עַל־דּוֹדָהּ**?

הלוא זוהי הרעיה, האומרת לו: **תַּחַת** עץ **הַתַּפּוּחַ** פגשתי אותך **ועוֹרַרְתִּיךָ** כשישנת, או: עוררתי את אהבתך בי. **שָׁמָּה חִבְּלַתְךָ**, הרתה אותך, או: נתקפה חבלי לידה[3] **אִמֶּךָ, שָׁמָּה חִבְּלָה יְלָדַתְךָ**, מי שילדה אותך. צל התפוח הוא מוצאו של הדוד, ושם נקודת המפגש שלו עם רעייתו.

קודם ביקשה הבת להביא את אהובה מן החוץ אל בית אמה, ואילו כעת היא הבאה מן המדבר, המקום שאינו מוגדר, ומתרפקת על מקום יצירתו של דודהּ. היא מגיעה למקום הוריו ומזכירה את משפחתו, גם אם אין היא נפגשת עם הוריו בפועל.

בחוויית אהבת הנפש כלפי הבורא, זהו הרצון להגיע לקרבה גדולה יותר, להתעלות ממופעים חיצוניים ומן המזדמן אל המקור, אל הבסיס הפנימי והמהותי.

ושוב היא מביעה משאלה: ו **שִׂימֵנִי כַחוֹתָם**, חותמת, אביזר אישי שבעיקר השתמשו בו גברים שהיה צמוד בטבעת או נתלה על הצוואר **עַל־לִבֶּךָ**, כיוצא בזה – **כַּחוֹתָם עַל־זְרוֹעֶךָ**. תן אותי כחותמך, שהוא חפץ אישי שאינו מועבר. כלומר, אני רוצה קשר קבוע ועמוק.

זהו ביטוי נוסף לחיזוק היחסים ומיסודם. אם קודם לכן עמדו בני-הזוג זה מול זה, כשזה מחזר אחרי זה ולעתים נעלם אחד מהם, נחבא או העדיף להישאר עם עצמו – כעת הרעיה מוסרת את כל

הרחבות | **שַׁלְהֶבֶתְיָה** כמו באשר למלה 'הללויה', לא הייתה תמימות דעים אם זו מלה אחת או שתיים – שלהבת יה. מסתבר, כפי שהתקבל בפועל (על פי דעת המדקדק בן אשר), שמדובר במלה אחת בעלת סיומת דקדוקית (ללא מפיק), ומשמעותה שלהבת אדירה, כדוגמת המילה מַאְפֵּלְיָה (ירמיה ב,לא), שאין פירושה מאפל של ה' אלא אולי צורה מודגשת ומוגדלת של שם עצם (רד"ק דברי הימים א' יב,כג. וראו עוד רש"י וראב"ע; פסחים קיז ע"א; באור הגר"א אבן העזר קכט סקנ"ב).

כולה לאהובה. היא מוותרת על קיומה העצמי הנפרד ומבקשת להיצמד לאהובה כטבעת.

אולם גם צד שני למטבע – **כִּי־עַזָּה כַמָּוֶת אַהֲבָה.** באהבה יש עוצמה יתרה והעזה. בצד הנעימות והעונג שבאהבה שבוטאו שוב ושוב קודם, יש באהבה גם צד אפל, שאותו מדגיש הדימוי למוות. כשם שהמוות בולע הכול ואי-אפשר לדחותו, כך אי-אפשר להיחלץ מרגש האהבה; וכמו המוות אף הוא טוטלי ובלתי הפיך. **קָשָׁה כִשְׁאוֹל קִנְאָה.** אין מדובר כאן בקנאה שהיא כאב בהצלחתו של האחר, אלא בקנאה שהיא תביעת בלעדיות על מושא האהבה. זוהי קנאה שכרוכה באהבה שאין מושאה יכול להיות משותף לרבים. היא מתעוררת כאשר אדם איננו מסכים לחלוק את מושא אהבתו עם אחרים. קנאה כזו היא רגש עמוק שקשה לשאת אותו.
את הקנאה הכרוכה באהבת ה' התובעת מסירות, שהרי אֵין עוֹד מִלְּבַדּוֹ,[4] אומות העולם מתקשות להבין. בעיני ישראל הקשר עם ה' אינו רק הקשר החשוב ביותר, אלא הוא הדבר היחידי שיש לו חשיבות. רגש זה קשה כשאול משום שהוא מוחלט וחסר פשרות.

רְשָׁפֶיהָ, הניצוצות של האהבה הם **רִשְׁפֵּי אֵשׁ**, והם מסוגלים להכאיב ואף לכַלות. היא **שַׁלְהֶבֶתְיָה**, שלהבת אדירה. ז אם האהבה היא

התפוח

שִׂימֵנִי כַחוֹתָם עַל לִבֶּךָ, כַּחוֹתָם עַל זְרוֹעֶךָ. החותם היה אביזר אישי יקר. השתמשו בו בעיקר לחתימה ואישור חוזים או חוקים. החותם הוצמד לטבעת על האצבע או נתלה על הצוואר. את החותם היו משקעים ומגלגלים בחומר רך, המתקשה אחר כך ושומר על המוטבע בו, כמו דונג או טין.

העולם

לֹא יוּכְלוּ לְכַבּוֹת אֶת־הָאַהֲבָה וּנְהָרוֹת לֹא יִשְׁטְפוּהָ אִם־יִתֵּן
אִישׁ אֶת־כָּל־הוֹן בֵּיתוֹ בָּאַהֲבָה בּוֹז יָבוּזוּ לוֹ׃ אָחוֹת ח
לָנוּ קְטַנָּה וְשָׁדַיִם אֵין לָהּ מַה־נַּעֲשֶׂה לַאֲחֹתֵנוּ בַּיּוֹם שֶׁיְּדֻבַּר־
בָּהּ׃ אִם־חוֹמָה הִיא נִבְנֶה עָלֶיהָ טִירַת כָּסֶף וְאִם־דֶּלֶת הִיא ט
נָצוּר עָלֶיהָ לוּחַ אָרֶז׃ אֲנִי חוֹמָה וְשָׁדַי כַּמִּגְדָּלוֹת אָז הָיִיתִי י
בְעֵינָיו כְּמוֹצְאֵת שָׁלוֹם׃ כֶּרֶם הָיָה לִשְׁלֹמֹה בְּבַעַל הָמוֹן נָתַן יא
אֶת־הַכֶּרֶם לַנֹּטְרִים אִישׁ יָבִא בְּפִרְיוֹ אֶלֶף כָּסֶף׃ כַּרְמִי שֶׁלִּי לְפָנָי יב

ביאור

אהבת אמת, **מַיִם רַבִּים לֹא יוּכְלוּ לְכַבּוֹת אֶת** אש **הָאַהֲבָה**, **וּנְהָרוֹת לֹא יִשְׁטְפוּהָ**. גם **אִם־יִתֵּן אִישׁ אֶת־כָּל־הוֹן בֵּיתוֹ** בשביל לרכוש **אַהֲבָה** – **בּוֹז יָבוּזוּ לוֹ**. באמצעות מחוות, מתנות והפגנת רגש אפשר לרכוש ידידות וקרבה מסוימת, אבל לא רגש של אהבה.

אמנם הידידים והמכרים ידעו על האהבה בין הדוד והרעיה, אבל מהות הקשר ביניהם עדיין אינה ברורה לאיש. עכשיו הגיעה השעה לדון במיסוד היחסים. תחילה מדברים אחיה של הבת: ח **אָחוֹת לָנוּ קְטַנָּה**, צעירה מדי, **וְשָׁדַיִם אֵין לָהּ**. אין היא מפותחת מספיק. ובכן, **מַה־נַּעֲשֶׂה לַאֲחֹתֵנוּ בַּיּוֹם שֶׁיְּדֻבַּר־בָּהּ** בענייני שידוכים ונישואין? כיוון שעדיין אינה בשלה לנישואין, כיצד נפעל לנוכח הצעת נישואין שתבוא? כמה זמן נוכל לדחות אותה? כעת עולה גם שאלת אופיה של האחות. כל זמן שהיא ילדה קטנה המתרוצצת בחוץ, שרה ורוקדת, האחים אינם מודעים למעשיה; עכשיו, שבאים לדבר בה נכבדות, מן הראוי לברר זאת. ט **אִם־חוֹמָה**, שמורה, צנועה וכשרה **הִיא** – **נִבְנֶה עָלֶיהָ טִירַת**, מצודת **כָּסֶף**, נקשט אותה בתכשיטים בולטים. **וְאִם־דֶּלֶת הִיא**, שנפתחת לפעמים – **נָצוּר עָלֶיהָ**, נקבע בה **לוּחַ אָרֶז**, שיחזיק את הדלת שלא תיפתח על ידי כל אחד,[5] שהרי כבר אין היא קטנה מאוד.

עונה להם הבת: י ראשית, **אֲנִי חוֹמָה** ולא דלת, ושנית, **שָׁדַי כַּמִּגְדָּלוֹת**.

הרחבות

'אם יתן איש את כל הון ביתו באהבה בוז יבוזו לו' לעתים נדמה שאם אדם רק ירבה במחיר, הוא יוכל לקנות כמעט כל דבר. אולם הון גדול ככל שיהיה איננו קונה אהבה. כאשר נראה שעולה בידו של מישהו לקנות אהבה – למעשה הוא קונה לכל היותר גוף. יתרה מזו, קשר אהבה חזק שיש בו בלעדיות, וממילא קנאה, אין אדם יכול לוותר עליו ולמכרו. מצד אחד, אי־אפשר לכבותו, לנתקו ולמחוק אותו; ומן הצד השני, אי־אפשר להמיר או להעריך אותו.

יש לי שדיים, אלא שאתם לא שמתם לב כמה גדלתי. **אָז** – במצב זה **הָיִיתִי בְעֵינָיו** – בעיני האהוב, שאולי נמצא כרגע בחדר השני, **כְּמוֹצְאֵת שָׁלוֹם**. אהובי כבר יודע שמצאתי את שלומי בבחירתי בו. אל לכם להתלבט לגבי. אני כבר בשלה מוסרית, גופנית ונפשית להיכנס למסגרת נישואין, ואף מצאתי את שלמותי ואושרי.

וכדברי רקע להמשך דברי הבת – יא **כֶּרֶם הָיָה לִשְׁלֹמֹה** המלך **בְּבַעַל הָמוֹן**, שם מקום. **נָתַן** שלמה **אֶת־הַכֶּרֶם לַנֹּטְרִים**, לשומרים שיטפלו בו. כל **אִישׁ** מהם **יָבִא בְּפִרְיוֹ**, יכניס מיבולו של הכרם הכנסה יפה – **אֶלֶף כָּסֶף**.

בקטע סמלי זה הכרם הוא דימוי לאשה,[6] וכאן הכוונה לאחות הקטנה. שלמה הוא מעין אפוטרופוס על הבת. הוא הדמות הקרובה ביותר לאב, הנעלם מכל הספר, והוא שמטיל את אחריות הכרם, הבת הקטנה, על האחים. הם מקבלים שכרם בעין יפה באמצעות עבודות שונות שהם מטילים על הילדה.[7] בנמשל, אפשר לראות את עם ישראל ככרם שבזמן שהוא ממלא את הייעוד שהציב לו בעליו, רווחיו מתחלקים בין האומות, אם אמנם אלו יֵדעו להעריך את הכרם ולגלות אחריות כלפיו.

עכשיו הבת שכבר רואה עצמה גדולה, ומחליטה בעצמה על אודות כרמה: יב **כַּרְמִי שֶׁלִּי לְפָנָי**, ובכוונתי להביאו לאהובי, כלומר

מימין:
תכשיט בצורת חומה
או טירה
המאה ה-2 לסה"נ
רומא

משמאל:
כרם

טִירַת כָּסֶף בלשון המקרא והמשנה טירה היא גדר או מעקה נמוך המקיפים מתחם (ראו בראשית כה,טז; יחזקאל מו,כג; משנה כלים ה,ג ועוד). רק בתקופות מאוחרות טירה הפכה לשם נרדף לארמון ומבצר. ניתן אפוא לפרש שטִירַת כָּסֶף היא תכשיט, כמו 'עיר של זהב' הנזכרת כמה פעמים במשנה (שבת ו,א; עדויות ב,ז; כלים יא,ח).

העולם

בַּעַל הָמוֹן לא זוהה מקום בשם זה. ייתכן שהכוונה לעיבוד הכרם על ידי קבלן בעל הון (ראו קהלת ה,ט) שהשביחו. יש משערים, כי מדובר כאן בבעל חרמון שבמורדות החרמון (ראו שופטים ג,ג), מקום שקרקעו פורייה וגשומה, והיא מצמיחה גפנים משובחות עד היום. לפי התרגום הארמי ורש"י 'בעל המון' זו ירושלים, שבה התכנס המון עם בייחוד בפסח, חג האביב.

יג הָאֶלֶף לְךָ֙ שְׁלֹמֹ֔ה וּמָאתַ֖יִם לְנֹטְרִ֥ים אֶת־פִּרְיֽוֹ׃ הַיּוֹשֶׁ֣בֶת בַּגַּנִּ֗ים
יד חֲבֵרִ֛ים מַקְשִׁיבִ֥ים לְקוֹלֵ֖ךְ הַשְׁמִיעִֽנִי׃ בְּרַ֣ח ׀ דּוֹדִ֗י וּֽדְמֵה־לְךָ֤ לִצְבִי֙
אֹ֚ו לְעֹ֣פֶר הָֽאַיָּלִ֔ים עַ֖ל הָרֵ֥י בְשָׂמִֽים׃

ביאור | להינשא לו. במסגרת העסקה יחולקו רווחי הכרם – **הָאֶלֶף לְךָ, שְׁלֹמֹה** ה'אפוטרופוס', **וּמָאתַיִם** יינתנו **לְנֹטְרִים אֶת־פִּרְיוֹ.**

מתחילתו עסק השיר כולו באהבה, בגעגועים ובחיפושים הדדיים. עכשיו, כשבני-הזוג מעוניינים לבנות קשר קבוע יותר, נוצרים גדרים לאהבה. הכלה כאן היא הנפש הפרטית או כנסת ישראל המתגעגעת והמבקשת להתחתן. בהקשר זה כבר דרשו חכמים: "'ביום חתונתו' – זו מתן תורה, ו'ביום שמחת לבו' – זה בניין בית המקדש".[8] אהבה בין הקדוש ברוך הוא וישראל הייתה גם קודם לכן, אבל הקשר לא היה יציב. מתן תורה היה החתונה משום שבו נוצר קשר יציב מחייב; ושמחת הלב באה כאשר לבני-הזוג נמצא מקום להיות בו יחדיו, כשה' שוכן בתוך ישראל או בתוך הנפש. גם בתחומי הנפש וגם בדרכה של האומה נשאלות אותן שאלות, אמנם בסגנון אחר, שעולות כאן לפני שידוך: מיהי הכלה? האם היא ראויה? האם היא בשלה לנישואין או שעליה להמתין עוד כמה שנים? האם היא נאמנה ואמינה? יתרה מזו, כל זמן שמדובר בקשר אהבה ספונטני, אין בו תשלומים, ואולם קשר קבוע כרוך בהסכמים, מחיר והתחייבויות. מסתבר ששלמה המלך הגדול איננו זקוק לתשלומים אלו, אבל על מנת שההסכם ייגמר, הגיעה השעה שבה צריכה הכלה לוותר על חלק מנחלתה ולתת את כרמה שלה כנדוניה.

בכל הדיבורים הללו האהוב לא נכח. עתה, משהחליטה הבת על נישואיה, פונה אליה החתן המיועד: אַת, יג **הַיּוֹשֶׁבֶת בַּגַּנִּים**, ש**חֲבֵרִים מַקְשִׁיבִים לְקוֹלֵךְ**, כפי שהוכחת בדיבורייך אל האחים – **הַשְׁמִיעִנִי.** ברצוני להיפגש אתך ולשמוע את קולך הערב.[9]

והיא עונה: אמנם מימוש הקשר קרוב מתמיד, אבל טרם הגיע הזמן. יד עכשיו **בְּרַח, דּוֹדִי, וּדְמֵה־לְךָ לִצְבִי אוֹ לְעֹפֶר הָאַיָּלִים עַל הָרֵי בְשָׂמִים.** אהבתי מובטחת לך. כולי נתונה לך. מעתה אתה יכול לקפץ על ההרים ולהתבשם מניחוחם. אני יודעת שתשוב.

רות

מבוא לרות

את סיפורה של מגילת רות אפשר לתאר כמין אידיליה. הוא מתרחש בקהילה יהודית שלווה למדי בתקופת השופטים – תקופה נידחת בתולדות ישראל, שאין בה סערות עולמיות, ולא מתחולל בה שום מאורע הטעון במשמעות ייחודית. גם אם בבסיס ההתרחשויות של המגילה אין תמיד נחת והרמוניה, רוגע ואהבה נסוכים עליה. דמויותיה מאופיינות לא בעשיית המעשים הראויים אלא בבחירותיהן האישיות לפעול בחסד ובתעצומות נפש זו כלפי זו.

עיקרה של המגילה הוא סיפורן הפרטי של החמות והכלה שנדדו בעולם בחוסר כול, ולבסוף הגיעו למנוחה, שלום, ברכה ושלווה. רק משפטיה האחרונים של המגילה, המציינים כיצד יצאה מרות שושלת המלוכה בישראל, הופכים את העלילה מסיפור אנושי פרטי שאירע במואב ובבית-לחם, לרצף מאורעות בעל משמעות כלל-לאומית. הסיום מראה גם כיצד ה' מוביל את המאורעות בעולם בטפחו אדם משולי החברה – גיורת מואבייה – עד כדי כך שממנו תצמח מלכות ישראל. כך תיאר זאת דוד המלך עצמו, שהמגילה מסתיימת בהזכרת שמו ושאליו היא מובילה: אֶבֶן מָאֲסוּ הַבּוֹנִים הָיְתָה לְרֹאשׁ פִּנָּה.[1]

1. תהלים קיח,כב.

א וַיְהִי בִּימֵי שְׁפֹט הַשֹּׁפְטִים וַיְהִי רָעָב בָּאָרֶץ וַיֵּלֶךְ אִישׁ מִבֵּית לֶחֶם
ב יְהוּדָה לָגוּר בִּשְׂדֵי מוֹאָב הוּא וְאִשְׁתּוֹ וּשְׁנֵי בָנָיו: וְשֵׁם הָאִישׁ
אֱלִימֶלֶךְ וְשֵׁם אִשְׁתּוֹ נָעֳמִי וְשֵׁם שְׁנֵי־בָנָיו ׀ מַחְלוֹן וְכִלְיוֹן אֶפְרָתִים
ג מִבֵּית לֶחֶם יְהוּדָה וַיָּבֹאוּ שְׂדֵי־מוֹאָב וַיִּהְיוּ־שָׁם: וַיָּמָת אֱלִימֶלֶךְ
ד אִישׁ נָעֳמִי וַתִּשָּׁאֵר הִיא וּשְׁנֵי בָנֶיהָ: וַיִּשְׂאוּ לָהֶם נָשִׁים מֹאֲבִיּוֹת

משפחת אלימלך במואב

פרק א פס׳ א–ה

סיפור מגילת רות פותח בירידתה של משפחת אלימלך מבית-לחם למואב מחמת הרעב. את המשפחה הגולה פקדה שרשרת אסונות, ובסופם נותרה האשה, נעמי, לבדה.

מוצאו של העם המואבי היה קרוב לשורשיו של עם ישראל. אבי העם, מואב, היה בנו של לוט, בן אחי אברהם אבינו. מכתובות עתיקות ששרדו עולה שהלשון המואבית הייתה קרובה מאוד לשפה העברית. משפחת אלימלך היגרה בתוך מרחב תרבותי כללי אחד למרות השוני הפנימי בין העמים.

ביאור | פרק א א **וַיְהִי בִּימֵי שְׁפֹט הַשֹּׁפְטִים, וַיְהִי רָעָב בָּאָרֶץ** בעקבות מחסור בגשמים, ובעקבותיו – **וַיֵּלֶךְ אִישׁ** בעל נכסים ובעל עמדה[1] **מִבֵּית לֶחֶם** שבנחלת **יְהוּדָה** העיר הסמוכה לירושלים, שנקראה כך כדי להבחין בינה לבין בית-לחם שבגליל,[2] **לָגוּר** באופן ארעי **בִּשְׂדֵי מוֹאָב**, שכן שם שרר מצב נוח יותר, **הוּא וְאִשְׁתּוֹ וּשְׁנֵי בָנָיו.** ב **וְשֵׁם הָאִישׁ** היה **אֱלִימֶלֶךְ**, **וְשֵׁם אִשְׁתּוֹ נָעֳמִי**, **וְשֵׁם שְׁנֵי־בָנָיו מַחְלוֹן וְכִלְיוֹן**, **אֶפְרָתִים**, ממשפחת אפרתה שהיה מצאצאי חור,[3] שעל שמו נקרא האזור הסמוך לבית-לחם,[4] **מִבֵּית לֶחֶם יְהוּדָה**, **וַיָּבֹאוּ** לִ**שְׂדֵי־מוֹאָב וַיִּהְיוּ־שָׁם** במשך זמן מה. ג **וַיָּמָת**

הרחבות | **׳ימי שפֹט השופטים׳** בתקופה זו, שבה מדבר ספר שופטים, הייתה חלוקת העם לשבטים ולמשפחות דומיננטית למדי, אף שהעם היה יחידה אחת. אמנם בתקופת השופטים היו מפעם לפעם חיכוכים עם אויבים, אך לא פרצה בה מלחמה כוללת כנגד מעצמות. באותה עת נשמרו התורה והמצוות כפי המסורת שהייתה בידי העם. עם זאת, מסיפורי ספר שופטים המשתרעים על פני תקופה ארוכה זו, נושבות רוחות רעות של מוסר מעוות, עליבות דתית ולאומית ואף זוועות אנושיות לא מעטות.

מחלון וכליון ייתכן שסיפורה של משפחת אלימלך נרמז בספר דברי הימים (א׳ ד,כב), אך שמות האנשים שם שונים. מתוך ההשוואה עולה השאלה אם מחלון וכליון היו שמותיהם האמתיים או כינויים שניתנו להם לאחר שמתו בצעירותם. השם מחלון עשוי להתפרש גם במשמעויות חיוביות כמו השמות מחלי (שמות ו,יט), ואחלי (דברי הימים א׳ ב,לא), שפירושם תכשיט (ראו למשל משלי כה,יב), או מתיקות (כהוראת השורש בערבית. ומשם ׳חלווה׳); אבל השם כליון נושא מטען שלילי מובהק יותר. (ראו ראב״ע על אתר; בבא בתרא צא ע״ב; רות רבה ב,ה. אכן, כפי שיתברר בהמשך, מכליון לא נשאר זכר, ואילו שמו של מחלון הוקם והתפאר על ידי אלמנתו, רות).

אֱלִימֶלֶךְ אִישׁ, בעלה של **נָעֳמִי** בזמן ששהו במקום, **וַתִּשָּׁאֵר הִיא וּשְׁנֵי בָנֶיהָ** בשדה מואב. ד **וַיִּשְׂאוּ לָהֶם** שני הבנים **נָשִׁים מֹאֲבִיּוֹת**, בנות המקום.

בית-לחם יהודה
ושדי מואב

בית-לחם
איור
1894

הרי מואב
מבט ממצוקי דרגות

העולם

בֵּית לֶחֶם יְהוּדָה מזוהה עם הגבעה המשתרעת מכיכר העיר בית-לחם של ימינו מזרחה (כ-9 ק"מ מדרום לירושלים, כ-1.5 ק"מ ממזרח לדרך האבות העוברת על גב ההר). ייתכן ששם העיר ניתן לה בשל המישורים הפוריים ממזרח לה, שגידלו בהם חיטה ושעורה. לבית-לחם קראו גם אפרת על שם אֶפְרָתָה אֲבִי בֵּית לָחֶם (דברי הימים א' ד,ד).

שֵׁם הָאַחַת עָרְפָּה וְשֵׁם הַשֵּׁנִית רוּת וַיֵּשְׁבוּ שָׁם כְּעֶשֶׂר שָׁנִים׃
ה וַיָּמֻתוּ גַם־שְׁנֵיהֶם מַחְלוֹן וְכִלְיוֹן וַתִּשָּׁאֵר הָאִשָּׁה מִשְּׁנֵי יְלָדֶיהָ
ו וּמֵאִישָׁהּ׃ וַתָּקָם הִיא וְכַלֹּתֶיהָ וַתָּשָׁב מִשְּׂדֵי מוֹאָב כִּי שָׁמְעָה
ז בִּשְׂדֵה מוֹאָב כִּי־פָקַד יהוה אֶת־עַמּוֹ לָתֵת לָהֶם לָחֶם׃ וַתֵּצֵא
מִן־הַמָּקוֹם אֲשֶׁר הָיְתָה־שָׁמָּה וּשְׁתֵּי כַלֹּתֶיהָ עִמָּהּ וַתֵּלַכְנָה בַדֶּרֶךְ
ח לָשׁוּב אֶל־אֶרֶץ יְהוּדָה׃ וַתֹּאמֶר נָעֳמִי לִשְׁתֵּי כַלֹּתֶיהָ לֵכְנָה שֹּׁבְנָה
אִשָּׁה לְבֵית אִמָּהּ יַעֲשֶׂה יהוה עִמָּכֶם חֶסֶד כַּאֲשֶׁר עֲשִׂיתֶם עִם־ יַעַשׂ
ט הַמֵּתִים וְעִמָּדִי׃ יִתֵּן יהוה לָכֶם וּמְצֶאןָ מְנוּחָה אִשָּׁה בֵּית אִישָׁהּ
י וַתִּשַּׁק לָהֶן וַתִּשֶּׂאנָה קוֹלָן וַתִּבְכֶּינָה׃ וַתֹּאמַרְנָה־לָּהּ כִּי־אִתָּךְ
יא נָשׁוּב לְעַמֵּךְ׃ וַתֹּאמֶר נָעֳמִי שֹׁבְנָה בְנֹתַי לָמָּה תֵלַכְנָה עִמִּי הַעוֹד־
יב לִי בָנִים בְּמֵעַי וְהָיוּ לָכֶם לַאֲנָשִׁים׃ שֹׁבְנָה בְנֹתַי לֵכְןָ כִּי זָקַנְתִּי
מִהְיוֹת לְאִישׁ כִּי אָמַרְתִּי יֶשׁ־לִי תִקְוָה גַּם הָיִיתִי הַלַּיְלָה לְאִישׁ
יג וְגַם יָלַדְתִּי בָנִים׃ הֲלָהֵן ׀ תְּשַׂבֵּרְנָה עַד אֲשֶׁר יִגְדָּלוּ הֲלָהֵן תֵּעָגֵנָה
לְבִלְתִּי הֱיוֹת לְאִישׁ אַל בְּנֹתַי כִּי־מַר־לִי מְאֹד מִכֶּם כִּי־יָצְאָה בִי
יד יַד־יהוה׃ וַתִּשֶּׂנָה קוֹלָן וַתִּבְכֶּינָה עוֹד וַתִּשַּׁק עָרְפָּה לַחֲמוֹתָהּ וְרוּת

ביאור | שֵׁם הָאַחַת עָרְפָּה, וְשֵׁם הַשֵּׁנִית רוּת, וַיֵּשְׁבוּ שָׁם כְּעֶשֶׂר שָׁנִים. ה וַיָּמֻתוּ גַם־שְׁנֵיהֶם, מַחְלוֹן וְכִלְיוֹן בלא ילדים, וַתִּשָּׁאֵר הָאִשָּׁה, נעמי לבדה מִשְּׁנֵי יְלָדֶיהָ וּמֵאִישָׁהּ.

השיבה ממואב ליהודה

פרק א פס׳ ו–כב

נעמי ששרדה לבדה מן המשפחה שגלתה למואב, שבה לארץ יהודה במצב ירוד ביותר. בזכות אישיותה המרשימה ביקשו כלותיה לבוא אתה לארצה. כאן משתקפים יחסים חמים מאוד בין החמות לבין כלותיה. לאחר הפצרותיה בכלות שיישארו בארצן דבקה בה רות, והגיעה עמה לבית-לחם יהודה.

ו **וַתָּקָם הִיא וְכַלֹּתֶיהָ, וַתָּשָׁב מִשְּׂדֵי מוֹאָב**, לא רק מפני שאיבדה את

הרחבות | **עָרְפָּה ורוּת** על זהותן לא נאמר בכתוב דבר. לפי מסורת ישראל רות באה מבית המלוכה המואבי, וכנראה גם ערפה הגיעה ממעמד חברתי גבוה. מוצאן המכובד של הנשים מתיישב עם ההנחה שאלימלך וביתו לא הופיעו במואב כקבצנים אלא נחשבו אנשי מעלה, והם יצאו למואב כדי להתקיים שם בכבוד. (ראו רש״י פס׳ ב; תרגום ורות רבה ב; נזיר כג ע״ב).

בעלה ובניה, אלא גם **כִּי שָׁמְעָה בִּשְׂדֵה מוֹאָב כִּי־פָקַד ה׳ אֶת־עַמּוֹ**
לָתֵת לָהֶם לָחֶם. בינתיים הסתיימה הבצורת, והחיים בארץ יהודה
חזרו לתיקונם. ז **וַתֵּצֵא מִן־הַמָּקוֹם אֲשֶׁר הָיְתָה־שָׁמָּה וּשְׁתֵּי כַלֹּתֶיהָ**,
שרק הן נשארו מהמשפחה, **עִמָּהּ, וַתֵּלַכְנָה בַדֶּרֶךְ לָשׁוּב אֶל־אֶרֶץ**
יְהוּדָה.

ח **וַתֹּאמֶר נָעֳמִי לִשְׁתֵּי כַלֹּתֶיהָ**: אני שבה לביתי ולעמי, ואתן – **לֵכְנָה**
שֹּׁבְנָה אִשָּׁה לְבֵית אִמָּהּ, כל אחת מכן תשוב אל משפחתה. ובחיבה
רבה הוסיפה: **יַעַשׂ ה׳ עִמָּכֶם חֶסֶד** ויעזור לכן **כַּאֲשֶׁר עֲשִׂיתֶם עִם־הַמֵּתִים**
וְעִמָּדִי. ט **יִתֵּן ה׳ לָכֶם וּמְצֶאןָ מְנוּחָה אִשָּׁה בֵּית אִישָׁהּ**. אני מברכת כל
אחת מכן שתתחתן שוב ותחיה בשלווה עם בעלה החדש. מהקשר
המשפחתי בינינו לא נותר דבר, ועל כן אל לכן לבוא אתי. נעמי
רצתה לנהוג בהגינות כלפי שתי הנשים הללו – שהיו כנראה צעירות
יחסית, שהרי התחתנו שנים מעטות קודם לכן. לכן עודדה אותן
להמשיך בחייהן.

וַתִּשַּׁק לָהֶן נעמי נשיקת פרידה, **וַתִּשֶּׂאנָה** את **קוֹלָן וַתִּבְכֶּינָה** אולי כולן.
הבכי המשותף הזה מעיד על עומק הקשר שהיה ביניהן, אף שלא
היו בנות עמה.

י **וַתֹּאמַרְנָה־לָּהּ**: לא, **כִּי־אִתָּךְ נָשׁוּב לְעַמֵּךְ** ונחיה בתוכו. היינו משפחה
ונמשיך להיות משפחה.

יא **וַתֹּאמֶר נָעֳמִי: שֹׁבְנָה, בְנֹתַי, לָמָּה תֵלַכְנָה עִמִּי**?! אין טעם בכך. **הַעוֹד־לִי**
בָנִים בְּמֵעַי, בתוך גופי,[5] **וְהָיוּ לָכֶם לַאֲנָשִׁים**?! האם יש לי סיכוי ללדת
ילדים שיוכלו לשאתכן לנשים ולהעמיד מכן תולדות?![6] יב יתרה
מזו, **שֹׁבְנָה, בְנֹתַי, לֵכְןָ, כִּי זָקַנְתִּי מִהְיוֹת לְאִישׁ**. אני זקנה מלהתחתן
בשנית. גם אם אחשוב מחשבה בלתי ראלית לחלוטין – **גם כִּי**
אָמַרְתִּי: יֶשׁ־לִי תִקְוָה, גַּם אילו **הָיִיתִי הַלַּיְלָה לְאִישׁ, וְגַם** אילו **יָלַדְתִּי**
בָנִים – יג האם **לָהֵן**, לבנים הדמיוניים האלה **תְּשַׂבֵּרְנָה**, תמתינו,
תייחלו **עַד אֲשֶׁר יִגְדָּלוּ**? **הֲלָהֵן תֵּעָגֵנָה**, תרותקו, תעצרו את חייכן
לְבִלְתִּי הֱיוֹת לְאִישׁ ולא תתחתנו?! אין זו התנהגות סבירה.[7] **אַל,**
בְּנֹתַי, כִּי־מַר־לִי מְאֹד מִכֶּם, מפני שאינני יכולה לעזור לכן או להעניק
לכן דבר, **כִּי־יָצְאָה**, פגעה **בִי יַד־ה׳**. נותרתי מסכנה וחסרת ישע.
נראה שגם אם היה למשפחה רכוש כלשהו, הוא אבד במשך
השנים.

יד **וַתִּשֶּׂנָה קוֹלָן וַתִּבְכֶּינָה עוֹד. וַתִּשַּׁק עָרְפָּה לַחֲמוֹתָהּ** לשלום, מפני

דָּבְקָה בָּהּ: וַתֹּאמֶר הִנֵּה שָׁבָה יְבִמְתֵּךְ אֶל־עַמָּהּ וְאֶל־אֱלֹהֶיהָ טו
שׁוּבִי אַחֲרֵי יְבִמְתֵּךְ: וַתֹּאמֶר רוּת אַל־תִּפְגְּעִי־בִי לְעָזְבֵךְ טז
לָשׁוּב מֵאַחֲרָיִךְ כִּי אֶל־אֲשֶׁר תֵּלְכִי אֵלֵךְ וּבַאֲשֶׁר תָּלִינִי אָלִין
עַמֵּךְ עַמִּי וֵאלֹהַיִךְ אֱלֹהָי: בַּאֲשֶׁר תָּמוּתִי אָמוּת וְשָׁם אֶקָּבֵר כֹּה יז
יַעֲשֶׂה יהוה לִי וְכֹה יֹסִיף כִּי הַמָּוֶת יַפְרִיד בֵּינִי וּבֵינֵךְ: וַתֵּרֶא יח
כִּי־מִתְאַמֶּצֶת הִיא לָלֶכֶת אִתָּהּ וַתֶּחְדַּל לְדַבֵּר אֵלֶיהָ: וַתֵּלַכְנָה יט
שְׁתֵּיהֶם עַד־בּוֹאָנָה בֵּית לָחֶם וַיְהִי כְּבוֹאָנָה בֵּית לֶחֶם וַתֵּהֹם
כָּל־הָעִיר עֲלֵיהֶן וַתֹּאמַרְנָה הֲזֹאת נָעֳמִי: וַתֹּאמֶר אֲלֵיהֶן אַל־ כ
תִּקְרֶאנָה לִי נָעֳמִי קְרֶאןָ לִי מָרָא כִּי־הֵמַר שַׁדַּי לִי מְאֹד: אֲנִי כא
מְלֵאָה הָלַכְתִּי וְרֵיקָם הֱשִׁיבַנִי יהוה לָמָּה תִקְרֶאנָה לִי נָעֳמִי
וַיהוה עָנָה בִי וְשַׁדַּי הֵרַע לִי: וַתָּשָׁב נָעֳמִי וְרוּת הַמּוֹאֲבִיָּה כב
כַלָּתָהּ עִמָּהּ הַשָּׁבָה מִשְּׂדֵי מוֹאָב וְהֵמָּה בָּאוּ בֵּית לֶחֶם
מוֹדַע בִּתְחִלַּת קְצִיר שְׂעֹרִים: וּלְנָעֳמִי מידע לְאִישָׁהּ אִישׁ גִּבּוֹר חַיִל א ב

ביאור | שהשתכנעה מדבריה והחליטה לחזור לביתה, וְאילו **רוּת דָּבְקָה בָּהּ**, ולא הסכימה להיפרד ממנה.

טו **וַתֹּאמֶר** אליה נעמי: **הִנֵּה שָׁבָה יְבִמְתֵּךְ**, גיסתך **אֶל־עַמָּהּ וְאֶל־אֱלֹהֶיהָ. שׁוּבִי אַחֲרֵי יְבִמְתֵּךְ.**

הרחבות | **׳שבה... אל עמה ואל אלהיה׳** נראה שנישואי ערפה ורות עם אנשים מיהודה היו כרוכים בקבלת מצוות התורה. אין לדעת אם הדבר נעשה בטקס כלשהו, אבל כאשר נשים זרות נכנסו לביתם של ישראל, הן קיבלו על עצמן גם את עבודת ה׳. אף על פי שבמשך הדורות היה הליך מיוחד שנוהל על ידי בית דין, מכל מקום גר שמקיים את התורה בשלמות, יש צד להחשיב אותו כיהודי ללא מעשה בית דין. (ראו יבמות מה ע״ב). למרות שערפה נספחה אל עם ישראל, כאשר הקשר הזה נחתך – שלא מרצונה – והיא חזרה לביתה, היא שבה להיות מואבייה ולעבוד את אלוהי מואב. (ראו אלשיך על אתר; רות רבה ב,כא; רמב״ם, הלכות איסורי ביאה יג,טו–יז).

׳עמך עמי ואלהיך אלהי׳ הקשר בין רות לנעמי התחיל בנישואי רות, אבל עם השנים אימצה רות את אורח החיים של המשפחה בשלמות, ולכן הפכה למופת לגרים לדורות. דבקותה בעם ישראל, באלוקיו ובדרכיו הפכה לסמל לבחירתו המחויבת של גר הצדק, שגיורו איננו זמני ואינו תלוי במקום מגורים או בנוחיות אלא נעשה מתוך הזדהות שלמה. התמורה שעברה רות הביאה אותה להתכחש לקשרים שהיו לה בארצה ובמולדתה ולעברה, והיא ראתה עצמה כאילו נולדה מחדש כבת לנעמי. גם אם כבר לא נותרה ביניהן קרבה פורמלית, נפשותיהן של השתיים נשארו קרובות מאוד זו לזו.

טז **וַתֹּאמֶר רוּת: אַל־תִּפְגְּעִי**, תפצירי[8] **בִי לְעָזְבֵךְ לָשׁוּב מֵאַחֲרָיִךְ**, לעזוב
אותך, **כִּי אֶל־אֲשֶׁר תֵּלְכִי - אֵלֵךְ, וּבַאֲשֶׁר תָּלִינִי**, במקום שבו תלוני -
אָלִין. יותר מכך - **עַמֵּךְ** הוא **עַמִּי, וֵאלֹהַיִךְ אֱלֹהָי**. אמרת שערפה שבה
אל עמה ואל אלוהיה, אבל מואב כבר אינו עמי, ואלוהי מואב כבר
אינם אלוהי. הקשר שלי למשפחתך ולאורח חייה לא היה מקרי.
כבר אינני חשה זיקה לעם המואבי ולאמונתו. יז **בַּאֲשֶׁר תָּמוּתִי** -
אָמוּת, וְשָׁם אֶקָּבֵר. אצמד אלייך עד מוות ואקבר במקום קבורתך.
כֹּה יַעֲשֶׂה ה׳ לִי וְכֹה יֹסִיף, אני נשבעת - בשם ה׳ דווקא - **כִּי** רק **הַמָּוֶת**
יַפְרִיד בֵּינִי וּבֵינֵךְ.
יח **וַתֵּרֶא** נעמי **כִּי־מִתְאַמֶּצֶת הִיא לָלֶכֶת אִתָּהּ, וַתֶּחְדַּל לְדַבֵּר אֵלֶיהָ**, אחרי
שעשתה ככל יכולתה לשכנע את רות שכדאי לה לחזור לביתה.

יט **וַתֵּלַכְנָה שְׁתֵּיהֶם עַד־בּוֹאָנָה**, שבאו אל **בֵּית לָחֶם**. בית-לחם אינה
רחוקה מאוד ממואב, ויש להניח שהן הלכו כמה ימים. **וַיְהִי כְּבוֹאָנָה**
בֵּית לֶחֶם, וַתֵּהֹם, רעשה **כָּל־הָעִיר עֲלֵיהֶן, וַתֹּאמַרְנָה: הֲזֹאת נָעֳמִי**? את רות
איש לא הכיר, אך את נעמי, שהייתה גבירה נכבדת, הכירו הכול
בעיר הקטנה. והנה עתה לא רק התבגרה בגופה, אלא לבושה ופניה
השתנו, ופגעי החיים ניכרו בהם.[9]
כ **וַתֹּאמֶר אֲלֵיהֶן: אַל־תִּקְרֶאנָה לִי נָעֳמִי**, מלשון נועם, שהרי לא הייתה
כל נעימות בחיי; **קְרֶאןָ לִי מָרָא**, מרה.[10] כך ראוי יותר, **כִּי־הֵמַר**, הביא
עלי מרירות וסבל **שַׁדַּי**, ה׳ **לִי מְאֹד**. כא **אֲנִי מְלֵאָה** בבעל, ילדים
ורכוש **הָלַכְתִּי**, יצאתי;[11] **וְרֵיקָם**, חסרת כול **הֱשִׁיבַנִי ה׳. לָמָּה תִקְרֶאנָה לִי**
נָעֳמִי, וַהרי **ה׳ עָנָה**, העיד[12] **בִי**, הוכיח את חטאי. או: התרה בי, **וְשַׁדַּי**
הֵרַע־לִי.

כב **וַתָּשָׁב נָעֳמִי וְרוּת הַמּוֹאֲבִיָּה כַלָּתָהּ עִמָּהּ, הַשָּׁבָה מִשְּׂדֵי מוֹאָב, וְהֵמָּה**, הן
בָּאוּ לְבֵית לֶחֶם בִּתְחִלַּת קְצִיר שְׂעֹרִים בתקופה שאחרי חג הפסח, שבה
מתחילים לקצור את השעורים, ועל כן קל בה יותר למצוא אוכל.

ביקורה הראשון של רות בשדה בעז

פרק ב

בעניין זה בולטים ביטויי החסד: התנדבותה של רות, הזרה במקום, לצאת ללקט בשיבולים בעבורה ובעבור חמותה, בת המקום; יציאתו של בעל השדה, בעז, מגדרו, כדי לרכך את המציאות הקשה שעמה צריכה רות להתמודד; וההקשר - החיים המתנהלים בבית-לחם על פי תורת ישראל, תורת חסד המצווה להותיר את השיבולים שנפלו או שנשכחו בשדה לנצרכים.

פרק ב א **וּלְנָעֳמִי** היה **מוֹדַע** מכר, קרוב[1] **לְאִישָׁהּ** שהיה **אִישׁ גִּבּוֹר חַיִל**,

מִמִּשְׁפַּחַת אֱלִימֶלֶךְ וּשְׁמוֹ בֹּעַז׃ וַתֹּאמֶר רוּת הַמּוֹאֲבִיָּה אֶל־נָעֳמִי ב
אֵלְכָה־נָּא הַשָּׂדֶה וַאֲלַקֳטָה בַשִּׁבֳּלִים אַחַר אֲשֶׁר אֶמְצָא־חֵן
בְּעֵינָיו וַתֹּאמֶר לָהּ לְכִי בִתִּי׃ וַתֵּלֶךְ וַתָּבוֹא וַתְּלַקֵּט בַּשָּׂדֶה אַחֲרֵי ג
הַקֹּצְרִים וַיִּקֶר מִקְרֶהָ חֶלְקַת הַשָּׂדֶה לְבֹעַז אֲשֶׁר מִמִּשְׁפַּחַת
אֱלִימֶלֶךְ׃ וְהִנֵּה־בֹעַז בָּא מִבֵּית לֶחֶם וַיֹּאמֶר לַקּוֹצְרִים יְהוָה ד
עִמָּכֶם וַיֹּאמְרוּ לוֹ יְבָרֶכְךָ יְהוָה׃ וַיֹּאמֶר בֹּעַז לְנַעֲרוֹ הַנִּצָּב עַל־ ה
הַקּוֹצְרִים לְמִי הַנַּעֲרָה הַזֹּאת׃ וַיַּעַן הַנַּעַר הַנִּצָּב עַל־הַקּוֹצְרִים ו
וַיֹּאמַר נַעֲרָה מוֹאֲבִיָּה הִיא הַשָּׁבָה עִם־נָעֳמִי מִשְּׂדֵה מוֹאָב׃

ביאור | בעל מעמד נכבד[2] **מִמִּשְׁפַּחַת אֱלִימֶלֶךְ, וּשְׁמוֹ בֹּעַז.**

ב **וַתֹּאמֶר רוּת הַמּוֹאֲבִיָּה אֶל־נָעֳמִי: אֵלְכָה־נָּא הַשָּׂדֶה וַאֲלַקֳטָה בַשִּׁבֳּלִים** כמנהג העניים, שרות כנראה הבחינה בו, **אַחַר אֲשֶׁר אֶמְצָא־חֵן בְּעֵינָיו.** אלך לשדה של האדם שאמצא חן בעיניו ויאפשר לי ללקט.[3] אמנם התורה מחייבת את בעל השדה להניח את שיבולי הלקט לאביונים, אך בפועל לא כל בעל שדה קיבל את העניים בסבר פנים יפות. היו בעלי שדות שחששו שהעניים יפריעו לקוצרים בעבודתם; היו שחשדו שמא אין העניים ישרים; והיו, מן הסתם, כאלה שלא היו אוהבי בריות.

הרחבות | **בֹּעַז** מתוך מגילת רות לא ידוע עליו הרבה. מעמדו החברתי ניכר מן הסיפור, וייחוסו נזכר בסוף המגילה. היו חכמים שזיהו אותו עם השופט אִבצן מבית-לחם. (ראו בבא בתרא צא ע"א ורות רבה ג,ו; שופטים יב,ח-י ורד"ק שם). גם בהמשך המגילה נרמז כי היה אחד משופטי העיר, אם לא הבכיר שבהם. (ראו ד,א-ב ורלב"ג שם).

מתנות עניים התורה מצווה על מתנות מן השדה לעניים: וּבְקֻצְרְכֶם אֶת קְצִיר אַרְצְכֶם לֹא תְכַלֶּה פְּאַת שָׂדְךָ לִקְצֹר וְלֶקֶט קְצִירְךָ לֹא תְלַקֵּט, וְכַרְמְךָ לֹא תְעוֹלֵל וּפֶרֶט כַּרְמְךָ לֹא תְלַקֵּט לֶעָנִי וְלַגֵּר תַּעֲזֹב אֹתָם... (ויקרא יט, ט-י. וראו גם כג,כב). אף שבתקופת השופטים לא שררו סדר ומבנה שלטוני ריכוזי, היו מחוקי התורה שעברו במסורת ונשמרו. הלקט היא המצווה המוטלת על החקלאי ועל עובדיו להשאיר את השיבולים הבודדות שנפלו בעת הקציר למען העניים. מצוות השכחה (בדברים כד,יט) דורשת מן הקוצר ששכח שיבולים קצורות או בלתי קצורות בשדה והמשיך בקציר, שלא ישוב לאחריו, אלא ישאיר את השיבולים לנזקקים. ממגילת רות עולה שהעניים באותה עת היו מלקטים את השיבולים שנפלו בתהליך הקציר בשדות.

'ה' עמכם... יברכך ה'" נראה שבעז לא חידש נוסח זה, אלא היה זה נוסח מקובל שנזכר גם במקום אחר. (ראו שופטים ו,יב; ברכות סג ע"א).

וַתֹּאמֶר לָהּ נעמי: **לְכִי, בִתִּי.**
ג **וַתֵּלֶךְ וַתָּבוֹא וַתְּלַקֵּט** אל סלה את השיבולים שנפלו או שלא
נקצרו **בַּשָּׂדֶה אַחֲרֵי הַקֹּצְרִים. וַיִּקֶר מִקְרֶהָ**, היא הזדמנה **לְחֶלְקַת הַשָּׂדֶה**
השייכת **לְבֹעַז אֲשֶׁר מִמִּשְׁפַּחַת אֱלִימֶלֶךְ**, מבלי שידעה מראש מי
הבעלים.

ד **וְהִנֵּה** באותה שעה **בֹעַז בָּא** אל השדה שמחוץ לעיר **מִבֵּית לֶחֶם.**
כנראה כדי להשגיח על הקציר. בעז פנה אליהם בברכה – **וַיֹּאמֶר**
לַקּוֹצְרִים: ה׳ עִמָּכֶם ויהיה בעזרכם.
וַיֹּאמְרוּ לוֹ: יְבָרֶכְךָ ה׳.
ה **וַיֹּאמֶר בֹּעַז לְנַעֲרוֹ**, משרתו **הַנִּצָּב עַל־הַקּוֹצְרִים**, הממונה להשגיח
שהקצירה תיעשה כראוי: **לְמִי** קשורה **הַנַּעֲרָה הַזֹּאת**? בית-לחם לא
הייתה עיר גדולה, ובעז, שהיה מוותיקי המקום, התפלא לראות
אשה צעירה שאינו מכיר.
ו **וַיַּעַן הַנַּעַר הַנִּצָּב עַל־הַקּוֹצְרִים וַיֹּאמַר: נַעֲרָה מוֹאֲבִיָּה הִיא הַשָּׁבָה עִם־נָעֳמִי**

קציר שיבולים וליקוטן
איור על פי תמשיח
מצרים

קוצרים

ז וַתֹּאמֶר אֲלַקֳטָה־נָּא וְאָסַפְתִּי בָעֳמָרִים אַחֲרֵי הַקּוֹצְרִים וַתָּבוֹא
ח וַתַּעֲמוֹד מֵאָז הַבֹּקֶר וְעַד־עַתָּה זֶה שִׁבְתָּהּ הַבַּיִת מְעָט׃ וַיֹּאמֶר
בֹּעַז אֶל־רוּת הֲלוֹא שָׁמַעַתְּ בִּתִּי אַל־תֵּלְכִי לִלְקֹט בְּשָׂדֶה אַחֵר וְגַם
ט לֹא תַעֲבוּרִי מִזֶּה וְכֹה תִדְבָּקִין עִם־נַעֲרֹתָי׃ עֵינַיִךְ בַּשָּׂדֶה אֲשֶׁר־
יִקְצֹרוּן וְהָלַכְתְּ אַחֲרֵיהֶן הֲלוֹא צִוִּיתִי אֶת־הַנְּעָרִים לְבִלְתִּי נָגְעֵךְ
י וְצָמִת וְהָלַכְתְּ אֶל־הַכֵּלִים וְשָׁתִית מֵאֲשֶׁר יִשְׁאֲבוּן הַנְּעָרִים׃ וַתִּפֹּל
עַל־פָּנֶיהָ וַתִּשְׁתַּחוּ אָרְצָה וַתֹּאמֶר אֵלָיו מַדּוּעַ מָצָאתִי חֵן בְּעֵינֶיךָ
יא לְהַכִּירֵנִי וְאָנֹכִי נָכְרִיָּה׃ וַיַּעַן בֹּעַז וַיֹּאמֶר לָהּ הֻגֵּד הֻגַּד לִי כֹּל אֲשֶׁר־
עָשִׂית אֶת־חֲמוֹתֵךְ אַחֲרֵי מוֹת אִישֵׁךְ וַתַּעַזְבִי אָבִיךְ וְאִמֵּךְ וְאֶרֶץ
יב מוֹלַדְתֵּךְ וַתֵּלְכִי אֶל־עַם אֲשֶׁר לֹא־יָדַעַתְּ תְּמוֹל שִׁלְשׁוֹם׃ יְשַׁלֵּם
יהוה פָּעֳלֵךְ וּתְהִי מַשְׂכֻּרְתֵּךְ שְׁלֵמָה מֵעִם יהוה אֱלֹהֵי יִשְׂרָאֵל
יג אֲשֶׁר־בָּאת לַחֲסוֹת תַּחַת־כְּנָפָיו׃ וַתֹּאמֶר אֶמְצָא־חֵן בְּעֵינֶיךָ
אֲדֹנִי כִּי נִחַמְתָּנִי וְכִי דִבַּרְתָּ עַל־לֵב שִׁפְחָתֶךָ וְאָנֹכִי לֹא אֶהְיֶה
יד כְּאַחַת שִׁפְחֹתֶךָ׃ וַיֹּאמֶר לָה בֹעַז לְעֵת הָאֹכֶל גֹּשִׁי הֲלֹם וְאָכַלְתְּ
מִן־הַלֶּחֶם וְטָבַלְתְּ פִּתֵּךְ בַּחֹמֶץ וַתֵּשֶׁב מִצַּד הַקֹּצְרִים וַיִּצְבָּט־

ביאור | מִשְּׂדֵי מוֹאָב. ז **וַתֹּאמֶר**, היא ביקשה מאתנו[4]: "**אֲלַקֳטָה־נָּא וְאָסַפְתִּי בָעֳמָרִים**, בין האלומות **אַחֲרֵי הַקּוֹצְרִים**". **וַתָּבוֹא וַתַּעֲמוֹד** בשדה **מֵאָז הַבֹּקֶר וְעַד־עַתָּה. זֶה שִׁבְתָּהּ הַבַּיִת מְעָט**. היא יצאה לבית לנוח מעט וחזרה אל השדה.[5]

ח **וַיֹּאמֶר בֹּעַז אֶל־רוּת: הֲלוֹא שָׁמַעַתְּ**, שימי לב, **בִּתִּי, אַל־תֵּלְכִי לִלְקֹט בְּשָׂדֶה אַחֵר**, כי השדה גדול דיו, **וְגַם לֹא תַעֲבוּרִי**, אל תעברי **מִזֶּה**, מכאן למקום אחר, **וְכֹה תִדְבָּקִין עִם־נַעֲרֹתָי**. היי צמודה למשרתות שלי. לכי אתן. ט **עֵינַיִךְ** יביטו **בַּשָּׂדֶה אֲשֶׁר־יִקְצֹרוּן, וְהָלַכְתְּ אַחֲרֵיהֶן** עם שאר הנערות. **הֲלוֹא צִוִּיתִי אֶת־הַנְּעָרִים לְבִלְתִּי נָגְעֵךְ**, שלא יציקו לך וינהגו בכבוד. יתר על כן, כיוון שאת שוהה בחום בשדה – **וְצָמִת**, כאשר תצמאי – **וְהָלַכְתְּ אֶל־הַכֵּלִים** שבהם מי השתייה של הקוצרים, **וְשָׁתִית**, אני מרשה לך גם לשתות **מֵאֲשֶׁר יִשְׁאֲבוּן הַנְּעָרִים**, כדי שתוכלי להמשיך ללקט כאן בנוחות.[6]

י **וַתִּפֹּל עַל־פָּנֶיהָ וַתִּשְׁתַּחוּ אָרְצָה, וַתֹּאמֶר אֵלָיו: מַדּוּעַ מָצָאתִי חֵן בְּעֵינֶיךָ**
לְהַכִּירֵנִי, להתייחס אלי ביחס של קִרבה, והרי **אָנֹכִי נָכְרִיָּה**, שאינה
מבית ישראל וזרה במקום.
יא **וַיַּעַן בֹּעַז וַיֹּאמֶר לָהּ**: אמנם לא ראיתי אותך עד כה, אבל **הֻגֵּד**
הֻגַּד לִי כֹּל אֲשֶׁר־עָשִׂית אֶת, עם **חֲמוֹתֵךְ אַחֲרֵי מוֹת אִישֵׁךְ, וַתַּעַזְבִי** את
אָבִיךְ וְאִמֵּךְ וְאֶרֶץ מוֹלַדְתֵּךְ, וַתֵּלְכִי אֶל־עַם אֲשֶׁר לֹא־יָדַעַתְּ, הכרת **תְּמוֹל**
שִׁלְשׁוֹם. יב **יְשַׁלֵּם ה׳** על **פָּעֳלֵךְ** הגדול, **וּתְהִי מַשְׂכֻּרְתֵּךְ שְׁלֵמָה מֵעִם ה׳**
אֱלֹהֵי יִשְׂרָאֵל אֲשֶׁר־בָּאת לַחֲסוֹת תַּחַת־כְּנָפָיו. בעז הבין שרות אינה
מהגרת מסיבות חברתיות או כלכליות, ואף לא באה רק להתלוות
אל חמותה, אלא באה לחסות תחת כנפי השכינה.
יג **וַתֹּאמֶר: אֶמְצָא־חֵן בְּעֵינֶיךָ אֲדֹנִי**. אני מכירה לך טובה על שמצאתי חן
בעיניך,[7] **כִּי נִחַמְתָּנִי, וְכִי דִבַּרְתָּ עַל־לֵב שִׁפְחָתֶךָ**, עודדת אותי והענקת לי
יחס מיוחד; והרי **אָנֹכִי לֹא אֶהְיֶה כְּאַחַת שִׁפְחֹתֶךָ**, אינני ראויה אפילו
ליחס המתאים לשפחה.[8]

יד **וַיֹּאמֶר לָהּ בֹעַז לְעֵת הָאֹכֶל**, לאחר זמן, כשהקוצרים נאספו והתיישבו
לאכול: **גֹּשִׁי**, התקרבי **הֲלֹם**, לכאן **וְאָכַלְתְּ מִן־הַלֶּחֶם** המשותף לקוצרים,
וְטָבַלְתְּ פִּתֵּךְ בַּחֹמֶץ המשמש לטיבול הפת.
וַתֵּשֶׁב מִצַּד הַקֹּצְרִים כדי לא להתערב ביניהם, **וַיִּצְבָּט**, בעז לקח והושיט[9]

עומרים בשדה

העולם

החומץ נחשב בתקופות קדומות כבעל טבע קר, מצנן ומתאים לימי שרב. הדבר מופיע הן בכתבי מדע קדומים כמו האנציקלופדיה 'תולדות הטבע' של פיליניוס (המאה הראשונה לסה"נ), והן בדברי חז"ל: "מכאן שהחומץ יפה לשרב" (שבת קיג ע"ב ופסיקתא זוטרתא רות ב,יד).

לָהּ קָלִי וַתֹּאכַל וַתִּשְׂבַּע וַתֹּתַר׃ וַתָּקָם לְלַקֵּט וַיְצַו בֹּעַז אֶת־ טו
נְעָרָיו לֵאמֹר גַּם בֵּין הָעֳמָרִים תְּלַקֵּט וְלֹא תַכְלִימוּהָ׃ וְגַם שֹׁל־ טז
תָּשֹׁלּוּ לָהּ מִן־הַצְּבָתִים וַעֲזַבְתֶּם וְלִקְּטָה וְלֹא תִגְעֲרוּ־בָהּ׃
וַתְּלַקֵּט בַּשָּׂדֶה עַד־הָעָרֶב וַתַּחְבֹּט אֵת אֲשֶׁר־לִקֵּטָה וַיְהִי יז
כְּאֵיפָה שְׂעֹרִים׃ וַתִּשָּׂא וַתָּבוֹא הָעִיר וַתֵּרֶא חֲמוֹתָהּ אֵת אֲשֶׁר־ יח
לִקֵּטָה וַתּוֹצֵא וַתִּתֶּן־לָהּ אֵת אֲשֶׁר־הוֹתִרָה מִשָּׂבְעָהּ׃ וַתֹּאמֶר יט
לָהּ חֲמוֹתָהּ אֵיפֹה לִקַּטְתְּ הַיּוֹם וְאָנָה עָשִׂית יְהִי מַכִּירֵךְ בָּרוּךְ
וַתַּגֵּד לַחֲמוֹתָהּ אֵת אֲשֶׁר־עָשְׂתָה עִמּוֹ וַתֹּאמֶר שֵׁם הָאִישׁ
אֲשֶׁר עָשִׂיתִי עִמּוֹ הַיּוֹם בֹּעַז׃ וַתֹּאמֶר נָעֳמִי לְכַלָּתָהּ בָּרוּךְ הוּא כ
לַיהוָה אֲשֶׁר לֹא־עָזַב חַסְדּוֹ אֶת־הַחַיִּים וְאֶת־הַמֵּתִים וַתֹּאמֶר
לָהּ נָעֳמִי קָרוֹב לָנוּ הָאִישׁ מִגֹּאֲלֵנוּ הוּא׃ וַתֹּאמֶר רוּת הַמּוֹאֲבִיָּה כא
גַּם ׀ כִּי־אָמַר אֵלַי עִם־הַנְּעָרִים אֲשֶׁר־לִי תִּדְבָּקִין עַד אִם־כִּלּוּ
אֵת כָּל־הַקָּצִיר אֲשֶׁר־לִי׃ וַתֹּאמֶר נָעֳמִי אֶל־רוּת כַּלָּתָהּ טוֹב כב
בִּתִּי כִּי תֵצְאִי עִם־נַעֲרוֹתָיו וְלֹא יִפְגְּעוּ־בָךְ בְּשָׂדֶה אַחֵר׃ וַתִּדְבַּק כג

ביאור | **לָהּ קָלִי**, גרגרי שיבולים לחים שקלו אותן באש. חימום העמילן שבהן הופך אותו לסוכר. על כן נחשב הקלי המתקתק למעדן. **וַתֹּאכַל וַתִּשְׂבַּע וַתֹּתַר**. הוא נתן לה כמות יפה, כדי שביעתה ויותר מכך.[10]

טו **וַתָּקָם לְלַקֵּט. וַיְצַו בֹּעַז אֶת־נְעָרָיו לֵאמֹר**: לא רק אחרי שפיניתם את העומרים היא רשאית ללקט בשדה; **גַּם בֵּין הָעֳמָרִים תְּלַקֵּט** – **וְלֹא תַכְלִימוּהָ**, תביישו אותה. אפשרו לה ללקט בלא להעיר לה.[11] טז **וְגַם שֹׁל־תָּשֹׁלּוּ**, ׳שכחו׳, או הפילו[12] **לָהּ** בכוונה שיבולים **מִן־הַצְּבָתִים**, קבוצות השיבולים האחוזות יחד כדי להיקצר במגל, **וַעֲזַבְתֶּם וְלִקְּטָה וְלֹא תִגְעֲרוּ־בָהּ**.

יז **וַתְּלַקֵּט בַּשָּׂדֶה עַד־הָעָרֶב**. מכיוון שישבה בתנאים נוחים יותר – אולי בצל – עם הקוצרים, וצוידה במזון ושתייה, לא נאלצה לשוב הביתה באמצע היום. **וַתַּחְבֹּט**, הכתה, דשה **אֵת אֲשֶׁר־לִקֵּטָה** כדי להפריד את גרעיני התבואה מן הקש. **וַיְהִי כְּאֵיפָה שְׂעֹרִים** כמות ניכרת, למעלה מ–20 ליטר.

יח **וַתִּשָּׂא** את גרעיני השעורה **וַתָּבוֹא** אל **הָעִיר**. **וַתֵּרֶא חֲמוֹתָהּ אֵת**
אֲשֶׁר־לִקֵּטָה, כמות גדולה מהצפוי,[13] **וַתּוֹצֵא וַתִּתֶּן־לָהּ אֵת אֲשֶׁר־הוֹתִרָה**
מִשָּׂבְעָהּ. כאמור, היא לא אכלה את כל מה שנתן לה בעז. מלבד
השעורים היא הביאה לחמותה גם קלי. יט **וַתֹּאמֶר לָהּ חֲמוֹתָהּ: אֵיפֹה**
לִקַּטְתְּ הַיּוֹם, **וְאָנָה**, והיכן **עָשִׂית** את הדברים הללו? **יְהִי מַכִּירֵךְ**, מי
שעזר לך והתנהג אתך בנדיבות יתרה – **בָּרוּךְ**.
וַתַּגֵּד לַחֲמוֹתָהּ אֵת זהותו של האיש **אֲשֶׁר־עָשְׂתָה עִמּוֹ**. **וַתֹּאמֶר: שֵׁם**
הָאִישׁ בעל השדה **אֲשֶׁר עָשִׂיתִי עִמּוֹ הַיּוֹם** הוא **בֹּעַז**.
כ **וַתֹּאמֶר נָעֳמִי לְכַלָּתָהּ: בָּרוּךְ הוּא לַה׳, אֲשֶׁר לֹא־עָזַב חַסְדּוֹ אֶת־הַחַיִּים**
וְאֶת־הַמֵּתִים. בעז היה ידיד המשפחה גם כשבעלה ובניה היו בחיים,
והנה עתה הוא דואג גם לזיכרון המתים בכך שהוא מסייע להן.[14]
וַתֹּאמֶר לָהּ נָעֳמִי: אינני מכירה אותו רק משום שאני בת המקום –
קָרוֹב לָנוּ, קרוב משפחתנו הוא **הָאִישׁ, מִגֹּאֲלֵנוּ הוּא**. כאשר אדם יורד
מנכסיו ומוכר את שדהו, רשאי, ואולי אף חייב, קרוב משפחתו
שידו משגת לפדות את השדה מן הקונה הזר.[15] פעולה זו נקראת
גם גאולת השדה. כל קרוב משפחה הוא גואל פוטנציאלי.
כא **וַתֹּאמֶר רוּת הַמּוֹאֲבִיָּה** נוכח התרגשותה של נעמי והשבחים שחלקה
לאיש: **גַּם כִּי־אָמַר אֵלַי**: "**עִם־הַנְּעָרִים אֲשֶׁר־לִי תִּדְבָּקִין**, תמשיכי ללקט
לידם, **עַד אִם־כִּלּוּ**, שיסיימו **אֵת כָּל־הַקָּצִיר אֲשֶׁר־לִי**".
כב **וַתֹּאמֶר נָעֳמִי אֶל־רוּת כַּלָּתָהּ**: מכיוון שבעז מתייחס אלייך יפה, **טוֹב**,
בִּתִּי, כִּי תֵצְאִי עִם־נַעֲרוֹתָיו, ותישארי בשדהו, **וְלֹא יִפְגְּעוּ־בָךְ בְּשָׂדֶה אַחֵר**.

חיטה לא קלויה (מימין) וקלי (משמאל)

מימין: צֶבֶת

משמאל: חביטת חיטה במקל

בְּנַעֲרוֹת בֹּעַז לְלַקֵּט עַד־כְּלוֹת קְצִיר־הַשְּׂעֹרִים וּקְצִיר הַחִטִּים
וַתֵּשֶׁב אֶת־חֲמוֹתָהּ׃ וַתֹּאמֶר לָהּ נָעֳמִי חֲמוֹתָהּ בִּתִּי הֲלֹא ג א
אֲבַקֶּשׁ־לָךְ מָנוֹחַ אֲשֶׁר יִיטַב־לָךְ׃ וְעַתָּה הֲלֹא בֹעַז מֹדַעְתָּנוּ ב
אֲשֶׁר הָיִית אֶת־נַעֲרוֹתָיו הִנֵּה־הוּא זֹרֶה אֶת־גֹּרֶן הַשְּׂעֹרִים
שִׂמְלֹתַיִךְ | וְיָרַדְתְּ הַלָּיְלָה׃ וְרָחַצְתְּ ׀ וָסַכְתְּ וְשַׂמְתְּ שמלתך עָלַיִךְ וירדתי הַגֹּרֶן ג
אַל־תִּוָּדְעִי לָאִישׁ עַד כַּלֹּתוֹ לֶאֱכֹל וְלִשְׁתּוֹת׃ וִיהִי בְשָׁכְבוֹ ד
וְיָדַעַתְּ אֶת־הַמָּקוֹם אֲשֶׁר יִשְׁכַּב־שָׁם וּבָאת וְגִלִּית מַרְגְּלֹתָיו
וְשָׁכָבְתְּ ושכבתי וְהוּא יַגִּיד לָךְ אֵת אֲשֶׁר תַּעֲשִׂין׃ וַתֹּאמֶר אֵלֶיהָ כֹּל ה
אֵלַי אֲשֶׁר־תֹּאמְרִי אֶעֱשֶׂה׃ וַתֵּרֶד הַגֹּרֶן וַתַּעַשׂ כְּכֹל אֲשֶׁר־צִוַּתָּה ו
חֲמוֹתָהּ׃ וַיֹּאכַל בֹּעַז וַיֵּשְׁתְּ וַיִּיטַב לִבּוֹ וַיָּבֹא לִשְׁכַּב בִּקְצֵה הָעֲרֵמָה ז

ביאור | כג ואכן – **וַתִּדְבַּק בְּנַעֲרוֹת בֹּעַז לְלַקֵּט עַד־כְּלוֹת קְצִיר־הַשְּׂעֹרִים וּקְצִיר הַחִטִּים**. קציר השעורים מתחיל בעונת האביב ונמשך כשבעה שבועות. אחריו מגיע קציר החיטים – לרוב בסמיכות לחג השבועות, שהוא חג בִּכּוּרֵי קְצִיר חִטִּים[16] והוא מסתיים כעבור שלושה חודשים מתחילת קציר השעורים.[17] **וַתֵּשֶׁב אֶת**, עם **חֲמוֹתָהּ**. כל אותו זמן הייתה מלקטת בשדה ומביאה לבית חמותה.

רות יורדת אל הגורן
פרק ג

כאן תפגוש רות בבעז בנסיבות שונות ולמטרה שונה. לעומת ביקוריה היומיים והפומביים בשדהו בעת הקציר, יסופר כאן על הביקור הלילי שרות עורכת בגורן שלו לבדה. אל השדה הגיעה רות כדי ללקט שיבולים לפרנסתן השוטפת שלה ושל חמותה, ואילו אל הגורן היא יורדת כדי למצוא פתרון של קבע. את ירידתה של רות אל הגורן יזמה נעמי לא רק בתור חמותה לשעבר אלא גם בהיותה מעין מורה ומדריכה שלה וכמי שחשה אחריות למנוחתה.

פרק ג א **וַתֹּאמֶר לָהּ נָעֳמִי חֲמוֹתָהּ: בִּתִּי, הֲלֹא אֲבַקֶּשׁ־לָךְ מָנוֹחַ**, מנוחה[1] **אֲשֶׁר יִיטַב־לָךְ**. את חיה עכשיו חיי ערעי, ואני רוצה למצוא לך פתרון קבוע. ב **וְעַתָּה, הֲלֹא בֹעַז מֹדַעְתָּנוּ**, ידידנו, **אֲשֶׁר הָיִית אֶת**, עם **נַעֲרוֹתָיו, הִנֵּה־הוּא זֹרֶה אֶת־גֹּרֶן הַשְּׂעֹרִים הַלָּיְלָה**. בעז לא היה נשוי באותה עת, ואולי היה אז אלמן,[2] ונעמי ביקשה לשדך בינו לבין רות. ג **וְרָחַצְתְּ וָסַכְתְּ** בשמן על מנת להיטיב את מראך **וְשַׂמְתְּ שִׂמְלֹתַיִךְ** היפות יותר[3]

הרחבות | ׳וְשַׂמְתְּ שִׂמְלֹתַיִךְ עלַיִךְ׳ חכמים דרשו כי היו אלה שמלות השבת שלה (רות רבה ה,יב).

עָלַיִךְ, **וְיָרַדְתְּ** אל **הַגֹּרֶן**. **אַל־תִּוָּדְעִי לָאִישׁ**, התחבאי בגורן כך שבעז לא
יגלה אותך **עַד כַּלֹּתוֹ**, שיגמור **לֶאֱכֹל וְלִשְׁתּוֹת**. ד **וִיהִי בְשָׁכְבוֹ** כאשר
ישכב בגורן, כדי לשמור על התבואה או אולי מפני שירצה להמשיך
את עבודתו מוקדם בבוקר, **וְיָדַעַתְּ אֶת־הַמָּקוֹם אֲשֶׁר יִשְׁכַּב־שָׁם**, **וּבָאת
וְגִלִּית**, חשפי את **מַרְגְּלֹתָיו**, רגליו. גם בקיץ הלילות בהרי יהודה אינם
חמים, ולכן מן הסתם יהיה מכוסה. **וְשָׁכָבְתְּ** למרגלותיו, **וְהוּא יַגִּיד
לָךְ אֵת אֲשֶׁר תַּעֲשִׂין**. הניחי לו להמשיך את מהלך העניין. במעשה
לא רגיל זה, שהוא גם ישיר ואותנטי וגם דיסקרטי ובלתי מחייב,
רות תבטא הצעה לא שגרתית – בקשת חסותו המלאה, ולמעשה
הצעה שיישא אותה לאשה.[4]
ה **וַתֹּאמֶר אֵלֶיהָ** רות: **כֹּל אֲשֶׁר־תֹּאמְרִי אֵלַי אֶעֱשֶׂה**. רות הייתה יכולה
להסס לבצע תכנית כל כך לא מקובלת, שיש בה חריגה מגדרי
ההגינות והצניעות, ובכל זאת קיבלה עליה את הצעת חמותה.

ו **וַתֵּרֶד** אל **הַגֹּרֶן**, **וַתַּעַשׂ כְּכֹל אֲשֶׁר־צִוַּתָּה חֲמוֹתָהּ**. ז כאשר נגמר יום
העבודה – **וַיֹּאכַל בֹּעַז וַיֵּשְׁתְּ** מעט יין **וַיִּיטַב לִבּוֹ**, **וַיָּבֹא לִשְׁכַּב בִּקְצֵה
הָעֲרֵמָה** של השיבולים, שכן זהו מקום רך למדי וגם משם יוכל

מימין: שעורים

משמאל: חיטים

מימין: שדה בכלות קציר

משמאל: זרייה בגורן

העולם

זרייה לאחר שהשיבולים נאספות לגורן דשים אותן בבקר ובמורגים כדי להפריד את הגרעינים מהמוץ, ולאחר מכן זורים אותן באוויר באמצעות רחת, מעין כף רחבה, או קלשון עץ ('מזרה'), בזמן שנושבת בשדה רוח. על כן פעולת הזרייה מתבצעת בדרך כלל בשעות אחר–הצהריים עד הלילה או בבוקר. הגרגרים הכבדים נופלים ארצה במקומם, והמוץ נישא הצדה ברוח.

גֹּרֶן שטח ציבורי חשוף לאוויר ולרוח ששימש לכינוס תבואה ולדישה.

ח וַתָּבֹא בַלָּט וַתְּגַל מַרְגְּלֹתָיו וַתִּשְׁכָּב: וַיְהִי בַּחֲצִי הַלַּיְלָה וַיֶּחֱרַד
ט הָאִישׁ וַיִּלָּפֵת וְהִנֵּה אִשָּׁה שֹׁכֶבֶת מַרְגְּלֹתָיו: וַיֹּאמֶר מִי־אָתְּ
וַתֹּאמֶר אָנֹכִי רוּת אֲמָתֶךָ וּפָרַשְׂתָּ כְנָפֶךָ עַל־אֲמָתְךָ כִּי גֹאֵל אָתָּה:
י וַיֹּאמֶר בְּרוּכָה אַתְּ לַיהוה בִּתִּי הֵיטַבְתְּ חַסְדֵּךְ הָאַחֲרוֹן מִן־
הָרִאשׁוֹן לְבִלְתִּי־לֶכֶת אַחֲרֵי הַבַּחוּרִים אִם־דַּל וְאִם־עָשִׁיר:
יא וְעַתָּה בִּתִּי אַל־תִּירְאִי כֹּל אֲשֶׁר־תֹּאמְרִי אֶעֱשֶׂה־לָּךְ כִּי יוֹדֵעַ כָּל־
יב שַׁעַר עַמִּי כִּי אֵשֶׁת חַיִל אָתְּ: וְעַתָּה כִּי אָמְנָם כִּי אם גֹאֵל אָנֹכִי
יג וְגַם יֵשׁ גֹּאֵל קָרוֹב מִמֶּנִּי: לִינִי ׀ הַלַּיְלָה וְהָיָה בַבֹּקֶר אִם־יִגְאָלֵךְ
טוֹב יִגְאָל וְאִם־לֹא יַחְפֹּץ לְגָאֳלֵךְ וּגְאַלְתִּיךְ אָנֹכִי חַי־יהוה שִׁכְבִי
יד עַד־הַבֹּקֶר: וַתִּשְׁכַּב מַרְגְּלוֹתָו עַד־הַבֹּקֶר וַתָּקָם בטרום יַכִּיר אִישׁ   בְּטֶרֶם
טו אֶת־רֵעֵהוּ וַיֹּאמֶר אַל־יִוָּדַע כִּי־בָאָה הָאִשָּׁה הַגֹּרֶן: וַיֹּאמֶר הָבִי
הַמִּטְפַּחַת אֲשֶׁר־עָלַיִךְ וְאֶחֳזִי־בָהּ וַתֹּאחֶז בָּהּ וַיָּמָד שֵׁשׁ־שְׂעֹרִים
טז וַיָּשֶׁת עָלֶיהָ וַיָּבֹא הָעִיר: וַתָּבוֹא אֶל־חֲמוֹתָהּ וַתֹּאמֶר מִי־אַתְּ בִּתִּי
יז וַתַּגֶּד־לָהּ אֵת כָּל־אֲשֶׁר עָשָׂה־לָהּ הָאִישׁ: וַתֹּאמֶר שֵׁשׁ־הַשְּׂעֹרִים
יח הָאֵלֶּה נָתַן לִי כִּי אָמַר אַל־תָּבוֹאִי רֵיקָם אֶל־חֲמוֹתֵךְ: וַתֹּאמֶר   אֵלַי

ביאור | לשמור היטב על התבואה. **וַתָּבֹא בַלָּט**, בשקט **וַתְּגַל מַרְגְּלֹתָיו וַתִּשְׁכָּב** לרגליו, כפי שהורתה לה חמותה.

ח **וַיְהִי בַּחֲצִי הַלַּיְלָה, וַיֶּחֱרַד הָאִישׁ וַיִּלָּפֵת**, הזדעזע והתפתל בבהלה,[5] שכן הלך לישון לבדו ולפתע גילה שמישהו נמצא אתו. כנראה הושיט יד לבדוק מיהו ומהו[6] – **וְהִנֵּה אִשָּׁה שֹׁכֶבֶת מַרְגְּלֹתָיו.** ט **וַיֹּאמֶר** מתוך הפתעה גמורה: **מִי־אָתְּ?**

הרחבות | **חסדך האחרון** ייבום הוא מצווה מן התורה המוטלת על אחיו של אדם נשוי שמת ללא ילדים. התורה מצווה על האח החי לשאת את האלמנה, כדי שהילדים שייוולדו מהם ימשיכו את קיומו של הנפטר. (ראו דברים כה,ה). כאן אין מדובר בייבום רגיל, שהרי איש מהם לא היה גיסה של רות, אלא בגאולה רחוקה יותר.

אלימלך, הגואל ובעז היו שאמרו שאלימלך, הגואל – שאולי שמו 'טוב', ובהמשך יכונה 'פלני אלמני' – ואביו של בעז היו אחים ממש. (ראו להלן ד,ג; רות רבה ו,ג; בבא בתרא צא ע"א; תנחומא בהר ג). אולם אין הכרח בדבר, שהרי כאמור אין מדובר כאן בייבום פשוט. אם הגואל ובעז היו אחים, היה הגואל האלמוני הגדול שבהם; ואם לא היו אחים, הקרבה המשפחתית שלו לאלימלך הייתה הדוקה יותר משל קרבתו של בעז לאלימלך.

וַתֹּאמֶר: אָנֹכִי רוּת אֲמָתֶךָ, שפחתך – והרי אתה מכיר אותי – וּפָרַשְׂתָּ
כְנָפֶךָ, פרוש חסותך,[7] עַל־אֲמָתְךָ, שא אותי לאשה, כִּי גֹאֵל אָתָּה בשל
קרבת המשפחה שלך לנעמי אתה קשור אף אלי, שהתאלמנתי מבנהּ.
מן הסתם נעמי הסבירה לה את משמעותה של הגאולה בישראל.[8]
י וַיֹּאמֶר: בְּרוּכָה אַתְּ לַה׳, בִּתִּי. הֵיטַבְתְּ חַסְדֵּךְ הָאַחֲרוֹן, המעשה שאת
עושה עתה בבחירתך להינשא לאדם מן הקרובים לאישך המת,
יותר מִן החסד הָרִאשׁוֹן שעשית עם חמותך כשעזבת את ארצך
ודבקת בה,[9] לְבִלְתִּי־לֶכֶת אַחֲרֵי הַבַּחוּרִים הצעירים, אִם־דַּל וְאִם־עָשִׁיר.
אילו רצית להינשא כדי לשקם את חייך שלך בלבד, היית מעדיפה
בחור בן גילך. בחירתך בי – אדם מבוגר ממך בהרבה – מתוך הטענה
החוקית שאני הגואל, מעידה על טוהר כוונותייך.[10] יא וְעַתָּה, בִּתִּי,
אַל־תִּירְאִי, את כֹּל אֲשֶׁר־תֹּאמְרִי – אֶעֱשֶׂה־לָּךְ, כִּי יוֹדֵעַ כָּל יושבי שַׁעַר
עַמִּי, האנשים החשובים בעיר[11] כִּי אֵשֶׁת חַיִל אָתְּ, שאת אדם יוצא
דופן ואישיות בולטת.[12] יב וְעַתָּה כִּי אָמְנָם נכון כִּי גֹאֵל אָנֹכִי בהיותי
שייך למשפחה, וְאולם גַּם יֵשׁ גֹּאֵל קָרוֹב יותר מִמֶּנִּי. ובעניין כזה יש
לשמור על הסדר.[13] יג אשר על כן, לִינִי פה הַלַּיְלָה, וְהָיָה בַבֹּקֶר, אִם־
יִגְאָלֵךְ טוֹב – שמו הפרטי של הגואל[14] יִגְאָל. פירוש אחר: אם הגואל
הקרוב יותר יגאלך בבוקר – טוב ויפה, שיגאל, כי לו שמורה הזכות;[15]
וְאִם־לֹא יַחְפֹּץ לְגָאֳלֵךְ – וּגְאַלְתִּיךְ אָנֹכִי, אז אהיה אני הגואל. חַי־ה׳, אני
נשבע בשם ה׳ – שִׁכְבִי עַד־הַבֹּקֶר במנוחה. לא אגע בך.[16]
יד וַתִּשְׁכַּב מַרְגְּלוֹתָו עַד־הַבֹּקֶר, וַתָּקָם ממקום משכבה בְּטֶרֶם יַכִּיר אִישׁ
אֶת־רֵעֵהוּ, כי – וַיֹּאמֶר בעז: אַל־יִוָּדַע כִּי־בָאָה הָאִשָּׁה אל הַגֹּרֶן. מכיוון
שלא רצה שהיא תזוהה והמעשה יתפרסם, היא יצאה עוד קודם
שהאיר היום.[17]

טו וַיֹּאמֶר בעז לרות: הָבִי, הגישי את הַמִּטְפַּחַת, הצעיף הגדול אֲשֶׁר־
עָלַיִךְ וְאֶחֱזִי־בָהּ. וַתֹּאחֶז בָּהּ, וַיָּמָד שֵׁשׁ מידות[18] של שְׂעֹרִים, שזו כמות
יפה, וַיָּשֶׁת, הוא שם עָלֶיהָ את המטפחת המלאה. וַיָּבֹא גם הוא אל
הָעִיר כדי לסדר את ענייניו.

טז וַתָּבוֹא אֶל־חֲמוֹתָהּ, וַתֹּאמֶר לה נעמי, כשהגיעה מוקדם מאוד, ועל
כן אי אפשר היה לזהותה מיד:[19] מִי־אַתְּ, בִּתִּי?
וַתַּגֶּד־לָהּ אֵת כָּל־אֲשֶׁר עָשָׂה־לָהּ הָאִישׁ.
יז וַתֹּאמֶר רות: גם את שֵׁשׁ־הַשְּׂעֹרִים הָאֵלֶּה נָתַן לִי, כִּי אָמַר אֵלַי: "אַל־
תָּבוֹאִי רֵיקָם אֶל־חֲמוֹתֵךְ". אין זה תשלום, אלא מתנה שתביאי אתך
לחמותך.[20]

שְׁבִ֣י בִתִּ֔י עַ֚ד אֲשֶׁ֣ר תֵּֽדְעִ֔ין אֵ֖יךְ יִפֹּ֣ל דָּבָ֑ר כִּ֣י לֹ֤א יִשְׁקֹט֙ הָאִ֔ישׁ כִּֽי
ד א אִם־כִּלָּ֥ה הַדָּבָ֖ר הַיּֽוֹם׃ וּבֹ֨עַז עָלָ֣ה הַשַּׁעַר֮ וַיֵּ֣שֶׁב שָׁם֒ וְהִנֵּ֨ה הַגֹּאֵ֤ל
עֹבֵר֙ אֲשֶׁ֣ר דִּבֶּר־בֹּ֔עַז וַיֹּ֛אמֶר ס֥וּרָה שְׁבָה־פֹּ֖ה פְּלֹנִ֣י אַלְמֹנִ֑י וַיָּ֖סַר
ב וַיֵּשֵֽׁב׃ וַיִּקַּ֞ח עֲשָׂרָ֧ה אֲנָשִׁ֛ים מִזִּקְנֵ֥י הָעִ֖יר וַיֹּ֣אמֶר שְׁבוּ־פֹ֑ה וַיֵּשֵֽׁבוּ׃
ג וַיֹּ֙אמֶר֙ לַגֹּאֵ֔ל חֶלְקַת֙ הַשָּׂדֶ֔ה אֲשֶׁ֥ר לְאָחִ֖ינוּ לֶאֱלִימֶ֑לֶךְ מָֽכְרָ֣ה
ד נָעֳמִ֔י הַשָּׁ֖בָה מִשְּׂדֵ֥ה מוֹאָֽב׃ וַאֲנִ֨י אָמַ֜רְתִּי אֶגְלֶ֧ה אָזְנְךָ֣ לֵאמֹ֗ר
קְ֠נֵה נֶ֣גֶד הַיֹּשְׁבִ֘ים וְנֶ֣גֶד זִקְנֵ֣י עַמִּי֒ אִם־תִּגְאַל֙ גְּאָ֔ל וְאִם־לֹ֨א יִגְאַ֜ל
הַגִּ֣ידָה לִּ֗י וְאֵדְעָ֙ כִּ֣י אֵ֤ין זוּלָֽתְךָ֙ לִגְא֔וֹל וְאָנֹכִ֖י אַחֲרֶ֑יךָ וַיֹּ֖אמֶר
ה אָנֹכִ֥י אֶגְאָֽל׃ וַיֹּ֣אמֶר בֹּ֔עַז בְּיוֹם־קְנוֹתְךָ֥ הַשָּׂדֶ֖ה מִיַּ֣ד נָעֳמִ֑י וּ֠מֵאֵת
ר֨וּת הַמּוֹאֲבִיָּ֤ה אֵֽשֶׁת־הַמֵּת֙ קָנִ֔יתִי לְהָקִ֥ים שֵׁם־הַמֵּ֖ת עַל־נַחֲלָתֽוֹ׃ קָנִ֑יתָ

ביאור | יח **וַתֹּאמֶר: שְׁבִי**, המתיני, **בִתִּי, עַד אֲשֶׁר תֵּדְעִין אֵיךְ יִפֹּל דָּבָר, כִּי לֹא יִשְׁקֹט הָאִישׁ כִּי אִם־כִּלָּה** יסיים את **הַדָּבָר הַיּוֹם**. אני מכירה אותו כאיש נמרץ, ואני בטוחה שלא יתעכב בטיפול בעניין.

גאולת השדה וגאולת רות
פרק ד פס׳ א–יב

בעז היה מעוניין לשאת את רות, אך עמדה בפניו מגבלה פורמלית. לפי דיני הירושה והזכויות הממוניות קיים אדם שקרבתו המשפחתית לאלימלך ולמשפחתו הדוקה יותר, ולכן לו שמורה הזכות להיות גואל שדה נעמי ולשאת את רות לאשה. משום כך בלילה לא קיבלה רות תשובה בהירה באשר לעתידה. התשובה הייתה צריכה להינתן לאור יום ובפומבי, לאחר שיתבררו הדברים עם הגואל, שזכותו המשפטית בשדה, ולפי מנהגם גם ברות, קודמות לזכותו של בעז בהם.

העניין מסתיים באשרור המעשה המשפטי ובברכת הזקנים והעם לבעז לרגל נישואיו.

פרק ד א אכן בעז לא התעכב. **וּבֹעַז עָלָה** אל **הַשַּׁעַר וַיֵּשֶׁב שָׁם**, שכן שער העיר היה מקום המשפט, ובו היו יושבים נכבדי העיר. **וְהִנֵּה הַגֹּאֵל עֹבֵר**, אותו אדם **אֲשֶׁר דִּבֶּר־בֹּעַז** עליו, שהיה גם קרוב משפחתו

הרחבות | **׳המואביה׳** התורה אוסרת להתחתן עם גרי מואב: לֹא יָבֹא עַמּוֹנִי וּמוֹאָבִי בִּקְהַל ה׳, גַּם דּוֹר עֲשִׂירִי לֹא יָבֹא לָהֶם בִּקְהַל ה׳ עַד עוֹלָם. עַל דְּבַר אֲשֶׁר לֹא קִדְּמוּ אֶתְכֶם בַּלֶּחֶם וּבַמַּיִם בַּדֶּרֶךְ בְּצֵאתְכֶם מִמִּצְרָיִם וַאֲשֶׁר שָׂכַר עָלֶיךָ אֶת בִּלְעָם בֶּן בְּעוֹר מִפְּתוֹר אֲרַם נַהֲרַיִם לְקַלְלֶךָּ (דברים כג,ד-ה). ואולם בתורה שבעל פה למדו כי איסור זה חל על בני מואב ולא על בנות מואב. ההלכה הזו לא הייתה מפורסמת באותה שעה, ולא השתמשו בה. (ראו יבמות עז ע״א). וייתכן שהגואל לא הכיר את ההלכה הזאת או הטיל בה ספק. (ראו רות רבה ז,יא).

וַיֹּאמֶר לו בעז: **סוּרָה**, פנה מדרכך והיכנס, **שְׁבָה־פֹּה, פְּלֹנִי אַלְמֹנִי**. שם הגואל לא נזכר מפני שלא היה ידוע, או משום שלא נהג כראוי, ועל כן נותרה זהותו לוטה בערפל.[1]

וַיָּסַר וַיֵּשֵׁב.

ב **וַיִּקַּח** בעז **עֲשָׂרָה אֲנָשִׁים מִזִּקְנֵי הָעִיר, וַיֹּאמֶר: שְׁבוּ־פֹה** ושִׁמשו דיינים.

וַיֵּשֵׁבוּ.

ג **וַיֹּאמֶר לַגֹּאֵל: חֶלְקַת הַשָּׂדֶה אֲשֶׁר לְאָחִינוּ, לֶאֱלִימֶלֶךְ, מָכְרָה**, העמידה למכירה[2] **נָעֳמִי הַשָּׁבָה מִשְּׂדֵה מוֹאָב**, שכן היא ורות לא יכלו לעבדה לבדן, והתשלום בעבורה יוכל לשמש לכלכלתן. ד **וַאֲנִי אָמַרְתִּי: "אֶגְלֶה אָזְנְךָ, לֵאמֹר – קְנֵה נֶגֶד**, בנוכחות **הַיֹּשְׁבִים וְנֶגֶד זִקְנֵי עַמִּי"**. אם לא שמעת על כך, אספר לך שהשדה עומד למכירה, ואתה תוכל לקנות אותו באופן רשמי ופומבי בפני כל היושבים פה. **אִם־תִּגְאַל – גְּאָל**. לך הזכות הראשונה לרכשו. **וְאִם־לֹא יִגְאַל – הַגִּידָה לִּי וְאֵדְעָה, כִּי**, שהרי **אֵין זוּלָתְךָ לִגְאוֹל, וְאָנֹכִי אַחֲרֶיךָ**. מבחינת זכויות חוקי הגאולה, אין גואל פוטנציאלי אחר בקרבת משפחה כזו מלבדי. אם אתה לא תגאל – אבוא אני אחריך ואקנה.

וַיֹּאמֶר האיש: **אָנֹכִי אֶגְאָל**. אני אקנה את השדה.[3]

פלוני אלמוני הסכים לרכוש את שדה משפחת קרוביו, אך הוא לא הביא בחשבון שגואל השדה הוא שצריך גם לשאת את האלמנה הצעירה שנשארה ממשפחה זו לשם הקמת זרע למשפחה. אמנם מדין התורה אין גאולת הנחלה של הקרוב כרוכה בחיוב לשאת את אלמנתו, אבל כך היה המנהג הקדום, מעין דין הייבום האמור בתורה, שכל הנכנס אל נחלת קרובו עליו גם לייבם את אשתו.[4] ה **וַיֹּאמֶר בֹּעַז: בְּיוֹם־קְנוֹתְךָ הַשָּׂדֶה מִיַּד נָעֳמִי וּמֵאֵת רוּת הַמּוֹאֲבִיָּה**, שכאלמנת מחלון גם לה יש חלק בשדה[5] – גם את רות **אֵשֶׁת־הַמֵּת קָנִיתָ**. כדי לממש את משפט הגאולה עליך לקחת גם אותה לאשה כדי **לְהָקִים שֵׁם־הַמֵּת עַל־נַחֲלָתוֹ**. בנשיאת אלמנת המת העירירי והעמדת תולדות ממנה בעתיד בצד הזכייה בשדהו, יונצח שמו של המת על נחלתו.

העולם

הַשַּׁעַר שער העיר היה מרכז חיי הציבור. על פי המוזכר בתנ"ך ולפי הממצא הארכיאולוגי, במבנה השער והשטח הסמוך לו השתמשו למשפט (ראו בראשית כג,י; דברים כא,יט; כב,כד; יהושע כ,ד; עמוס ה,טו), לפולחן בבמות (מלכים ב' כג,ח), לפעילות כלכלית, הכרזות ותוכחות (ירמיה יז,יט; יט,ב; עמוס ה,ט) ולכינוס העם בהזדמנויות מיוחדות (נחמיה ח,א). במספר ערים נחשפו סמוך לו מבני ציבור שאולי נחשבו אף הם חלק ממתחם שער העיר. בגלל מרכזיותו סימן הביטוי 'שער העיר' גם את העיר כולה (שמות כ,י; דברים טו,ז; כג,יז; מלכים א' ח,לז ועוד).

לִגְאָל־

ו וַיֹּאמֶר הַגֹּאֵל לֹא אוּכַל לִגְאוֹל־לִי פֶּן־אַשְׁחִית אֶת־נַחֲלָתִי גְּאַל־
ז לְךָ אַתָּה אֶת־גְּאֻלָּתִי כִּי לֹא־אוּכַל לִגְאֹל׃ וְזֹאת לְפָנִים בְּיִשְׂרָאֵל
עַל־הַגְּאוּלָּה וְעַל־הַתְּמוּרָה לְקַיֵּם כָּל־דָּבָר שָׁלַף אִישׁ נַעֲלוֹ וְנָתַן
ח לְרֵעֵהוּ וְזֹאת הַתְּעוּדָה בְּיִשְׂרָאֵל׃ וַיֹּאמֶר הַגֹּאֵל לְבֹעַז קְנֵה־לָךְ
ט וַיִּשְׁלֹף נַעֲלוֹ׃ וַיֹּאמֶר בֹּעַז לַזְּקֵנִים וְכָל־הָעָם עֵדִים אַתֶּם הַיּוֹם כִּי
קָנִיתִי אֶת־כָּל־אֲשֶׁר לֶאֱלִימֶלֶךְ וְאֵת כָּל־אֲשֶׁר לְכִלְיוֹן וּמַחְלוֹן מִיַּד
י נָעֳמִי׃ וְגַם אֶת־רוּת הַמֹּאֲבִיָּה אֵשֶׁת מַחְלוֹן קָנִיתִי לִי לְאִשָּׁה
לְהָקִים שֵׁם־הַמֵּת עַל־נַחֲלָתוֹ וְלֹא־יִכָּרֵת שֵׁם־הַמֵּת מֵעִם אֶחָיו
יא וּמִשַּׁעַר מְקוֹמוֹ עֵדִים אַתֶּם הַיּוֹם׃ וַיֹּאמְרוּ כָּל־הָעָם אֲשֶׁר־בַּשַּׁעַר
וְהַזְּקֵנִים עֵדִים יִתֵּן יהוה אֶת־הָאִשָּׁה הַבָּאָה אֶל־בֵּיתֶךָ כְּרָחֵל
וּכְלֵאָה אֲשֶׁר בָּנוּ שְׁתֵּיהֶם אֶת־בֵּית יִשְׂרָאֵל וַעֲשֵׂה־חַיִל בְּאֶפְרָתָה
יב וּקְרָא־שֵׁם בְּבֵית לָחֶם׃ וִיהִי בֵיתְךָ כְּבֵית פֶּרֶץ אֲשֶׁר־יָלְדָה תָמָר
יג לִיהוּדָה מִן־הַזֶּרַע אֲשֶׁר יִתֵּן יהוה לְךָ מִן־הַנַּעֲרָה הַזֹּאת׃ וַיִּקַּח
בֹּעַז אֶת־רוּת וַתְּהִי־לוֹ לְאִשָּׁה וַיָּבֹא אֵלֶיהָ וַיִּתֵּן יהוה לָהּ הֵרָיוֹן

ביאור

ו **וַיֹּאמֶר הַגֹּאֵל**: אם כך **לֹא אוּכַל לִגְאָל־לִי, פֶּן־אַשְׁחִית אֶת־נַחֲלָתִי**, אפגע במשפחתי **גְּאַל־לְךָ אַתָּה אֶת־גְּאֻלָּתִי** במקומי, **כִּי לֹא־אוּכַל לִגְאֹל**. נראה שחשש מנשיאת רות לאשה, מפני שהיא אשה זרה, ולא עוד אלא שבאה מהעם המואבי;[6] ושמא נבעה התנגדותו מהחשש שהכנסת אשה צעירה שתהיה צרה לאשה שבביתו, תעורר מדנים בביתו.[7]

הרחבות

'כבית פרץ אשר ילדה תמר ליהודה' אמנם פרץ לא היה בנו הבכור של יהודה, אבל בניה של תמר הם שהמשיכו את זרע יהודה, ומהם יצאו נשיאי שבט יהודה מדורי דורות. אזכור תמר ויהודה בברכת העם מדגיש את הדמיון בין סיפור בעז ורות לאותו סיפור. כמו בנישואי בעז עם רות, אף במעשה יהודה ותמר לא היה ייבום פשוט, שהרי יהודה לא היה אחיו של המת אלא אביו. בצד הברכות יש בהקבלה זו צדדים נוספים: הן בפגישתה של רות עם בעז בגורן הן בסיפור תמר ויהודה נתונות נשים טהורות בנסיבות קשות, ומתוך כך הן יוזמות מעשים שאינם מקובלים כלל כדי לשמור על הקשר עם משפחת יהודה, והן אכן מצליחות לבנות בדרך זו את עתידה של משפחת המלוכה. (ראו אלשיך ומלבי"ם).

'ויתן ה' לה הריון ותלד' משמים סייעו להיריון זה. הרי רות הייתה נשואה לאיש צעיר ולא ילדה לו, ועתה התחתנה עם גבר זקן, שהוא בוודאי מבוגר ממנה בהרבה. על אחת כמה וכמה היה האירוע נסי על פי חכמים, שדרשו שלמחרת הלילה שבו הרתה רות, מת בעז. (ראו אלשיך ומלבי"ם על אתר; מדרש רות זוטא ד).

ז וְזֹאת הייתה ההתנהלות לְפָנִים, בעבר הקדום בְּיִשְׂרָאֵל עַל־הַגְּאוּלָּה,
בענייני גאולת שדות וְעַל־הַתְּמוּרָה ובענייני סחר חליפין וקניין: כדי
לְקַיֵּם, לאשר כָּל־דָּבָר שָׁלַף אִישׁ נַעֲלוֹ וְנָתַן לְרֵעֵהוּ, לחברו. וְזֹאת, פעולת
שליפת הנעל הייתה דרך הַתְּעוּדָה, העדות בְּיִשְׂרָאֵל. היא הייתה ביטוי
סמלי לגמר עסקה.[8]

ח וַיֹּאמֶר הַגֹּאֵל לְבֹעַז: קְנֵה־לָךְ. אני מוותר על הקניין.
וַיִּשְׁלֹף נַעֲלוֹ כדי לבטא שהוא מוכן ומעוניין לגמור את העסקה.

ט וַיֹּאמֶר בֹּעַז לַזְּקֵנִים וְכָל־הָעָם: עֵדִים אַתֶּם הַיּוֹם כִּי קָנִיתִי אֶת־כָּל־אֲשֶׁר
לֶאֱלִימֶלֶךְ וְאֵת כָּל־אֲשֶׁר לְכִלְיוֹן וּמַחְלוֹן מִיַּד נָעֳמִי. י וְגַם אֶת רוּת הַמֹּאֲבִיָּה
אֵשֶׁת מַחְלוֹן קָנִיתִי לִי לְאִשָּׁה, וכמו בייבום שבתורה,[9] אף כאן מטרתי
היא לְהָקִים שֵׁם־הַמֵּת עַל־נַחֲלָתוֹ, הן בשדהו הן באמצעות צאצאיה
של האלמנה, וְלֹא־יִכָּרֵת שֵׁם־הַמֵּת מֵעִם אֶחָיו וּמִשַּׁעַר מְקוֹמוֹ. הילדים
ייקראו על שם המת, ובכך יימשך כביכול קיומו בעולם הזה.[10] עֵדִים
אַתֶּם הַיּוֹם. בעז הזמין את הזקנים והעם לאשר את המעשה.
יא וַיֹּאמְרוּ כָּל־הָעָם אֲשֶׁר־בַּשַּׁעַר וְהַזְּקֵנִים: אנחנו עֵדִים. כולנו מאשרים.
כיוון שבעז מתעתד לשאת אשה, הם גם מברכים אותו: יִתֵּן ה׳ אֶת־
הָאִשָּׁה הַבָּאָה אֶל־בֵּיתֶךָ כְּרָחֵל וּכְלֵאָה, אֲשֶׁר בָּנוּ שְׁתֵּיהֶם אֶת־בֵּית יִשְׂרָאֵל.
וַעֲשֵׂה־חַיִל, הצלח בְּאֶפְרָתָה, וּקְרָא־שֵׁם, וזכה בצאצאים מזיווג זה[11]
בְּבֵית לָחֶם, הסמוכה לאפרתה, או הזהה לה.[12] יב וִיהִי בֵיתְךָ כְּבֵית
פֶּרֶץ, שיצאת ממנו,[13] אֲשֶׁר־יָלְדָה תָמָר לִיהוּדָה, מִן־הַזֶּרַע אֲשֶׁר יִתֵּן ה׳
לְךָ מִן־הַנַּעֲרָה הַזֹּאת.

נישואי רות ולידת בנה

פרק ד פס׳ יג–יז

התקוות שנתלו ברות ובעז והברכות שנתברכו בהן מתממשות. אף נעמי אינה נזנחת. הבן שנולד לרות נתפס כגואל גם לה, שכן קיומו משמר את שם בנה המת, ובזקנותה היא הופכת למעין אם ואומנת לתינוק.

יג וַיִּקַּח בֹּעַז אֶת־רוּת וַתְּהִי־לוֹ לְאִשָּׁה. וַיָּבֹא אֵלֶיהָ, וַיִּתֵּן ה׳ לָהּ הֵרָיוֹן וַתֵּלֶד בֵּן.

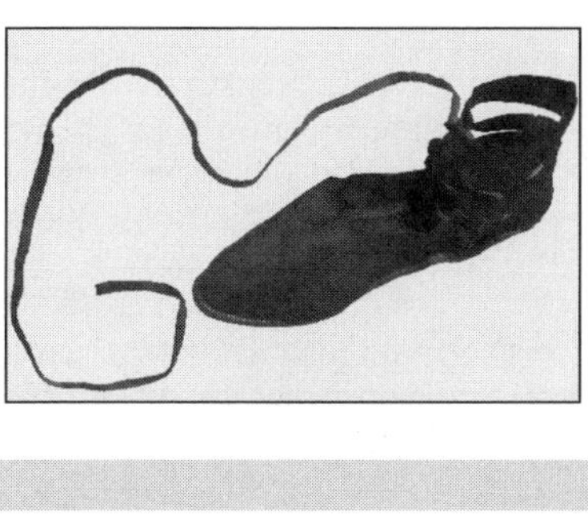

נעל חליצה
המאה ה־20
ניו־יורק

יד וַתֵּ֥לֶד בֵּֽן׃ וַתֹּאמַ֤רְנָה הַנָּשִׁים֙ אֶֽל־נָעֳמִ֔י בָּר֣וּךְ יְהֹוָ֔ה אֲשֶׁ֨ר לֹ֧א
טו הִשְׁבִּ֥ית לָ֛ךְ גֹּאֵ֖ל הַיּ֑וֹם וְיִקָּרֵ֥א שְׁמ֖וֹ בְּיִשְׂרָאֵֽל׃ וְהָ֤יָה לָךְ֙ לְמֵשִׁ֣יב
נֶ֔פֶשׁ וּלְכַלְכֵּ֖ל אֶת־שֵׂיבָתֵ֑ךְ כִּ֤י כַלָּתֵךְ֙ אֲשֶׁר־אֲהֵבַ֣תֶךְ יְלָדַ֔תּוּ אֲשֶׁר־
טז הִיא֙ ט֣וֹבָה לָ֔ךְ מִשִּׁבְעָ֖ה בָּנִֽים׃ וַתִּקַּ֨ח נָעֳמִ֤י אֶת־הַיֶּ֙לֶד֙ וַתְּשִׁתֵ֣הוּ
יז בְחֵיקָ֔הּ וַתְּהִי־ל֖וֹ לְאֹמֶֽנֶת׃ וַתִּקְרֶ֨אנָה ל֤וֹ הַשְּׁכֵנוֹת֙ שֵׁ֣ם לֵאמֹ֔ר
יֻלַּד־בֵּ֖ן לְנָעֳמִ֑י וַתִּקְרֶ֤אנָה שְׁמוֹ֙ עוֹבֵ֔ד ה֥וּא אֲבִי־יִשַׁ֖י אֲבִ֥י דָוִֽד׃
יח יט וְאֵ֙לֶּה֙ תּוֹלְד֣וֹת פָּ֔רֶץ פֶּ֖רֶץ הוֹלִ֥יד אֶת־חֶצְרֽוֹן׃ וְחֶצְרוֹן֙ הוֹלִ֣יד אֶת־
כ רָ֔ם וְרָ֖ם הוֹלִ֥יד אֶת־עַמִּֽינָדָֽב׃ וְעַמִּֽינָדָב֙ הוֹלִ֣יד אֶת־נַחְשׁ֔וֹן וְנַחְשׁ֖וֹן
כא הוֹלִ֥יד אֶת־שַׂלְמָֽה׃ וְשַׂלְמוֹן֙ הוֹלִ֣יד אֶת־בֹּ֔עַז וּבֹ֖עַז הוֹלִ֥יד אֶת־
כב עוֹבֵֽד׃ וְעֹבֵד֙ הוֹלִ֣יד אֶת־יִשָׁ֔י וְיִשַׁ֖י הוֹלִ֥יד אֶת־דָּוִֽד׃

ביאור | יד בעקבות לידת הבן – **וַתֹּאמַרְנָה הַנָּשִׁים אֶל־נָעֳמִי: בָּרוּךְ ה', אֲשֶׁר לֹא הִשְׁבִּית**, הכרית **לָךְ גֹּאֵל הַיּוֹם**. הוא נחשב ממשיכו של בנך המת, ומשאיר את זכרו ואת קיומו בעולם, כבנים הנולדים מייבום. בכך הילד גואל אותך, שכן כביכול נולד לך בן נוסף. **וְיִקָּרֵא שְׁמוֹ**, הוא יתייחס **בְּיִשְׂרָאֵל**. מעתה יישאר זכר למשפחתך בקרב העם. טו ועוד – **וְהָיָה לָךְ לְמֵשִׁיב נֶפֶשׁ** מעצם הווייתו, **וּלְכַלְכֵּל אֶת־שֵׂיבָתֵךְ**. כאשר יגדל ואת תזקיני, תוכלי להישען עליו. **כִּי כַלָּתֵךְ אֲשֶׁר־אֲהֵבָתֶךְ יְלָדַתּוּ, אֲשֶׁר־הִיא טוֹבָה לָךְ מִשִּׁבְעָה בָּנִים.**

טז **וַתִּקַּח נָעֳמִי אֶת־הַיֶּלֶד, וַתְּשִׁתֵהוּ**, ושמה אותו **בְחֵיקָהּ**. למרות שאין לה קשר דם אליו. **וַתְּהִי־לוֹ לְאֹמֶנֶת**. היא טיפלה בילד שכלפיו הרגישה

הרחבות

אחריתה של רות כאן נגמר סיפורה של רות. על המשך חייה לא ידוע דבר. חכמים מספרים שהאריכה ימים מאוד, וזכתה לראות לא רק את דוד המלך, נינה, אלא אף את שלמה בנו (בבא בתרא צא ע"ב).

רשימת היוחסין לא ברור אם זוהי רשימה מדויקת דור אחר דור, שכן טווח השנים מפרץ לדוד גדול מאוד, ואם מדובר בדור אחר דור ממש, מסתבר שכל האישים שנמנו כאן הגיעו לאריכות ימים מופלגת והולידו בגיל מבוגר מאוד. (ראו ילקוט שמעוני וראב"ע על אתר; בראשית רבה צו,ד; רמב"ן בראשית מו,טו). נראה יותר שלא הוזכרו אישים שלא הייתה להם חשיבות מיוחדת. (ראו ילקוט שמעוני וראב"ע כאן; הביאור לדברי הימים א' ב,נא).

קרבת נפש משני טעמים – הן משום שילד זה נשא את זכר בנה המת ובמובן מסוים את עצם קיומו, הן משום שהיה בנה של רות, שהייתה לה כבת – ואולי יותר מבת – ונעמי ראתה בה את ממשיכתה.[1]

ואכן, בסביבתה הקרובה נתפסת נעמי כאם הילד: יז **וַתִּקְרֶאנָה לוֹ
הַשְּׁכֵנוֹת שֵׁם לֵאמֹר: "יֻלַּד־בֵּן לְנָעֳמִי".**[2] **וַתִּקְרֶאנָה שְׁמוֹ עוֹבֵד.**

הוּא היה **אֲבִי־יִשַׁי** שהיה **אֲבִי דָוִד.**

השושלת שדוד בא ממנה
פרק ד פס' יח–כב

כיוון שבסוף העניין הקודם נמנו הדורות מבועז עד דוד המלך, באה בסוף המגילה רשימת יוחסין רחבה יותר, שראשיתה בפרץ בן יהודה, אבי השבט. תכלית רשימת היוחסין הזו היא דוד המלך, שבחייו ובמעשיו יש כדי להצדיק את הכאבים והייסורים שתוארו במגילת רות.

יח **וְאֵלֶּה תּוֹלְדוֹת** משפחת **פָּרֶץ: פֶּרֶץ הוֹלִיד אֶת־חֶצְרוֹן,** יט **וְחֶצְרוֹן
הוֹלִיד אֶת־רָם, וְרָם הוֹלִיד אֶת־עַמִּינָדָב,** כ **וְעַמִּינָדָב הוֹלִיד אֶת־נַחְשׁוֹן,**
שהיה נשיא שבט יהודה בזמן יציאת מצרים,[1] **וְנַחְשׁוֹן הוֹלִיד אֶת־
שַׂלְמָה,** כא **וְשַׂלְמוֹן,** הוא **שַׂלְמָה, הוֹלִיד אֶת־בֹּעַז, וּבֹעַז הוֹלִיד אֶת־
עוֹבֵד,** כב **וְעֹבֵד הוֹלִיד אֶת־יִשָׁי, וְיִשַׁי הוֹלִיד אֶת־דָּוִד.**

הקבר המיוחס לישי ורות
חברון

איכה

מבוא לאיכה

מגילת הקינות איכה נכתבה, לפי המסורת, בידי ירמיהו הנביא.[1] במגילה אין סיפור רצוף או סדר אירועים; מובאות בה קינות על מפלת ישראל, ההרג, הרעב, הגלות, הצרות והזוועות. אמנם מקובל לראות בה מגילה העוסקת בחורבן הבית, אך אין הדבר חד-משמעי. להפך, תמוה שמקינה על מפלת הממלכה כולה ועל היציאה הגדולה לגלות ייעדר אזכור מפורט ומפורש של חורבן המקדש. משום כך יש מקום לשער שאת הקינות הללו, על כל פנים את רובן הגדול, קוננו עוד קודם חורבן הבית.

סימוכין לכך אפשר למצוא בפסוק שבו מתואר מה שאירע בעקבות מות המלך יאשיהו: וַיְקוֹנֵן יִרְמְיָהוּ עַל יֹאשִׁיָּהוּ, וַיֹּאמְרוּ כָל הַשָּׁרִים וְהַשָּׁרוֹת בְּקִינוֹתֵיהֶם עַל יֹאשִׁיָּהוּ עַד הַיּוֹם, וַיִּתְּנוּם לְחֹק עַל יִשְׂרָאֵל, וְהִנָּם כְּתוּבִים עַל הַקִּינוֹת.[2] מכאן ששנים רבות לפני החורבן נערך קובץ קינות שבו הופיעו קינותיו של ירמיהו על הריגת יאשיהו. נראה שאותו קובץ הוא הוא מגילת איכה. את מפלת יאשיהו הולמת במיוחד הקינה השלישית במגילת איכה – המתייחדת באורכה ובמבנה שלה.[3]

עם מותו של המלך יאשיהו נחתמה תקופה. זאת הבינו לפחות מרחיקי הראות בני אותו הדור, אף על פי שביהודה עוד מלכו בפועל שלושה בנים של יאשיהו ואף נכדו. אחרי מות המלך יאשיהו נכבשה ירושלים פעמיים – בידי המצרים, שהגלו ממנה את מלך יהודה – ובידי הבבלים, שלאחר מצור ממושך שוב שעבדו את המלך. הניסיונות החוזרים למרוד בבבלים לא עלו יפה. על כן ייתכן שמפלת ישראל בימי יאשיהו כבר נתפסה כתחילת סופה של הממלכה. הקינות שלפנינו אינן מציירות חורבן מוחלט וסופי של העם, ובצד האבל מופיעה בהן גם תקווה לנחמה רחוקה, ועם זאת עצמת המפלה אינה מוטלת בספק, והמקונן אינו מצפה

1. בבא בתרא טו ע"א. חכמים אמרו שברוך בן נריה כתב את המגילה מפי ירמיהו. ראו מועד קטן כו ע"א; מנחות ל ע"א ורש"י שם; אברבנאל ירמיה לו,ד. וראו עוד דעת מקרא לדניאל בסיכום לפרק א.
2. דברי הימים ב' לה,כה.
3. ראו מועד קטן כו ע"א; איכה רבה א,נג; רש"י איכה א,א; אברבנאל ירמיה לו,ב; וראו בביאור להלן ד,כ.

שבעתיד הקרוב תהיה לממלכה תקומה של ממש. הוא גם אינו משליך את יהבו על סיוע חיצוני ממצרים או מבבל. משום כך ירדו הקינות אל הכתב, ושירתן הפכה לחוק בישראל.

רוב הקינות בנויות לפי סדר אלפביתי, בשינוי קל. גם הפרק האחרון – שאינו בסדר זה – שומר על המתכונת של עשרים ושניים פסוקים. תבנית הכתיבה המסודרת מעידה על כך שאין כאן התפרצויות כאב ספונטניות, ושמא חלף זמן מאז המאורע. צורתן אולי מלמדת גם שנכתבו מתוך מודעות לכך שייקראו דרך קבע. אף מי שמצוי בעיצומו של אבל ובכי, ומתקשה למצוא את המלים המתאימות לביטוי כאבו, צרותיו וייסוריו, יוכל למצוא בקובץ ביטוי לרגשותיו.

א

אֵיכָה ׀ יָשְׁבָה בָדָד הָעִיר רַבָּתִי עָם הָיְתָה כְּאַלְמָנָה רַבָּתִי בַגּוֹיִם א
שָׂרָתִי בַּמְּדִינוֹת הָיְתָה לָמַס׃ בָּכוֹ תִבְכֶּה בַּלַּיְלָה וְדִמְעָתָהּ עַל ב
לֶחֱיָהּ אֵין־לָהּ מְנַחֵם מִכָּל־אֹהֲבֶיהָ כָּל־רֵעֶיהָ בָּגְדוּ בָהּ הָיוּ לָהּ
לְאֹיְבִים׃ גָּלְתָה יְהוּדָה מֵעֹנִי וּמֵרֹב עֲבֹדָה הִיא יָשְׁבָה בַגּוֹיִם לֹא ג
מָצְאָה מָנוֹחַ כָּל־רֹדְפֶיהָ הִשִּׂיגוּהָ בֵּין הַמְּצָרִים׃ דַּרְכֵי צִיּוֹן אֲבֵלוֹת ד
מִבְּלִי בָּאֵי מוֹעֵד כָּל־שְׁעָרֶיהָ שׁוֹמֵמִין כֹּהֲנֶיהָ נֶאֱנָחִים בְּתוּלֹתֶיהָ
נוּגוֹת וְהִיא מַר־לָהּ׃ הָיוּ צָרֶיהָ לְרֹאשׁ אֹיְבֶיהָ שָׁלוּ כִּי־יְהוָה הוֹגָהּ ה
מִבַּת־ עַל־רֹב פְּשָׁעֶיהָ עוֹלָלֶיהָ הָלְכוּ שְׁבִי לִפְנֵי־צָר׃ וַיֵּצֵא מן בת־צִיּוֹן ו
כָּל־הֲדָרָהּ הָיוּ שָׂרֶיהָ כְּאַיָּלִים לֹא־מָצְאוּ מִרְעֶה וַיֵּלְכוּ בְלֹא־כֹחַ

ירושלים
פרק א

בקינה זו מתואר מצבה השפל של ירושלים החרבה בהשוואה למעמדה בעבר. המקונן מתאר בדידות, מצור, רעב, מכת חרב, שוד ושבי, גלות תושבי העיר וביזוי כבודה.

שלוש פעמים מפסיק המקונן בתיאוריו הקשים, וזועק אל ה' שיראה את אשר עולל. אין הוא טוען או מתריס כלפי מעלה; אדרבא, לקראת סוף הקינה הוא מצדיק את מידת הדין שפגעה בירושלים בשל עוונות תושביה. ובכל זאת בזעקתו כלפי שמים נשמעות השתוממות ותהייה על העונש הקשה. הקינה מסתיימת בבקשת נקמה באויבים.

ביאור | פרק א א **אֵיכָה**, איך **יָשְׁבָה בָדָד הָעִיר**, ירושלים שהייתה בעבר **רַבָּתִי עָם**, מיושבת בעם רב?! היא **הָיְתָה** חסרת משען **כְּאַלְמָנָה**. זו שהייתה בעבר **רַבָּתִי**, גדולה וחשובה[1] **בַגּוֹיִם** בין העמים, **שָׂרָתִי**, שרה ומושלת **בַּמְּדִינוֹת הָיְתָה**, הפכה עכשיו **לָמַס**, כפופה ומשועבדת לאחרים. ירושלים, שהייתה עיר ממלכה גדולה ומפוארת, ירדה לחלוטין ממעמדה. ב **בָּכוֹ תִבְכֶּה** האלמנה חסרת הישע, ירושלים, **בַּלַּיְלָה**, שכן היא מתביישת לבכות ביום לעיני כול, **וְדִמְעָתָהּ עַל לֶחֱיָהּ**. היא מבקשת להסתיר דמעתה מעיני זרים. **אֵין־לָהּ מְנַחֵם מִכָּל־אֹהֲבֶיהָ**, בעלי בריתה הפוליטיים. כל המדינות שבעבר היו לה עמן יחסים ידידותיים, זנחו אותה לאחר מפלתה. **כָּל־רֵעֶיהָ בָּגְדוּ בָהּ, הָיוּ לָהּ לְאֹיְבִים.** ג **גָּלְתָה יְהוּדָה**

הרחבות | **'היתה כאלמנה'** ירושלים מדומה לאלמנה בפשטות משום שהייתה נטולת חסות ומעמדה היה שפל. אולם יש בכך גם רמז נסתר לתחושתה ש'בעלה', אלוקים, נטש אותה. ביטוי דומה חוזר גם בקינה האחרונה (להלן ה,ג): יְתוֹמִים הָיִינוּ וְאֵין אָב, אִמֹּתֵינוּ כְּאַלְמָנוֹת. אפשר לקרוא פסוק זה כפשוטו, אך אפשר גם לראות בו אלגוריה לתחושת היתמות שהרגישו בני העיר כלפי האב שבשמים, ולהרגשתה הסובייקטיבית של ירושלים או של כנסת ישראל, כאילו נעזבה לעולם. (איכה רבה א,ג; רש"י ויונתן על אתר; יונתן ופסיקתא זוטרתא איכה ה,ג. ראו עוד ישעיה נד,ד–ה).

מֵעֹנִי, מתוך סבל **וּמֵרֹב עֲבֹדָה**, שעבוד. **הִיא יָשְׁבָה בַגּוֹיִם**, בין העמים
אבל **לֹא מָצְאָה מָנוֹחַ**, מנוחה, כי **כָּל־רֹדְפֶיהָ**, אויביה משכבר, ששמרו
לה טינה במשך דורות, **הִשִּׂיגוּהָ**, ניצלו את ההזדמנות להיפרע ממנה
כאשר היא נדחקה **בֵּין הַמְּצָרִים**, במקומות צרים שאין בהם פתחי
מילוט.[2] ד בחגים בימים כתיקונם היו הדרכים לירושלים עמוסות
במיוחד, שכן אז עלו אליה כל ישראל לרגל; ואילו עתה **דַּרְכֵי צִיּוֹן
אֲבֵלוֹת**, שוממות **מִבְּלִי בָּאֵי מוֹעֵד**, עולי רגלים, ולכן גם **כָּל־שְׁעָרֶיהָ
שׁוֹמֵמִין**, **כֹּהֲנֶיהָ נֶאֱנָחִים**. העיר נהרסה ובית המקדש עזוב.[3] **בְּתוּלֹתֶיהָ
נוּגוֹת**, עצובות, **וְהִיא מַר־לָהּ**. ה **הָיוּ צָרֶיהָ**, אויביה המצֵרים לה **לְרֹאשׁ**,
למנהיגים גדולים, **אֹיְבֶיהָ שָׁלוּ**, מצאו שלווה, **כִּי־ה׳ הוֹגָהּ**, ציער וייסר
אותה **עַל**, בגלל **רֹב פְּשָׁעֶיהָ**, פשעיה הרבים. **עוֹלָלֶיהָ**, ילדיה הרכים
הָלְכוּ שְׁבִי לִפְנֵי־צָר, בגלות יהויכין לבבל. ו **וַיֵּצֵא מִבַּת־צִיּוֹן כָּל־הֲדָרָהּ**,
יופיה. **הָיוּ שָׂרֶיהָ** החופשיים ומורמים מעם, **כְּאַיָּלִים שלֹא־מָצְאוּ מִרְעֶה**

נשים וילדים יוצאים
בעגלה לגלות
תבליטי לכיש
701 לפנה״ס
נינוה

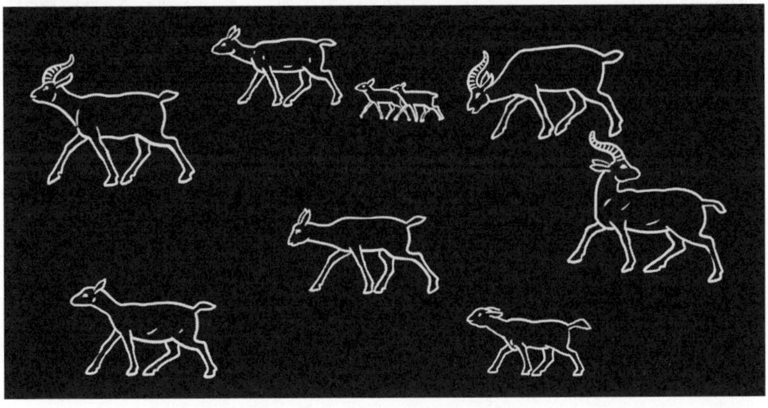

מתוך ציד איילים
תבליט
המאה ה־7 לפנה״ס
ארמון אשורבניפל,
נינוה

לִפְנֵי רוֹדֵף: זָכְרָה יְרוּשָׁלַ͏ִם יְמֵי עָנְיָהּ וּמְרוּדֶיהָ כֹּל מַחֲמֻדֶיהָ אֲשֶׁר ז
הָיוּ מִימֵי קֶדֶם בִּנְפֹל עַמָּהּ בְּיַד־צָר וְאֵין עוֹזֵר לָהּ רָאוּהָ צָרִים
שָׂחֲקוּ עַל־מִשְׁבַּתֶּהָ: חֵטְא חָטְאָה יְרוּשָׁלַ͏ִם עַל־כֵּן לְנִידָה הָיָתָה ח
כָּל־מְכַבְּדֶיהָ הִזִּילוּהָ כִּי־רָאוּ עֶרְוָתָהּ גַּם־הִיא נֶאֶנְחָה וַתָּשָׁב
אָחוֹר: טֻמְאָתָהּ בְּשׁוּלֶיהָ לֹא זָכְרָה אַחֲרִיתָהּ וַתֵּרֶד פְּלָאִים ט
אֵין מְנַחֵם לָהּ רְאֵה יהוה אֶת־עָנְיִי כִּי הִגְדִּיל אוֹיֵב: יָדוֹ פָּרַשׂ י
צָר עַל כָּל־מַחֲמַדֶּיהָ כִּי־רָאֲתָה גוֹיִם בָּאוּ מִקְדָּשָׁהּ אֲשֶׁר צִוִּיתָה
לֹא־יָבֹאוּ בַקָּהָל לָךְ: כָּל־עַמָּהּ נֶאֱנָחִים מְבַקְּשִׁים לֶחֶם נָתְנוּ יא
מַחֲמַדֵּיהֶם מחמודיהֶם בְּאֹכֶל לְהָשִׁיב נָפֶשׁ רְאֵה יהוה וְהַבִּיטָה כִּי הָיִיתִי
זוֹלֵלָה: לוֹא אֲלֵיכֶם כָּל־עֹבְרֵי דֶרֶךְ הַבִּיטוּ וּרְאוּ אִם־יֵשׁ מַכְאוֹב יב
כְּמַכְאֹבִי אֲשֶׁר עוֹלַל לִי אֲשֶׁר הוֹגָה יהוה בְּיוֹם חֲרוֹן אַפּוֹ: מִמָּרוֹם יג
שָׁלַח־אֵשׁ בְּעַצְמֹתַי וַיִּרְדֶּנָּה פָּרַשׂ רֶשֶׁת לְרַגְלַי הֱשִׁיבַנִי אָחוֹר
נְתָנַנִי שֹׁמֵמָה כָּל־הַיּוֹם דָּוָה: נִשְׂקַד עֹל פְּשָׁעַי בְּיָדוֹ יִשְׂתָּרְגוּ יד
עָלוּ עַל־צַוָּארִי הִכְשִׁיל כֹּחִי נְתָנַנִי אֲדֹנָי בִּידֵי לֹא־אוּכַל קוּם:
סִלָּה כָל־אַבִּירַי ׀ אֲדֹנָי בְּקִרְבִּי קָרָא עָלַי מוֹעֵד לִשְׁבֹּר בַּחוּרָי טו

ביאור | רעבים ואבודים.[4] וַיֵּלְכוּ בְלֹא־כֹחַ לִפְנֵי רוֹדֵף. הם נלקחו בשבי, ואחרים הובילו אותם. ז זָכְרָה יְרוּשָׁלַ͏ִם בִּימֵי עָנְיָהּ וּמְרוּדֶיהָ, ייסוריה[5] את כֹּל מַחֲמֻדֶיהָ, חמודותיה, אוצרותיה אֲשֶׁר הָיוּ מִימֵי קֶדֶם. בזמן מפלתה נזכרת ירושלים בטובות העבר. בִּנְפֹל עַמָּהּ בְּיַד־צָר, וְאֵין עוֹזֵר לָהּ, רָאוּהָ צָרִים וְשָׂחֲקוּ עַל־מִשְׁבַּתֶּהָ, חסרונה. גם אלה שלא השתתפו באופן פעיל בהחרבתה, נהנו ממצבה הירוד. ח חֵטְא חָטְאָה יְרוּשָׁלַ͏ִם, עַל־כֵּן לְנִידָה הָיָתָה. כמו מנידה, אשה שאין נוגעים בה בשל טומאתה, כך רחקו העמים מירושלים הטמאה. כָּל־מְכַבְּדֶיהָ הִזִּילוּהָ, זלזלו בה, כִּי־רָאוּ עֶרְוָתָהּ. נפילותיה, חולשותיה וכאביה נתגלו לעיני כול.[6] גַּם־הִיא נֶאֶנְחָה וַתָּשָׁב אָחוֹר. תש כוחה, ועל כן לא הגיבה באופן פעיל, אלא נאנחה ונסוגה אל אומללותה ושיממונה. ט טֻמְאָתָהּ, דם נידתה ניכר בְּשׁוּלֶיהָ, בשולי בגדה. כלומר, חטאיה גלויים. לֹא זָכְרָה, העלתה על

דעתה שזו תהיה[7] אַחֲרִיתָהּ. וַתֵּרֶד פְּלָאִים, הרבה יותר מן הצפוי ומן המשוער.[8] אֵין מְנַחֵם לָהּ.

כתוצאה מכל אלה מבקש המקונן: רְאֵה ה' אֶת־עָנְיִי, סבלי, כִּי הִגְדִּיל
אוֹיֵב את כוחו, והוא עושה בירושלים כרצונו. י יָדוֹ פָּרַשׂ צָר עַל, האויב
לקח את כָּל־מַחֲמַדֶּיהָ, כִּי־רָאֲתָה גוֹיִם שֶׁבָּאוּ אל מִקְדָּשָׁהּ, מן העמים
אֲשֶׁר צִוִּיתָה שֶׁלֹּא־יָבֹאוּ בַקָּהָל לָךְ, העמונים והמואבים, שהתורה
מונעת מהם אפילו את האפשרות להתגייר.[9] כניסתם של העמים
הדחויים והפחותים הללו לתוך בית המקדש היא עלבון כפול.[10]

יא כָּל־עַמָּהּ נֶאֱנָחִים וּמְבַקְשִׁים לֶחֶם בגלל המצור, נָתְנוּ מַחֲמַדֵּיהֶם, מכרו
את כל היקר להם בעבור אֹכֶל לְהָשִׁיב, לקיים[11] נָפֶשׁ. שוב מבקש
המקונן שה' יביט אליו, אלא שעתה הוא מדבר בשם ירושלים: רְאֵה,
ה', וְהַבִּיטָה, כִּי הָיִיתִי, נהפכתי לזוֹלֵלָה, מזולזלת,[12] או: אנשי רעבים
ללחם כי בעבר הייתי עיר זוללת.[13]

עתה פונה ירושלים השוממה אל האנשים העוברים בה לפי תומם
ומאחלת להם: יב לוֹא אֲלֵיכֶם, לוואי שלא יפגעו בכם צרות דומות
לצרותי,[14] כָּל־עֹבְרֵי דֶרֶךְ. הַבִּיטוּ וּרְאוּ אִם־יֵשׁ מַכְאוֹב כְּמַכְאֹבִי אֲשֶׁר עוֹלַל,
נעשה[15] לִי, אֲשֶׁר הוֹגָה, ציער ה' בְּיוֹם חֲרוֹן אַפּוֹ, כעסו. יג מִמָּרוֹם שָׁלַח
ה' אֵשׁ בְּעַצְמֹתַי וַיִּרְדֶּנָּה, הרס, רידד אותן, או: האש שלטה בהן. פָּרַשׂ
ה' רֶשֶׁת לְרַגְלַי, וכיוון שרגלי לכודות בה, הֱשִׁיבַנִי אָחוֹר. נְתָנַנִי שֹׁמֵמָה,
כָּל־הַיּוֹם דָּוָה, חולה וסובלת, או: נידה ומרוחקת.[16] יד נִשְׂקַד, נשמר
או נזכר[17] עֹל, מעמסה, חובת פְּשָׁעַי בְּיָדוֹ של ה'. יִשְׂתָּרְגוּ, יסתבכו
פשעי, עָלוּ עַל־צַוָּארִי כעול אשר הִכְשִׁיל את כֹּחִי. נְתָנַנִי אֲדֹנָי בִּידֵי מי
שמתחתיו לֹא־אוּכַל לקוּם. טו סִלָּה, רמס[18] את כָּל־אַבִּירַי, גיבורי, אֲדֹנָי
בְּקִרְבִּי. קָרָא עָלַי מוֹעֵד זימן אויבים רבים למקום התוועדות אחד

יָדוֹ פָּרַשׂ צָר עַל כָּל מַחֲמַדֶּיהָ
הרומאים נושאים את כלי המקדש בצעדת הניצחון שלהם
תבליט אבן
82 לסה"נ
שער טיטוס, רומא

גַּת דָּרַךְ אֲדֹנָי לִבְתוּלַת בַּת־יְהוּדָה׃ עַל־אֵלֶּה ׀ אֲנִי בוֹכִיָּה עֵינִי ׀ טז
עֵינִי יֹרְדָה מַּיִם כִּי־רָחַק מִמֶּנִּי מְנַחֵם מֵשִׁיב נַפְשִׁי הָיוּ בָנַי שׁוֹמֵמִים
כִּי גָבַר אוֹיֵב׃ פֵּרְשָׂה צִיּוֹן בְּיָדֶיהָ אֵין מְנַחֵם לָהּ צִוָּה יְהוָה לְיַעֲקֹב יז
סְבִיבָיו צָרָיו הָיְתָה יְרוּשָׁלִַם לְנִדָּה בֵּינֵיהֶם׃ צַדִּיק הוּא יְהוָה כִּי יח
הָעַמִּים פִיהוּ מָרִיתִי שִׁמְעוּ־נָא כָל־עַמִּים וּרְאוּ מַכְאֹבִי בְּתוּלֹתַי וּבַחוּרַי
הָלְכוּ בַשֶּׁבִי׃ קָרָאתִי לַמְאַהֲבַי הֵמָּה רִמּוּנִי כֹּהֲנַי וּזְקֵנַי בָּעִיר גָּוָעוּ יט
כִּי־בִקְשׁוּ אֹכֶל לָמוֹ וְיָשִׁיבוּ אֶת־נַפְשָׁם׃ רְאֵה יְהוָה כִּי־צַר־לִי מֵעַי כ
חֳמַרְמָרוּ נֶהְפַּךְ לִבִּי בְּקִרְבִּי כִּי מָרוֹ מָרִיתִי מִחוּץ שִׁכְּלָה־חֶרֶב
בַּבַּיִת כַּמָּוֶת׃ שָׁמְעוּ כִּי נֶאֱנָחָה אָנִי אֵין מְנַחֵם לִי כָּל־אֹיְבַי שָׁמְעוּ כא
רָעָתִי שָׂשׂוּ כִּי אַתָּה עָשִׂיתָ הֵבֵאתָ יוֹם־קָרָאתָ וְיִהְיוּ כָמוֹנִי׃ תָּבֹא כב
כָל־רָעָתָם לְפָנֶיךָ וְעוֹלֵל לָמוֹ כַּאֲשֶׁר עוֹלַלְתָּ לִי עַל כָּל־פְּשָׁעָי כִּי־
רַבּוֹת אַנְחֹתַי וְלִבִּי דַוָּי׃

ביאור | כדי לִשְׁבֹּר את בַּחוּרָי. **גַּת דָּרַךְ אֲדֹנָי לִבְתוּלַת בַּת־יְהוּדָה**, כינוי לשבט יהודה או ליושבי ירושלים. כולנו נדרסים ברגלי האויב כענבים, ודמנו נשפך כיין בגת.[19] טז **עַל־אֵלֶּה אֲנִי בוֹכִיָּה, עֵינִי עֵינִי יֹרְדָה מַּיִם**, מורידה דמעות – **כִּי־רָחַק מִמֶּנִּי** מלך או גואל **מְנַחֵם, מֵשִׁיב נַפְשִׁי. הָיוּ בָנַי שׁוֹמֵמִים**, ללא מדריך וללא מסייע, **כִּי גָבַר אוֹיֵב.**

יז **פֵּרְשָׂה**, פשטה **צִיּוֹן בְּיָדֶיהָ** לאות כניעה, שבר וייאוש,[20] **אֵין מְנַחֵם לָהּ. צִוָּה ה׳ לְיַעֲקֹב** שאת יעקב יקיפו **סְבִיבָיו**, מכל צדדיו **צָרָיו**.[21] **הָיְתָה יְרוּשָׁלִַם לְנִדָּה**, מרוחקת ובזויה אף יותר[22] **בֵּינֵיהֶם.**

הקינה נאמרת מתוך קבלת הדין: יח **צַדִּיק**, צודק **הוּא ה׳**, שעשה לנו את כל זאת, **כִּי פִיהוּ מָרִיתִי**, המריתי. **שִׁמְעוּ־נָא, כָל־הָעַמִּים**, את מה שעשה לנו, **וּרְאוּ מַכְאֹבִי – בְּתוּלֹתַי וּבַחוּרַי הָלְכוּ בַשֶּׁבִי.** יט **קָרָאתִי לַמְאַהֲבַי**, לאלה שהציגו עצמם כאוהבי ולבעלות הברית שלי[23] – **הֵמָּה רִמּוּנִי.** ובינתיים **כֹּהֲנַי וּזְקֵנַי** המכובדים, הניזונים בדרך כלל מן הציבור,[24] **בָּעִיר גָּוָעוּ**, משום שבשעת הרעב אין הציבור

יכול לפרנסם, **כִּי־בִקְשׁוּ אֹכֶל לָמוֹ**, וְעל ידו **יָשִׁיבוּ אֶת־נַפְשָׁם** – אך ללא הועיל.

שוב פונה המקונן אל ה׳, והפעם נראה שדמותו האישית של המקונן
מתלכדת עם ירושלים: כ **רְאֵה, ה׳, כִּי־צַר־לִי וּמֵעַי חֳמַרְמָרוּ**, התחממו.[25]
כל גופי כואב, אפילו אברי הפנימיים – המעיים – בוערים. אני
חשה כאילו **נֶהְפַּךְ לִבִּי בְּקִרְבִּי, כִּי מָרוֹ מָרִיתִי**, המריתי את פי ה׳. **מִחוּץ**
שִׁכְּלָה־חֶרֶב, בַּבַּיִת כַּמָּוֶת. בחוץ הורגים, אך אימת המוות נמצאת גם
בתוך הבית. כא **שָׁמְעוּ כִּי נֶאֱנָחָה אָנִי, אֵין מְנַחֵם לִי. כָּל־אֹיְבַי** כששָׁמְעוּ
רָעָתִי – **שָׂשׂוּ**, שמחו לאידי, **כִּי אַתָּה, ה׳, עָשִׂיתָ**.

ומכאן עובר המקונן לתחינה:[26] **הֵבֵאתָ**, אנא כשיבוא **היום** ש**קָּרָאתָ**,
קבעת לכך – **וְיִהְיוּ** אויבי **כָמוֹנִי**. הענש אותם בייסורים דומים. כב **תָּבֹא**
כָל־רָעָתָם של אלה שהעמידו פני אוהבים וידידים **לְפָנֶיךָ**, **וְעוֹלֵל**,
עשה **לָמוֹ**, להם **כַּאֲשֶׁר עוֹלַלְתָּ לִי עַל כָּל־פְּשָׁעָי, כִּי־רַבּוֹת אַנְחֹתַי וְלִבִּי**
דַוָּי, סובל מכאב.

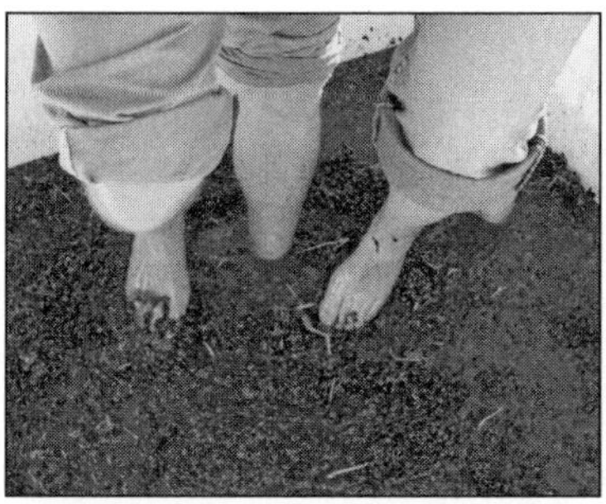

דריכה בגת

בְּתוּלֹתַי וּבַחוּרַי הָלְכוּ בַשֶּׁבִי
יהודים מוגלים מלכיש
מימין למעלה נשים,
ומשמאל למעלה
גברים
תבליטי לכיש
701 לפנה״ס
נינווה

ב א אֵיכָה יָעִיב בְּאַפּוֹ | אֲדֹנָי אֶת־בַּת־צִיּוֹן הִשְׁלִיךְ מִשָּׁמַיִם אֶרֶץ
ב תִּפְאֶרֶת יִשְׂרָאֵל וְלֹא־זָכַר הֲדֹם־רַגְלָיו בְּיוֹם אַפּוֹ: בִּלַּע אֲדֹנָי לֹא וְלֹא
חָמַל אֵת כָּל־נְאוֹת יַעֲקֹב הָרַס בְּעֶבְרָתוֹ מִבְצְרֵי בַת־יְהוּדָה הִגִּיעַ
ג לָאָרֶץ חִלֵּל מַמְלָכָה וְשָׂרֶיהָ: גָּדַע בָּחֳרִי־אַף כֹּל קֶרֶן יִשְׂרָאֵל
הֵשִׁיב אָחוֹר יְמִינוֹ מִפְּנֵי אוֹיֵב וַיִּבְעַר בְּיַעֲקֹב כְּאֵשׁ לֶהָבָה אָכְלָה
ד סָבִיב: דָּרַךְ קַשְׁתּוֹ כְּאוֹיֵב נִצָּב יְמִינוֹ כְּצָר וַיַּהֲרֹג כֹּל מַחֲמַדֵּי־
ה עָיִן בְּאֹהֶל בַּת־צִיּוֹן שָׁפַךְ כָּאֵשׁ חֲמָתוֹ: הָיָה אֲדֹנָי | כְּאוֹיֵב בִּלַּע
יִשְׂרָאֵל בִּלַּע כָּל־אַרְמְנוֹתֶיהָ שִׁחֵת מִבְצָרָיו וַיֶּרֶב בְּבַת־יְהוּדָה
ו תַּאֲנִיָּה וַאֲנִיָּה: וַיַּחְמֹס כַּגַּן שֻׂכּוֹ שִׁחֵת מֹעֲדוֹ שִׁכַּח יְהוָה | בְּצִיּוֹן
ז מוֹעֵד וְשַׁבָּת וַיִּנְאַץ בְּזַעַם־אַפּוֹ מֶלֶךְ וְכֹהֵן: זָנַח אֲדֹנָי | מִזְבְּחוֹ
נִאֵר מִקְדָּשׁוֹ הִסְגִּיר בְּיַד־אוֹיֵב חוֹמֹת אַרְמְנוֹתֶיהָ קוֹל נָתְנוּ

מעשה ה' בבת ציון

פרק ב

אם התמקדה הקינה הקודמת באויב שה' שלח להציק לירושלים בשל פשעיה, קינה זו פותחת בהדגשת ההשתוממות על פגיעתו של אלוקים ב'בת ציון', 'בת ירושלים' ו'בת יהודה'. (אחת-עשרה פעמים מופיעה המלה 'בת' בעשרים ושניים הפסוקים שבקינה). כאן אלוקים הוא המשפיל את ישראל ואת מנהיגיהם והורס את בתיהם ומבצריהם. הוא עצמו נדמה לאויב, ואינו מתואר רק כמי ששלח את האויב.

בהמשך מאשים המקונן את נביאי השקר של ירושלים, שבנבואות השווא שניבאו מנעו מתושבי ירושלים לעמוד נוכח חטאיהם ולשנות את דרכם. בהווה לא נשמעות עוד נבואות, וקולות חוגגים של עולי רגלים כבר אינם עולים מן העיר. עתה נשמעים בירושלים קולות התינוקות הזועקים למזון ומשקה, קולות ההשתאות, הצער וההספד של העוברים על פני העיר החרבה, קולות האויבים הששים לאידם של ישראל וצעקות השבר והתפילה של יושביה.

ביאור | פרק ב א **אֵיכָה יָעִיב**, יחשיך כענן המסתיר את אור השמש **בְּאַפּוֹ**, בכעסו **אֲדֹנָי אֶת־בַּת־צִיּוֹן**, אומתו-בתו. **הִשְׁלִיךְ מִשָּׁמַיִם** אל **אֶרֶץ** את **תִּפְאֶרֶת יִשְׂרָאֵל**, **וְלֹא־זָכַר** את **הֲדֹם־רַגְלָיו**, כינוי מליצי לבית המקדש[1] **בְּיוֹם אַפּוֹ**. ב **בִּלַּע**, השמיד **אֲדֹנָי וְלֹא חָמַל אֵת כָּל־נְאוֹת**, משכנותיהם הנאים של **יַעֲקֹב**, **הָרַס בְּעֶבְרָתוֹ**, בזעמו את **מִבְצְרֵי בַת־יְהוּדָה הִגִּיעַ**, הוריד[2] **לָאָרֶץ**, **חִלֵּל**, ביטל וביזה **מַמְלָכָה וְשָׂרֶיהָ**. ג **גָּדַע בָּחֳרִי־אַף**, בחרון, בכעס את **כֹּל קֶרֶן**, גדולת **יִשְׂרָאֵל** ותפארתם. בדרך כלל ה' מגן על עמו ואינו מניח לאויב לעשות לו כרצונו, והנה עתה **הֵשִׁיב אָחוֹר** את **יְמִינוֹ**, המונעת מן האויב לפעול כנגד ישראל, **מִפְּנֵי אוֹיֵב**,

והאויב פעל ללא הפרעה.[3] **וַיִּבְעַר** האויב **בְּיַעֲקֹב כְּאֵשׁ לֶהָבָה שָׁאָכְלָה**
סָבִיב. ד ואף ה׳ עצמו **דָּרַךְ קַשְׁתּוֹ** עלינו **כְּאוֹיֵב,** כאילו היה אויבנו.
כאמור, ימינו נסוגה מלסייע לישראל. ולא זו בלבד - **נִצָּב יְמִינוֹ כְּצָר.**
היא עומדת כנגדנו. **וַיַּהֲרֹג כֹּל מַחֲמַדֵּי־עָיִן, בְּאֹהֶל בַּת־צִיּוֹן שָׁפַךְ כָּאֵשׁ**
חֲמָתוֹ, כעסו. ה **הָיָה אֲדֹנָי כְּאוֹיֵב, בִּלַּע,** ה׳ השחית את **יִשְׂרָאֵל, בִּלַּע**
כָּל־אַרְמְנוֹתֶיהָ, שִׁחֵת מִבְצָרָיו. וַיֶּרֶב, הִרבָּה **בְּבַת־יְהוּדָה תַּאֲנִיָּה וַאֲנִיָּה,**
קולות של אבל וצער.[4] ו **וַיַּחְמֹס** כמי שפולש **לַגַּן** וקוטף את כל
פֵּרותיו,[5] כך הסיר את **שֻׂכּוֹ,** סוכתו, משכנו.[6] **שִׁחֵת** את **מֹעֲדוֹ,** המקום
שבו נועד ונכח.[7] **שִׁכַּח ה׳ בְּצִיּוֹן מוֹעֵד וְשַׁבָּת.** בגלל הצרות נעשו הימים
כה מרים וקשים, שהמועדים ואפילו השבתות אינם ניכרים עוד.
רצף החיים הפך דל, אפור ועצוב. **וַיִּנְאַץ,** ה׳ קילל ופגע **בְּזַעַם־אַפּוֹ**
בְּמֶלֶךְ וְכֹהֵן שבישראל. ז ה׳ חדל להגן על מקדשו. על כן נראה
שֶׁזָּנַח אֲדֹנָי את **מִזְבְּחוֹ, נִאֵר,** קילל את **מִקְדָּשׁוֹ, הִסְגִּיר בְּיַד־אוֹיֵב** את
חוֹמֹת אַרְמְנוֹתֶיהָ. כיוון שהמקום ניתן לשליטת זרים, **קוֹל** גדול **נָתְנוּ**

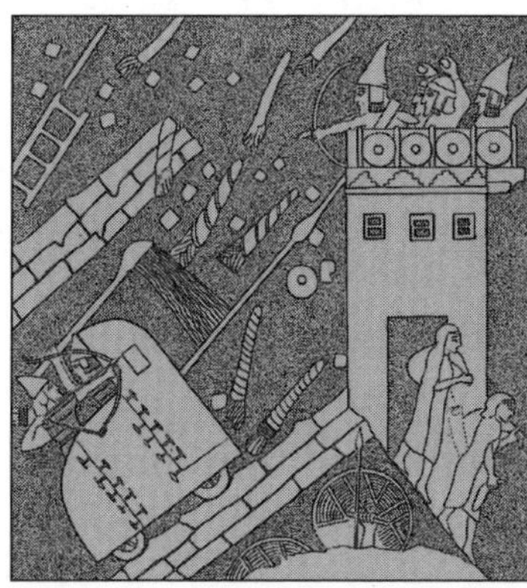

מימין:
הֶרֶס בְּעֶבְרָתוֹ מִבְצְרֵי בַת יְהוּדָה
הקרב בלכיש
מימין למטה המוגלים מהעיר
תבליטי לכיש
701 לפנה״ס
נינווה

משמאל:
שָׁפַךְ כָּאֵשׁ חֲמָתוֹ
החדר השרוף
המאה ה־6 לפנה״ס
עיר דוד

קשתות דרוכות לירייה
תבליט אבן
635-645 לפנה״ס
ארמון אשורבניפל
נינווה

בְּבֵית־יְהוָה כְּיוֹם מוֹעֵד: חָשַׁב יְהוָה ׀ לְהַשְׁחִית חוֹמַת בַּת־צִיּוֹן ח
נָטָה קָו לֹא־הֵשִׁיב יָדוֹ מִבַּלֵּעַ וַיַּאֲבֶל־חֵל וְחוֹמָה יַחְדָּו אֻמְלָלוּ:
טָבְעוּ בָאָרֶץ שְׁעָרֶיהָ אִבַּד וְשִׁבַּר בְּרִיחֶיהָ מַלְכָּהּ וְשָׂרֶיהָ בַגּוֹיִם ט
אֵין תּוֹרָה גַּם־נְבִיאֶיהָ לֹא־מָצְאוּ חָזוֹן מֵיְהוָה: יֵשְׁבוּ לָאָרֶץ יִדְּמוּ י
זִקְנֵי בַת־צִיּוֹן הֶעֱלוּ עָפָר עַל־רֹאשָׁם חָגְרוּ שַׂקִּים הוֹרִידוּ לָאָרֶץ
רֹאשָׁן בְּתוּלֹת יְרוּשָׁלִָם: כָּלוּ בַדְּמָעוֹת עֵינַי חֳמַרְמְרוּ מֵעַי נִשְׁפַּךְ יא
לָאָרֶץ כְּבֵדִי עַל־שֶׁבֶר בַּת־עַמִּי בֵּעָטֵף עוֹלֵל וְיוֹנֵק בִּרְחֹבוֹת
קִרְיָה: לְאִמֹּתָם יֹאמְרוּ אַיֵּה דָּגָן וָיָיִן בְּהִתְעַטְּפָם כֶּחָלָל בִּרְחֹבוֹת יב
אֲעִידֵךְ | עִיר בְּהִשְׁתַּפֵּךְ נַפְשָׁם אֶל־חֵיק אִמֹּתָם: מָה־אעודך מָה אֲדַמֶּה־ יג
לָּךְ הַבַּת יְרוּשָׁלִַם מָה אַשְׁוֶה־לָּךְ וַאֲנַחֲמֵךְ בְּתוּלַת בַּת־צִיּוֹן כִּי־
גָדוֹל כַּיָּם שִׁבְרֵךְ מִי יִרְפָּא־לָךְ: נְבִיאַיִךְ חָזוּ לָךְ שָׁוְא וְתָפֵל וְלֹא־ יד
שְׁבוּתֵךְ | גִלּוּ עַל־עֲוֺנֵךְ לְהָשִׁיב שביתך וַיֶּחֱזוּ לָךְ מַשְׂאוֹת שָׁוְא וּמַדּוּחִים:
סָפְקוּ עָלַיִךְ כַּפַּיִם כָּל־עֹבְרֵי דֶרֶךְ שָׁרְקוּ וַיָּנִעוּ רֹאשָׁם עַל־בַּת טו
יְרוּשָׁלִָם הֲזֹאת הָעִיר שֶׁיֹּאמְרוּ כְּלִילַת יֹפִי מָשׂוֹשׂ לְכָל־הָאָרֶץ:
פָּצוּ עָלַיִךְ פִּיהֶם כָּל־אֹיְבַיִךְ שָׁרְקוּ וַיַּחַרְקוּ־שֵׁן אָמְרוּ בִּלָּעְנוּ אַךְ זֶה טז
הַיּוֹם שֶׁקִּוִּינֻהוּ מָצָאנוּ רָאִינוּ: עָשָׂה יְהוָה אֲשֶׁר זָמָם בִּצַּע אֶמְרָתוֹ יז
אֲשֶׁר צִוָּה מִימֵי־קֶדֶם הָרַס וְלֹא חָמָל וַיְשַׂמַּח עָלַיִךְ אוֹיֵב הֵרִים

ביאור | **בְּבֵית־ה' כְּיוֹם מוֹעֵד.** רעשי הטבח והמלחמה במקדש עוררו את זכרם של קולות הרינה והתודה של ההמון שחגג באותו מקום.[8] ח **חָשַׁב ה' לְהַשְׁחִית חוֹמַת בַּת־צִיּוֹן, נָטָה**, שרטט **קָו** לשם הכנת תכניות הפעולה שלו, **לֹא־הֵשִׁיב יָדוֹ מִבַּלֵּעַ**, מלהשמיד. הוא הוציא את תכניותיו אל הפועל. **וַיַּאֲבֶל**, ה' גרם לאבל **בחֵל**, חומת מגן קטנה **וְחוֹמָה**, ושניהם **יַחְדָּו אֻמְלָלוּ**, נשברו. ט **טָבְעוּ בָאָרֶץ שְׁעָרֶיהָ** כביכול נעלמו, משום שחדלו להשתמש בהם, ואין בהם עוד תועלת. **אִבַּד וְשִׁבַּר בְּרִיחֶיהָ**,

הרחבות | **הסדר האלפביתי** פסוקים טז ו־יז מתחילים באות פ ואחריה באות ע, שלא כסדר הנקוט בידינו. שינוי זה מן הסדר המקובל יופיע גם בקינות השלישית והרביעית (ג,מו–נא; ד,טז–יז) יש לכך הסברים שונים, אך ייתכן שבאותם ימים לא היה סדר האותיות קבוע לגמרי. (ראו גם סנהדרין קד ע"ב; איכה רבה ב,ב).

שסגרו את השערים הללו. **מַלְכָּהּ וְשָׂרֶיהָ בַגּוֹיִם** ואינם יכולים לעזור.
אֵין תּוֹרָה, גַּם־נְבִיאֶיהָ לֹא־מָצְאוּ חָזוֹן מֵה'. הכול נעלם ונסתר. המנהיגים
יצאו לגלות, ומי שנשאר אינו מספק כל נחמה. י **יֵשְׁבוּ לָאָרֶץ יִדְּמוּ,**
שתקו[9] **זִקְנֵי בַת־צִיּוֹן, הֶעֱלוּ עָפָר עַל־רֹאשָׁם חָגְרוּ שַׂקִּים, הוֹרִידוּ לָאָרֶץ
רֹאשָׁן בְּתוּלֹת יְרוּשָׁלָ͏ִם.** הן הזקנים והן הצעירים מתאבלים.

מצוקת המקונן נוכח מראה עיניו כה קשה, שהוא חווה אותה כאילו
היא פוגעת פגיעה חמורה בגופו: יא **כָּלוּ בַדְּמָעוֹת** הרבות **עֵינַי,** כביכול,
חֳמַרְמְרוּ, התלהטו[10] **מֵעַי,** נתקפתי בכאב בטן נורא, **נִשְׁפַּךְ לָאָרֶץ כְּבֵדִי
עַל־שֶׁבֶר בַּת־עַמִּי. בֵּעָטֵף,** כשמתעלפים **עוֹלֵל,** ילד רך **וְיוֹנֵק,** ותינוק
בִּרְחֹבוֹת קִרְיָה, עיר. יב **לְאִמֹּתָם יֹאמְרוּ** הילדים הקטנים: **"אַיֵּה,** איפה
יש **דָּגָן** ואם אין לחם – היכן יש **יָיִן** להשיב את נפשנו?" **בְּהִתְעַטְּפָם,**
כשהם מתעלפים ונופלים **כֶּחָלָל,** כגוויה מתה **בִּרְחֹבוֹת עִיר, בְּהִשְׁתַּפֵּךְ
נַפְשָׁם אֶל־חֵיק אִמֹּתָם.**

יג **מָה־אֲעִידֵךְ,** איזו עדות ממקרה דומה אוכל להביא לך כדי
להרגיעך?![11] **מָה אֲדַמֶּה־לָּךְ,** באילו דימויים אשתמש כדי להסביר את
מצבך, **הַבַּת יְרוּשָׁלַ͏ִם**?! **מָה אַשְׁוֶה־לָּךְ,** למה אוכל להשוות את סבלך
וַאֲנַחֲמֵךְ, על מנת לנחמך, **בְּתוּלַת בַּת־צִיּוֹן**?! **כִּי־גָדוֹל כַּיָּם שִׁבְרֵךְ,** אסונך,
מִי יִרְפָּא־לָךְ?! אין מי שיוכל לרפאך. יד **נְבִיאַיִךְ,** שלא היו נביאי ה',
חָזוּ, נבאו **לָךְ שָׁוְא,** דברי הבל ושקר **וְתָפֵל,** דברים חסרי טעם וממש.
וְלֹא־גִלּוּ עַל־עֲוֹנֵךְ לְהָשִׁיב את **שְׁבוּתֵךְ,** שיבתך למצבך הקודם. הם מעלו
בתפקיד המוטל עליהם להוכיח אותך על חטאייך ולעוררך לתשובה,
והניחו לך להידרדר. **וַיֶּחֱזוּ לָךְ מַשְׂאוֹת,** נבואות **שָׁוְא וּמַדּוּחִים,** דברים
המדיחים ומרחיקים אותך מן הדרך הראויה.[12] במקום לומר אמת
נוקבת שתעורר לשינוי ולתשובה, אישרו נביאייך את שומעיהם,
וכך יכלו להמשיך בדרכם הרעה באין מפריע.

טו **סָפְקוּ עָלַיִךְ כַּפַּיִם כָּל־עֹבְרֵי דֶרֶךְ, שָׁרְקוּ וַיָּנִעוּ רֹאשָׁם** – ביטויים שונים
לצער – **עַל־בַּת יְרוּשָׁלָ͏ִם,** למראה חורבנך הם תהו: **הֲזֹאת הָעִיר
שֶׁיֹּאמְרוּ** שהיא **כְּלִילַת יֹפִי,** שלמות היופי **וּמָשׂוֹשׂ,** מקור השמחה **לְכָל־
הָאָרֶץ**?! טז **פָּצוּ,** פתחו **עָלַיִךְ פִּיהֶם כָּל־אֹיְבַיִךְ, שָׁרְקוּ וַיַּחַרְקוּ־שֵׁן** – ביטויי
כעס או איבה – **אָמְרוּ: "בִּלָּעְנוּ,** השמדנו. **אַךְ,** הנה **זֶה הַיּוֹם שֶׁקִּוִּינֻהוּ,**
יום מפלתה של ירושלים שציפינו לו, כעת **מָצָאנוּ רָאִינוּ".** יז **עָשָׂה
ה'** את **אֲשֶׁר זָמָם, בִּצַּע** את **אֶמְרָתוֹ,** דבריו **אֲשֶׁר צִוָּה מִימֵי־קֶדֶם.** הרי
הוא העיד בכם בתורתו שיבואו מפלות וחורבן, רעב וחרב, ועתה
מתגשמות הפורענויות.[13] **הָרַס וְלֹא חָמָל, וַיְשַׂמַּח עָלַיִךְ** בכך **אוֹיֵב, הֵרִים**

קֶרֶן צָרָיִךְ׃ צָעַק לִבָּם אֶל־אֲדֹנָי חוֹמַת בַּת־צִיּוֹן הוֹרִידִי כַנַּחַל יח
דִּמְעָה יוֹמָם וָלַיְלָה אַל־תִּתְּנִי פוּגַת לָךְ אַל־תִּדֹּם בַּת־עֵינֵךְ׃ קוּמִי ׀ יט
רֹנִּי בַלַּיְל לְרֹאשׁ אַשְׁמֻרוֹת שִׁפְכִי כַמַּיִם לִבֵּךְ נֹכַח פְּנֵי אֲדֹנָי שְׂאִי
אֵלָיו כַּפַּיִךְ עַל־נֶפֶשׁ עוֹלָלַיִךְ הָעֲטוּפִים בְּרָעָב בְּרֹאשׁ כָּל־חוּצוֹת׃
רְאֵה יהוה וְהַבִּיטָה לְמִי עוֹלַלְתָּ כֹּה אִם־תֹּאכַלְנָה נָשִׁים פִּרְיָם כ
עֹלֲלֵי טִפֻּחִים אִם־יֵהָרֵג בְּמִקְדַּשׁ אֲדֹנָי כֹּהֵן וְנָבִיא׃ שָׁכְבוּ לָאָרֶץ כא
חוּצוֹת נַעַר וְזָקֵן בְּתוּלֹתַי וּבַחוּרַי נָפְלוּ בֶחָרֶב הָרַגְתָּ בְּיוֹם אַפֶּךָ
טָבַחְתָּ לֹא חָמָלְתָּ׃ תִּקְרָא כְיוֹם מוֹעֵד מְגוּרַי מִסָּבִיב וְלֹא הָיָה כב
בְּיוֹם אַף־יהוה פָּלִיט וְשָׂרִיד אֲשֶׁר־טִפַּחְתִּי וְרִבִּיתִי אֹיְבִי כִלָּם׃
אֲנִי הַגֶּבֶר רָאָה עֳנִי בְּשֵׁבֶט עֶבְרָתוֹ׃ אוֹתִי נָהַג וַיֹּלַךְ חֹשֶׁךְ וְלֹא־ א ב ג
אוֹר׃ אַךְ בִּי יָשֻׁב יַהֲפֹךְ יָדוֹ כָּל־הַיּוֹם׃ בִּלָּה בְשָׂרִי וְעוֹרִי שִׁבַּר ג ד
עַצְמוֹתָי׃ בָּנָה עָלַי וַיַּקַּף רֹאשׁ וּתְלָאָה׃ בְּמַחֲשַׁכִּים הוֹשִׁיבַנִי ה ו

ביאור | קֶרֶן, העצים את צָרָיִךְ וחיזק את דימוים העצמי.

יח צָעַק לִבָּם של תושבי העיר אֶל־אֲדֹנָי. חוֹמַת בַּת־צִיּוֹן, הוֹרִידִי כַנַּחַל דִּמְעָה יוֹמָם וָלַיְלָה, אַל־תִּתְּנִי פוּגַת, הפוגה לָךְ. אַל־תִּדֹּם, תשקוט[14] בַּת, בבת עֵינֵךְ. אל תניחי לעצמך להפסיק לבכות.

עתה פונה המקונן אל ישראל: יט קוּמִי רֹנִּי, השמיעי קולך במספד[15] בַלַּיְלָה לְרֹאשׁ אַשְׁמֻרוֹת, בתחילת כל חלק של הלילה מתחלפות משמרות, וזמנים אלו ראויים לתפילה[16] – שִׁפְכִי כַמַּיִם לִבֵּךְ, מררי בבכי בשעות הלילה הללו על מצבך נֹכַח פְּנֵי אֲדֹנָי. שְׂאִי, הרימי אֵלָיו כַּפַּיִךְ בתפילה עַל־נֶפֶשׁ עוֹלָלַיִךְ הָעֲטוּפִים, המעולפים בְּרָעָב בְּרֹאשׁ כָּל־חוּצוֹת. לא רק המבוגרים מוכי רעב; אפילו לילדים הרכים אין מזון.

אף קינה זו מסתיימת בקריאה אל ה׳ לראות עד היכן הגיעה שפלותה של ירושלים, ובקריאה זו שוב מתלכדת נפש המקונן בנפש העיר ירושלים: כ רְאֵה, ה׳, וְהַבִּיטָה לְמִי עוֹלַלְתָּ כֹּה. האִם התכוונת לרעב כה נורא, שבו תֹּאכַלְנָה נָשִׁים פִּרְיָם, ילדיהן, עֹלֲלֵי טִפֻּחִים?! האִם התכוונת שיֵהָרֵג בְּמִקְדַּשׁ אֲדֹנָי, האמור להיות מקום של מחסה, כֹּהֵן וְנָבִיא?! כא שָׁכְבוּ לָאָרֶץ בחוצות נַעַר וְזָקֵן. בְּתוּלֹתַי וּבַחוּרַי נָפְלוּ בֶחָרֶב.

הָרַגְתָּ בְּיוֹם אַפֶּךָ, טָבַחְתָּ וְלֹא חָמָלְתָּ. אתה פגעת ללא רחמים בעת
זעמך. כב **תִּקְרָא**, הזמנת כמו **בְּיוֹם מוֹעֵד**, ביום המיועד לכך, **לְמְגוּרַי**,
לפחדי, שיבואו **מִסָּבִיב. וְלֹא הָיָה בְּיוֹם אַף־ה' פָּלִיט וְשָׂרִיד.** לא שרד
דבר. כל הבתים והגינות, הספרים, המפעלים והילדים **אֲשֶׁר־טִפַּחְתִּי
וְרִבִּיתִי – אֹיְבִי כִלָּם**, ואני נשארתי בודדה בעולם.

הגבר הרואה בסבל עמו
פרק ג

קינה זו, השלישית, שונה משאר הקינות שבמגילה הן מבחינת המבנה שלה והן מבחינת סגנונה ותכניה. שלא כקינות האחרות, שפסוקיהן ארוכים ובנויים ממספר צלעות, פסוקי הקינה הזאת קצרים, ובהם שני חלקים בלבד. ושלא כמו בקינות האחרות המסודרות בסדר אלפביתי, שבהן כל אות פותחת פסוק אחד, כאן כל אות פותחת שלושה פסוקים – שלושה פסוקים פותחים באות א', אחריהם שלושה הפותחים באות ב' וכך הלאה.

אמנם בכל מגילת איכה אפשר לפגוש פסוקים הנאמרים בשמו של הנביא המתבונן בחורבן וזועק את כאבו מנפשו ומגופו, אך לעומת שאר הקינות, שבהן נזכרת ירושלים או ציון כמה פעמים כדמות אשה, קינה זו נאמרת מפורשות מפיו של גבר הרואה בעצמו דוגמה וסמל לכל האומה, והסגנון האישי, הפרטי, בולט בה ביותר.

והבדלים נוספים: בקינות שלפניה ולאחריה נכח הרקע הלאומי הריאלי לאמירתן – מצוקת הרעב, האויבים, חורבן מבצרי ירושלים, ואילו מן הקינה שלפנינו, לעומתן, נעדר פירוט כזה. במרכזה מובעים סבלו של המקונן האישי, טלטלותיו בין ייאוש לציפייה לישועה, ובין כניעה, הצדקה והשלמה עם המצב לצעקות, כאב ומאבק. שלא כבשאר הקינות שבמגילה, אין בקינה זו שאלת 'איכה' אלא תיאור המצב כפי שהוא.

הקינה מסתיימת במשאלה שאלוקים יגמול לאויב ההורס והלועג כמעשיו.

פרק ג א **אֲנִי** הוא **הַגֶּבֶר שֶׁרָאָה עֳנִי** וסבל מן העוני, **בְּשֵׁבֶט עֶבְרָתוֹ**,
במקל זעמו של אלוקים.[1] ב **אוֹתִי נָהַג**, ה' מנהיג **וַיֹּלַךְ בחֹשֶׁךְ וְלֹא
בָאוֹר.** ג **אַךְ בִּי יָשֻׁב**, אלי הוא חוזר פעם אחר פעם, **יַהֲפֹךְ יָדוֹ כָּל־הַיּוֹם.**
שוב ושוב הוא מפליא בי את מכותיו ואינו מניח לי. ד **בִּלָּה**, השחית
את **בְשָׂרִי וְעוֹרִי, שִׁבַּר עַצְמוֹתָי.** ה **בָּנָה עָלַי** חומת מצור[2] **וַיַּקַּף**, והקיף
אותי **בּרֹאשׁ**, עשב מר ורעיל[3] **וּתְלָאָה**, צרה. ו **בְּמַחֲשַׁכִּים הוֹשִׁיבַנִי**

רוש עקוד
('ראש'?)

העולם

ראש מקובל לזהותו עם רוש עקוד (שם מדעי: Conium maculatum), צמח רעיל ביותר שבאמצעותו נהגו להוציא להורג נידונים למוות ביוון העתיקה. זהו צמח עשבוני סוככי שגובהו 1.5 מ', פרחיו לבנים, על גבעולו נקודות שחורות, והוא גדל בצדי דרכים. יש המזהים את הראש עם הפרג (שם מדעי: Papaver somniferum), שמפֵּרותיו הדומים לראש מפיקים אופיום, ואחרים – עם השיכרון הזהוב (שם מדעי: Hyoscyamus aureus), המכיל רעל חריף.

ז ח כְּמֵתֵי עוֹלָם׃ גָּדַר בַּעֲדִי וְלֹא אֵצֵא הִכְבִּיד נְחָשְׁתִּי׃ גַּם כִּי אֶזְעַק
ט י וַאֲשַׁוֵּעַ שָׂתַם תְּפִלָּתִי׃ גָּדַר דְּרָכַי בְּגָזִית נְתִיבֹתַי עִוָּה׃ דֹּב אֹרֵב
יא הוּא לִי אריה בְּמִסְתָּרִים׃ דְּרָכַי סוֹרֵר וַיְפַשְּׁחֵנִי שָׂמַנִי שֹׁמֵם׃ אֲרִי
יב יג דָּרַךְ קַשְׁתּוֹ וַיַּצִּיבֵנִי כַּמַּטָּרָא לַחֵץ׃ הֵבִיא בְּכִלְיוֹתָי בְּנֵי אַשְׁפָּתוֹ׃
יד טו הָיִיתִי שְׂחֹק לְכָל־עַמִּי נְגִינָתָם כָּל־הַיּוֹם׃ הִשְׂבִּיעַנִי בַמְּרוֹרִים
טז יז הִרְוַנִי לַעֲנָה׃ וַיַּגְרֵס בֶּחָצָץ שִׁנָּי הִכְפִּישַׁנִי בָּאֵפֶר׃ וַתִּזְנַח מִשָּׁלוֹם
יח יט נַפְשִׁי נָשִׁיתִי טוֹבָה׃ וָאֹמַר אָבַד נִצְחִי וְתוֹחַלְתִּי מֵיְהוָה׃ זְכָר־עָנְיִי
כ כא וּמְרוּדִי לַעֲנָה וָרֹאשׁ׃ זָכוֹר תִּזְכּוֹר ותשיח עָלַי נַפְשִׁי׃ זֹאת אָשִׁיב וְתָשׁוֹחַ
כב אֶל־לִבִּי עַל־כֵּן אוֹחִיל׃ חַסְדֵי יהוה כִּי לֹא־תָמְנוּ כִּי לֹא־כָלוּ
כג כד רַחֲמָיו׃ חֲדָשִׁים לַבְּקָרִים רַבָּה אֱמוּנָתֶךָ׃ חֶלְקִי יהוה אָמְרָה נַפְשִׁי

ביאור | **כְּמֵתֵי עוֹלָם**. אני יושב בחושך כמתים השרויים באפלה נצחית. ז **גָּדַר בַּעֲדִי**, הוא מגביל את צעדי, **וְלֹא אֵצֵא**, ולא אוכל לצאת. **הִכְבִּיד** את **נְחָשְׁתִּי**, הנחושתיים שלי, כבלי הנחושת שבהם נאסרתי.[4] ח **גַּם כִּי אֶזְעַק וַאֲשַׁוֵּעַ שָׂתַם**, סתם, חסם[5] **תְּפִלָּתִי**, וכך היא אינה יכולה לעבור אליו ולהתקבל. ט **גָּדַר דְּרָכַי בְּגָזִית**, אבני בניין החוסמות את הדרכים, את **נְתִיבֹתַי**, שבילַי **עִוָּה**, עיקם. אין הוא פודה אותי מצרותי, ולא זו בלבד אלא שהוא מכניס אותי למצוקות חדשות. י **דֹּב אֹרֵב הוּא** – ה' **לִי**, **אֲרִי בְּמִסְתָּרִים**, ועל כן סכנות צצות שוב ושוב בחיי. יא **דְּרָכַי סוֹרֵר**, היה מעקם,[6] או: כיסה בסירים, קוצים[7] **וַיְפַשְּׁחֵנִי**, שיסע וקרע אותי.[8] **שָׂמַנִי שֹׁמֵם**, השאיר אותי בודד. יב **דָּרַךְ קַשְׁתּוֹ וַיַּצִּיבֵנִי כַּמַּטָּרָא**, כמטרה **לַחֵץ**. יג ובהמשך לכך – **הֵבִיא בְּכִלְיוֹתָי בְּנֵי אַשְׁפָּתוֹ**, חִציו, שלפני ירייתם הם מונחים באשפה. החצים שירה בי חדרו לכליותי. יד אני הנביא, המקונן, או נציג העם **הָיִיתִי שְׂחֹק**, צחוק **לְכָל־עַמִּי**, **נְגִינָתָם**

הרחבות | **'שחק לכל עמי נגינתם'** אפשר לראות בפסוק זה ביטוי לסבל הנובע ממצבם הבעייתי של נביאים בעיני הבריות בהקשרים רבים – אֱוִיל הַנָּבִיא מְשֻׁגָּע אִישׁ הָרוּחַ (הושע ט,ז). שלא כדימויים וכמשלים שבפסוקים הקודמים, כאן מבוטא ישירות מצב ממשי הקשור בחיי הנביא המקונן עצמו ובמעמדו מול שומעיו. הוא כלוא במציאות חסרת מוצא, וסביבתו יורה בו חצי לעג וקלס.

'חדשים לבקרים רבה אמונתך' זהו הבסיס להצהרה: מוֹדֶה אֲנִי לְפָנֶיךָ מֶלֶךְ חַי וְקַיָּם. שֶׁהֶחֱזַרְתָּ בִּי נִשְׁמָתִי בְּחֶמְלָה. רַבָּה אֱמוּנָתֶךָ, הנאמרת מדי בוקר המתחדש על הניעור משנתו.

כָּל־הַיּוֹם. הפכתי נושא ללעג ולשירים סאטיריים. טו ה' **הִשְׂבִּיעַנִי**,
מאכיל אותי לשובע **בַמְּרוֹרִים**, **הִרְוַנִי** מי **לַעֲנָה**, משקה מר, רעיל או
מהמם. טז מכיון שה' מנע ממני אוכל – **וַיַּגְרֵס**, הוא גרם לי לשבור
בֶּחָצָץ את **שִׁנָּי**, **הִכְפִּישַׁנִי**, כבש והטביע אותי[9] **בָּאֵפֶר**. יז **וַתִּזְנַח מִשָּׁלוֹם**
נַפְשִׁי. נפשי זנחה את תקוותה לשלום. **נָשִׁיתִי**, שכחתי את אפשרות
הטוֹבָה, כיוון שאני שקוע במצוקה. יח כשראיתי שה' מתעלם ממני –
וָאֹמַר: "**אָבַד נִצְחִי**, אבדה נפשי, שהיא החלק הנצחי שבי. **וְתוֹחַלְתִּי**,
תקוותי אבדה **מֵה'**".[10] יט **זְכָר־עָנְיִי וּמְרוּדִי**, ייסורי הדחק שלי המרים
כמו **לַעֲנָה וָרֹאשׁ**. כ בעתיד אתה **זָכוֹר תִּזְכּוֹר**, וְאילו בינתיים **תָשׁוֹחַ עָלַי**
נַפְשִׁי. נפשי כבר מתכופפת מן העמל ומן הייסורים.[11]

כא בצד הצער והכאב שאלוקים הביא עלי, שכמעט הביאוני לייאוש,
זֹאת אָשִׁיב אֶל־לִבִּי, אני חוזר ועונה לעצמי את הדברים הבאים. **עַל־**
כֵּן אוֹחִיל, אקווה:[12] כב **חַסְדֵי ה' כִּי לֹא־תָמְנוּ**, שלא כָּלינו, שעדיין אנו
קיימים למרות הצרות. **כִּי לֹא־כָלוּ רַחֲמָיו**, ובזכותם נשארנו בחיים.
אלה הם דברי ישראל בכל גלויותיהם.[13] כג **חֲדָשִׁים לַבְּקָרִים**, בכל
בוקר מחדש **רַבָּה**, מתחזקת בי **אֱמוּנָתֶךָ**, האמונה בך. כד "**חֶלְקִי ה'**",

שרידי נחושתיים
התקופה הרומית

מימין:
דֹּב
פסיפס הציפורים
התקופה הביזנטית
קיסריה

משמאל:
לענה

העולם

לַעֲנָה מקובל לזהותה עם השיח המר המכונה בערבית שיבא, אחד המינים של Artemisia שתפוצתו בארץ מרובה. זהו שיח שגובהו 1.5 מ', רוחבו 1.5 מ', ופרחיו צהובים. לחלופין, אפשר שלענה היא שם כללי לצמחים בעלי תכונות דומות.

עַל־כֵּן אוֹחִיל לוֹ: טוֹב יהוה לְקֹוָו לְנֶפֶשׁ תִּדְרְשֶׁנּוּ: טוֹב וְיָחִיל כה כו
וְדוּמָם לִתְשׁוּעַת יהוה: טוֹב לַגֶּבֶר כִּי־יִשָּׂא עֹל בִּנְעוּרָיו: יֵשֵׁב כז כח
בָּדָד וְיִדֹּם כִּי נָטַל עָלָיו: יִתֵּן בֶּעָפָר פִּיהוּ אוּלַי יֵשׁ תִּקְוָה: יִתֵּן כט ל
לְמַכֵּהוּ לֶחִי יִשְׂבַּע בְּחֶרְפָּה: כִּי לֹא יִזְנַח לְעוֹלָם אֲדֹנָי: כִּי אִם־ לא לב
הוֹגָה וְרִחַם כְּרֹב חֲסָדָו: כִּי לֹא עִנָּה מִלִּבּוֹ וַיַּגֶּה בְּנֵי־אִישׁ: לְדַכֵּא לג לד
תַּחַת רַגְלָיו כֹּל אֲסִירֵי אָרֶץ: לְהַטּוֹת מִשְׁפַּט־גָּבֶר נֶגֶד פְּנֵי עֶלְיוֹן: לה
לְעַוֵּת אָדָם בְּרִיבוֹ אֲדֹנָי לֹא רָאָה: מִי זֶה אָמַר וַתֶּהִי אֲדֹנָי לֹא לו לז
צִוָּה: מִפִּי עֶלְיוֹן לֹא תֵצֵא הָרָעוֹת וְהַטּוֹב: מַה־יִּתְאוֹנֵן אָדָם לח לט
חָי גֶּבֶר עַל־חֲטָאָו: נַחְפְּשָׂה דְרָכֵינוּ וְנַחְקֹרָה וְנָשׁוּבָה עַד־יהוה: מ
נִשָּׂא לְבָבֵנוּ אֶל־כַּפָּיִם אֶל־אֵל בַּשָּׁמָיִם: נַחְנוּ פָשַׁעְנוּ וּמָרִינוּ מא מב
אַתָּה לֹא סָלָחְתָּ: סַכֹּתָה בָאַף וַתִּרְדְּפֵנוּ הָרַגְתָּ לֹא חָמָלְתָּ: מג
סַכֹּתָה בֶעָנָן לָךְ מֵעֲבוֹר תְּפִלָּה: סְחִי וּמָאוֹס תְּשִׂימֵנוּ בְּקֶרֶב מד מה
הָעַמִּים: פָּצוּ עָלֵינוּ פִּיהֶם כָּל־אֹיְבֵינוּ: פַּחַד וָפַחַת הָיָה לָנוּ מו מז
הַשֵּׁאת וְהַשָּׁבֶר: פַּלְגֵי־מַיִם תֵּרַד עֵינִי עַל־שֶׁבֶר בַּת־עַמִּי: עֵינִי מח מט

ביאור | **אָמְרָה נַפְשִׁי**. היא בוחרת להיות עם ה'.[14] **עַל־כֵּן אוֹחִיל לוֹ.** כה **טוֹב ה' לְקֹוָו**, למקווים לו, **לְנֶפֶשׁ תִּדְרְשֶׁנּוּ**, המחפשת אותו. כו **טוֹב** לאדם **וְיָחִיל וְדוּמָם**, שיצפה בדממה[15] **לִתְשׁוּעַת ה'**. ונחמה נוספת: כז **טוֹב לַגֶּבֶר כִּי־יִשָּׂא עֹל בִּנְעוּרָיו**. כשם שהאדם הצעיר יכול לסבול מעמסה בלא שיינזק יתר על המידה, כך טוב לו כי – כח **יֵשֵׁב בָּדָד וְיִדֹּם**, וישתוק, **כִּי נָטַל עָלָיו**, קיבל על עצמו את החיים הללו על קשייהם.[16] כט **יִתֵּן בֶּעָפָר פִּיהוּ**, ישפיל את עצמו וישים את פיו בעפר, כי לא יוכל לדבר,[17] **אוּלַי יֵשׁ תִּקְוָה.** ל **יִתֵּן לְמַכֵּהוּ לֶחִי** במקום להשיב בסטירה למי שמכה אותו, **יִשְׂבַּע בְּחֶרְפָּה**, שכן הוא מוכה מכל עבר. לא אף על פי כן, יש תקווה – **כִּי לֹא יִזְנַח**, יעזוב **לְעוֹלָם אֲדֹנָי**, לב **כִּי** אף **אִם** ה' **הוֹגָה**, ציער, בסופו של דבר – **וְרִחַם**, הוא ירחם **כְּרֹב חֲסָדָו**.[18]

לג **כִּי לֹא עִנָּה** בני אדם **מִלִּבּוֹ**, ללא סיבה, **וַיַּגֶּה**, ואין הוא מצער **בְּנֵי־אִישׁ**

הרחבות | 'מה יתאונן אדם חי גֶּבֶר על חֲטָאָו' באופן דומה אומר דוד: תְּמוֹתֵת רָשָׁע רָעָה (תהלים לד,כב). המעשים הרעים הם שמביאים לצרותיו של הרשע.

באופן שרירותי.[19] לד אין הוא רוצה[20] **לְדַכֵּא תַּחַת רַגְלָיו כֹּל אֲסִירֵי אָרֶץ.** לה אין דרכו[21] **לְהַטּוֹת** משורת הצדק **מִשְׁפַּט־גָּבֶר נֶגֶד**, מול **פְּנֵי עֶלְיוֹן**, אלוקים. לו **לְעַוֵּת** משפטו של **אָדָם בְּרִיבוֹ** – **אֲדֹנָי לֹא רָאָה**, לא היה ראוי בעיניו.[22] לז **מִי זֶה** מהאויבים **אָמַר** להרע לישראל – **וַתֶּהִי**, ודבריו קוימו, אם **אֲדֹנָי לֹא צִוָּה** שיבואו מכות וסבל על עמו?![23] לח ועם זאת, **מִפִּי עֶלְיוֹן לֹא תֵצֵא הָרָעוֹת וְהַטּוֹב.** אלוקים משאיר את העולם לבחירתו החופשית של האדם.[24] לט בסופו של דבר, **מַה־יִּתְאוֹנֵן אָדָם חָי** – מה יתלונן **גֶּבֶר עַל־חֲטָאוֹ**?! תלונותיו על קשייו ומצוקותיו אינן מוצדקות, שהרי רעתו אינה אלא פרי מעשיו הרעים.[25]

מ אשר על כן **נַחְפְּשָׂה**, נחפש את **דְּרָכֵינוּ וְנַחְקֹרָה**, נבדוק אותן, **וְנָשׁוּבָה עַד־ה'.** מא **נִשָּׂא** את **לְבָבֵנוּ אֶל־כַּפָּיִם**, על ידינו. כביכול, נוציא את לבנו מתוכנו ונמסור אותו **אֶל־אֵל שֶׁבַּשָּׁמָיִם.**[26]

ושוב, לאחר הקריאה להשלים ולקוות, לאחר צידוק הדין וההסברים ההגיוניים, פורצת הזעקה – מב **אנַחְנוּ** אמנם **פָשַׁעְנוּ וּמָרִינוּ**, ומרדנו, ועל כן ראוי היה שניענש, ובכל זאת היינו מצפים שתמחל לנו, לא רק כאדון לעבדיו, אלא כאב לבניו,[27] ואולם **אַתָּה לֹא סָלָחְתָּ.** מג **סַכּוֹתָה**, חצצת בינינו לבינך **בָאַף**, בכעס, ומחיצה זו כביכול הסתירה אותנו ממך[28] – **וַתִּרְדְּפֵנוּ. הָרַגְתָּ וְלֹא חָמָלְתָּ.** מד **סַכֹּתָה בֶעָנָן לָךְ**, מסך זה דומה למחסום של ענן, המעכב **מֵעֲבוֹר תְּפִלָּה**, כאילו אין שערי השמים פתוחים לתפילותינו.[29] הנביא מדבר לא רק כאישיות פרטית אלא גם כמייצג את עם ישראל: מה **סְחִי וּמָאוֹס**, לכלוך וגועל **תְּשִׂימֵנוּ**, נתת אותנו[30] **בְּקֶרֶב הָעַמִּים.** מו **פָּצוּ**, פתחו **עָלֵינוּ פִּיהֶם כָּל־אֹיְבֵינוּ**, ואיננו יכולים להשיב. מז **פַּחַד וָפַחַת**, מכשול[31] **הָיָה לָנוּ הַשֵּׁאת**, השואה[32] **וְהַשָּׁבֶר**, האסון.

הנביא חוזר לדבר בגוף ראשון יחיד: מח נוכח מעמדנו הבזוי בקרב העמים **פַּלְגֵי־מַיִם תֵּרַד עֵינִי** בבכי **עַל־שֶׁבֶר בַּת־עַמִּי.** מט **עֵינִי נִגְּרָה**, דמעות

לְדַכֵּא תַּחַת רַגְלָיו
שלמנאסר השלישי מדכא תחת רגליו את יהוא
האובליסק השחור
827 לפנה"ס
נמרוד, עיראק

נִגְּרָה וְלֹא תִדְמֶה מֵאֵין הֲפֻגוֹת׃ עַד־יַשְׁקִיף וְיֵרֶא יְהוָה מִשָּׁמָיִם׃ נ
עֵינִי עוֹלְלָה לְנַפְשִׁי מִכֹּל בְּנוֹת עִירִי׃ צוֹד צָדוּנִי כַּצִּפּוֹר אֹיְבַי נא נב
חִנָּם׃ צָמְתוּ בַבּוֹר חַיָּי וַיַּדּוּ־אֶבֶן בִּי׃ צָפוּ־מַיִם עַל־רֹאשִׁי אָמַרְתִּי נג נד
נִגְזָרְתִּי׃ קָרָאתִי שִׁמְךָ יְהוָה מִבּוֹר תַּחְתִּיּוֹת׃ קוֹלִי שָׁמָעְתָּ אַל־ נה נו
תַּעְלֵם אָזְנְךָ לְרַוְחָתִי לְשַׁוְעָתִי׃ קָרַבְתָּ בְּיוֹם אֶקְרָאֶךָּ אָמַרְתָּ אַל־ נז
תִּירָא׃ רַבְתָּ אֲדֹנָי רִיבֵי נַפְשִׁי גָּאַלְתָּ חַיָּי׃ רָאִיתָה יְהוָה עַוָּתָתִי נח נט
שָׁפְטָה מִשְׁפָּטִי׃ רָאִיתָה כָּל־נִקְמָתָם כָּל־מַחְשְׁבֹתָם לִי׃ שָׁמַעְתָּ ס סא
חֶרְפָּתָם יְהוָה כָּל־מַחְשְׁבֹתָם עָלָי׃ שִׂפְתֵי קָמַי וְהֶגְיוֹנָם עָלַי כָּל־ סב
הַיּוֹם׃ שִׁבְתָּם וְקִימָתָם הַבִּיטָה אֲנִי מַנְגִּינָתָם׃ תָּשִׁיב לָהֶם גְּמוּל סג סד
יְהוָה כְּמַעֲשֵׂה יְדֵיהֶם׃ תִּתֵּן לָהֶם מְגִנַּת־לֵב תַּאֲלָתְךָ לָהֶם׃ תִּרְדֹּף סה סו
בְּאַף וְתַשְׁמִידֵם מִתַּחַת שְׁמֵי יְהוָה׃

ביאור | ניגרות ממנה, **וְלֹא תִדְמֶה**, ואין היא נחה ושוקטת,[33] משום **שֶׁאֵין הֲפֻגוֹת** מן הצרות.[34] נ אני בוכה ובוכה **עַד שֶׁיַּשְׁקִיף וְיֵרֶא ה׳ מִשָּׁמָיִם** בעונייננו ויגאל אותנו בקרוב. שוב צצים כאן גם ביטויי תקווה, נאמנות וביטחון בישועה. נא **עֵינִי עוֹלְלָה**, עשתה רע,[35] או: לכלכה וניוולה[36] **לְנַפְשִׁי** יותר **מִכֹּל בְּנוֹת עִירִי**, או: בגלל כל הנעשה בבנות עירי. לחלופין, ירמיהו, שראה את שכניו וקרוביו יוצאים לגלות או נהרגים, מקונן על כך שעינו הניגרת נשארה כעוללה בודדת לבכות על כולם.

נב **צוֹד צָדוּנִי** כפי שצדים **צִפּוֹר**, **אֹיְבַי** ששנאו אותי **לְחִנָּם**, ללא סיבה. נג **צָמְתוּ**, קשרו[37] **בַבּוֹר** את **חַיָּי**, ולא זו בלבד אלא – **וַיַּדּוּ־אֶבֶן בִּי**. נד אולם הבור לא היה ריק, ועל כן **צָפוּ־מַיִם עַל־רֹאשִׁי**, **אָמַרְתִּי**: "נִגְזָרְתִּי. הגיע סופי". נה **קָרָאתִי שִׁמְךָ**, התפללתי אליך, ה׳, **מִבּוֹר תַּחְתִּיּוֹת**. נו את **קוֹלִי שָׁמָעְתָּ**, וזו עצמה גאולה במקצת, אנא **אַל־תַּעְלֵם אָזְנְךָ לְרַוְחָתִי**

הרחבות | 'צמתו בַבּוֹר חַיָּי... צָפוּ מים על ראשִׁי... מבור תחתיות' אין אלו רק ביטויים ציוריים לכבילה ולהשפלה. על ירמיהו הנביא מסופר בפירוש: וַיִּקְחוּ אֶת יִרְמְיָהוּ וַיַּשְׁלִכוּ אֹתוֹ אֶל הַבּוֹר מַלְכִּיָּהוּ בֶן הַמֶּלֶךְ אֲשֶׁר בַּחֲצַר הַמַּטָּרָה וַיְשַׁלְּחוּ אֶת יִרְמְיָהוּ בַּחֲבָלִים וּבַבּוֹר אֵין מַיִם כִּי אִם טִיט וַיִּטְבַּע יִרְמְיָהוּ בַּטִּיט (ירמיה לח,ו).

לְשַׁוְעָתִי. אל תתעלם מזעקתי, כדי שאוכל להתרוות.[38] נז או אז תהיה
לי תקווה – **קָרַבְתָּ בְּיוֹם אֶקְרָאֶךָּ, אָמַרְתָּ** לי: **"אַל־תִּירָא".** נח ולבסוף –
רַבְתָּ, אֲדֹנָי, את **רִיבֵי נַפְשִׁי, גָּאַלְתָּ** את **חַיָּי.** נט **רָאִיתָה, ה׳,** את **עַוָּתָתִי,**
העוול שעשו לי[39] – **שָׁפְטָה מִשְׁפָּטִי.** ס **רָאִיתָה** את **כָּל־נִקְמָתָם** של
האויבים, את **כָּל־מַחְשְׁבֹתָם** הרעה **לִי,** עלי. סא **שָׁמַעְתָּ** את **חֶרְפָּתָם,**
דברי החרפות שהם מגדפים אותי,[40] **ה׳, כָּל־מַחְשְׁבֹתָם עָלָי,** נגדי.
כיוון שהנביא מבשר רעות, כשנבואות הפורענות אינן מתקיימות,
שומעיו בזים לו ומשליכים עליו אבנים. וכאשר הן מתקיימות, הם
מתנקמים בו על בואן, כאילו הוא אשם בהן, אף על פי שהוא אמר
את דבריו כאזהרה בלבד. סב **שִׂפְתֵי,** דיבוריהם של **קָמַי,** אויבי הקמים
עלי **וְהֶגְיוֹנָם,** מחשבתם – **עָלַי כָּל־הַיּוֹם.** בכל דבריהם ומחשבותיהם
אני הוא האשם היחידי.[41] סג **שִׁבְתָּם וְקִימָתָם הַבִּיטָה,** הבט מה הם
עושים כשהם יושבים וכשהם עומדים – **אֲנִי** הוא מושא **מַנְגִּינָתָם,**
שירי הלעג והבוז שלהם. סד **תָּשִׁיב לָהֶם גְּמוּל, ה׳,** הענש אותם
כְּמַעֲשֵׂה יְדֵיהֶם. סה **תִּתֵּן לָהֶם מְגִנַּת־לֵב,** צרות האוטמות את הלב,[42]
תַּאֲלָתְךָ, קללתך[43] תבוא **לָהֶם.** סו **תִּרְדֹּף בְּאַף,** בזעם **וְתַשְׁמִידֵם מִתַּחַת**
שְׁמֵי ה׳.

צָדוּנִי כַּצִּפּוֹר
ציד ציפורים
תמשיח
קבר נבמון,
השושלת ה-18
מצרים

ד א אֵיכָה֙ יוּעַ֣ם זָהָ֔ב יִשְׁנֶ֖א הַכֶּ֣תֶם הַטּ֑וֹב תִּשְׁתַּפֵּ֙כְנָה֙ אַבְנֵי־קֹ֔דֶשׁ
בְּרֹ֖אשׁ כָּל־חוּצֽוֹת׃ ב בְּנֵ֤י צִיּוֹן֙ הַיְקָרִ֔ים הַמְסֻלָּאִ֖ים בַּפָּ֑ז אֵיכָ֤ה נֶחְשְׁבוּ֙
ג לְנִבְלֵי־חֶ֔רֶשׂ מַעֲשֵׂ֖ה יְדֵ֥י יוֹצֵֽר׃ גַּם־תנין חָ֣לְצוּ שַׁ֔ד הֵינִ֖יקוּ גּוּרֵיהֶ֑ן תַּנִּים֙
ד בַּת־עַמִּ֣י לְאַכְזָ֔ר כי ענים בַּמִּדְבָּֽר׃ דָּבַ֨ק לְשׁ֥וֹן יוֹנֵ֛ק אֶל־חִכּ֖וֹ כַּיְעֵנִ֖ים
ה בַּצָּמָ֑א עוֹלָלִים֙ שָׁ֣אֲלוּ לֶ֔חֶם פֹּרֵ֖שׂ אֵ֥ין לָהֶֽם׃ הָאֹֽכְלִים֙ לְמַ֣עֲדַנִּ֔ים
ו נָשַׁ֖מּוּ בַּחוּצ֑וֹת הָאֱמֻנִים֙ עֲלֵ֣י תוֹלָ֔ע חִבְּק֖וּ אַשְׁפַּתּֽוֹת׃ וַיִּגְדַּל֙ עֲוֹ֣ן
בַּת־עַמִּ֔י מֵחַטַּ֖את סְדֹ֑ם הַהֲפוּכָ֣ה כְמוֹ־רָ֔גַע וְלֹא־חָ֥לוּ בָ֖הּ יָדָֽיִם׃
ז זַכּ֤וּ נְזִירֶ֙יהָ֙ מִשֶּׁ֔לֶג צַח֖וּ מֵחָלָ֑ב אָ֤דְמוּ עֶ֙צֶם֙ מִפְּנִינִ֔ים סַפִּ֖יר גִּזְרָתָֽם׃

שואת בני ציון היקרים
פרק ד

בעקבות חטאיה מָלאה ירושלים דם חללי רעב ודם חללי חרב. בקינה זו מתוארת ירידתם של בני ירושלים, שהיו בעבר אנשים מעודנים, אל שפל המדרגה בעת המצור והמלחמה. תושבי ירושלים תלו מבטחם בסיוע מן החוץ, ואף קיוו שמלכם יושיעם, אך תוחלתם נכזבה. הקינה מסתיימת בנחמה – אדום השמחה לאיד תחרב בעת החורבן, וקץ יושם גם לאסונה של ירושלים.

ביאור | פרק ד א **אֵיכָה**, איך **יוּעַם**, יוכל להתעמעם ולכהות[1] ברק **זָהָב**?! איך **יִשְׁנֶא**, ישתנה מראהו[2] של **הַכֶּתֶם הַטּוֹב**, הזהב?! איך **תִּשְׁתַּפֵּכְנָה אַבְנֵי־קֹדֶשׁ בְּרֹאשׁ כָּל־חוּצוֹת**?! איך כל היפה ויקר הערך מושפל ומתבזבז?! ב **בְּנֵי צִיּוֹן הַיְקָרִים הַמְסֻלָּאִים**, שהיו מוערכים[3] **בַּפָּז**, בזהב – **אֵיכָה נֶחְשְׁבוּ לְנִבְלֵי־חֶרֶשׂ**, כדי חרס חסרי ערך **מַעֲשֵׂה יְדֵי יוֹצֵר**?! ג **גַּם־תַּנִּים**, צורת הרבים של תן, או: לווייתנים **חָלְצוּ שַׁד, הֵינִיקוּ גּוּרֵיהֶן**. אפילו אצל בעלי החיים הללו, שחלקם טורפים כל דבר, מתעוררים רחמים בנסיבות מסוימות, ואילו **בַּת־עַמִּי** נתונה **לְאַכְזָר**, למידת אכזריות. האמהות שצמקו שדיהן מן הרעב, ומתוך דחף ההישרדות שלהן אינן מספקות את צורכי ילדיהן.[4] **כַּיְעֵנִים**, המפקירים את צאצאיהם[5] **בַּמִּדְבָּר**. במדבר אין דואגים לזולת, וכך אירע לישראל בארצם. ד **דָּבַק לְשׁוֹן יוֹנֵק אֶל־חִכּוֹ בַּצָּמָא**, מפני שאין חלב ליונקים. **עוֹלָלִים**, ילדים רכים **שָׁאֲלוּ**, ביקשו **לֶחֶם**, אבל **פֹּרֵשׂ** לחם **אֵין לָהֶם** מחמת המצור על ירושלים. ה **הָאֹכְלִים לְמַעֲדַנִּים**, אלה שנהגו לאכול מעדנים **נָשַׁמּוּ**, נעשו שוממים וחסרי כול **בַּחוּצוֹת**, ברחובות. **הָאֱמֻנִים**, המורגלים[6] **עֲלֵי**, בבגדי **תוֹלָע**, בגדים יקרים הצבועים בצבע אדום מיוחד, **חִבְּקוּ אַשְׁפַּתּוֹת**, כי לא נותר להם דבר. ו **וַיִּגְדַּל עֲוֹן בַּת־עַמִּי** יותר **מֵחַטַּאת**

סְדֹם, שהרי עונשם היה כבד מעונשה של סדום, הַהֲפוּכָה שנהפכה
כְמוֹ, בִּן רָגַע, וְלֹא־חָלוּ, תפסו בָהּ יָדָיִם של אויב. בירושלים, לעומת
זאת, נמשכו הייסורים עוד ועוד.[7] ז בעבר זַכּוּ, היו נקיים נְזִירֶיהָ של
ירושלים יותר מִשֶּׁלֶג, צַחוּ, היו לבנים וטהורים יותר מֵחָלָב, אָדְמוּ עֶצֶם,
מראם[8] היה אדום יותר מִפְּנִינִים, אבנים טובות אדומות,[9] כמו סַפִּיר
הייתה גִּזְרָתָם, צורתם. ח אנשי ירושלים הנקיים, הטהורים, המעודנים

גַּם תַּנִּים... הֵינִיקוּ גּוּרֵיהֶן
מימין:
נקבת לוויתן ובנה
('תנים'?)
משמאל:
נקבת תן וגורה
('תנים'?)

מימין:
יְעֵנִים בַּמִּדְבָּר
משמאל:
אבני חן
('פנינים'?)

העולם

תַּנִּים חָלְצוּ שַׁד לפי הכתיב, תנין, מפרשים כי מדובר בלוויתנים, שהיו מצויים בים התיכון גם בתקופות מאוחרות יותר, אף על פי שאין זה מקומם הטבעי. הביטוי חָלְצוּ שַׁד מעיד על התבוננות מדוקדקת, כי דדי נקבת הלוויתן מכוסים בכיסי עור, והיא חולצת אותם כדי להיניק. לפי הקרי, מתפרשת המלה כצורת הרבים של התן, כלב הבר הדומה לשועל הניזון מבעלי חיים שונים ומנבלות. התן נזכר כחיית מדבר מיללת. פירוש זה נשען על ההקבלה בפסוק ליענים. (ישעיה יג,כא-כב; לד,יג. מג,כ). יש המזהים את התן עם האוח המדברי (שם מדעי: Bubo Ascalaphus), עוף דורס לילי השוכן בחורבות ונקיקים.

כַּיְעֵנִים בַּמִּדְבָּר ליען (Ostrich) אין קן, ואולי משום כך הוא מתואר כחיה העוזבת ביציה על הארץ מבלי לדגור עליהן, ומכאן מתקבל הדימוי של אכזריות כלפי גוזליה. תיאור דומה מופיע גם בספר איוב (לט, יג-יד): כְּנַף רְנָנִים נֶעֱלָסָה אִם אֶבְרָה חֲסִידָה וְנֹצָה. כִּי תַעֲזֹב לָאָרֶץ בֵּצֶיהָ וְעַל עָפָר תְּחַמֵּם. היה מי שסבר כי היענים אינם בעל חיים אלא הם אחד משלושת העמים שוכני המדבר שאינם יראי אלוקים המתוארים בספר תהלים (נה,כ): יִשְׁמַע־אֵל וְיַעֲנֵם וְיֹשֵׁב קֶדֶם סֶלָה אֲשֶׁר אֵין חֲלִיפוֹת לָמוֹ וְלֹא יָרְאוּ אֱלֹהִים (טור סיני).

פְּנִינִים בלשון המקרא ובתרגומים הן בדרך כלל אבנים יקרות עגולות מסוימות או שם כולל לאבני חן. במצרית מלה דומה מציינת גולה כדורית, ובאכדית מכנים בשם דומה אבן טובה הבאה מן הים, כינוי העשוי לסמן את מה שמכונה בלשוננו 'פנינים' וכן אבני אלמוגים. היו שפירשו גם את הופעותיה של המלה פְּנִינִים בתנ"ך כמרגליות הים, שהן אבני החן הנוצרות מחומרים אורגניים בצדפות, המכונות היום 'פנינה'; ואולם צבען של אלו הוא בדרך כלל לבן או כסוף ושחור, ואילו כאן הן אדומות.

ח חָשַׁךְ מִשְּׁחוֹר תָּאֳרָם לֹא נִכְּרוּ בַּחוּצוֹת צָפַד עוֹרָם עַל־עַצְמָם
ט יָבֵשׁ הָיָה כָעֵץ: טוֹבִים הָיוּ חַלְלֵי־חֶרֶב מֵחַלְלֵי רָעָב שֶׁהֵם יָזֻבוּ
י מְדֻקָּרִים מִתְּנוּבֹת שָׂדָי: יְדֵי נָשִׁים רַחֲמָנִיּוֹת בִּשְּׁלוּ יַלְדֵיהֶן הָיוּ
יא לְבָרוֹת לָמוֹ בְּשֶׁבֶר בַּת־עַמִּי: כִּלָּה יהוה אֶת־חֲמָתוֹ שָׁפַךְ חֲרוֹן
יב אַפּוֹ וַיַּצֶּת־אֵשׁ בְּצִיּוֹן וַתֹּאכַל יְסוֹדֹתֶיהָ: לֹא הֶאֱמִינוּ מַלְכֵי־אֶרֶץ
יג וכל יֹשְׁבֵי תֵבֵל כִּי יָבֹא צַר וְאוֹיֵב בְּשַׁעֲרֵי יְרוּשָׁלָםִ: מֵחַטֹּאת כֹּל
יד נְבִיאֶיהָ עֲוֺנוֹת כֹּהֲנֶיהָ הַשֹּׁפְכִים בְּקִרְבָּהּ דַּם צַדִּיקִים: נָעוּ עִוְרִים
טו בַּחוּצוֹת נְגֹאֲלוּ בַּדָּם בְּלֹא יוּכְלוּ יִגְּעוּ בִּלְבֻשֵׁיהֶם: סוּרוּ טָמֵא
קָרְאוּ לָמוֹ סוּרוּ סוּרוּ אַל־תִּגָּעוּ כִּי נָצוּ גַּם־נָעוּ אָמְרוּ בַּגּוֹיִם לֹא
טז יוֹסִפוּ לָגוּר: פְּנֵי יהוה חִלְּקָם לֹא יוֹסִיף לְהַבִּיטָם פְּנֵי כֹהֲנִים
יז לֹא נָשָׂאוּ זקנים לֹא חָנָנוּ: עודינה תִּכְלֶינָה עֵינֵינוּ אֶל־עֶזְרָתֵנוּ וּזְקֵנִים | עוֹדֵינוּ
יח הֶבֶל בְּצִפִּיָּתֵנוּ צִפִּינוּ אֶל־גּוֹי לֹא יוֹשִׁעַ: צָדוּ צְעָדֵינוּ מִלֶּכֶת
יט בִּרְחֹבֹתֵינוּ קָרַב קִצֵּנוּ מָלְאוּ יָמֵינוּ כִּי־בָא קִצֵּנוּ: קַלִּים הָיוּ רֹדְפֵינוּ

ביאור | והיפים, שבימים אחרים עסקו רק בדברים שבקדושה, כעת חָשַׁךְ מִשְּׁחוֹר תָּאֳרָם, מראם, לֹא נִכְּרוּ, אי־אפשר להכירם בַּחוּצוֹת. צָפַד, התייבש עוֹרָם ונדבק עַל־עַצְמָם, לעצמותיהם,[10] יָבֵשׁ הָיָה כָעֵץ. ט טוֹבִים הָיוּ, טוב היה לְחַלְלֵי־חֶרֶב, למתים במלחמה יותר מֵאשר לְחַלְלֵי רָעָב, מפני שֶׁהֵם – חללי הרעב יָזֻבוּ הפרשות שונות מגופיהן הַמְדֻקָּרִים, המבוקעים[11] מפני המחסור בִּתְנוּבֹת שָׂדָי, השדה.[12] פירוש אחר: חללי החרב ימותו מדושנים.[13] י יְדֵי נָשִׁים רַחֲמָנִיּוֹת בִּשְּׁלוּ יַלְדֵיהֶן, והילדים הָיוּ לְבָרוֹת, למאכל[14] לָמוֹ – לאמותיהם בשעת שֶׁבֶר בַּת־עַמִּי.

יא כִּלָּה ה' אֶת־חֲמָתוֹ, כעסו, שָׁפַךְ חֲרוֹן אַפּוֹ, זעמו, וַיַּצֶּת־אֵשׁ בְּצִיּוֹן, וַתֹּאכַל האש את כל העיר עד שכילתה אף את יְסוֹדֹתֶיהָ. יב לֹא הֶאֱמִינוּ מַלְכֵי־אֶרֶץ, כֹּל יֹשְׁבֵי תֵבֵל, העולם, כִּי יָבֹא צַר וְאוֹיֵב בְּשַׁעֲרֵי יְרוּשָׁלָםִ, שהייתה עיר כה מרכזית, מבוצרת ומוגנת. יג כל זה בא מֵחַטֹּאת נְבִיאֶיהָ, שהיו נביאי שקר[15] ומֵעֲוֺנוֹת כֹּהֲנֶיהָ, הַשֹּׁפְכִים בְּקִרְבָּהּ דַּם צַדִּיקִים ממניעים של רדיפת בצע וכבוד.

העיר כולה מָלאה בדם חללים. יד נָעוּ עִוְרִים בַּחוּצוֹת באין להם מדריך,

נְגֹאֲלוּ, התלכלכו **בַּדָּם**, שהרי לא ראו היכן נמצאים המתים. **בְּלֹא**
יוּכְלוּ יִגְּעוּ, עד שאי-אפשר היה לגעת **בִּלְבֻשֵׁיהֶם** המוכתמים, טו והיה
צורך להזהירם – **"סוּרוּ, טָמֵא"**, **קָרְאוּ לָמוֹ**, להם, **"סוּרוּ, סוּרוּ, אַל־תִּגָּעוּ"**,
כִּי הֵם נָצוּ, התלכלכו **גַּם־נָעוּ**. **אָמְרוּ בַּגּוֹיִם**: **"הֵם לֹא יוֹסִפוּ לָגוּר** עוד
בירושלים, או: בארצנו".[16] טז **פְּנֵי ה' חִלְּקָם**, ה' נתן פניו בהם ופיזר
אותם,[17] **וְלֹא יוֹסִיף לְהַבִּיטָם**, מכיוון **שֶׁפְּנֵי כֹהֲנִים לֹא נָשָׂאוּ וּזְקֵנִים לֹא**
חָנָנוּ, הם לא עזרו לנזקקים ולא דאגו לצורכיהם.[18]

יז **עוֹדֵינוּ תִּכְלֶינָה עֵינֵינוּ**, עדיין אנחנו נכספים **אֶל־עֶזְרָתֵנוּ** שמתברר
שהיא עזרת **הָבֶל**. **בְּצִפִּיָּתֵנוּ צִפִּינוּ אֶל־גּוֹי**, עם אחר, אבל התברר
שהוא[19] **לֹא יוֹשִׁעַ**.

יח האויבים **צָדוּ**, לכדו את[20] **צְעָדֵינוּ**, ואנו מנועים אפילו **מִלֶּכֶת**
בִּרְחֹבֹתֵינוּ. **קָרַב קִצֵּנוּ**, סופנו, **מָלְאוּ יָמֵינוּ, כִּי־בָא קִצֵּנוּ**. יט גם אלה
שלא נשארו בעיר אינם מוצאים מחסה – **קַלִּים הָיוּ רֹדְפֵינוּ** יותר

כיבוש ירושלים מתואר בכרוניקה בבלית המאה ה-6 לפנה"ס

כיבוש ירושלים בכרוניקה בבלית שנתגלתה בחפירות העיר בבל מתואר כיבושה של ירושלים בידי נבוכדנאצר והמלכת צדקיהו: "בשנה השביעית בחודש כסלו אסף מלך אכד (=נבוכדנאצר) את חילו, וילך אל ארץ חתי (=סוריה וארץ ישראל), ויחן על עיר יהודה; ובחודש אדר ביום השני [לחודש], תפס את העיר וילכוד את המלך; מלך כלבבו הפקיד בתוכה, ויקח ממנה מס כבד, ויבא בבלה". (ראו תמונה).

העולם

מִנִּשְׁרֵי שָׁמַיִם עַל־הֶהָרִים דְּלָקֻנוּ בַּמִּדְבָּר אָרְבוּ לָנוּ׃ רוּחַ אַפֵּינוּ כ
מְשִׁיחַ יהוה נִלְכַּד בִּשְׁחִיתוֹתָם אֲשֶׁר אָמַרְנוּ בְּצִלּוֹ נִחְיֶה בַגּוֹיִם׃
יוֹשֶׁבֶת שִׂישִׂי וְשִׂמְחִי בַּת־אֱדוֹם יושבתי בְּאֶרֶץ עוּץ גַּם־עָלַיִךְ תַּעֲבָר־כּוֹס כא
תִּשְׁכְּרִי וְתִתְעָרִי׃ תַּם־עֲוֹנֵךְ בַּת־צִיּוֹן לֹא יוֹסִיף לְהַגְלוֹתֵךְ פָּקַד כב
עֲוֹנֵךְ בַּת־אֱדוֹם גִּלָּה עַל־חַטֹּאתָיִךְ׃
זְכֹר יהוה מֶה־הָיָה לָנוּ הַבִּיטָ וּרְאֵה אֶת־חֶרְפָּתֵנוּ׃ נַחֲלָתֵנוּ א ב ה
וְאֵין נֶהֶפְכָה לְזָרִים בָּתֵּינוּ לְנָכְרִים׃ יְתוֹמִים הָיִינוּ אין אָב אִמֹּתֵינוּ ג
כְּאַלְמָנוֹת׃ מֵימֵינוּ בְּכֶסֶף שָׁתִינוּ עֵצֵינוּ בִּמְחִיר יָבֹאוּ׃ עַל צַוָּארֵנוּ ד ה
וְלֹא נִרְדָּפְנוּ יָגַעְנוּ לא הוּנַח־לָנוּ׃ מִצְרַיִם נָתַנּוּ יָד אַשּׁוּר לִשְׂבֹּעַ לָחֶם׃ ו
וְאֵינָם וַאֲנַחְנוּ אֲבֹתֵינוּ חָטְאוּ אינם אנחנו עֲוֹנֹתֵיהֶם סָבָלְנוּ׃ עֲבָדִים מָשְׁלוּ ז ח

ביאור | מִנִּשְׁרֵי שָׁמָיִם ועל כן השיגו אותנו. עַל־הֶהָרִים דְּלָקֻנוּ, רדפו אחרינו, בַּמִּדְבָּר אָרְבוּ לָנוּ. כ רוּחַ אַפֵּינוּ, מְשִׁיחַ ה׳, מלך יהודה שנמשח בשמן המשחה נִלְכַּד בִּשְׁחִיתוֹתָם, בשחת, במלכודת של האויבים. זה המלך אֲשֶׁר עליו אָמַרְנוּ: ״בְּצִלּוֹ נִחְיֶה בַגּוֹיִם״.

לעג מריר כלפי בני אדום, שבזמן הקינה חיו באושר ובשלווה: כא שִׂישִׂי וְשִׂמְחִי, בַּת־אֱדוֹם היוֹשֶׁבֶת בְּאֶרֶץ עוּץ, הרי גַּם־עָלַיִךְ תַּעֲבָר־כּוֹס הנקמה והפורענות הזו, ואת תִּשְׁכְּרִי, תהפכי שיכורה משתייתה וְתִתְעָרִי, תיהרסי.[21] כב תַּם־עֲוֹנֵךְ, בַּת־צִיּוֹן, לֹא יוֹסִיף ה׳ לְהַגְלוֹתֵךְ. קיבלת את העונש במידה הראויה, ובכך שילמת על כל חטאייך. לעומת זאת, פָּקַד, זכר ה׳ את עֲוֹנֵךְ, בַּת־אֱדוֹם, גִּלָּה עַל־חַטֹּאתָיִךְ. אתך הוא עוד יבוא חשבון על פשעייך.

הרחבות | ״מְשִׁיחַ ה׳״ חכמים זיהו מלך זה עם יאשיהו, המלך הגדול האחרון ביהודה, שבו תלו את התקווה האחרונה להגן על ישראל. אולם תקווה זו נכזבה, והוא נורה למוות בידי אנשי הצבא המצריים (תוספתא תענית ב,י; דברי הימים ב׳ לה,כג. וראו במבוא למגילה).

אֱדוֹם בני אדום תמכו באויבי יהודה ולעגו לבני ירושלים בעת חורבנם (ראו עֹבדיה יב–יד). אותו ביטוי נדיר שבו מנבא המקונן את שבירתה של אדום, תִּתְעָרִי, שימש בפיהם של בני אדום כאשר חגגו את מפלת ישראל ועודדו את חורבנם: זְכֹר ה׳ לִבְנֵי אֱדוֹם אֵת יוֹם יְרוּשָׁלָיִם הָאֹמְרִים: עָרוּ עָרוּ עַד הַיְסוֹד בָּהּ. (תהלים קלז,ז).

יתומים היינו ואין אב, אִמֹּתינו כאלמנות ראו ההרחבה לעיל א,א.

פרק ה

החרפה, ההפקר ומשאלת הנצח
פרק ה

קינה זו שונה משאר הקינות במגילה בכך שאין היא סדורה בסדר האלפבית, אולם גם בה – כברוב קינות המגילה – יש עשרים ושניים פסוקים. גם בקינה זו נמנות תלאותיהם ומצוקתם של בני ירושלים. לקראת סופה מתמקד כאבו של המקונן בחורבנו של הר ציון, שורש דווי הלב. ואולם הוא מדגיש כי אף על פי שמקום מושבו של ה׳ בעולם חרב, אין בכך כדי לערער על מקום מושבו הנצחי, ומכאן מקור התקווה לחידוש הקשר והברית בין ה׳ לבין עמו.

פרק ה א **זְכֹר ה׳ מֶה־הָיָה לָנוּ**, את צרותינו הקשות, או: את עברנו
המפואר, ולעומתו – **הַבִּיטָה וּרְאֵה אֶת־חֶרְפָּתֵנוּ** בהווה:[1] ב **נַחֲלָתֵנוּ**
נֶהֶפְכָה לְנחלתם של **זָרִים** אחרי שפלשו אליה ושדדו אותה, **בָּתֵּינוּ** ניתנו
לְנָכְרִים. ג **יְתוֹמִים הָיִינוּ וְאֵין אָב, אִמֹּתֵינוּ** היו **כְּאַלְמָנוֹת**. ד כשהמים
היו מצויים במאגרי המים, לא היה צורך לשלם כסף עבורם,[2] אך
בעת המצור **מֵימֵינוּ בְּכֶסֶף שָׁתִינוּ**. בימים כתיקונם לא היה מחסור
בעצים, ואפשר היה ללקטם, ואילו עתה **עֵצֵינוּ בִּמְחִיר יָבֹאוּ**. ה **עַל**,
עד[3] **צַוָּארֵנוּ נִרְדָּפְנוּ, יָגַעְנוּ וְלֹא הוּנַח־לָנוּ**. ו **לְמִצְרַיִם נָתַנּוּ**, פשטנו **יָד** כדי
לקבל מהם סיוע כלכלי. ייתכן שמדובר בכריתת הברית של צדקיהו
עם מצרים,[4] **לְאַשּׁוּר** הלכנו כדי **לִשְׂבֹּעַ לָחֶם**.

אך שום עזרה לא באה משני הצדדים.[5] ז **אֲבֹתֵינוּ חָטְאוּ וְאֵינָם,**
וַאֲנַחְנוּ איננו משלמים רק על עוונותינו שלנו אלא גם את מחיר
עֲוֹנֹתֵיהֶם סָבָלְנוּ. ח **עֲבָדִים מָשְׁלוּ בָנוּ**. השלטון האמתי נפל, וכפי

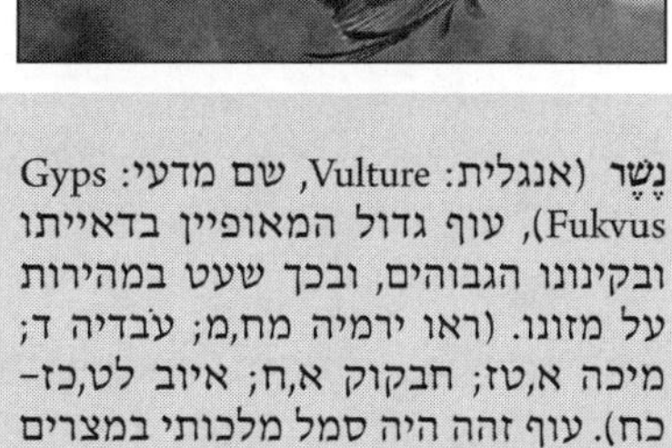

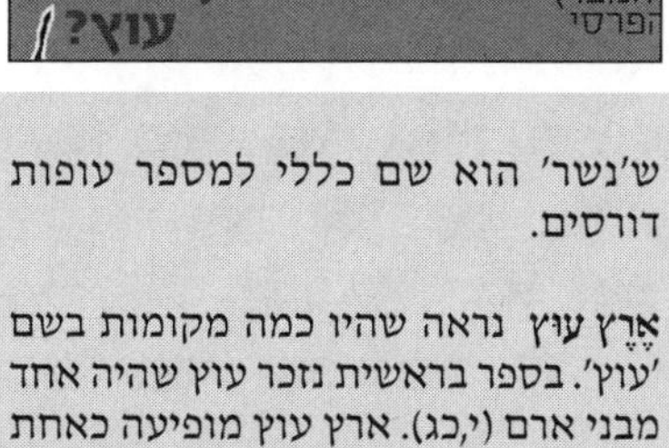

מימין: נשר

משמאל: ההשערות למיקומה של ארץ עוץ

העולם

נֶשֶׁר (אנגלית: Vulture, שם מדעי: Gyps Fukvus), עוף גדול המאופיין בדאייתו ובקינונו הגבוהים, ובכך שעט במהירות על מזונו. (ראו ירמיה מח,מ; עֹבדיה ד; מיכה א,טז; חבקוק א,ח; איוב לט,כז–כח). עוף זהה היה סמל מלכותי במצרים ואשור. מוטת כנפיו מגיעה ל־2.5 מ׳, ומשקלו כ־10 ק״ג. ראשו וצווארו חשופים מנוצות כאילו נשרו נוצותיו, וייתכן שמכאן שמו. יש שזיהו אותו עם העיט (אנגלית: Eagle, שם מדעי: Aquila chrysaetos), המופיע בסמלים מהתקופה הרומית, והיו חוקרים שטענו ש׳נשר׳ הוא שם כללי למספר עופות דורסים.

אֶרֶץ עוּץ נראה שהיו כמה מקומות בשם ׳עוץ׳. בספר בראשית נזכר עוץ שהיה אחד מבני ארם (י,כג). ארץ עוץ מופיעה כאחת מארצות בני קדם בספר איוב (א,ג). על כן יש הממקמים אותה באזור פדן ארם. היסטוריונים קדומים כיוסף בן מתתיהו זיהו אותה באזור הבשן סמוך לארם. אולם הזכרת השם ׳עוץ׳ גם בין בני שעיר (בראשית לו,כח) וכן הכתוב בפסוקנו מלמדים שהייתה עוץ בסביבות אדום.

בָּנוּ פֹּרֵק אֵין מִיָּדָם: בְּנַפְשֵׁנוּ נָבִיא לַחְמֵנוּ מִפְּנֵי חֶרֶב הַמִּדְבָּר: ט
עוֹרֵנוּ כְּתַנּוּר נִכְמָרוּ מִפְּנֵי זַלְעֲפוֹת רָעָב: נָשִׁים בְּצִיּוֹן עִנּוּ בְּתֻלֹת י יא
בְּעָרֵי יְהוּדָה: שָׂרִים בְּיָדָם נִתְלוּ פְּנֵי זְקֵנִים לֹא נֶהְדָּרוּ: בַּחוּרִים יב יג
טְחוֹן נָשָׂאוּ וּנְעָרִים בָּעֵץ כָּשָׁלוּ: זְקֵנִים מִשַּׁעַר שָׁבָתוּ בַּחוּרִים יד
מִנְּגִינָתָם: שָׁבַת מְשׂוֹשׂ לִבֵּנוּ נֶהְפַּךְ לְאֵבֶל מְחֹלֵנוּ: נָפְלָה עֲטֶרֶת טו טז
רֹאשֵׁנוּ אוֹי־נָא לָנוּ כִּי חָטָאנוּ: עַל־זֶה הָיָה דָוֶה לִבֵּנוּ עַל־אֵלֶּה יז
חָשְׁכוּ עֵינֵינוּ: עַל הַר־צִיּוֹן שֶׁשָּׁמֵם שׁוּעָלִים הִלְּכוּ־בוֹ: אַתָּה יהוה יח יט
לְעוֹלָם תֵּשֵׁב כִּסְאֲךָ לְדֹר וָדוֹר: לָמָּה לָנֶצַח תִּשְׁכָּחֵנוּ תַּעַזְבֵנוּ כ
לְאֹרֶךְ יָמִים: הֲשִׁיבֵנוּ יהוה ׀ אֵלֶיךָ וְנָשׁוּב חַדֵּשׁ יָמֵינוּ כְּקֶדֶם: כִּי כא כב
אִם־מָאֹס מְאַסְתָּנוּ קָצַפְתָּ עָלֵינוּ עַד־מְאֹד:
השיבנו יהוה אליך ונשובה חדש ימינו כקדם

ביאור | שקורה כשנחלש השלטון – עלו לגדולה אנשים מתחתית החברה. **פֹּרֵק**, פודה ומושיע **אֵין מִיָּדָם**. ט **בְּנַפְשֵׁנוּ**, עלינו לסכן את נפשנו בשעה ש**נָבִיא לַחְמֵנוּ מִפְּנֵי חֶרֶב הַמִּדְבָּר**. במדבר חיינו מופקרים לחרבם של שודדים ופושטים. ההליכה למקום שעשוי לספק אוכל כרוכה בסכנת נפשות.[6] אפשרות אחרת: כדי לשרוד במצוקת המלחמה עלינו להביא את מזוננו ממקומות רחוקים, ואפילו מן המדבר. י קרומי **עוֹרֵנוּ** כְּאילו ב**תַנּוּר נִכְמָרוּ**, התחממו[7] או התכווצו,[8] **מִפְּנֵי זַלְעֲפוֹת**, אימת **רָעָב**.

יא כשהובקעה העיר וחיילי האויבים נכנסו לתוכה, **נָשִׁים בְּצִיּוֹן עִנּוּ**, אנסו, **בְּתֻלֹת בְּעָרֵי יְהוּדָה**. יב **שָׂרִים בְּיָדָם נִתְלוּ**. האויבים היו תולים את נכבדי ירושלים בידיהם כעונש, לשם ראווה או כאמצעי לסחיטת מידע. **פְּנֵי זְקֵנִים לֹא נֶהְדָּרוּ**. איש לא כיבד את הזקנים. יג **בַּחוּרִים**, בעלי הכוח הפיזי **טְחוֹן נָשָׂאוּ**, חויבו לשאת את כלי הטחינה על

הרחבות | **׳חַדֵּשׁ ימינו כקדם׳** בכמה מספרי המקרא המסתיימים בפסוק בעל אופי שלילי נוהגים לשוב ולקרוא פסוק חיובי המופיע לפני הפסוק האחרון כדי לסיים בנעימה אופטימית. (ראו סיום ישעיה, תרי עשר וקהלת). חתימתה של מגילת איכה בבקשה זו מבטאת את התקווה לחידוש הקשר עם אלוקים כמו שהיה בראשית ימיו של העם. בקשה מקבילה מופיעה בדברי מלאכי (ג,ד): וְעָרְבָה לַה׳ מִנְחַת יְהוּדָה וִירוּשָׁלָם כִּימֵי עוֹלָם וּכְשָׁנִים קַדְמֹנִיּוֹת, ובה נהגו לחתום את תפילת העמידה.

כתפיהם כדי לייגעם,[9] **וּנְעָרִים**, שהיו כבולים בשלשלאות ועץ נקשר
לרגליהם,[10] **בָּעֵץ כָּשָׁלוּ.** יד **זְקֵנִים מִשַּׁעַר שָׁבָתוּ**, חדלו לשבת בשער
העיר, משום שכבר לא היה מי שישמע לדבריהם. **בַּחוּרִים** פסקו
מִנְּגִינָתָם וממסיבותיהם. טו **שָׁבַת מְשׂוֹשׂ לִבֵּנוּ.** בטלה שמחתנו. **נֶהְפַּךְ
לְאֵבֶל מְחוֹלֵנוּ**, ריקוד השמחה שלנו. טז **נָפְלָה עֲטֶרֶת רֹאשֵׁנוּ**, כבודנו,
ואולי נרמז כאן גם כתר המלוכה וכבודה. **אוֹי־נָא לָנוּ כִּי חָטָאנוּ.**

יז **עַל־זֶה הָיָה דָוֶה**, חולה **לִבֵּנוּ, עַל־אֵלֶּה חָשְׁכוּ עֵינֵינוּ** – יח **עַל הַר־צִיּוֹן**, הר
הבית[11] **שֶׁשָּׁמֵם**, שהסתלקה ממנו חיוניות העבר, **וְשׁוּעָלִים הִלְּכוּ־בוֹ**,
כדרכם לנהוג במקום נטוש.

בצד הצער מסתיימת המגילה גם בנעימה של השלמה ותקווה:
יט **אַתָּה, ה׳, לְעוֹלָם תֵּשֵׁב, כִּסְאֲךָ** ייכון **לְדוֹר וָדוֹר.** אף על פי שמקום
מושבו של אלוקים בארץ הוא הר ציון, והוא שמם, מכון כיסאו אינו
תלוי בכך, והוא יעמוד לנצח.[12] כ אולם ביחס אלינו – **לָמָּה לָנֶצַח
תִּשְׁכָּחֵנוּ**?! למה **תַּעַזְבֵנוּ לְאֹרֶךְ יָמִים**?! כא **הֲשִׁיבֵנוּ, ה׳, אֵלֶיךָ**, וְאם תעשה
זאת – **נָשׁוּבָה** אליך ברצון ובמעשים. **חַדֵּשׁ יָמֵינוּ כְּקֶדֶם**, כמו בימים
שבהם אהבת וכיבדת אותנו. כב **כִּי אִם**, אכן **מָאֹס מְאַסְתָּנוּ** – **קָצַפְתָּ
עָלֵינוּ עַד־מְאֹד**, כבר שבענו בוז די והותר ונפרע חובנו.

השיבנו ה׳ אליך ונשוב חדש ימינו כקדם

שָׂרִים בְּיָדָם נִתְלוּ
תליית אנשים מיהודה
תבליטי לכיש
701 לפנה"ס
נינווה

קהלת

מבוא לקהלת

ספר קהלת אינו ספר של התפעמות מתוך אמונה. מגילת קהלת סובבת סביב הרהורים ותובנות אנושיות. נמתחת בה ביקורת על המציאות בעולם בכלל ועל חייהם של בני אדם בפרט. משום כך מובעת בה שלילה רבה, ולכן התקבלותה לכתבי הקודש לא הייתה מובנת מאליה.[1]

לשלמה המלך מיוחסים שלושה ספרי מקרא: משלי ושיר השירים – שבהם מופיע שמו במפורש, וקהלת – שבו הוא מופיע בכינוי. אף על פי שבנקודות אחדות אפשר למצוא קרבה עניינית ולשונית בין שלושת הספרים הללו, הם שונים מאוד זה מזה. על כן סברו שהם שייכים לתקופות שונות בחייו של המלך שלמה. לפי דעה אחת במדרש, שלמה כתב את שיר השירים, שיר האהבה, כאשר היה בחור צעיר; את ספר משלי, המכיל עצות מעשיות והדרכות להתנהגות הראויה, כתב כשהגיע לגיל העמידה; ולאחר שעבר את כל תלאות החיים והזדקן, כתב את קהלת, הרואה בכל העמל וההרפתקאות, העליות והירידות – הבל.[2]

בספר זה נפרשים הגיגיו של אדם חכם ובוגר, שאינו מתיימר להציע לזולתו תמונה אחידה ולכידה יותר מכפי שהוא עצמו הבין מתוך התנסויותיו העשירות ותהפוכות נפשו. נראה שבמרכז הספר עומדת נטילת הערך והמשמעות מכל ענייני העולם. במגילה זו מופיעים דברי חכמה ומוסר מקובלים, ובצדם מוצבת שאלה תהומית לגבי תבניות החיים האנושיות – משמעותם ויציבותם, והלימת המציאות הנראית לערכי המוסר והצדק. האמונה החיובית כשלעצמה אינה מתוארת בקהלת באופן מגובש ומפורט, וההיגדים החיוביים המבצבצים במגילה אינם מתיישבים בפשטות עם אמירות אחרות. המלצותיו של קהלת מורכבות הרבה יותר מן העצות המופיעות בספר משלי. ספר משלי מורה באופן חד-משמעי לבחור בטוב ולהימנע מן הרע, ואילו מגילת קהלת מתארת את דרכו של אדם המתבונן

1. ראו משנה ידים ג,ה; ויקרא רבה כח,א; קהלת רבה א,ד.
2. ראו שיר השירים רבה א,י; דרשת הרמב"ן לקהלת.

בעולם, חי ופועל בו בהצלחה מעשית ניכרת, אך ניסיונו אינו נושא את הפֵּרות שלהם ציפה, ועל כן הוא מתקשה למצוא טעם בחייו.

מעניין כי דווקא בספר זה, שבו שוב ושוב מתוארת המציאות האנושית והעולמית כהבל, צצה כמה פעמים ההוויה העצמאית של רוח האדם, שקיומה אינו תלוי בגוף. מבין ספרי המקרא רק כאן מדובר מפורשות ברוח האדם השבה אל האלוקים אשר נתנהּ, לאחר שהגוף שב אל העפר. בקהלת נזכר גם קיומן של נפשות שטרם נולדו.

התרוצצות הנושאים סחור סחור והסיפורים החוזרים ונשנים על חיפושיו של המחבר אחר הבנה חדשה ופשר למהות הקיום האנושי ועל השיבה המתסכלת אל נקודת המוצא – הולמים היטב את תכניו של הספר. הן באמצעות הסתירות שהוא מכיל, והן במבנה הפתלתל של הספר, החומק מכל ניסיון למצוא בו סדר ומבנה יציב, אומר קהלת כי העולם על כל פרטיו גדוש בבעיות, התנגשויות וכאבים. קהלת מראה את התְּפלות שבעולם ובחיי אנוש. הוא שובר את התבניות המקובלות בלא שיציע פתרון. הקורא שישתכנע כי אין למצוא משמעות בעולם הזה, יידרש לבחור בין שתי האפשרויות היחידות שנותרו: אחיזה במה שמעבר למציאות ההבלית – יראת האלוקים ושמירת מצוותיו, או חיי אשליה.

א

א דִּבְרֵי קֹהֶלֶת בֶּן־דָּוִד מֶלֶךְ בִּירוּשָׁלָם׃ הֲבֵל הֲבָלִים אָמַר קֹהֶלֶת א ב
הֲבֵל הֲבָלִים הַכֹּל הָבֶל׃ מַה־יִּתְרוֹן לָאָדָם בְּכָל־עֲמָלוֹ שֶׁיַּעֲמֹל ג
תַּחַת הַשָּׁמֶשׁ׃ דּוֹר הֹלֵךְ וְדוֹר בָּא וְהָאָרֶץ לְעוֹלָם עֹמָדֶת׃ וְזָרַח ד ה
הַשֶּׁמֶשׁ וּבָא הַשָּׁמֶשׁ וְאֶל־מְקוֹמוֹ שׁוֹאֵף זוֹרֵחַ הוּא שָׁם׃ הוֹלֵךְ ו
אֶל־דָּרוֹם וְסוֹבֵב אֶל־צָפוֹן סוֹבֵב ׀ סֹבֵב הוֹלֵךְ הָרוּחַ וְעַל־סְבִיבֹתָיו
שָׁב הָרוּחַ׃ כָּל־הַנְּחָלִים הֹלְכִים אֶל־הַיָּם וְהַיָּם אֵינֶנּוּ מָלֵא אֶל־ ז
מְקוֹם שֶׁהַנְּחָלִים הֹלְכִים שָׁם הֵם שָׁבִים לָלָכֶת׃ כָּל־הַדְּבָרִים יְגֵעִים ח
לֹא־יוּכַל אִישׁ לְדַבֵּר לֹא־תִשְׂבַּע עַיִן לִרְאוֹת וְלֹא־תִמָּלֵא אֹזֶן
מִשְּׁמֹעַ׃ מַה־שֶּׁהָיָה הוּא שֶׁיִּהְיֶה וּמַה־שֶּׁנַּעֲשָׂה הוּא שֶׁיֵּעָשֶׂה ט
וְאֵין כָּל־חָדָשׁ תַּחַת הַשָּׁמֶשׁ׃ יֵשׁ דָּבָר שֶׁיֹּאמַר רְאֵה־זֶה חָדָשׁ י

חוסר התוחלת מול המחזוריות, המוות ופגמי המציאות

פרקים א–ב

פתיחה

פרק א פס׳ א–יא

פסוקי הפתיחה של קהלת הם גם פסוקי סיכום. מתומצתים בהם רעיונותיו המרכזיים של הספר – הכול הבל, הכול חולף, הכול חוזר – ואין כיוון.

ביאור

פרק א א **דִּבְרֵי קֹהֶלֶת**, כינויו של שלמה,[1] שאנשים נקהלו לשמוע את דברי חכמתו, **בֶּן־דָּוִד** שהיה **מֶלֶךְ בִּירוּשָׁלָם**. ב **הֲבֵל הֲבָלִים**, הבל מוחלט הוא העולם, **אָמַר קֹהֶלֶת**, **הֲבֵל הֲבָלִים, הַכֹּל הָבֶל**. קהלת מסכם את המציאות כולה כדבר שאין בו ממש ומשמעות.[2] ג **מַה־יִּתְרוֹן**, איזה רווח יש **לָאָדָם בְּכָל־עֲמָלוֹ שֶׁיַּעֲמֹל תַּחַת הַשָּׁמֶשׁ**, בעולם הזה?! דברים רבים נעים ומתרחשים כאן, אך לדבר מהם אין ערך. יתר על כן, גם כאשר נמצא דבר בעל ערך, הוא כלֶה

הרחבות

'תחת השמש' ביטוי זה נזכר בקהלת פעמים רבות, ולפעמים מופיע בו הביטוי המקביל אליו – המצוי גם במקומות אחרים במקרא – 'תחת השמים' (בראשית ו,יז; שמות יז,יד; מלכים ב' יד,כז). צירופים אלו, המופיעים בעניין זה אחת–עשרה פעם, מתייחסים לכל העולם הממשי החומרי ביסודו, ובקהלת הם מבטאים את אפסות העולם כשלעצמו בצד ביקורת כלפי מעשיהם ומאמציהם של בני האדם בתוכו. ואולם בתוך האמירות הנוקבות על הנעשה תחת השמש והשמים טמון רמז לפתרון אפשרי, אבל פתרון כזה אינו מצוי בתוך העולם הזה אלא במה שנעשה מעל לשמש או מעל לשמים. הביקורת של קהלת מערערת רק על העולם הפיזי של הזמן והמקום המוכרים, מפקפקת בממשותו וחותרת תחת הנאותיו, אך אינה נוגעת במה שמעבר לו (שבת ל ע"ב; אלשיך על אתר).

ואינו משאיר חותם. לפעמים האדם שפעל אותו נוכח בסופו במו
עיניו, ולפעמים יראו זאת רק הדורות הבאים.[3]

ד **דּוֹר הֹלֵךְ וְדוֹר בָּא, וְהָאָרֶץ לְעוֹלָם עֹמָדֶת.** למרות הפעלתנות והשינויים
הרבים – הארץ עומדת במקומה. העולם כולו נתון וכבול במחזוריות
שאינה מובילה לשינוי כלשהו. ה **וְזָרַח הַשֶּׁמֶשׁ, וּבָא**, שקע **הַשָּׁמֶשׁ,**
וְאֶל־מְקוֹמוֹ, שממנו זרח ביום הקודם,[4] **שׁוֹאֵף**, רוצה, רץ ללא הרף
להיות **זוֹרֵחַ הוּא שָׁם.** מנגנון מעגלי קבוע זה מעורר את התהייה מה
השתנה מיום ליום. ו ברם מהלך השמש מורכב יותר – **הוֹלֵךְ אֶל־**
דָּרוֹם וְסוֹבֵב אֶל־צָפוֹן. בחלק אחד של השנה השמש דרומה מן המרכז,
ובעונה אחרת היא נוטה מעט צפונה, ואף על פי כן היא חוזרת
בסופו של דבר לאותו מקום[5] – **סוֹבֵב סֹבֵב הוֹלֵךְ הָרוּחַ**, משתנה הכיוון,
הצד[6] **וְעַל־סְבִיבֹתָיו שָׁב הָרוּחַ.** הכול שב למקומו. ז **כָּל־הַנְּחָלִים הֹלְכִים,**
זורמים **אֶל־הַיָּם** עוד ועוד, וְלמרות זאת **הַיָּם אֵינֶנּוּ מָלֵא. אֶל־מְקוֹם**
שֶׁהַנְּחָלִים הֹלְכִים – שָׁם הֵם שָׁבִים לָלָכֶת במחזור המים הקבוע.[7] ח **כָּל־**
הַדְּבָרִים יְגֵעִים, לאים ובלים; או: פועלים ושבים לפעול ומייגעים את
עוסקיהם. **לֹא־יוּכַל אִישׁ לְדַבֵּר** את כל מה שהיה רוצה לדבר, **לֹא־**
תִשְׂבַּע עַיִן לִרְאוֹת את כל מה שהייתה רוצה לראות, **וְלֹא־תִמָּלֵא אֹזֶן**
מִשְּׁמֹעַ כדי סיפוקה. ט לסיכום, **מַה־שֶּׁהָיָה הוּא שֶׁיִּהְיֶה, וּמַה־שֶּׁנַּעֲשָׂה**
הוּא שֶׁיֵּעָשֶׂה, וְאֵין כָּל־חָדָשׁ תַּחַת הַשָּׁמֶשׁ. הדברים מתרחשים שוב ושוב
במחזוריות משעממת. י **יֵשׁ דָּבָר שֶׁיֹּאמַר** מישהו עליו: **"רְאֵה־זֶה, חָדָשׁ**

מימין: וְזָרַח הַשֶּׁמֶשׁ
משמאל: וּבָא הַשָּׁמֶשׁ

הַנְּחָלִים הֹלְכִים אֶל הַיָּם

יא הוּא כְּבָר הָיָה לְעֹלָמִים אֲשֶׁר הָיָה מִלְּפָנֵנוּ: אֵין זִכְרוֹן לָרִאשֹׁנִים
וְגַם לָאַחֲרֹנִים שֶׁיִּהְיוּ לֹא־יִהְיֶה לָהֶם זִכָּרוֹן עִם שֶׁיִּהְיוּ לָאַחֲרֹנָה:
יב יג אֲנִי קֹהֶלֶת הָיִיתִי מֶלֶךְ עַל־יִשְׂרָאֵל בִּירוּשָׁלִָם: וְנָתַתִּי אֶת־לִבִּי
לִדְרוֹשׁ וְלָתוּר בַּחָכְמָה עַל כָּל־אֲשֶׁר נַעֲשָׂה תַּחַת הַשָּׁמָיִם
יד הוּא ׀ עִנְיַן רָע נָתַן אֱלֹהִים לִבְנֵי הָאָדָם לַעֲנוֹת בּוֹ: רָאִיתִי אֶת־
כָּל־הַמַּעֲשִׂים שֶׁנַּעֲשׂוּ תַּחַת הַשָּׁמֶשׁ וְהִנֵּה הַכֹּל הֶבֶל וּרְעוּת רוּחַ:
טו טז מְעֻוָּת לֹא־יוּכַל לִתְקֹן וְחֶסְרוֹן לֹא־יוּכַל לְהִמָּנוֹת: דִּבַּרְתִּי אֲנִי
עִם־לִבִּי לֵאמֹר אֲנִי הִנֵּה הִגְדַּלְתִּי וְהוֹסַפְתִּי חָכְמָה עַל כָּל־אֲשֶׁר־
יז הָיָה לְפָנַי עַל־יְרוּשָׁלִָם וְלִבִּי רָאָה הַרְבֵּה חָכְמָה וָדָעַת: וָאֶתְּנָה
לִבִּי לָדַעַת חָכְמָה וְדַעַת הוֹלֵלוֹת וְשִׂכְלוּת יָדַעְתִּי שֶׁגַּם־זֶה הוּא
יח רַעְיוֹן רוּחַ: כִּי בְּרֹב חָכְמָה רָב־כָּעַס וְיוֹסִיף דַּעַת יוֹסִיף מַכְאוֹב:
ב א אָמַרְתִּי אֲנִי בְלִבִּי לְכָה־נָּא אֲנַסְּכָה בְשִׂמְחָה וּרְאֵה בְטוֹב וְהִנֵּה
ב גַם־הוּא הָבֶל: לִשְׂחוֹק אָמַרְתִּי מְהוֹלָל וּלְשִׂמְחָה מַה־זֹּה עֹשָׂה:

ביאור | **הוּא**". אך גם זה **כְּבָר הָיָה לְעֹלָמִים אֲשֶׁר הָיָה מִלְּפָנֵנוּ**. גם כשנדמה שיש חידוש, בהתבוננות שנייה נוכחים לדעת כי זוהי אותה מהות ישנה ומוכֶּרת, ואולי רק חזותה החיצונית השתנתה. יא עתה חוזר למה שפתח בו.[8] המציאות הטבעית קבועה ומחזורית, ולאדם בעמלו תחת השמש אין תועלת ושארית, שהרי דור הולך ודור בא **וְאֵין זִכְרוֹן לָרִאשֹׁנִים**, כי הם נעלמו כבר. לעתים נדמה שהאחרונים ייזכרו מפני שמעשיהם יתועדו. כנגד זאת אומר קהלת: **וְגַם לָאַחֲרֹנִים שֶׁיִּהְיוּ לֹא־יִהְיֶה לָהֶם זִכָּרוֹן עִם**, בתודעתם של אלה **שֶׁיִּהְיוּ לָאַחֲרֹנָה**, אחריהם. כל מעשה האדם נעלם ונשכח ודבר לא יזכה לחיי נצח, לא בפועל ולא בזיכרון.

הרחבות | **'הגדלתי והוספתי חכמה על כל אשר היה לפני בירושלִם'** בספר מלכים (א' ג,ט) נעתר אלוקים למשאלתו של שלמה שיינתן לו לֵב שֹׁמֵעַ לִשְׁפֹּט אֶת עַמְּךָ לְהָבִין בֵּין טוֹב לְרָע, ואף מבטיח לו: הִנֵּה נָתַתִּי לְךָ לֵב חָכָם וְנָבוֹן אֲשֶׁר כָּמוֹךָ לֹא הָיָה לְפָנֶיךָ וְאַחֲרֶיךָ לֹא יָקוּם כָּמוֹךָ (שם יב). הבטחה זו התממשה: וַתֵּרֶב חָכְמַת שְׁלֹמֹה מֵחָכְמַת כָּל בְּנֵי קֶדֶם וּמִכֹּל חָכְמַת מִצְרָיִם (שם ה,י). זיהויו של קהלת עם שלמה נשען בין היתר על עדות זו שמעיד קהלת על עצמו.

התנסויות אישיות ומסקנות

פרק א פס׳ יב – פרק ב

את הדברים הכלליים והמופשטים ששטח קהלת בפתיחת ספרו, הוא ממחיש באמצעות מאורעות חייו וההגיונות שעלו מהם.

יב **אֲנִי קֹהֶלֶת הָיִיתִי מֶלֶךְ עַל־יִשְׂרָאֵל בִּירוּשָׁלָם**, והיו בידי כל
האפשרויות. יג **וְנָתַתִּי אֶת־לִבִּי לִדְרוֹשׁ**, לחפש **וְלָתוּר**, לחקור **בַּחָכְמָה עַל
כָּל־אֲשֶׁר נַעֲשָׂה תַּחַת הַשָּׁמָיִם**, והגעתי למסקנה שהנעשה תחת השמים
הוּא עִנְיַן רָע שנָתַן **אֱלֹהִים לִבְנֵי הָאָדָם לַעֲנוֹת**, לעסוק **בּוֹ**. שכן התעסקות
זו – אין עמה לא תועלת, לא שמחה ולא יצירה.[9] יד **רָאִיתִי**, בדקתי
אֶת־כָּל־הַמַּעֲשִׂים שֶׁנַּעֲשׂוּ תַּחַת הַשָּׁמֶשׁ, וְהִנֵּה הַכֹּל הֶבֶל וּרְעוּת רוּחַ, דברים
בטלים, שמי שעושה אותם דומה למנסה לרעות את הרוח. רועה
צאן עשוי להפיק חלב, צמר או בשר ממעשיו; מי שמתיימר לרעות
רוח לא יפיק ממנה דבר. יתר על כן, האתגר לרעות – לתפוס או
להוביל – את הרוח החמקמקה מופרך מיסודו.[10] טו כל מעשה
שנעשה תחת השמש הוא **מְעֻוָּת** אשר **לֹא־יוּכַל לִתְקֹן**, להיתקן, **וְחֶסְרוֹן**
אשר **לֹא־יוּכַל לְהִמָּנוֹת**, להתמלא.

טז **דִּבַּרְתִּי אֲנִי עִם־לִבִּי**, אני מהרהר **לֵאמֹר: אֲנִי הִנֵּה הִגְדַּלְתִּי וְהוֹסַפְתִּי
חָכְמָה עַל כָּל־אֲשֶׁר־הָיָה לְפָנַי עַל־יְרוּשָׁלָם, וְלִבִּי רָאָה הַרְבֵּה חָכְמָה
וָדָעַת**. יז **וָאֶתְּנָה לִבִּי לָדַעַת** גם **חָכְמָה וְדַעַת** וגם **הֹלֵלוֹת**, השתוללות
וְשִׂכְלוּת, סכלות, טיפשות. **יָדַעְתִּי שֶׁגַּם־זֶה**, החידוש והעיון בנושאים
אלה **הוּא רַעְיוֹן רוּחַ**, רעיון הבל. אין ממש ואין תועלת לא בחכמה
ולא בסכלות.[11] יח החכמה אינה מנחמת ואף אינה מועילה, **כִּי בְּרֹב
חָכְמָה – רָב־כָּעַס**. ככל שאדם מחכים והבחנותיו מתעדנות, דברים
רבים יותר מכעיסים אותו. ומי **שיּוֹסִיף דַּעַת – יוֹסִיף** לעצמו **מַכְאוֹב** –
כאב העולם, כאב האכזבה ממנו וכאב הוספת הדעת.

פרק ב א **אָמַרְתִּי אֲנִי בְּלִבִּי**: ״במקום לעיין בבעיות מופשטות **לְכָה־נָּא
אֲנַסְּכָה** אמזוג יין,[12] או: אנסה אותך, גופי, **בְשִׂמְחָה וּרְאֵה בְטוֹב**, אחיה
חיים טובים״. **וְהִנֵּה גַם־הוּא** – עניין השעשועים והנאות החושים
הָבֶל. אין בו כדי להועיל לפתרון שאלות החיים, ואין בו מרגוע
לנפש. ב **לִשְׂחוֹק אָמַרְתִּי: ״מְהוֹלָל״**. הצחוק הוא הוללות ושיגעון,
וּלְשִׂמְחָה, ועל השמחה אמרתי:[13] **״מַה־זֹּה עֹשָׂה?!״** מה מקומה?!
הניסיון לחיות חיים טובים הולך ומתקהה מאליו. אנשים יכולים

תַּרְתִּי בְלִבִּי לִמְשׁוֹךְ בַּיַּיִן אֶת־בְּשָׂרִי וְלִבִּי נֹהֵג בַּחָכְמָה וְלֶאֱחֹז ג
בְּסִכְלוּת עַד אֲשֶׁר־אֶרְאֶה אֵי־זֶה טוֹב לִבְנֵי הָאָדָם אֲשֶׁר יַעֲשׂוּ
תַּחַת הַשָּׁמַיִם מִסְפַּר יְמֵי חַיֵּיהֶם: הִגְדַּלְתִּי מַעֲשָׂי בָּנִיתִי לִי בָּתִּים ד
נָטַעְתִּי לִי כְּרָמִים: עָשִׂיתִי לִי גַּנּוֹת וּפַרְדֵּסִים וְנָטַעְתִּי בָהֶם עֵץ ה
כָּל־פֶּרִי: עָשִׂיתִי לִי בְּרֵכוֹת מָיִם לְהַשְׁקוֹת מֵהֶם יַעַר צוֹמֵחַ ו
עֵצִים: קָנִיתִי עֲבָדִים וּשְׁפָחוֹת וּבְנֵי־בַיִת הָיָה לִי גַּם מִקְנֶה בָקָר ז
וָצֹאן הַרְבֵּה הָיָה לִי מִכֹּל שֶׁהָיוּ לְפָנַי בִּירוּשָׁלִָם: כָּנַסְתִּי לִי גַּם־ ח
כֶּסֶף וְזָהָב וּסְגֻלַּת מְלָכִים וְהַמְּדִינוֹת עָשִׂיתִי לִי שָׁרִים וְשָׁרוֹת
וְתַעֲנוּגֹת בְּנֵי הָאָדָם שִׁדָּה וְשִׁדּוֹת: וְגָדַלְתִּי וְהוֹסַפְתִּי מִכֹּל שֶׁהָיָה ט
לְפָנַי בִּירוּשָׁלִָם אַף חָכְמָתִי עָמְדָה לִּי: וְכֹל אֲשֶׁר שָׁאֲלוּ עֵינַי י
לֹא אָצַלְתִּי מֵהֶם לֹא־מָנַעְתִּי אֶת־לִבִּי מִכָּל־שִׂמְחָה כִּי־לִבִּי
שָׂמֵחַ מִכָּל־עֲמָלִי וְזֶה־הָיָה חֶלְקִי מִכָּל־עֲמָלִי: וּפָנִיתִי אֲנִי יא

ביאור | לערוך חגיגה אחת ועוד אחת, לשתות יין ולנסות לשמוח, אך עם הזמן מתעוררות בהם השאלות בדבר טעמיהם של הצחוק והשמחה. הבדיחות חדלות מלהצחיק, והשמחה מסתלקת מן הלב.

מכיוון שהבילויים איבדו את טעמם וחדלו למשוך את לבי, **תַּרְתִּי בְלִבִּי** אחר דרך אחרת: ג **לִמְשׁוֹךְ בַּיַּיִן אֶת־בְּשָׂרִי**, עינגתי את גופי, **וְלִבִּי נֹהֵג** גם **בַּחָכְמָה** וגם ממשיך **לֶאֱחֹז בְּסִכְלוּת**, בתענוגות בני האדם, **עַד אֲשֶׁר־אֶרְאֶה אֵי־זֶה** דבר **טוֹב לִבְנֵי הָאָדָם אֲשֶׁר יַעֲשׂוּ תַּחַת הַשָּׁמַיִם בְּמִסְפַּר יְמֵי חַיֵּיהֶם** המוגבל. אנסה לחיות חיים הנחשבים מוצלחים ומועילים בלא לשקוע בתהומות הדעת וברדידות השחוק. ד אשר על כן, **הִגְדַּלְתִּי מַעֲשָׂי** – בתנופת עשייה **בָּנִיתִי לִי בָּתִּים, נָטַעְתִּי לִי כְּרָמִים**, ה **עָשִׂיתִי לִי גַּנּוֹת וּפַרְדֵּסִים וְנָטַעְתִּי בָהֶם עֵץ כָּל־פֶּרִי.** ו **עָשִׂיתִי לִי בְּרֵכוֹת מָיִם לְהַשְׁקוֹת מֵהֶם יַעַר צוֹמֵחַ עֵצִים.** בניתי לעצמי אחוזה מפוארת. ז **קָנִיתִי עֲבָדִים וּשְׁפָחוֹת, וּבְנֵי־בַיִת הָיָה לִי. גַּם מִקְנֶה בָקָר וָצֹאן**

הרחבות | **'וגדלתי והוספתי מכל שהיה לפני בירושלם'** אף תיאור זה הולם את הידוע על שלמה המלך. כיוון שהוא השכיל להעדיף חכמה על מתנות אחרות, הבטיח לו אלוקים: וְגַם אֲשֶׁר לֹא שָׁאַלְתָּ נָתַתִּי לָךְ גַּם עֹשֶׁר גַּם כָּבוֹד אֲשֶׁר לֹא הָיָה כָמוֹךָ אִישׁ בַּמְּלָכִים כָּל יָמֶיךָ. (מלכים א׳ ג,י) ואכן זכה ברכוש עצום, בארץ רחבה ובמעמד מכובד בארצו ובגויים. (ראו מלכים א׳ ה).

הַרְבֵּה הָיָה לִי יותר מִכֹּל מי שֶׁהָיוּ לְפָנַי בִּירוּשָׁלָם. ח כָּנַסְתִּי, אספתי לִי
גַּם־כֶּסֶף וְזָהָב וּסְגֻלַּת מְלָכִים וְהַמְּדִינוֹת, חפצים יפים, מיוחדים ונדירים,
שמשתעשעים בהם מלכים ועתירי ממון,[14] עָשִׂיתִי לִי שָׁרִים וְשָׁרוֹת,
זמרים וזמרות שישירו לפני וְתַעֲנֻגוֹת בְּנֵי הָאָדָם, שִׁדָּה, ארונות נייחים
וְשִׁדּוֹת, כרכרות,[15] שבהם כנראה אוסף חפצי החן שכינסתי. לא
שקטתי על שמרַי. חייתי חיי עושר שאין עמם בטלה. ט וְגָדַלְתִּי
וְהוֹסַפְתִּי מִכֹּל מי שֶׁהָיָה לְפָנַי בִּירוּשָׁלָם, לא רק משום שאני בן מלך, אַף
חָכְמָתִי עָמְדָה לִי להשקיע משאבַי בתבונה. י וְכֹל אֲשֶׁר שָׁאֲלוּ, ביקשו
עֵינַי לֹא אָצַלְתִּי, מנעתי[16] מֵהֶם. לֹא־מָנַעְתִּי אֶת־לִבִּי מִכָּל־שִׂמְחָה, כִּי, אלא
לִבִּי שָׂמֵחַ מִכָּל־עֲמָלִי, וְזֶה־הָיָה חֶלְקִי מִכָּל־עֲמָלִי. יא אחרי שהשקעתי

מימין: כְּרָמִים

משמאל: גַּנּוֹת וּפַרְדֵּסִים

בְּרֵכוֹת מָיִם לְהַשְׁקוֹת מֵהֶם יַעַר צוֹמֵחַ עֵצִים

תמשיח
קבר נבמון
1380 לפנה"ס
מצרים

העולם

לִמְשׁוֹךְ בַּיַּיִן אֶת בְּשָׂרִי ברפואה העממית של העולם העתיק השתמשו ביין למטרות שונות, בין היתר – לרחיצה רפואית וצורכי חיטוי, ככל הנראה משום שהוא מכיל אלכוהול. בספרטה נהגו לטבול ילדים ביין לשם חיסון או לבדיקת חוזקם. אין בידינו ידיעות על שימוש ביין לצורך עינוג. ייתכן שזהו ביטוי פיוטי להפגנת עושר, בריאות הגוף ושפע היין. מעין זה נמצא בברכת יהודה (בראשית מט,יא): כִּבֵּס בַּיַּיִן לְבֻשׁוֹ וּבְדַם עֲנָבִים סוּתֹה. ושמא אין משמעו של השורש מ,ש,ך כאן משיחה אלא גרירה ופיתוי של הגוף. (ראו פירוש ר' עובדיה מברטנורא אבות ג,י).

שִׁדָּה וְשִׁדּוֹת פירוש נוסף: הרד"ק מפרש שמדובר בכלי זמר, כנראה על פי המקבילה בפסוק – שָׁרִים וְשָׁרוֹת – או על פי הדמיון הצלילי. באכדית siddu הוא כלי מתכת.

בְּכׇל־מַעֲשַׂי שֶׁעָשׂוּ יָדַי וּבֶעָמָל שֶׁעָמַלְתִּי לַעֲשׂוֹת וְהִנֵּה הַכֹּל הֶבֶל
וּרְעוּת רוּחַ וְאֵין יִתְרוֹן תַּחַת הַשָּׁמֶשׁ׃ וּפָנִיתִי אֲנִי לִרְאוֹת חׇכְמָה יב
וְהוֹלֵלוֹת וְסִכְלוּת כִּי ׀ מֶה הָאָדָם שֶׁיָּבוֹא אַחֲרֵי הַמֶּלֶךְ אֵת אֲשֶׁר־
כְּבָר עָשׂוּהוּ׃ וְרָאִיתִי אָנִי שֶׁיֵּשׁ יִתְרוֹן לַחׇכְמָה מִן־הַסִּכְלוּת יג
כִּיתְרוֹן הָאוֹר מִן־הַחֹשֶׁךְ׃ הֶחָכָם עֵינָיו בְּרֹאשׁוֹ וְהַכְּסִיל בַּחֹשֶׁךְ יד
הוֹלֵךְ וְיָדַעְתִּי גַם־אָנִי שֶׁמִּקְרֶה אֶחָד יִקְרֶה אֶת־כֻּלָּם׃ וְאָמַרְתִּי טו
אֲנִי בְּלִבִּי כְּמִקְרֵה הַכְּסִיל גַּם־אֲנִי יִקְרֵנִי וְלָמָּה חָכַמְתִּי אֲנִי אָז
יוֹתֵר וְדִבַּרְתִּי בְלִבִּי שֶׁגַּם־זֶה הָבֶל׃ כִּי אֵין זִכְרוֹן לֶחָכָם עִם־ טז
הַכְּסִיל לְעוֹלָם בְּשֶׁכְּבָר הַיָּמִים הַבָּאִים הַכֹּל נִשְׁכָּח וְאֵיךְ יָמוּת
הֶחָכָם עִם־הַכְּסִיל׃ וְשָׂנֵאתִי אֶת־הַחַיִּים כִּי רַע עָלַי הַמַּעֲשֶׂה יז
שֶׁנַּעֲשָׂה תַּחַת הַשָּׁמֶשׁ כִּי־הַכֹּל הֶבֶל וּרְעוּת רוּחַ׃ וְשָׂנֵאתִי יח
אֲנִי אֶת־כׇּל־עֲמָלִי שֶׁאֲנִי עָמֵל תַּחַת הַשָּׁמֶשׁ שֶׁאַנִּיחֶנּוּ לָאָדָם
שֶׁיִּהְיֶה אַחֲרָי׃ וּמִי יוֹדֵעַ הֶחָכָם יִהְיֶה אוֹ סָכָל וְיִשְׁלַט בְּכׇל־עֲמָלִי יט
שֶׁעָמַלְתִּי וְשֶׁחָכַמְתִּי תַּחַת הַשָּׁמֶשׁ גַּם־זֶה הָבֶל׃ וְסַבּוֹתִי אֲנִי כ
לְיַאֵשׁ אֶת־לִבִּי עַל כׇּל־הֶעָמָל שֶׁעָמַלְתִּי תַּחַת הַשָּׁמֶשׁ׃ כִּי־ כא
יֵשׁ אָדָם שֶׁעֲמָלוֹ בְּחׇכְמָה וּבְדַעַת וּבְכִשְׁרוֹן וּלְאָדָם שֶׁלֹּא עָמַל־
בּוֹ יִתְּנֶנּוּ חֶלְקוֹ גַּם־זֶה הֶבֶל וְרָעָה רַבָּה׃ כִּי מֶה־הֹוֶה לָאָדָם כב

ביאור

רבות בבנייה וביצירה – **וּפָנִיתִי אֲנִי** להרהר **בְּכׇל־מַעֲשַׂי שֶׁעָשׂוּ יָדַי וּבֶעָמָל שֶׁעָמַלְתִּי לַעֲשׂוֹת, וְהִנֵּה** במבט מעמיק גיליתי ש**הַכֹּל הֶבֶל וּרְעוּת רוּחַ.** אין בכל הבתים, השדות, השירים, חפצי הנוי והתענוגות כל טעם ומשמעות. **וְאֵין יִתְרוֹן** לכל אלה **תַּחַת הַשָּׁמֶשׁ.**

יב ועל כן **פָּנִיתִי אֲנִי** לכיוון אחר – **לִרְאוֹת,** להבחין בין **חׇכְמָה** ובין **הוֹלֵלוֹת**

הרחבות

׳ופניתי אני לראות חכמה׳ פנייתו זו של קהלת מקבילה למהלכי הפילוסופיה המודרנית (כמו אלה של דקרט וקנט), שהפנו את מבטם מן הדיון במציאות עצמה אל החשיבה, השיפוט והתפיסה האנושית.

׳ולמה חכמתי׳ כשאלות רבות אחרות בספר זה, התהייה על ערכה של חכמת החכם מתייחסת לעולם שתחת השמש. שאלות חיים אלו נעדרות כל יסוד מטפיזי. האדם תוהה מה ערכם של הבקיאות בפילוסופיה שרכש, הידע הרב שצבר או העמקתו בספרות החכמה. בחשבון אחרון, במציאות הקונקרטית אין הבדל בין בני אדם היודעים יותר לבין אלו שיודעים פחות, והחכמה נשארת כמשחק בטל וחסר ממשות.

וְסִכְלוּת, לאחר הניסיונות הכושלים לחקור אחר מכלול המעשים
הנעשים תחת השמש ואחר האפשרות לשנות את המתרחש, שבתי
לבחון את החכמה האנושית כשלעצמה, בעיון פילוסופי, ומצד אחר
לעמוד על טיבה של הסכלות בלא לנסות לשנות את העולם, **כִּי
מֶה**, מיהו **הָאָדָם שֶׁיָּבוֹא אַחֲרֵי** מעשיו הרבים של **הַמֶּלֶךְ** ויבקש לשנות
אֵת הדבר **אֲשֶׁר־כְּבָר עָשׂוּהוּ**?!

יג **וְרָאִיתִי**, תחילה הסקתי **אָנִי שֶׁיֵּשׁ יִתְרוֹן לַחָכְמָה מִן־הַסִּכְלוּת כִּיתְרוֹן
הָאוֹר מִן־הַחֹשֶׁךְ**. יד הרי **הֶחָכָם עֵינָיו בְּרֹאשׁוֹ**, והוא מיטיב לראות,
וְאילו **הַכְּסִיל בַּחֹשֶׁךְ הוֹלֵךְ**. הטיפשות אינה מאפשרת להבחין בפרטי
המציאות ולהבין את העולם. על כן עדיף החכם, הרואה באור
תבונתו את המצב לאשורו ופותר את הבעיות שלפניו, מן הכסיל
המועד למעידה בחושך. ובמחשבה שנייה – **וְיָדַעְתִּי גַם־אָנִי שֶׁמִּקְרֶה
אֶחָד יִקְרֶה אֶת־כֻּלָּם**. הן החכמים והן הכסילים ימותו. מה נותר אפוא
מן החכמה?![17] טו **וְאָמַרְתִּי אֲנִי בְּלִבִּי**: "**כְּמִקְרֵה הַכְּסִיל גַּם־אֲנִי יִקְרֵנִי**. אף
אני אמות. **וְלָמָּה חָכַמְתִּי אֲנִי אָז יֹתֵר**?!" מה התועלת בחכמתי היתרה?!
וְדִבַּרְתִּי בְלִבִּי שֶׁגַּם־זֶה – חיפוש החכמה[18] הוא **הָבֶל**, טז **כִּי אֵין זִכְרוֹן
לֶחָכָם עִם־הַכְּסִיל לְעוֹלָם**. הזיכרון בדבר חכמתו של אדם מסוים או
בדבר כסילותו של חברו לא יישאר לעולם. **בְּשֶׁכְּבָר**, לאחר **הַיָּמִים
הַבָּאִים הַכֹּל נִשְׁכָּח**. הדורות הבאים יהיו אדישים לערכו של החכם
שכבר הסתלק מן העולם, **וְאֵיךְ** שימות **הֶחָכָם עִם־הַכְּסִיל** בלא שיהיה
הבדל ביניהם.[19]

יז **וְשָׂנֵאתִי אֶת־הַחַיִּים, כִּי רַע עָלַי הַמַּעֲשֶׂה שֶׁנַּעֲשָׂה תַּחַת הַשָּׁמֶשׁ, כִּי־
הַכֹּל הֶבֶל וּרְעוּת רוּחַ**. גם אם אפשר ליהנות, לפעול וליצור לפי
שעה, דבר אינו נשאר לעולם, ואין כל משמעות מעבר לכאן
ולעכשיו. יח **וְשָׂנֵאתִי אֲנִי אֶת־כָּל־עֲמָלִי שֶׁאֲנִי עָמֵל תַּחַת הַשָּׁמֶשׁ, שֶׁ**כן
לאחר מותי **אַנִּיחֶנּוּ לָאָדָם שֶׁיִּהְיֶה אַחֲרָי**. יט **וּמִי יוֹדֵעַ הֶחָכָם יִהְיֶה** יורשי
אוֹ סָכָל, ולי אין שליטה על כך. **וְ**הוא **יִשְׁלַט בְּכָל־עֲמָלִי שֶׁעָמַלְתִּי
וְשֶׁחָכַמְתִּי תַּחַת הַשָּׁמֶשׁ**. לפיכך **גַּם־זֶה** – כל מפעלי ויצירתי הוא
הָבֶל. כ אשר על כן – **וְסַבּוֹתִי**, פניתי **אֲנִי** לדרך אחרת – **לְיַאֵשׁ אֶת־
לִבִּי עַל כָּל־הֶעָמָל שֶׁעָמַלְתִּי תַּחַת הַשָּׁמֶשׁ**. החלטתי שלא אתייגע
עוד בכך,[20] כא **כִּי־יֵשׁ אָדָם שֶׁעֲמָלוֹ בְּחָכְמָה וּבְדַעַת וּבְכִשְׁרוֹן**, וכך יגיע
להישגים, **וּלְאָדָם שֶׁלֹּא עָמַל־בּוֹ יִתְּנֶנּוּ חֶלְקוֹ**. ולבסוף יירש את פרי עמלו
אדם אחר, שאולי אין בו חכמה, לא דעת ולא כשרון. **גַּם־זֶה הֶבֶל
וְרָעָה רַבָּה**, רעה שהיא גרועה מרעות רוח. כב **כִּי מֶה־הֹוֶה**, יהיה[21]

בְּכָל־עֲמָלוֹ וּבְרַעְיוֹן לִבּוֹ שֶׁהוּא עָמֵל תַּחַת הַשָּׁמֶשׁ: כִּי כָל־יָמָיו כג
מַכְאֹבִים וָכַעַס עִנְיָנוֹ גַּם־בַּלַּיְלָה לֹא־שָׁכַב לִבּוֹ גַּם־זֶה הֶבֶל הוּא:
אֵין־טוֹב בָּאָדָם שֶׁיֹּאכַל וְשָׁתָה וְהֶרְאָה אֶת־נַפְשׁוֹ טוֹב בַּעֲמָלוֹ כד
גַּם־זֹה רָאִיתִי אָנִי כִּי מִיַּד הָאֱלֹהִים הִיא: כִּי מִי יֹאכַל וּמִי יָחוּשׁ כה
חוּץ מִמֶּנִּי: כִּי לְאָדָם שֶׁטּוֹב לְפָנָיו נָתַן חָכְמָה וְדַעַת וְשִׂמְחָה כו
וְלַחוֹטֶא נָתַן עִנְיָן לֶאֱסֹף וְלִכְנוֹס לָתֵת לְטוֹב לִפְנֵי הָאֱלֹהִים גַּם־זֶה
הֶבֶל וּרְעוּת רוּחַ: לַכֹּל זְמָן וְעֵת לְכָל־חֵפֶץ תַּחַת הַשָּׁמָיִם: א ג

עֵת לָלֶדֶת וְעֵת לָמוּת ב
עֵת לָטַעַת וְעֵת לַעֲקוֹר נָטוּעַ:
עֵת לַהֲרוֹג וְעֵת לִרְפּוֹא ג
עֵת לִפְרוֹץ וְעֵת לִבְנוֹת:
עֵת לִבְכּוֹת וְעֵת לִשְׂחוֹק ד
עֵת סְפוֹד וְעֵת רְקוֹד:
עֵת לְהַשְׁלִיךְ אֲבָנִים וְעֵת כְּנוֹס אֲבָנִים ה

ביאור | **לְאָדָם בְּכָל־עֲמָלוֹ וּבְרַעְיוֹן לִבּוֹ**, בהרהוריו **שֶׁהוּא עָמֵל תַּחַת הַשָּׁמֶשׁ**?! מה יפיק מכל אלה בסוף?! כג **כִּי כָל־יָמָיו** של אדם הם **מַכְאֹבִים**, **וָכַעַס עִנְיָנוֹ**, **גַּם־בַּלַּיְלָה לֹא־שָׁכַב לִבּוֹ**. גם כשהגוף שוכב אין הלב נח ונרגע. להיפך, דווקא אז עולות השאלות שלא באו על פתרונן ביום. **גַּם־זֶה** – אותן דאגות הלילה וטרדות היום[22] – **הֶבֶל הוּא**.

כד מכאן מתבקש להימנע מעמל וצבירת קניינים שמימושם מפוקפק, וליהנות מן ההווה, ולפיכך **אֵין־טוֹב בָּאָדָם**, לאדם אלא **שֶׁיֹּאכַל וְשָׁתָה וְהֶרְאָה אֶת־נַפְשׁוֹ** גמול **טוֹב** ורווחים **בַּעֲמָלוֹ**. **גַּם זֹה רָאִיתִי אָנִי** – **כִּי** מתנה **מִיַּד הָאֱלֹהִים הִיא** ואינה תלויה באדם, כה **כִּי** אחרי הכול **מִי יֹאכַל** את האוכל שלי **וּמִי יָחוּשׁ**, ימהר ליהנות; או: ישתמש בחושיו מעמלי **חוּץ מִמֶּנִּי**?! הלוא חוויותי נשארות רק אצלי, ואין לי בהן טעם יתרון ותועלת אמת. כו **כִּי**, אלא **לְאָדָם שֶׁטּוֹב לְפָנָיו**, שה' חפץ ביקרו **נָתַן** האלוקים **חָכְמָה וָדַעַת וְשִׂמְחָה** לראות נחת בעמלו ולאכול מפרותיו, **וְ**אילו **לַחוֹטֶא נָתַן עִנְיָן**, נושא, עיסוק **לֶאֱסֹף וְלִכְנוֹס** רכוש וכיוצא בו,

וסופו **לָתֵת** אותו **לְ**מי **שֶׁטּוֹב לִפְנֵי הָאֱלֹהִים**. הרכוש לא יישאר אצלו אלא יינתן למי שהאלוקים ירצה לתת לו. בין מן הצדיק בין מן הרשע יכולים לעמוד יורשים שדרכיהם שונות מדרכי אבותיהם, על כן **גַּם** עניין **זֶה** – ההתעסקות בשאלה על אודות צבירת הרכוש או בזבוזו היא[23] **הֶבֶל וּרְעוּת רוּחַ**.

סדרו של העולם

פרק ג פס׳ א–יז

בתוך תהיותיו הבסיסיות של קהלת מופיעה שירת העתים. זוהי שירה קצובה וסדורה, ובה שורה של פתגמים הערוכים כזוגות של פעילויות ומאורעות חיים מנוגדים. בשירה זו אומר קהלת כי לכל עניין יעודה שעה משלו. חלקיה השונים של המציאות ערוכים בסדרים קבועים ומתוכננים על ידי ההשגחה העליונה.

שירה זו פותחת ומסתיימת במלים עֵת לְכָל חֵפֶץ, אבל הידיעה שהכול מתנהל לפי תכנית קבועה אינה פותרת את שאלת תכליתה של המציאות. גם האדם המכיר בכך שכל מעשי עולם ערוכים ומכוונים מלמעלה, עדיין אינו יודע מהן תכניותיו של ה׳ לגבי המציאות, ומה פשר התמורות והמעשים המתרחשים לנגד עיניו. בכל זאת עולות מכאן מסקנות: על האדם לדעת את מגבלותיו ואת מקומו מול האלוקים – העולם נתון ביד האלוקים, והאדם שזכה במתנתו הוא מי שמתמקד בחייו בשמחה ובעשיית טוב. ועוד, למרות מה שנראה לעין כעיוותים, סופו של הצדק האלוקי להתגלות.

הגדרה כללית: פרק ג א **לַכֹּל זְמָן**. לכל דבר הזמן הראוי לו. **וְ**יש **עֵת** המתאימה **לְכָל־חֵפֶץ**, מעשה, רצון או משאלה **תַּחַת הַשָּׁמָיִם**.

והפירוט: ב יש **עֵת לָלֶדֶת וְעֵת לָמוּת**.
עֵת לָטַעַת וְעֵת לַעֲקוֹר נָטוּעַ.
ג **עֵת לַהֲרוֹג**, להשחית חיים **וְעֵת לִרְפּוֹא**, לתקנם.
עֵת לִפְרוֹץ, להרוס **וְעֵת לִבְנוֹת**.
ד **עֵת לִבְכּוֹת וְעֵת לִשְׂחוֹק**.
עֵת סְפוֹד, אֵבל **וְעֵת רְקוֹד**.
ה **עֵת לְהַשְׁלִיךְ אֲבָנִים וְעֵת כְּנוֹס אֲבָנִים**.

עֵת לָטַעַת
וְעֵת לַעֲקוֹר נָטוּעַ

העולם

לְהַשְׁלִיךְ אֲבָנִים... כְּנוֹס אֲבָנִים השלכת אבנים ואיסופן הם מלאכות חקלאיות מרכזיות בהרי ארץ ישראל: באמצעות סיקול האבנים מכשירים את החלקות ההרריות לזריעה ונטיעה; את האבנים אוספים לבניית טרסות לשם אצירת מי הגשמים וכן לבניית שומרות.

עֵת לַחֲבוֹק וְעֵת לִרְחֹק מֵחַבֵּק:

ו עֵת לְבַקֵּשׁ וְעֵת לְאַבֵּד

עֵת לִשְׁמוֹר וְעֵת לְהַשְׁלִיךְ:

ז עֵת לִקְרוֹעַ וְעֵת לִתְפּוֹר

עֵת לַחֲשׁוֹת וְעֵת לְדַבֵּר:

ח עֵת לֶאֱהֹב וְעֵת לִשְׂנֹא

עֵת מִלְחָמָה וְעֵת שָׁלוֹם:

ט מַה־יִּתְרוֹן הָעוֹשֶׂה בַּאֲשֶׁר הוּא עָמֵל: רָאִיתִי אֶת־הָעִנְיָן אֲשֶׁר
יא נָתַן אֱלֹהִים לִבְנֵי הָאָדָם לַעֲנוֹת בּוֹ: אֶת־הַכֹּל עָשָׂה יָפֶה בְעִתּוֹ
גַּם אֶת־הָעֹלָם נָתַן בְּלִבָּם מִבְּלִי אֲשֶׁר לֹא־יִמְצָא הָאָדָם אֶת־
יב הַמַּעֲשֶׂה אֲשֶׁר־עָשָׂה הָאֱלֹהִים מֵרֹאשׁ וְעַד־סוֹף: יָדַעְתִּי כִּי
יג ב אֵין טוֹב בָּם כִּי אִם־לִשְׂמוֹחַ וְלַעֲשׂוֹת טוֹב בְּחַיָּיו: וְגַם כָּל־
הָאָדָם שֶׁיֹּאכַל וְשָׁתָה וְרָאָה טוֹב בְּכָל־עֲמָלוֹ מַתַּת אֱלֹהִים
יד הִיא: יָדַעְתִּי כִּי כָּל־אֲשֶׁר יַעֲשֶׂה הָאֱלֹהִים הוּא יִהְיֶה לְעוֹלָם
עָלָיו אֵין לְהוֹסִיף וּמִמֶּנּוּ אֵין לִגְרוֹעַ וְהָאֱלֹהִים עָשָׂה שֶׁיִּרְאוּ
טו מִלְּפָנָיו: מַה־שֶּׁהָיָה כְּבָר הוּא וַאֲשֶׁר לִהְיוֹת כְּבָר הָיָה וְהָאֱלֹהִים
טז יְבַקֵּשׁ אֶת־נִרְדָּף: וְעוֹד רָאִיתִי תַּחַת הַשָּׁמֶשׁ מְקוֹם הַמִּשְׁפָּט
יז שָׁמָּה הָרֶשַׁע וּמְקוֹם הַצֶּדֶק שָׁמָּה הָרָשַׁע: אָמַרְתִּי אֲנִי בְּלִבִּי
אֶת־הַצַּדִּיק וְאֶת־הָרָשָׁע יִשְׁפֹּט הָאֱלֹהִים כִּי־עֵת לְכָל־חֵפֶץ וְעַל

הרחבות

'גם את העֹלם נתן בלבם' מובן מאליו שהאדם נמצא בתוך העולם, אולם נכונה גם הקביעה שהעולם נמצא בתוך האדם. חכמים דרשו פסוק זה גם לכיוון משמעותי אחר: גם את ההיעלם נתן בלבם. הסבר זה מבוסס על הקרבה הלשונית בין המלים 'עולם' ו'היעלם', על הכתיב החסר שבפסוק ואף על העובדה שבכל המקרא משמעות המלה 'עולם' היא זמן ארוך ונצחי ולא היקום. (ראו תנחומא קדושים ח).

'מבלי אשר לא' אין הביטוי הזה מתפרש כאן כשלילת השלילה, כלומר כחיוב; שלילה כפולה זו באה דווקא לחיזוק השלילה. תופעה זו מצויה במקומות נוספים, כמו בשאלה הרטורית: הֲמִבְּלִי אֵין אֱלֹהִים בְּיִשְׂרָאֵל אַתֶּם הֹלְכִים לִדְרֹשׁ בְּבַעַל זְבוּב אֱלֹהֵי עֶקְרוֹן?! (מלכים ב' א,ו).

'מְקוֹם המשפט שָׁמָּה הָרֶשַׁע, ומקום הצדק שמה הָרָשַׁע' לדעת גדולי המשפטנים בעולם ובישראל תפקיד בית המשפט הוא שמירת החוק ולאו דווקא שמירת הצדק. יש שהעמידה לצד החוק פוגעת בצדק.

עֵת לַחֲבוֹק וְעֵת לִרְחֹק מֵחַבֵּק. יש נסיבות שבהן ראוי שלא לחבק. | ביאור
ו **עֵת לְבַקֵּשׁ**, לחפש או לרצות דבר **וְעֵת לְאַבֵּד**, להפסידו.
עֵת לִשְׁמוֹר וְעֵת לְהַשְׁלִיךְ.
ז **עֵת לִקְרוֹעַ וְעֵת לִתְפּוֹר.**
עֵת לַחֲשׁוֹת, לשתוק **וְעֵת לְדַבֵּר.**
ח **עֵת לֶאֱהֹב וְעֵת לִשְׂנֹא.**
עֵת מִלְחָמָה וְעֵת שָׁלוֹם.

מול תמונת העולם הזו, המארגנת את כל ענייני העולם במסגרת
סדורה, חוזרת וניצבת שאלת התועלת והתכלית: ט **מַה־יִּתְרוֹן
הָעוֹשֶׂה בַּאֲשֶׁר הוּא עָמֵל?!** י **רָאִיתִי אֶת־הָעִנְיָן**, העיסוק **אֲשֶׁר נָתַן
אֱלֹהִים לִבְנֵי הָאָדָם לַעֲנוֹת**, לעסוק ולהתעניין **בּוֹ.** יא **אֶת־הַכֹּל עָשָׂה
יָפֶה בְעִתּוֹ. גַּם אֶת־הָעֹלָם נָתַן בְּלִבָּם** לחשוב עליו ולעסוק בענייניו,
מִבְּלִי אֲשֶׁר לֹא־יִמְצָא הָאָדָם, בלי שיבין האדם **אֶת** משמעותו של כל
הַמַּעֲשֶׂה אֲשֶׁר־עָשָׂה הָאֱלֹהִים מֵרֹאשׁ וְעַד־סוֹף.

יב מכיוון שאין אדם יודע את מעשה האלוקים ואת תכניותיו
ועתותיו, **יָדַעְתִּי כִּי אֵין טוֹב בָּם**, בבריות[1] **כִּי אִם־לִשְׂמוֹחַ** כל אחד
ואחד בחלקו **וְלַעֲשׂוֹת טוֹב בְּחַיָּיו.** יג **וְגַם כָּל־הָאָדָם**, וכל אדם **שֶׁיֹּאכַל
וְשָׁתָה וְרָאָה טוֹב בְּכָל־עֲמָלוֹ**, המנהל חיים סבירים ונורמליים – **מַתַּת**,
מתנת **אֱלֹהִים הִיא.**

יד ועם כל פעולותינו, **יָדַעְתִּי כִּי כָּל־אֲשֶׁר יַעֲשֶׂה הָאֱלֹהִים – הוּא יִהְיֶה
לְעוֹלָם, עָלָיו אֵין לְהוֹסִיף וּמִמֶּנּוּ אֵין לִגְרוֹעַ.** כיוון שאלוקים הוא שמנהל
את העולם, לא יוכלו בני אדם לשנות בו הרבה. **וְהָאֱלֹהִים עָשָׂה**, גרם
לחוסר האונים שחווים בני האדם מול דרכו בניהול המציאות, כדי
שֶׁיִּרְאוּ מִלְּפָנָיו. היראה נובעת מתחושת חוסר השליטה של האדם נוכח
עצמתו של העולם והטלטלות הפוקדות את חיי האדם.[2] טו **מַה־
שֶּׁהָיָה – כְּבָר הוּא** נמצא כעת, **וַאֲשֶׁר** עתיד **לִהְיוֹת – כְּבָר הָיָה.** דבר אינו
משתנה. ובתוך מציאות זו שבה אין הדברים נתונים לשליטתנו,
הָאֱלֹהִים הוא זה אשר **יְבַקֵּשׁ**, אמור לחפש **אֶת הַנִּרְדָּף** לעזור לו.

טז **וְעוֹד רָאִיתִי תַּחַת הַשָּׁמֶשׁ**, בעולם שאנו חיים בו – **בִּמְקוֹם הַמִּשְׁפָּט –
שָׁמָּה הָרֶשַׁע, וּבִמְקוֹם הַצֶּדֶק – שָׁמָּה הָרָשַׁע.** בניגוד לציפיות, יש שמערכת
המשפט עצמה הופכת לרשע ממוסד וציבורי; או־אז אין מקום
מבטחים שאפשר להימלט אליו מן הרֶשע. יז **אָמַרְתִּי אֲנִי בְּלִבִּי:
"אֶת־הַצַּדִּיק וְאֶת־הָרָשָׁע יִשְׁפֹּט הָאֱלֹהִים, כִּי־עֵת לְכָל־חֵפֶץ**, ועל כן יגיע

כָּל־הַמַּעֲשֶׂה שָׁם: אָמַרְתִּי אֲנִי בְּלִבִּי עַל־דִּבְרַת בְּנֵי הָאָדָם לְבָרָם יח
הָאֱלֹהִים וְלִרְאוֹת שְׁהֶם־בְּהֵמָה הֵמָּה לָהֶם: כִּי מִקְרֶה בְנֵי־הָאָדָם יט
וּמִקְרֶה הַבְּהֵמָה וּמִקְרֶה אֶחָד לָהֶם כְּמוֹת זֶה כֵּן מוֹת זֶה וְרוּחַ
אֶחָד לַכֹּל וּמוֹתַר הָאָדָם מִן־הַבְּהֵמָה אָיִן כִּי הַכֹּל הָבֶל: הַכֹּל כ
הוֹלֵךְ אֶל־מָקוֹם אֶחָד הַכֹּל הָיָה מִן־הֶעָפָר וְהַכֹּל שָׁב אֶל־הֶעָפָר:
מִי יוֹדֵעַ רוּחַ בְּנֵי הָאָדָם הָעֹלָה הִיא לְמָעְלָה וְרוּחַ הַבְּהֵמָה כא
הַיֹּרֶדֶת הִיא לְמַטָּה לָאָרֶץ: וְרָאִיתִי כִּי אֵין טוֹב מֵאֲשֶׁר יִשְׂמַח כב
הָאָדָם בְּמַעֲשָׂיו כִּי־הוּא חֶלְקוֹ כִּי מִי יְבִיאֶנּוּ לִרְאוֹת בְּמֶה שֶׁיִּהְיֶה
אַחֲרָיו: וְשַׁבְתִּי אֲנִי וָאֶרְאֶה אֶת־כָּל־הָעֲשֻׁקִים אֲשֶׁר נַעֲשִׂים א ד
תַּחַת הַשָּׁמֶשׁ וְהִנֵּה | דִּמְעַת הָעֲשֻׁקִים וְאֵין לָהֶם מְנַחֵם וּמִיַּד
עֹשְׁקֵיהֶם כֹּחַ וְאֵין לָהֶם מְנַחֵם: וְשַׁבֵּחַ אֲנִי אֶת־הַמֵּתִים שֶׁכְּבָר ב
מֵתוּ מִן־הַחַיִּים אֲשֶׁר הֵמָּה חַיִּים עֲדֶנָה: וְטוֹב מִשְּׁנֵיהֶם אֵת ג

ביאור | יום פקודתם שבו יתנו את הדין **עַל כָּל־הַמַּעֲשֶׂה** שעשו **שָׁם**, אף על פי שהדבר איננו גלוי עתה לעין".[3]

התמודדויות עם המוות
פרק ג פס׳ יח – פרק ד פס׳ ג

ארעיות הקיום האנושי ואפסות פעולת האדם המתוארות בתחילת הספר, מובעות כאן ביתר הקצנה: גזרת המוות חלה על האדם ועל הבהמה כאחד, אף שקהלת מציין כאן את ההבדל בין מות האדם למות הבהמה בעליית רוחו של האדם עם פטירתו מן העולם. ואולם מיד מתעלם קהלת מידיעה זו ומעדיף את שמחת האדם במעשיו בעולמו-חלקו ממחשבות המשתרעות הרחק מאופק המבט האנושי הרגיל.

בסוף העניין קהלת מתייחס למוות מהיבט אחר: הוא מבכר את עולם המתים, שכבר שבו אל העפר, ואת אלו שעדיין לא התגבשו מעפר העולם הזה, על פני עולמם של החיים נוכח העוולות הקשות המתקיימות בחברה האנושית והכאב שהן גורמות.

יח **אָמַרְתִּי אֲנִי בְּלִבִּי עַל־דִּבְרַת**, דברי **בְּנֵי הָאָדָם לְבָרָם**, שבירים ובחרם **הָאֱלֹהִים**, הבדיל אותם משאר היצורים ונישא את מעמדם על פני עולם החי.[1] **וְלִרְאוֹת**, וראיתי שלאמתו של דבר **הֶם**, בני האדם **בְּהֵמָה הֵמָּה לָהֶם**. אין הבדל כה מעמיק בינם לבין עולם החי. יט **כִּי מִקְרֶה בְנֵי־הָאָדָם וּמִקְרֶה הַבְּהֵמָה** – **וּמִקְרֶה**, מקרה **אֶחָד לָהֶם**. סופם של בני

האדם כסופן של הבהמות. **כְּמוֹת זֶה כֵּן מוֹת זֶה**. כשם שהבהמה
מתה כך האדם מת, **וְרוּחַ אֶחָד לַכֹּל** – לכל הברואים. **וּמוֹתַר**, יתרון
הָאָדָם מִן־הַבְּהֵמָה אָיִן, האדם אינו עדיף מן הבהמה, **כִּי הַכֹּל הָבֶל**.
התרבות האנושית המרשימה ביותר – בניית הפירמידות, יצירות
המוסיקה הגאוניות ופיתוח המתמטיקה הגבוהה – אין בה כדי
להפקיע את האדם מגזר דין המוות המרחף על ראשו בהיותו
חלק ממלכת החי.[2] כ בהסתכלות על החומר בלבד – **הַכֹּל הוֹלֵךְ
אֶל־מָקוֹם אֶחָד: הַכֹּל הָיָה מִן־הֶעָפָר וְהַכֹּל שָׁב אֶל־הֶעָפָר** בשעת המוות.
כל הדברים הפיזיים מתחילים בחומר הגולמי וחוזרים אליו בסופו
של דבר. כא ובאשר לרוח, לעומת זאת – **מִי יוֹדֵעַ** את **רוּחַ בְּנֵי הָאָדָם,
הָעֹלָה הִיא לְמָעְלָה, וְרוּחַ הַבְּהֵמָה הַיֹּרֶדֶת הִיא לְמַטָּה לָאָרֶץ**. רוב בני האדם
אינם נותנים את דעתם להבדל בין רוח האדם לבין רוח הבהמה.[3]

כב **וְרָאִיתִי כִּי אֵין טוֹב**, לפחות כפתרון זמני, כעין תרופת הרגעה,
**מֵאֲשֶׁר יִשְׂמַח הָאָדָם בְּמַעֲשָׂיו, כִּי־הוּא חֶלְקוֹ, כִּי מִי יְבִיאֶנּוּ לִרְאוֹת בְּמֶה
שֶׁיִּהְיֶה אַחֲרָיו**?! כיוון שרוב בני האדם רוב הזמן אינם רואים את
מה שיהיה אחרי חייהם, עדיף שיחיו חיי מעשה פשוטים ושישמחו
בחלקם בהווה.

פרק ד א **וְשַׁבְתִּי אֲנִי** להתבונן פעם אחר פעם במתרחש בעולם,
וָאֶרְאֶה אֶת־כָּל־הָעֲשׁוּקִים, קרבנות העוולות **אֲשֶׁר נַעֲשִׂים תַּחַת הַשָּׁמֶשׁ**,
בעולם. **וְהִנֵּה** נראית **דִּמְעַת הָעֲשׁוּקִים, וְאֵין לָהֶם מְנַחֵם, וּמִיַּד עֹשְׁקֵיהֶם
בֹּכַחַ וְאֵין**, אין **לָהֶם מְנַחֵם**. העולם מלא רשעות וכאב. ב **וְשַׁבֵּחַ**, משבח,
מעדיף **אֲנִי אֶת־הַמֵּתִים, שֶׁ**הרי **כְּבָר** מֵתוּ, **מִן־הַחַיִּים אֲשֶׁר הֵמָּה חַיִּים
עֲדֶנָה**, עדיין, כי המתים פטורים כבר מן הצרות הללו, ואילו החיים
מוקפים בחיי עוולה.[4] ג **וְטוֹב מִשְּׁנֵיהֶם** – מן החיים ומן המתים – **אֵת**

הָעֲשׁוּקִים אֲשֶׁר נַעֲשִׂים תַּחַת הַשָּׁמֶשׁ
עבדים נוביים נמכרים בשוק
תבליט שקוע
קבר חמרחב, מצרים

אֲשֶׁר־עֲדֶן לֹא הָיָה אֲשֶׁר לֹא־רָאָה אֶת־הַמַּעֲשֶׂה הָרָע אֲשֶׁר
נַעֲשָׂה תַּחַת הַשָּׁמֶשׁ׃ וְרָאִיתִי אֲנִי אֶת־כָּל־עָמָל וְאֵת כָּל־כִּשְׁרוֹן ד
הַמַּעֲשֶׂה כִּי הִיא קִנְאַת־אִישׁ מֵרֵעֵהוּ גַּם־זֶה הֶבֶל וּרְעוּת רוּחַ׃
הַכְּסִיל חֹבֵק אֶת־יָדָיו וְאֹכֵל אֶת־בְּשָׂרוֹ׃ טוֹב מְלֹא כַף נָחַת מִמְּלֹא ה ו
חָפְנַיִם עָמָל וּרְעוּת רוּחַ׃ וְשַׁבְתִּי אֲנִי וָאֶרְאֶה הֶבֶל תַּחַת הַשָּׁמֶשׁ׃ ז
יֵשׁ אֶחָד וְאֵין שֵׁנִי גַּם בֵּן וָאָח אֵין־לוֹ וְאֵין קֵץ לְכָל־עֲמָלוֹ גַּם־עֵינָיו ח עֵינוֹ
לֹא־תִשְׂבַּע עֹשֶׁר וּלְמִי ׀ אֲנִי עָמֵל וּמְחַסֵּר אֶת־נַפְשִׁי מִטּוֹבָה גַּם־
זֶה הֶבֶל וְעִנְיַן רָע הוּא׃ טוֹבִים הַשְּׁנַיִם מִן־הָאֶחָד אֲשֶׁר יֵשׁ־לָהֶם ט
שָׂכָר טוֹב בַּעֲמָלָם׃ כִּי אִם־יִפֹּלוּ הָאֶחָד יָקִים אֶת־חֲבֵרוֹ וְאִילוֹ י
הָאֶחָד שֶׁיִּפּוֹל וְאֵין שֵׁנִי לַהֲקִימוֹ׃ גַּם אִם־יִשְׁכְּבוּ שְׁנַיִם וְחַם יא
לָהֶם וּלְאֶחָד אֵיךְ יֵחָם׃ וְאִם־יִתְקְפוֹ הָאֶחָד הַשְּׁנַיִם יַעַמְדוּ נֶגְדּוֹ יב
וְהַחוּט הַמְשֻׁלָּשׁ לֹא בִמְהֵרָה יִנָּתֵק׃ טוֹב יֶלֶד מִסְכֵּן וְחָכָם מִמֶּלֶךְ יג

ביאור | **אֲשֶׁר־עֲדֶן לֹא הָיָה**, מי שעוד לא נולד, **אֲשֶׁר לֹא־רָאָה אֶת־הַמַּעֲשֶׂה הָרָע אֲשֶׁר נַעֲשָׂה תַּחַת הַשָּׁמֶשׁ**. על המתים נשאר רושם הרוע; החיים חווים אותו; ואלה שטרם נולדו – בהם הרוע כלל לא נגע.

העמל והקדחתנות האנושית

פרק ד פס׳ ד–טז

קהלת מצביע על המחיר הכרוך בתפיסה האנושית המבכרת את העמל ואת ההצלחה. הוא בודק את שתי ההצדקות האפשריות לעמל – השקעת עבודה למען הזולת והשקעה למען הדורות הבאים – ומגיע למסקנה כי האדם היגע למען צאצאיו אינו ער לאפשרות שלא יהיה מרוצה כלל ממשיכיו, על כן גם העמל והאגירה המחסרים את בעליהם מטובה – הבל.

ד **וְרָאִיתִי אֲנִי אֶת־כָּל־עָמָל** העבודה **וְאֵת כָּל־כִּשְׁרוֹן הַמַּעֲשֶׂה, כִּי** תופעה זו **הִיא** הבסיס או התוצאה של **קִנְאַת־אִישׁ מֵרֵעֵהוּ**. פעמים רבות הצלחת עבודתו של אדם וכשרונותיו מעוררים את הזולת לקנא בו, אבל **גַּם־זֶה** – הקנאה בקנייני הזולת ובכוחותיו היא[1] **הֶבֶל וּרְעוּת רוּחַ**. ה מצד אחד **הַכְּסִיל חֹבֵק אֶת־יָדָיו** בחיקו, משום שהוא איננו עובד, וְלכן אין לו פרנסה ומזון והוא **אֹכֵל אֶת־בְּשָׂרוֹ**, בשרו נאכל והוא מת מרעב,[2] או: ׳אוכל את עצמו׳ מתסכול ומחידלון מעש. ו ומנגד

הרחבות | ׳טובים השנים מן האחד׳ בדברים אלה יש גם צידוק אנושי־חברתי לנישואין, שכן הסיוע ההדדי נותן לשניים יתרון בכל המישורים.

טוֹב מְלֹא כַף אחת **נָחַת**, שלווה, יותר **מִמְּלֹא חָפְנַיִם**, ידיים מלאות **עָמָל**
וּרְעוּת רוּחַ, עבודה קשה שאינה אלא הבל.

ז **וְשַׁבְתִּי אֲנִי** להתבונן בעולם **וָאֶרְאֶה** שההתמסרות לעמל ולחריצות
היא **הֶבֶל תַּחַת הַשָּׁמֶשׁ**. ח כי למשל **יֵשׁ אֶחָד**, **וְאֵין** עמו **שֵׁנִי**, הוא אדם
בודד או שאינו משתף אחרים במפעלו, **גַּם בֵּן וָאָח אֵין־לוֹ**, **וְאֵין קֵץ
לְכָל־עֲמָלוֹ**, **גַּם־עֵינוֹ לֹא־תִשְׂבַּע עֹשֶׁר**. הוא רוצה עוד ועוד. אדם זה
יכול לשאול את עצמו: **וּלְמִי אֲנִי עָמֵל**, הרי אינני צריך לפרנס
איש מלבדי, ולשם מה אני **מְחַסֵּר אֶת־נַפְשִׁי מִטּוֹבָה** בעבודתי הקשה?!
גַּם־זֶה הֶבֶל וְעִנְיַן רָע הוּא.

לעומת זאת, אפשר למצוא טעם בעמל המשותף: ט **טוֹבִים הַשְּׁנַיִם
מִן־הָאֶחָד**, **אֲשֶׁר יֵשׁ־לָהֶם שָׂכָר טוֹב בַּעֲמָלָם**. שניים שעובדים יחד
זוכים לרווח גדול יותר.[3] י יתרונה של השותפות לסוגיה אינו רק
כלכלי – **כִּי אִם־יִפֹּלוּ** – **הָאֶחָד יָקִים אֶת־חֲבֵרוֹ**. **וְאִילוֹ הָאֶחָד שֶׁיִּפּוֹל** כשהוא
לבדו – **וְאֵין שֵׁנִי לַהֲקִימוֹ**. יא **גַּם**, יתרון נוסף – **אִם־יִשְׁכְּבוּ שְׁנַיִם** יחד –
וְחַם לָהֶם, לפחות הם יחממו זה את זה, **וּלְאֶחָד אֵיךְ יֵחָם**?! מי יחמם
אותו?! יב **וְאִם** מישהו **יִתְקְפוֹ** את **הָאֶחָד** מהשניים, הוא לא יעמוד
לבדו מול התוקף אלא **הַשְּׁנַיִם יַעַמְדוּ נֶגְדּוֹ**. **וְהַחוּט הַמְשֻׁלָּשׁ**, השזור, **לֹא
בִמְהֵרָה יִנָּתֵק**, חוטים השזורים יחד הם חזקים יותר. ומכאן יתרונו
של קשר בין שלושה על פני קשר בין שניים.[4]

אפשר לחשוב כי התכלית שתצדיק את העמל מצויה בהורשת
פֵּרותיו בעתיד. אולם גם העתיד אינו ניתן לשליטה, וגם הפרי הנצבר
מן העמל אינו מבטיח כלום: יג **טוֹב יֶלֶד**, צעיר **מִסְכֵּן**, חסר כול **וְחָכָם**,

וְהַחוּט הַמְשֻׁלָּשׁ לֹא בִמְהֵרָה יִנָּתֵק

העולם

אָכֹל אֶת בְּשָׂרוֹ בתהליך הביולוגי הקרוי 'קטבוליסיס' הגוף שאינו מקבל מזון מן החוץ, מפרק את רקמות השומן והשרירים על מנת לקיים את המוח והעצבים. כך נראה שהאדם אוכל את בשרו.

וְהַחוּט הַמְשֻׁלָּשׁ לֹא בִמְהֵרָה יִנָּתֵק חבלים שסיביהם מפותלים נעשים משלושה גדילים לפחות להבטחת חוזק החבל בחיכוך ההדדי של הגדילים. גם חבלים ארוגים דמויי צמה, כגון החבלים למטפסי הרים, שזורים לפחות משלושה גדילים.

יד זָקֵן וּכְסִיל אֲשֶׁר לֹא־יָדַע לְהִזָּהֵר עוֹד׃ כִּי־מִבֵּית הָסוּרִים יָצָא
טו לִמְלֹךְ כִּי גַּם בְּמַלְכוּתוֹ נוֹלַד רָשׁ׃ רָאִיתִי אֶת־כָּל־הַחַיִּים הַמְהַלְּכִים
טז תַּחַת הַשָּׁמֶשׁ עִם הַיֶּלֶד הַשֵּׁנִי אֲשֶׁר יַעֲמֹד תַּחְתָּיו׃ אֵין־קֵץ לְכָל־
הָעָם לְכֹל אֲשֶׁר־הָיָה לִפְנֵיהֶם גַּם הָאַחֲרוֹנִים לֹא יִשְׂמְחוּ־בוֹ כִּי־
יז גַם־זֶה הֶבֶל וְרַעְיוֹן רוּחַ׃ שְׁמוֹר רגליך כַּאֲשֶׁר תֵּלֵךְ אֶל־בֵּית רַגְלְךָ
הָאֱלֹהִים וְקָרוֹב לִשְׁמֹעַ מִתֵּת הַכְּסִילִים זָבַח כִּי־אֵינָם יוֹדְעִים
ה א לַעֲשׂוֹת רָע׃ אַל־תְּבַהֵל עַל־פִּיךָ וְלִבְּךָ אַל־יְמַהֵר לְהוֹצִיא דָבָר
לִפְנֵי הָאֱלֹהִים כִּי הָאֱלֹהִים בַּשָּׁמַיִם וְאַתָּה עַל־הָאָרֶץ עַל־כֵּן יִהְיוּ
ב דְבָרֶיךָ מְעַטִּים׃ כִּי בָּא הַחֲלוֹם בְּרֹב עִנְיָן וְקוֹל כְּסִיל בְּרֹב דְּבָרִים׃
ג כַּאֲשֶׁר תִּדֹּר נֶדֶר לֵאלֹהִים אַל־תְּאַחֵר לְשַׁלְּמוֹ כִּי אֵין חֵפֶץ
ד בַּכְּסִילִים אֵת אֲשֶׁר־תִּדֹּר שַׁלֵּם׃ טוֹב אֲשֶׁר לֹא־תִדֹּר מִשֶּׁתִּדּוֹר
ה וְלֹא תְשַׁלֵּם׃ אַל־תִּתֵּן אֶת־פִּיךָ לַחֲטִיא אֶת־בְּשָׂרֶךָ וְאַל־תֹּאמַר
לִפְנֵי הַמַּלְאָךְ כִּי שְׁגָגָה הִיא לָמָּה יִקְצֹף הָאֱלֹהִים עַל־קוֹלֶךָ וְחִבֵּל
ו אֶת־מַעֲשֵׂה יָדֶיךָ׃ כִּי בְרֹב חֲלֹמוֹת וַהֲבָלִים וּדְבָרִים הַרְבֵּה כִּי אֶת־
ז הָאֱלֹהִים יְרָא׃ אִם־עֹשֶׁק רָשׁ וְגֵזֶל מִשְׁפָּט וָצֶדֶק תִּרְאֶה בַמְּדִינָה
אַל־תִּתְמַהּ עַל־הַחֵפֶץ כִּי גָבֹהַּ מֵעַל גָּבֹהַּ שֹׁמֵר וּגְבֹהִים עֲלֵיהֶם׃

ביאור | יותר מִמֶּלֶךְ שיש לו הכול, אך הוא זָקֵן וּכְסִיל אֲשֶׁר לֹא־יָדַע לְהִזָּהֵר עוֹד. בחכמה כרוכים זהירות ופוטנציאל הצלחה, ואילו מי שהוא סכל, גם אם הוא מלך, עלול לנהוג בפזיזות, להיכשל וליפול. יד כִּי המלך הכסיל דומה למי שמִּבֵּית הָסוּרִים, האסורים יָצָא לִמְלֹךְ, שהרי אין בידו הכלים הדרושים להנהיג ממלכה, כִּי גַּם בְּמַלְכוּתוֹ נוֹלַד, התגלה כרָשׁ, שהרי הוא עני בדעת ובכישורי הנהגה.

טו רָאִיתִי אֶת־כָּל־הַחַיִּים, האנשים הַמְהַלְּכִים תַּחַת הַשָּׁמֶשׁ עִם הַיֶּלֶד, הדור הַשֵּׁנִי, תקוותם המניעה אותם נעוצה ונתלית בדור הבא אֲשֶׁר יַעֲמֹד תַּחְתָּיו, במקום הדור הראשון. כל דור משקיע את עמלו בדור שלאחריו, ומקווה שהוא יהיה מוצלח יותר מקודמיו. טז אכן, אֵין־קֵץ לְכָל־הָעָם, לְכֹל דור אֲשֶׁר־הָיָה לִפְנֵיהֶם, שחי בעבר, וגַּם הדורות הָאַחֲרוֹנִים, המאוחרים לֹא יִשְׂמְחוּ־בוֹ, בילד השני שהדור הנוכחי נושא

עיניו אליו, כִּי־גַם־זֶה – הייחול כלפי הילד השני, התקווה הנתלית
בשרשרת הדורות הֶבֶל וְרַעְיוֹן רוּחַ.[5]

הוראות הקשורות לקטנות האדם מול האלוקים

פרק ד פס׳ יז – פרק ה פס׳ ז

מתוך מודעותו של קהלת לשפלות האדם מול האל, הוא קורא להעדיף את הציות לה׳ מהבאת קרבנות שאין עמה כוונת הלב ונקיותו. אף הזהרותיו מפני דיבור פזיז שהאדם אינו מחויב אליו, קשורות ליראת אלוקים. לבסוף הוא מזכיר לאדם שהיקף ראייתו מצומצם, ועל כן הוא ממליץ שיהיה מתון כאשר הוא בא לשפוט את הנראה בעיניו.

יז שְׁמוֹר רַגְלְךָ, היזהר כַּאֲשֶׁר תֵּלֵךְ אֶל־בֵּית הָאֱלֹהִים. שים לב לתכלית
הליכתך לשם והיֵה קָרוֹב לִשְׁמֹעַ תורה ומצווה מִתֵּת הַכְּסִילִים זָבַח,
מהשוטים המביאים קרבנות, כִּי הם בסכלותם אֵינָם יוֹדְעִים אפילו[1]
לַעֲשׂוֹת רָע.

פרק ה א אַל־תְּבַהֵל עַל־פִּיךָ. אל תהיה בהול בדברי פיך. וְגם לִבְּךָ,
מחשבתך אַל־יְמַהֵר לְהוֹצִיא דָבָר לִפְנֵי הָאֱלֹהִים, כִּי הָאֱלֹהִים בַּשָּׁמַיִם
וְאַתָּה עַל־הָאָרֶץ, וידיעתך מוגבלת. עַל־כֵּן יִהְיוּ דְבָרֶיךָ, דיבוריך אליו
ועליו, והדיבורים בכלל[2] מְעַטִּים, ב כִּי בָּא הַחֲלוֹם בְּרֹב עִנְיָן, בגיבוב
נושאים. ובדומה לכך, קוֹל כְּסִיל ניכר בכך שהוא בא בְּרֹב דְּבָרִים.
סימן ההיכר לדברי כסיל הוא פטפוטים מרובים, כדברים הבטלים
שבחלום.[3]

ג כַּאֲשֶׁר תִּדֹּר נֶדֶר לֵאלֹהִים – אַל־תְּאַחֵר לְשַׁלְּמוֹ. הבֵא אותו בזמנו, כִּי
אֵין חֵפֶץ בַּכְּסִילִים, הנודרים בפזיזות ובקלות ואינם עומדים בדיבורם.[4]
אֵת אֲשֶׁר־תִּדֹּר – שַׁלֵּם. ד אכן טוֹב יותר אֲשֶׁר לֹא־תִדֹּר כלל, מִשֶּׁתִּדּוֹר
וְלֹא תְשַׁלֵּם.

ה אַל־תִּתֵּן אֶת־פִּיךָ להַחֲטִיא אֶת־בְּשָׂרֶךָ, את עצמך. דיבורים שאינם
מכוונים ואינם ראויים עלולים להביא להידרדרותך או לסכן אותך.
וְאַל־תֹּאמַר לִפְנֵי הַמַּלְאָךְ, השליח האחראי על גביית הנדרים[5] כִּי
שְׁגָגָה הִיא. לָמָּה יִקְצֹף הָאֱלֹהִים עַל־קוֹלֶךָ וְחִבֵּל, וישחית[6] אֶת־מַעֲשֵׂה
יָדֶיךָ?! ו כִּי בְרֹב חֲלֹמוֹת וַהֲבָלִים וּדְבָרִים, דיבורים הַרְבֵּה באות הצרות
הללו, כִּי אֶת־הָאֱלֹהִים יְרָא. התנהגות שאינה מכבדת את ההתחייבויות
והדיבור יכולה להזיק לדובר עצמו, ויש בה גם העזת פנים כלפי
אלוקים.

ז אִם־עֹשֶׁק רָשׁ, ניצול העני וְגֵזֶל, פגיעה כוחנית בְּמִשְׁפָּט וָצֶדֶק תִּרְאֶה
בַמְּדִינָה – אַל־תִּתְמַהּ עַל־הַחֵפֶץ, הדבר, כִּי גָבֹהַּ מֵעַל גָּבֹהַּ שֹׁמֵר, משגיח,
וּגְבֹהִים עֲלֵיהֶם – על המעשים שאתה רואה. העולם בנוי קומות על
קומות ודרגות על דרגות. אינך מבין את טעמם של המאורעות,

הוּא ח ט וְיִתְרוֹן אֶרֶץ בַּכֹּל הִיא מֶלֶךְ לְשָׂדֶה נֶעֱבָד: אֹהֵב כֶּסֶף לֹא־יִשְׂבַּע
י כֶּסֶף וּמִי־אֹהֵב בֶּהָמוֹן לֹא תְבוּאָה גַּם־זֶה הָבֶל: בִּרְבוֹת הַטּוֹבָה
רְאוּת יא רַבּוּ אוֹכְלֶיהָ וּמַה־כִּשְׁרוֹן לִבְעָלֶיהָ כִּי אִם־רְאִית עֵינָיו: מְתוּקָה
שְׁנַת הָעֹבֵד אִם־מְעַט וְאִם־הַרְבֵּה יֹאכֵל וְהַשָּׂבָע לֶעָשִׁיר אֵינֶנּוּ
יב מַנִּיחַ לוֹ לִישׁוֹן: יֵשׁ רָעָה חוֹלָה רָאִיתִי תַּחַת הַשָּׁמֶשׁ עֹשֶׁר שָׁמוּר
יג לִבְעָלָיו לְרָעָתוֹ: וְאָבַד הָעֹשֶׁר הַהוּא בְּעִנְיַן רָע וְהוֹלִיד בֵּן וְאֵין
יד בְּיָדוֹ מְאוּמָה: כַּאֲשֶׁר יָצָא מִבֶּטֶן אִמּוֹ עָרוֹם יָשׁוּב לָלֶכֶת כְּשֶׁבָּא
טו וּמְאוּמָה לֹא־יִשָּׂא בַעֲמָלוֹ שֶׁיֹּלֵךְ בְּיָדוֹ: וְגַם־זֹה רָעָה חוֹלָה כָּל־
טז עֻמַּת שֶׁבָּא כֵּן יֵלֵךְ וּמַה־יִּתְרוֹן לוֹ שֶׁיַּעֲמֹל לָרוּחַ: גַּם כָּל־יָמָיו
יז בַּחֹשֶׁךְ יֹאכֵל וְכָעַס הַרְבֵּה וְחָלְיוֹ וָקָצֶף: הִנֵּה אֲשֶׁר־רָאִיתִי אָנִי
טוֹב אֲשֶׁר־יָפֶה לֶאֱכוֹל וְלִשְׁתּוֹת וְלִרְאוֹת טוֹבָה בְּכָל־עֲמָלוֹ ׀
שֶׁיַּעֲמֹל תַּחַת־הַשֶּׁמֶשׁ מִסְפַּר יְמֵי־חַיָּו אֲשֶׁר־נָתַן־לוֹ הָאֱלֹהִים
יח כִּי־הוּא חֶלְקוֹ: גַּם כָּל־הָאָדָם אֲשֶׁר נָתַן־לוֹ הָאֱלֹהִים עֹשֶׁר וּנְכָסִים

ביאור | והם אינם מיושבים על לבך משום שנקודת התצפית שלך נמוכה ומוגבלת. על כן אינך יכול לראות את התמונה הגדולה.[7]

בגנות צבירת כסף ונכסים למען העתיד

פרק ה פס׳ ח – פרק ו פס׳ י

קהלת מגנה את רדיפת הכסף, משום שבזה משועבדים ההווה וכלל החיים לתכלית בלתי מוגדרת. כדאי אפוא לאדם לשמוח בעמלו בהווה. אף על פי כן העניין מסתיים בביקורת גם על מראה העיניים של החיים הממשיים, שאין בהם אלא הוויה סטטית, ללא כל סיכוי לחולל שינוי במציאות.

ח **וְיִתְרוֹן אֶרֶץ בַּכֹּל הוּא**. האדמה עדיפה מכל רכוש אחר, שהרי אפילו **מֶלֶךְ לְשָׂדֶה נֶעֱבָד**, משועבד. השדה הוא מקור החיים והכול תלויים בעיבודו.[1]

ט **אֹהֵב כֶּסֶף לֹא־יִשְׂבַּע כֶּסֶף**. אהבת הכסף אינה מגיעה אף פעם לסיפוקה. **וּמִי־אֹהֵב בֶּהָמוֹן**, האוהב ריבוי קניינים[2] – **לֹא** יקבל מכך **תְבוּאָה** ומזון. **גַּם־זֶה** – ריבוי הקניין **הָבֶל**.

י **בִּרְבוֹת הַטּוֹבָה**, כאשר מובא שפע של אוכל אל הבית – **רַבּוּ אוֹכְלֶיהָ**. אנשים רבים יותר אוכלים אותו. **וּמַה־כִּשְׁרוֹן**, תועלת יש **לִבְעָלֶיהָ**,

מה מרוויח בעל הטובה מן השפע הזה?! הוא עצמו אינו מפיק מכך דבר **כִּי אִם־רְאוּת עֵינָיו**, הוא לא נהנה אלא בראייתו את הונו; או: המראה של אחרים האוכלים את הונו.[3]

יא **מְתוּקָה שְׁנַת הָעֹבֵד, אִם־מְעַט וְאִם־הַרְבֵּה יֹאכֵל** לפניה. שנתו של העובד ערֵבה, גם אם אכל מעט. וְאילו **הַשָּׂבָע לֶעָשִׁיר אֵינֶנּוּ מַנִּיחַ לוֹ לִישׁוֹן**, מפני שלא יגע מספיק בעבודתו. ועוד הוא טרוד בדאגה לנכסים ואינו נהנה מן השפע והשובע.[4]

יב **יֵשׁ רָעָה חוֹלָה**, מחלה רעה, **רָאִיתִי תַּחַת הַשָּׁמֶשׁ** - **עֹשֶׁר שָׁמוּר לִבְעָלָיו**, עושר שאדם שומר וחוסך ואינו נהנה ממנו כלל, משום שהוא מצפה לרווחים גדולים ממנו - עושר זה הוא **לְרָעָתוֹ**. יג הואיל **וְאָבַד**, כאשר אובד **הָעֹשֶׁר הַהוּא בְּעִנְיַן רָע**, בעסק ביש, **וְהוֹלִיד**, וכשאותו אדם מוליד **בֵּן** - **וְאֵין בְּיָדוֹ** של הבן **מְאוּמָה**. יד **כַּאֲשֶׁר יָצָא מִבֶּטֶן אִמּוֹ** חסר כול, כך **עָרוֹם יָשׁוּב לָלֶכֶת, כְּשֶׁבָּא**, כפי שהאדם בא אל העולם, **וּמְאוּמָה לֹא־יִשָּׂא** בעבור **עֲמָלוֹ שֶׁיֹּלֵךְ בְּיָדוֹ**.

טו **וְגַם־זֹה רָעָה חוֹלָה** - **כָּל־עֻמַּת**, כלעומת **שֶׁבָּא** האדם לעולם - **כֵּן יֵלֵךְ**, **וּמַה־יִּתְרוֹן לוֹ שֶׁיַּעֲמֹל לָרוּחַ**, לשווא?! טז לא הייתה תועלת בעושרו; ולא זו בלבד - **גַּם** סבל מכך שבהיותו טרוד, **כָּל־יָמָיו בַּחֹשֶׁךְ**, ביגון **יֹאכֵל**, או: בשעת בין-הערביים, שאינה יום - שבו עליו לעבוד, ואינה לילה - הנצרך לשנתו, **וְכָעַס הַרְבֵּה** בימי חייו, **וְחָלְיוֹ**, וחלה **וָקָצֶף**, וזעם.[5]

יז במקום לחלום על עושר, לחסוך לעתיד עלום ולהסתכן באיבוד הממון - **הִנֵּה אֲשֶׁר־רָאִיתִי אָנִי** דבר **טוֹב, אֲשֶׁר־יָפֶה** לאדם **לֶאֱכוֹל וְלִשְׁתּוֹת וְלִרְאוֹת טוֹבָה**, ליהנות **בְּכָל־עֲמָלוֹ שֶׁיַּעֲמֹל תַּחַת־הַשֶּׁמֶשׁ מִסְפַּר יְמֵי־חַיָּו אֲשֶׁר־נָתַן־לוֹ הָאֱלֹהִים** במקום לתכנן תכניות שאולי לא יתממשו,[6] **כִּי־הוּא חֶלְקוֹ**. יח **גַּם כָּל־הָאָדָם אֲשֶׁר נָתַן־לוֹ הָאֱלֹהִים עֹשֶׁר וּנְכָסִים**,

עֹשֶׁר שָׁמוּר לִבְעָלָיו
מטמון
המאה ה-1 לפנה"ס
הכרמל

וְאָבַד הָעֹשֶׁר הַהוּא בְּעִנְיַן רָע על פי מדעני הכלכלה קיימת מחזוריות בתנועות הגאות והשפל של ההון. ידועים מחזורים של 7–11 שנים, של 15–25 שנים, של 45–60 שנים ועוד. | **העולם**

וְהִשְׁלִיטוֹ לֶאֱכֹל מִמֶּנּוּ וְלָשֵׂאת אֶת־חֶלְקוֹ וְלִשְׂמֹחַ בַּעֲמָלוֹ זֹה
יט מַתַּת אֱלֹהִים הִיא׃ כִּי לֹא הַרְבֵּה יִזְכֹּר אֶת־יְמֵי חַיָּיו כִּי הָאֱלֹהִים
ו א מַעֲנֶה בְּשִׂמְחַת לִבּוֹ׃ יֵשׁ רָעָה אֲשֶׁר רָאִיתִי תַּחַת הַשָּׁמֶשׁ וְרַבָּה
ב הִיא עַל־הָאָדָם׃ אִישׁ אֲשֶׁר יִתֶּן־לוֹ הָאֱלֹהִים עֹשֶׁר וּנְכָסִים וְכָבוֹד
וְאֵינֶנּוּ חָסֵר לְנַפְשׁוֹ ׀ מִכֹּל אֲשֶׁר־יִתְאַוֶּה וְלֹא־יַשְׁלִיטֶנּוּ הָאֱלֹהִים
ג לֶאֱכֹל מִמֶּנּוּ כִּי אִישׁ נָכְרִי יֹאכְלֶנּוּ זֶה הֶבֶל וָחֳלִי רָע הוּא׃ אִם־
יוֹלִיד אִישׁ מֵאָה וְשָׁנִים רַבּוֹת יִחְיֶה וְרַב ׀ שֶׁיִּהְיוּ יְמֵי־שָׁנָיו וְנַפְשׁוֹ
לֹא־תִשְׂבַּע מִן־הַטּוֹבָה וְגַם־קְבוּרָה לֹא־הָיְתָה לּוֹ אָמַרְתִּי טוֹב
ד ה מִמֶּנּוּ הַנָּפֶל׃ כִּי־בַהֶבֶל בָּא וּבַחֹשֶׁךְ יֵלֵךְ וּבַחֹשֶׁךְ שְׁמוֹ יְכֻסֶּה׃ גַּם־
ו שֶׁמֶשׁ לֹא־רָאָה וְלֹא יָדָע נַחַת לָזֶה מִזֶּה׃ וְאִלּוּ חָיָה אֶלֶף שָׁנִים
ז פַּעֲמַיִם וְטוֹבָה לֹא רָאָה הֲלֹא אֶל־מָקוֹם אֶחָד הַכֹּל הוֹלֵךְ׃ כָּל־
ח עֲמַל הָאָדָם לְפִיהוּ וְגַם־הַנֶּפֶשׁ לֹא תִמָּלֵא׃ כִּי מַה־יּוֹתֵר לֶחָכָם
ט מִן־הַכְּסִיל מַה־לֶּעָנִי יוֹדֵעַ לַהֲלֹךְ נֶגֶד הַחַיִּים׃ טוֹב מַרְאֵה עֵינַיִם
י מֵהֲלָךְ־נָפֶשׁ גַּם־זֶה הֶבֶל וּרְעוּת רוּחַ׃ מַה־שֶּׁהָיָה כְּבָר נִקְרָא שְׁמוֹ
שֶׁתַּקִּיף וְנוֹדָע אֲשֶׁר־הוּא אָדָם וְלֹא־יוּכַל לָדִין עִם שהתקיף מִמֶּנּוּ׃

ביאור | וְהִשְׁלִיטוֹ לֶאֱכֹל מִמֶּנּוּ בחייו וְלָשֵׂאת אֶת־חֶלְקוֹ, ליהנות מחלקו, וְלִשְׂמֹחַ בַּעֲמָלוֹ – זֹה, האפשרות שאדם ייהנה מהונו בפועל – מַתַּת, מתנת אֱלֹהִים הִיא, יט כִּי לֹא הַרְבֵּה יִזְכֹּר אֶת, עם יְמֵי חַיָּיו, שהרי הם אינם מרובים. כִּי, אלא הָאֱלֹהִים הוא הַמַּעֲנֶה לצרכיו של אדם והוא שיחונן אותו בְּשִׂמְחַת לִבּוֹ. על כן מוטב לו לאדם ליהנות משלוותו ולא לשגות בתכניות עתידיות שאין בהן ממש.

פרק ו א יֵשׁ רָעָה אֲשֶׁר רָאִיתִי תַּחַת הַשָּׁמֶשׁ, בעולם הזה, וְרַבָּה הִיא עַל־הָאָדָם. זוהי מציאות רווחת[7] – ב אִישׁ אֲשֶׁר יִתֶּן־לוֹ הָאֱלֹהִים עֹשֶׁר וּנְכָסִים וְכָבוֹד, וְאֵינֶנּוּ חָסֵר לְנַפְשׁוֹ מִכֹּל אֲשֶׁר־יִתְאַוֶּה. אדם שכל האפשרויות היו פתוחות בפניו לחיות חיים טובים, ואולם לֹא־יַשְׁלִיטֶנּוּ הָאֱלֹהִים לֶאֱכֹל מִמֶּנּוּ, והוא מת טרם עלה בידו להגשים את

שאיפותיו וחלומותיו, **כִּי אִישׁ נָכְרִי יֹאכְלֶנּוּ**. אדם אחר נהנה מהישגיו. **זֶה הֶבֶל וָחֳלִי רָע הוּא.**

או דוגמא אחרת: ג **אִם־יוֹלִיד אִישׁ מֵאָה** ילדים מנשים רבות, **וְשָׁנִים רַבּוֹת יִחְיֶה, וְרַב שֶׁיִּהְיוּ יְמֵי־שָׁנָיו**, ושנותיו יהיו רבות מהרגיל. עם כל הטובה שיש לו – **וְנַפְשׁוֹ לֹא־תִשְׂבַּע מִן־הַטּוֹבָה**. הוא אינו מוצא סיפוק והנאה, ולכן אינו חדל לרדוף אחרי הישגים נוספים. **וְגַם־קְבוּרָה** לבסוף **לֹא־הָיְתָה לּוֹ**. ייתכן שאדם כזה, למרות עמלו והישגיו לא יזכה בקבורה מכובדת, כפי שאירע לאנשים שנסעו למרחקים כדי להתעשר, ועקבותיהם נעלמו. **אָמַרְתִּי: טוֹב** יותר **מִמֶּנּוּ הַנָּפֶל**. טוב היה לו אילולא נולד,[8] ד **כִּי** כמו הנפל, **בַהֶבֶל** הוא **בָּא, וּבַחֹשֶׁךְ יֵלֵךְ, וּבַחֹשֶׁךְ שְׁמוֹ יְכֻסֶּה**, ולא יישאר ממנו דבר. ה האדם הזה בא לעולם בידיים ריקות, עבד קשה, האריך ימים והעמיד צאצאים רבים, ולבסוף הוא מת במקום זר ומרוחק ויוצא מן העולם בידיים ריקות בלא שנהנה מפרי עמלו. הנפל, לעומתו, **גַּם־שֶׁמֶשׁ לֹא־רָאָה וְלֹא יָדָע** שום עמל ורע, ולפיכך יש יותר **נַחַת לָזֶה** – לנפל **מִזֶּה** – מהאדם הזה.[9] ו **וְ**גם **אִלּוּ חָיָה** אותו אדם **אֶלֶף שָׁנִים פַּעֲמַיִם – וְטוֹבָה לֹא רָאָה**, שכן הוא היה להוט לרכוש נכסים ולהרחיב אפשרויות, ולא הגיע ליהנות מהם. **הֲלֹא אֶל־מָקוֹם אֶחָד הַכֹּל הוֹלֵךְ** – אל המוות, ודבר לא יישאר מכל הישגיו.[10]

ז אמנם **כָּל־עֲמַל הָאָדָם לְפִיהוּ**, לשם אכילתו וסיפוקו,[11] אך בפועל – **וְגַם־הַנֶּפֶשׁ לֹא תִמָּלֵא**, תסופק. על פי רוב אין אדם יוצא מן העולם וחצי תאוותו בידו. ח **כִּי מַה־יּוֹתֵר לֶחָכָם**, יתרונו של החכם **מִן־הַכְּסִיל**?! הרי שניהם אינם חסינים מפני תנועת הרדיפה שבחיים ואף לא מפני המוות. **מַה** לו **לֶעָנִי** החכם **וְ**ה**יוֹדֵעַ** שהנפש לא תימלא, **לַהֲלֹךְ נֶגֶד הַחַיִּים**, במקום לפעול בתוך החיים ובעדם?![12]

ט ממה שנאמר עד כה עולה ש**טוֹב מַרְאֵה עֵינַיִם**, החיים הממשיים עצמם **מֵהֲלָךְ־נָפֶשׁ**, המרוצה וההשתוקקות לקראת מה שטרם הושג. אלא ש**גַּם־זֶה** – מראה העיניים של המציאות הוא **הֶבֶל וּרְעוּת רוּחַ**.[13] י שכן **מַה־שֶּׁהָיָה – כְּבָר נִקְרָא שְׁמוֹ**. הדברים שהיו כבר נמצאים בעולם, ואין לחולל בהם תמורה. **וְנוֹדָע אֲשֶׁר־הוּא** רק **אָדָם, וְלֹא־יוּכַל לָדִין**, לריב **עִם** מה **שֶׁתַּקִּיף מִמֶּנּוּ**. האדם איננו יכול לשנות את המציאות, שהיא חזקה ממנו.

כִּי יֵשׁ־דְּבָרִים הַרְבֵּה מַרְבִּים הָבֶל מַה־יֹּתֵר לָאָדָם׃ כִּי מִי־יוֹדֵעַ יא יב
מַה־טּוֹב לָאָדָם בַּחַיִּים מִסְפַּר יְמֵי־חַיֵּי הֶבְלוֹ וְיַעֲשֵׂם כַּצֵּל אֲשֶׁר
ג מִי־יַגִּיד לָאָדָם מַה־יִּהְיֶה אַחֲרָיו תַּחַת הַשָּׁמֶשׁ׃ טוֹב א ז
שֵׁם מִשֶּׁמֶן טוֹב וְיוֹם הַמָּוֶת מִיּוֹם הִוָּלְדוֹ׃ טוֹב לָלֶכֶת אֶל־ ב
בֵּית־אֵבֶל מִלֶּכֶת אֶל־בֵּית מִשְׁתֶּה בַּאֲשֶׁר הוּא סוֹף כָּל־הָאָדָם
וְהַחַי יִתֵּן אֶל־לִבּוֹ׃ טוֹב כַּעַס מִשְּׂחוֹק כִּי־בְרֹעַ פָּנִים יִיטַב ג
לֵב׃ לֵב חֲכָמִים בְּבֵית אֵבֶל וְלֵב כְּסִילִים בְּבֵית שִׂמְחָה׃ טוֹב ד ה

מה טוב לאדם בחיים

פרק ו פס׳ יא – פרק ז

ריבוי הדברים והפנים בעולם מעורר ביתר שאת את שאלת ידיעת הטוב והרע לאדם.

בשולי וידויו של קהלת על גבולות דעתו הוא מציין שתי תובנות שמצא בשיטוטי שכלו: סכנתה ומגבלותיה של האשה המפתה, והעיוותים שהאנושות חוללה בעולם, שאלמלא הם היה העולם יכול להיות מקום פשוט וטוב יותר.

ביאור

יא **כִּי**, מאחר **שֶׁיֵּשׁ־דְּבָרִים הַרְבֵּה** בעולם, קטנים וגדולים, והם **מַרְבִּים הָבֶל**. ככל שעולמו של אדם עשיר יותר, דברי הבל מעסיקים אותו יותר. מי שחי מול שפע עצום של דברים, ייתקל בהבלים רבים לאין שיעור – **מַה־יֹּתֵר**, יישאר מכל אלה **לָאָדָם**?! יב **כִּי מִי־יוֹדֵעַ מַה־טּוֹב לָאָדָם בַּחַיִּים**, ב**מִסְפַּר יְמֵי־חַיֵּי הֶבְלוֹ, וְיַעֲשֵׂם** – והרי הוא עושה את ימיו חסרי ממשות **כַּצֵּל**. **אֲשֶׁר**, שהרי **מִי־יַגִּיד לָאָדָם מַה־יִּהְיֶה אַחֲרָיו תַּחַת הַשָּׁמֶשׁ**?! אין איש יודע זאת, ועל כן לא יֵדע אדם מהו הטוב שיתקיים גם לאחר מותו כדי שיעשהו בחייו.

אף על פי שקהלת תוהה אם יש מי שיודע מה טוב לאדם בחיים – תהייה שהוא כורך גם במבוכה נוכח מגבלות האדם לדעת את העתיד ואת פשר הקיום בכלל – הוא מנסה לענות לשאלה זו, שהוצבה תחילה כשאלה רטורית חסרת מענה. כאן יופיעו אמירות על טוב יחסי בחיי אנוש מזוויות אחדות:

פרק ז א **טוֹב**, עדיף **שֵׁם מִשֶּׁמֶן טוֹב**. את השמן מריחים רק הקרובים, ואילו שמו הטוב של אדם יוצא למרחוק ונשמר בתודעתם של השומעים עליו. **וְיוֹם הַמָּוֶת** של האדם טוב **מִיּוֹם הִוָּלְדוֹ**, משום שביום

הרחבות

׳ויעשם כַּצֵּל... תחת השָּׁמֶשׁ׳ חיי האדם עוברים כצל, ואחרי שיסתיימו לא יישאר מהם דבר תחת השמש. השמש מאירה ומגרשת את הצל, או שב׳תנועתה׳ זז גם הצל למקום אחר. כך חייו של אדם אינם אלא שלילה, כעין צל ערַאי הנודד ממקום למקום.

המוות אפשר לראות במה זכה אדם לשמו הטוב, ואילו ביום הלידה אי-אפשר לדעת מה יעלה בסופו.[1]

ב ובהמשך ליתרון המוות – **טוֹב לָלֶכֶת אֶל־בֵּית־אֵבֶל מִלֶּכֶת אֶל־בֵּית מִשְׁתֶּה, בַּאֲשֶׁר** המוות **הוּא סוֹף כָּל־הָאָדָם, וְ**לכן אולי **הַחַי** ההולך אל בית אבל[2] **יִתֵּן אֶל־לִבּוֹ**: הרי אם הכול נגמר במוות, מן הראוי לעשות משהו בשנות החיים. בשגרת החיים נוטים להדחיק שאלות אלה, אבל נוכח אפשרות המוות אדם יכול להתנער ולהחליט לשנות את דרכיו. קהלת מעדיף מצבים שאינם נעימים, משום שהם עשויים להניע את האדם להתקדם.

ג על כן הוא קובע גם ש**טוֹב** ומקדם יותר **כַּעַס** של הזולת **מִשְּׂחוֹק, כִּי בְרֹעַ פָּנִים יִיטַב לֵב.** לבו של אדם עשוי להשתפר, להתעדן ולהתקדם בעקבות הביקורת של הזולת.[3] ד **לֵב חֲכָמִים בְּבֵית אֵבֶל.** החכמים נותנים דעתם על המוות, ועל כן הם הוגים בעתיד האדם ובתכליתו, כאמור, **וְ**אילו **לֵב כְּסִילִים בְּבֵית שִׂמְחָה,** שם נהנים לעת עתה.[4]

מִסְפַּר יְמֵי חַיֵּי הֶבְלוֹ וְיַעֲשֵׂם כַּצֵּל

משתה אשורי
תבליט אשורי
המאה ה-7 לפנה"ס

העולם

טוֹב שֵׁם מִשֶּׁמֶן טוֹב ריחות טובים המומסים בשמנים מתנדפים באוויר הפתוח בטמפרטורות חדר רגילות ונמוגים בזמן קצר. חומרי ריח הם בדרך כלל תרכובות אורגניות בעלות נקודת רתיחה או נקודת התאדות נמוכה. הם מתאדים ממצבם הנוזלי, ריכוזם בחלל קטן וריחם אובד.

לִשְׁמוֹעַ גַּעֲרַת חָכָם מֵאִישׁ שֹׁמֵעַ שִׁיר כְּסִילִים: כִּי כְקוֹל הַסִּירִים ו
תַּחַת הַסִּיר כֵּן שְׂחֹק הַכְּסִיל וְגַם־זֶה הָבֶל: כִּי הָעֹשֶׁק יְהוֹלֵל חָכָם ז
וִיאַבֵּד אֶת־לֵב מַתָּנָה: טוֹב אַחֲרִית דָּבָר מֵרֵאשִׁיתוֹ טוֹב אֶרֶךְ־ ח
רוּחַ מִגְּבַהּ רוּחַ: אַל־תְּבַהֵל בְּרוּחֲךָ לִכְעוֹס כִּי כַעַס בְּחֵיק כְּסִילִים ט
יָנוּחַ: אַל־תֹּאמַר מֶה הָיָה שֶׁהַיָּמִים הָרִאשֹׁנִים הָיוּ טוֹבִים מֵאֵלֶּה י
כִּי לֹא מֵחָכְמָה שָׁאַלְתָּ עַל־זֶה: טוֹבָה חָכְמָה עִם־נַחֲלָה וְיֹתֵר יא
לְרֹאֵי הַשָּׁמֶשׁ: כִּי בְּצֵל הַחָכְמָה בְּצֵל הַכָּסֶף וְיִתְרוֹן דַּעַת הַחָכְמָה יב
תְּחַיֶּה בְעָלֶיהָ: רְאֵה אֶת־מַעֲשֵׂה הָאֱלֹהִים כִּי מִי יוּכַל לְתַקֵּן אֵת יג

ביאור | ה **טוב** יותר **לִשְׁמוֹעַ גַּעֲרַת חָכָם**, אף על פי שאינה נעימה, אך היא עשויה להנחות את השומע, **מֵאִישׁ הַשֹּׁמֵעַ שִׁיר כְּסִילִים**. שיר ההבאי והשטות של הכסילים עשוי להיות ערב לאוזן, אך אין הוא מורה לשומעו דבר, ואין בו כדי להציב בפניו אתגר.[5] ו **כִּי כְקוֹל הַסִּירִים**, סוג של קוצים הנשרפים **תַּחַת הַסִּיר, כֵּן שְׂחֹק הַכְּסִיל**. אין בשחוק הכסיל יותר מאשר בקולות הפצפוץ של קוצים נשרפים, קולות חלשים, רגעיים וחסרי כל משמעות. **וְגַם־זֶה** – שחוק הכסיל;[6] או להיפך: העדפת גערת החכם **הָבֶל**, שכן אחרי כל העצות ודברי החכמה, בסופו של דבר גם המחכים עלול בנקל לאבד את מעלתו,[7] ז **כִּי הָעֹשֶׁק יְהוֹלֵל חָכָם**. העושק מוציא אפילו את החכם משיקול הדעת שלו,[8] והעושק **יְאַבֵּד** וישחית גם **אֶת־לֵב מַתָּנָה**, את הלב ההגון שניתן לאדם.[9]

קהלת חוזר לומר דברי מוסר ועצה בכיוון שבו החל – העדפתו של מה שאינו מספק מיד אך יש בו כדי לתרום בטווח הארוך: ח **טוב** להביט אל **אַחֲרִית דָּבָר** מאשר אל **רֵאשִׁיתוֹ**. ההתחלה עשויה להיות מרשימה, אך מה שנשאר בסיכומו הסופי הוא החשוב. **טוֹב אֶרֶךְ־רוּחַ**, סבלן[10] **מִגְּבַהּ רוּחַ**, אדם גאה.

גם המימרה הבאה משבחת את הסבלנות, ואף בה נזכרת רוחו של אדם: ט **אַל־תְּבַהֵל בְּרוּחֲךָ**, תניח לעצמך בקלות **לִכְעוֹס, כִּי כַעַס בְּחֵיק כְּסִילִים יָנוּחַ**. התפרצויות זעם עשויות להביא לסיפוק רגשי

הרחבות | 'טוב ארך רוח מגבה רוח' במימרה זו מופיעים שני הממדים – אורך וגובה. אף שלכאורה הן בארך הרוח והן בגבה הרוח מפעמת רוח, אין זו אותה הרוח. ארך הרוח, הסבלן, עדיף על גבה הרוח, הגאה, משום שארך הרוח מסוגל להקשיב ולקבל מגבה הרוח, ואילו גבה הרוח אינו פתוח ללמוד מארך הרוח.

ולפורקן מידי, אבל ביטוי מהיר לכעס שאין בו שיקול דעת, הוא
מידתם של שוטים.

ומול העיסוק ביחס אל האחרית, מימרה המתייחסת אל העבר: י **אַל־
תֹּאמַר: מֶה הָיָה** בעבר, ואל תאמר **שֶׁהַיָּמִים הָרִאשֹׁנִים הָיוּ טוֹבִים מֵאֵלֶּה,
כִּי לֹא מֵחָכְמָה שָׁאַלְתָּ עַל־זֶה.** אל תתרפק על העבר, בין שזה עברך
האישי ובין שזה העבר הקולקטיבי – ימי האבות, שכן ימי קדם
לא היו טובים מן ההווה.[11] יש שהבינו דבר זה במשמעות הנפוצה:
אכן העולם מידרדר במשך הדורות, ועל כן לא חכם לבטא משאלה
בלתי ראלית זאת.[12] על כל פנים אין טעם באמירה שאינה מביאה
לתוצאות, אלא יש לקבל את המציאות כמות שהיא.[13]

קהלת מקבץ כאן דברי חכמה מקובלים, ובסוף הוא הורס את
התפיסות המקובלות על החכמה המשוקעת בהם: יא **טוֹבָה חָכְמָה
עִם־נַחֲלָה**, נכסים חומריים. צירופם של נכסי רוח עם משאבים
גשמיים מיטיב עם האדם. **וְיֹתֵר** – **לְרֹאֵי הַשָּׁמֶשׁ**, ויתרונו של החכם
בעל הנכסים גדל אם נכסיו גלויים וידועים לאנשים המקיפים
אותו.[14] יב **כִּי** החכם שהוא בעל נחלה חוסה **בְּצֵל הַחָכְמָה וּבְצֵל
הַכָּסֶף**. הוא מוגן יותר, וממילא השפעתו על הבריות מרובה. **וְיִתְרוֹן
הַדַּעַת** על הכסף[15] הוא בכך **שֶׁהַחָכְמָה תְּחַיֶּה בְעָלֶיהָ**. החכמה והדעת
עשויות להביא לבעליהן חיים.[16]

יג **רְאֵה אֶת־מַעֲשֵׂה הָאֱלֹהִים**, התבונן בעולם וקבל אותו כאשר עשאו
האלוקים, **כִּי מִי יוּכַל לְתַקֵּן אֵת אֲשֶׁר עִוְּתוֹ**?! גם אם לדעתך העולם

סירה קוצנית
('סירים')

העולם

סִירִים מקובל לזהותם עם הסירה הקוצנית (שם מדעי: Sarcopoterium spinosum), בן שיח קוצני הנפוץ מאוד באזורים ההרריים של ארץ ישראל. גובהו 30 ס"מ, וקוטרו 50 ס"מ. הסירה מתפשטת במהירות ומכסה שטחי בור נרחבים. על כן הפכה לסמל למקומות נטושים (ראו ישעיה לד,יג). הסירה משמשת כמשוכה לגידור. בהרי יהודה והשומרון אפשר לראות כרמים מוקפים גדרות שעליהן הונחו שיחי סירה, וכן שיחים כאלה מונחים בפתחי מערות שבהן שומרים צאן. (ראו הושע ב,ח). כיוון שהיא חומר בעירה יעיל, השתמשו בה להסקה ובישול. בעירתה מְלֻוָּה בקולות פצפוץ וביקוע, כמתואר בפסוקנו.

אֲשֶׁר עִוְּתוֹ: בְּיוֹם טוֹבָה הֱיֵה בְטוֹב וּבְיוֹם רָעָה רְאֵה גַּם אֶת־זֶה יד
לְעֻמַּת־זֶה עָשָׂה הָאֱלֹהִים עַל־דִּבְרַת שֶׁלֹּא יִמְצָא הָאָדָם אַחֲרָיו
מְאוּמָה: אֶת־הַכֹּל רָאִיתִי בִּימֵי הֶבְלִי יֵשׁ צַדִּיק אֹבֵד בְּצִדְקוֹ וְיֵשׁ טו
רָשָׁע מַאֲרִיךְ בְּרָעָתוֹ: אַל־תְּהִי צַדִּיק הַרְבֵּה וְאַל־תִּתְחַכַּם יוֹתֵר טז
לָמָּה תִּשּׁוֹמֵם: אַל־תִּרְשַׁע הַרְבֵּה וְאַל־תְּהִי סָכָל לָמָּה תָמוּת יז
בְּלֹא עִתֶּךָ: טוֹב אֲשֶׁר תֶּאֱחֹז בָּזֶה וְגַם־מִזֶּה אַל־תַּנַּח אֶת־יָדֶךָ יח
כִּי־יְרֵא אֱלֹהִים יֵצֵא אֶת־כֻּלָּם: הַחָכְמָה תָּעֹז לֶחָכָם מֵעֲשָׂרָה יט
שַׁלִּיטִים אֲשֶׁר הָיוּ בָּעִיר: כִּי אָדָם אֵין צַדִּיק בָּאָרֶץ אֲשֶׁר יַעֲשֶׂה־ כ
טּוֹב וְלֹא יֶחֱטָא: גַּם לְכָל־הַדְּבָרִים אֲשֶׁר יְדַבֵּרוּ אַל־תִּתֵּן לִבֶּךָ כא
אֲשֶׁר לֹא־תִשְׁמַע אֶת־עַבְדְּךָ מְקַלְלֶךָ: כִּי גַּם־פְּעָמִים רַבּוֹת יָדַע כב
לִבֶּךָ אֲשֶׁר גַּם־אַתָּ קִלַּלְתָּ אֲחֵרִים: כָּל־זֹה נִסִּיתִי בַחָכְמָה אָמַרְתִּי כג
אֶחְכָּמָה וְהִיא רְחוֹקָה מִמֶּנִּי: רָחוֹק מַה־שֶּׁהָיָה וְעָמֹק ׀ עָמֹק מִי כד
יִמְצָאֶנּוּ: סַבּוֹתִי אֲנִי וְלִבִּי לָדַעַת וְלָתוּר וּבַקֵּשׁ חָכְמָה וְחֶשְׁבּוֹן כה

ביאור | נברא מעוות, לא תוכל לתקנו.[17] יד ומכיוון שכך **בְּיוֹם טוֹבָה הֱיֵה בְטוֹב, וּבְיוֹם רָעָה רְאֵה** מה תוכל לעשות כדי שלא יהיה גרוע יותר. או: סבול וקבל.[18] **גַּם אֶת־זֶה**, הטוב **לְעֻמַּת־זֶה**, הרע **עָשָׂה הָאֱלֹהִים, עַל־דִּבְרַת**, כך **שֶׁלֹּא יִמְצָא הָאָדָם אַחֲרָיו מְאוּמָה**, לא יגיע לכלל תובנה ומסקנה; או: כדי שהאדם לא יוכל לטעון כנגד הטיה וחוסר איזון.[19]

טו **אֶת־הַכֹּל רָאִיתִי בִּימֵי הֶבְלִי**, בחיי החולפים. ראיתי מצד אחד **שֶׁיֵּשׁ צַדִּיק** שא**ֹבֵד בְּצִדְקוֹ**, אף שראוי היה שיהיה לו המשך; **וְיֵשׁ** מצד שני **רָשָׁע** ה**מַּאֲרִיךְ** לחיות **בְּרָעָתוֹ**, אף שראוי היה שיאבד מן העולם. טז בשל מורכבות ההוויה ועיוותיה, היה זהיר. כיווני ההמלצות שלהלן מנוגדים זה לזה. הוראות אלה באות כדי לאזן זו את זו. **אַל־תְּהִי צַדִּיק הַרְבֵּה**, אל תפריז במידות טובות כגון רחמנות מוגזמת, בסיגופים או בחששות והרחקות יתר מעבר למקובל,[20] **וְאַל־תִּתְחַכַּם**, תהיה

הרחבות | 'עשרה שליטים אשר היו בעיר' לביטוי זה ניתנו גם פירושים אלגוריים: התכונות, היצרים או האיברים שבאדם. החכמה היא כוח העשוי לגבור על כל אלה והיא העשויה לאפשר לאדם לשלוט בהם. (ראו פסיקתא זוטרתא; נדרים לב ע"ב; קהלת רבה ז,יט).

חכם **יוֹתֵר** מדי, **לָמָּה תִּשּׁוֹמֵם**, תשתגע או תיבעת מתוך הפרזתך?![21]
ריבוי צדקות וחכמה יכול להפוך לך לרועץ. יז מאידך גיסא, **אַל־
תִּרְשַׁע הַרְבֵּה**, מדי,[22] גם אם רשעת מעט.[23] **וְאַל־תְּהִי סָכָל**, טיפש – **לָמָּה
תָמוּת בְּלֹא עִתֶּךָ**, לפני זמנך?! הרי הרשעים והסכלים מועדים יותר
להיהרג בקיצור ימים.[24] יח **טוֹב אֲשֶׁר תֶּאֱחֹז בָּזֶה וְגַם־מִזֶּה אַל־תַּנַּח אֶת־
יָדֶךָ**. ראוי אפוא שתנהג במידה ממוצעת, ולא תִּטה אל הקצוות,[25]
כִּי־יְרֵא אֱלֹהִים, הוא האדם המתון, **יֵצֵא**, יינצל **אֶת־כֻּלָּם**, מן הבעיות
הצפויות למי שפונה אל הקצוות בכל כיוון.[26] יט **הַחָכְמָה תָּעֹז לֶחָכָם**,
תחזק את החכם יותר **מֵעֲשָׂרָה**, מהרבה[27] **שַׁלִּיטִים אֲשֶׁר הָיוּ בָּעִיר**,
מבעלי כוח רב. כ באשר להוראה שלא להיות צדיק הרבה[28] – **כִּי
אָדָם אֵין צַדִּיק בָּאָרֶץ אֲשֶׁר יַעֲשֶׂה־טּוֹב וְלֹא יֶחֱטָא**. במציאות הפגומה
אין צדיקים מושלמים. גם אם האדם יתאמץ, הוא לא יוכל להגיע
אל האידיאל.

כא **גַּם לְכָל־הַדְּבָרִים אֲשֶׁר יְדַבֵּרוּ** הבריות – **אַל־תִּתֵּן לִבֶּךָ**. אל תשים לבך
יותר מדי לדיבורים עליך, **אֲשֶׁר**, כדי **שלֹא־תִשְׁמַע אֶת־עַבְדְּךָ מְקַלְלֶךָ**.
אם תקשיב לכל דבר, אתה עלול לשמוע דברים שאינם מעלים ואינם
מורידים, אך גם אינם נעימים לשמיעה – כקללת עבדך. לכן עדיף
שלא תכרה אוזן לכל דיבור.[29] כב ובעצם, גם אם תשמע דיבורים
אלו, רצוי שהם לא יעוררו בך כעס, **כִּי גַם־פְּעָמִים רַבּוֹת יָדַע לִבֶּךָ אֲשֶׁר
גַּם־אַתָּה קִלַּלְתָּ אֲחֵרִים**. כשם שמפיך יוצאים דיבורים שאינם ראויים,
עושים זאת גם אחרים.

כג ובעניין התחכמות יתר[30] – **כָּל־זֹה נִסִּיתִי בַחָכְמָה. אָמַרְתִּי: "אֶחְכָּמָה"**,
ניסיתי לצעוד בנתיב החכמה, **וְ**נוכחתי לדעת ש**הִיא**, החכמה **רְחוֹקָה
מִמֶּנִּי**. גם מי שמתאמץ להשיגה, לא יגיע אל שלמותה.[31] כד ניסיתי
להקיף הכול בתודעתי, אך הגעתי למסקנה ש**רָחוֹק מַה־שֶּׁהָיָה** בעבר,
ועל כן אי־אפשר לדעת אותו ולהבינו, **וְ**גם מה שאינו נחלת העבר[32] –
עָמֹק עָמֹק, מִי יִמְצָאֶנּוּ?! ועל כן הוא נבצר מבינתנו. מניסיוני, החכמה
והידיעה מוגבלות.

אף על פי ששוחר הדעת המבקש להחכים לא ימצא את מבוקשו
במלואו, קהלת מצביע על דברים שמצא בחכמתו: תחילה הוא
מזהיר את מבקש החכמה המבקש לחיות חיים שקולים, מפני
סכנתה של אשה מפתה – כה **סַבּוֹתִי**, הסתובבתי **אֲנִי וְ**הפניתי את
לִבִּי לָדַעַת וְלָתוּר, לחקור ו**לבַקֵּשׁ חָכְמָה וְחֶשְׁבּוֹן**, מחשבה מתוחכמת,

כו וְלָדַעַת רֶשַׁע כֶּסֶל וְהַסִּכְלוּת הוֹלֵלוֹת: וּמוֹצֶא אֲנִי מַר מִמָּוֶת אֶת־
הָאִשָּׁה אֲשֶׁר־הִיא מְצוֹדִים וַחֲרָמִים לִבָּהּ אֲסוּרִים יָדֶיהָ טוֹב לִפְנֵי
כז הָאֱלֹהִים יִמָּלֵט מִמֶּנָּה וְחוֹטֵא יִלָּכֶד בָּהּ: רְאֵה זֶה מָצָאתִי אָמְרָה
כח קֹהֶלֶת אַחַת לְאַחַת לִמְצֹא חֶשְׁבּוֹן: אֲשֶׁר עוֹד־בִּקְשָׁה נַפְשִׁי וְלֹא
מָצָאתִי אָדָם אֶחָד מֵאֶלֶף מָצָאתִי וְאִשָּׁה בְכָל־אֵלֶּה לֹא מָצָאתִי:
כט לְבַד רְאֵה־זֶה מָצָאתִי אֲשֶׁר עָשָׂה הָאֱלֹהִים אֶת־הָאָדָם יָשָׁר
ח א וְהֵמָּה בִקְשׁוּ חִשְּׁבֹנוֹת רַבִּים: מִי כְּהֶחָכָם וּמִי יוֹדֵעַ פֵּשֶׁר דָּבָר
ב חָכְמַת אָדָם תָּאִיר פָּנָיו וְעֹז פָּנָיו יְשֻׁנֶּא: אֲנִי פִּי־מֶלֶךְ שְׁמוֹר וְעַל
ג דִּבְרַת שְׁבוּעַת אֱלֹהִים: אַל־תִּבָּהֵל מִפָּנָיו תֵּלֵךְ אַל־תַּעֲמֹד בְּדָבָר
ד רָע כִּי כָּל־אֲשֶׁר יַחְפֹּץ יַעֲשֶׂה: בַּאֲשֶׁר דְּבַר־מֶלֶךְ שִׁלְטוֹן וּמִי
ה יֹאמַר־לוֹ מַה־תַּעֲשֶׂה: שׁוֹמֵר מִצְוָה לֹא יֵדַע דָּבָר רָע וְעֵת וּמִשְׁפָּט
ו יֵדַע לֵב חָכָם: כִּי לְכָל־חֵפֶץ יֵשׁ עֵת וּמִשְׁפָּט כִּי־רָעַת הָאָדָם רַבָּה
ז ח עָלָיו: כִּי־אֵינֶנּוּ יֹדֵעַ מַה־שֶּׁיִּהְיֶה כִּי כַּאֲשֶׁר יִהְיֶה מִי יַגִּיד לוֹ: אֵין
אָדָם שַׁלִּיט בָּרוּחַ לִכְלוֹא אֶת־הָרוּחַ וְאֵין שִׁלְטוֹן בְּיוֹם הַמָּוֶת וְאֵין

ביאור | תחבולה.[33] **וְלָדַעַת**, ולהיווכח שה**רֶשַׁע** הוא **כֶּסֶל**, טיפשות, **וְהַסִּכְלוּת** היא **הוֹלֵלוֹת**, שיגעון. כו **וּמוֹצֶא אֲנִי מַר**, קשה **מִמָּוֶת אֶת־הָאִשָּׁה אֲשֶׁר הִיא מְצוֹדִים**, מוקשים, **וַחֲרָמִים**, רשתות לכידה, מכמורות – **לִבָּהּ**. האשה המפתה גרועה בעיני מן המוות. **אֲסוּרִים**, כבלים[34] הן **יָדֶיהָ**. על כן ראוי שמי שהוא **טוֹב לִפְנֵי הָאֱלֹהִים**, האדם הטוב והישר **יִמָּלֵט מִמֶּנָּה**, **וְ**אילו **חוֹטֵא יִלָּכֶד בָּהּ**, ברשתה. קהלת אינו מטיף לנזירות, אלא קורא לגבר להתבונן בפיכחון ובזהירות בתשוקתו ובעצמת השפעותיה של האשה עליו, פן יילכד באשת מצודים.[35] כז **רְאֵה זֶה** מה ש**מָצָאתִי**, **אָמְרָה** חכמת[36] **קֹהֶלֶת**: בדקתי בפרטי המציאות **אַחַת לְאַחַת לִמְצֹא חֶשְׁבּוֹן**, לערוך מעין סטטיסטיקה:[37] כח ישנם דברים **אֲשֶׁר עוֹד־בִּקְשָׁה נַפְשִׁי**, חיפשתי **וְלֹא מָצָאתִי** בחשבונותי – **אָדָם אֶחָד** מושלם מתוך **אֶלֶף מָצָאתִי**, **וְאִשָּׁה** מושלמת **בְּכָל־אֵלֶּה לֹא מָצָאתִי**. קביעה זו אולי רומזת לאלף הנשים שהיו לשלמה.[38]

כט תובנות רבות חיפשתי ולא מצאתי, ומה שמצאתי אינו חשוב בעיני, **לְבַד**, אך **רְאֵה**, את **זֶה מָצָאתִי**, ולדבר חכמה זה ראוי לשים לב – **אֲשֶׁר עָשָׂה הָאֱלֹהִים אֶת־הָאָדָם יָשָׁר, וְהֵמָּה** – האנשים **בִקְשׁוּ** לעשות **חִשְּׁבֹנוֹת רַבִּים**, לעוות וליצור תחבולות. גיליתי שהאנושות היא המחבלת בעולם. לולא המקח והממכר של בני האדם, הימוריהם, מזימותיהם ותכניותיהם, יכול היה העולם להיות מתוקן הרבה יותר.[39]

הציות, הצדק ושמחת החיים

פרק ח

עניין זה פותח באמירות בזכות החכמה ובשבח שמירת הסדר השלטוני. בהמשך קהלת מישיר מבט גם אל הבעייתיות שבשלטון האנושי ואל חוסר האונים של העומד מול מה שבעיניו נראה סטייה מן הצדק. אולם היעדר הגמול הצודק מוסבר כאן כעניין זמני הנובע מקוצר דעתו של האדם ומקוצר ימיו. עם זאת, נוכח המצב הזה, ממליץ החכם לדבוק בשמחת החיים הפשוטה המנעימה את העמל ומרגיעה את השאלות הבלתי-פתירות.

פרק ח א **מִי כְּהֶחָכָם, וּמִי יוֹדֵעַ פֵּשֶׁר דָּבָר**?! אין מי שיבין את פשר הדברים כמו החכם. **חָכְמַת אָדָם תָּאִיר פָּנָיו**, ובעקבות חכמתו **עֹז פָּנָיו**, עזות הפנים והיוהרה שהיו בחכם[1] **יְשֻׁנֶּא**, ישתנה לטובה. החכמה מקרינה על פני החכם, והיא תשפיע על מידותיו.[2]

ב **אֲנִי** את **פִּי־מֶלֶךְ שְׁמֹר**, שומר, שומע בקולו, ואני שומר גם **עַל דִּבְרַת**, דבר **שְׁבוּעַת אֱלֹהִים**, השבועה שנשבעתי לאלוקים.[3] ג **אַל־תִּבָּהֵל**, תברח.[4] **מִפָּנָיו תֵּלֵךְ** לאן שישלח אותך. **אַל־תַּעֲמֹד בְּדָבָר רָע, כִּי כָּל־אֲשֶׁר יַחְפֹּץ יַעֲשֶׂה**. אם תמרה את פי המלך, תמצא אותך רעה. ד **בַּאֲשֶׁר דְּבַר־מֶלֶךְ**, פקודתו של המלך היא האמצעי **לְשִׁלְטוֹן**. **וּמִי יֹאמַר־לוֹ מַה־תַּעֲשֶׂה**?! איש לא יערער על מעשיו של המלך, וכל שכן – על מעשיו של אלוקים.[5] ה **שׁוֹמֵר מִצְוָה**, שהיא צו המלך, **לֹא יֵדַע דָּבָר רָע, וְעֵת וּמִשְׁפָּט יֵדַע לֵב חָכָם**. החכם זוכר את יום הפקודה הצפוי, ומציית לחוק בהווה מתוך מחשבה על המשפט העתיד לבוא,[6] או: החכם יודע את הזמן והמתכונת הראויים לכל דבר, ו **כִּי לְכָל־חֵפֶץ**, דבר **יֵשׁ עֵת וּמִשְׁפָּט, כִּי־רָעַת הָאָדָם רַבָּה עָלָיו**. נדרשת חכמה לאדם לזהות את הטוב והנכון בכל מעשה. ז האדם חוטא משום שהוא מדחיק את תוצאות מעשיו – **כִּי־אֵינֶנּוּ יֹדֵעַ מַה־שֶּׁיִּהְיֶה** בעתיד, **כִּי כַּאֲשֶׁר**, כפי **שֶׁיִּהְיֶה**, יהיו תוצאות מעשיו, **מִי יַגִּיד לוֹ** עכשיו?! ח **אֵין אָדָם שַׁלִּיט בָּרוּחַ**, ברוח החיים שלו עצמו **לִכְלוֹא אֶת־הָרוּחַ**, למנוע את יציאתה מהגוף בבוא העת[7] **וְאֵין שִׁלְטוֹן** לאדם **בְּיוֹם**, על עיתוי **הַמָּוֶת, וְאֵין**

מִשְׁלַחַת בַּמִּלְחָמָה וְלֹא־יְמַלֵּט רֶשַׁע אֶת־בְּעָלָיו: אֶת־כָּל־זֶה ט
רָאִיתִי וְנָתוֹן אֶת־לִבִּי לְכָל־מַעֲשֶׂה אֲשֶׁר נַעֲשָׂה תַּחַת הַשָּׁמֶשׁ עֵת
אֲשֶׁר שָׁלַט הָאָדָם בְּאָדָם לְרַע לוֹ: וּבְכֵן רָאִיתִי רְשָׁעִים קְבֻרִים י
וָבָאוּ וּמִמְּקוֹם קָדוֹשׁ יְהַלֵּכוּ וְיִשְׁתַּכְּחוּ בָעִיר אֲשֶׁר כֵּן־עָשׂוּ גַּם־
זֶה הָבֶל: אֲשֶׁר אֵין־נַעֲשָׂה פִתְגָם מַעֲשֵׂה הָרָעָה מְהֵרָה עַל־כֵּן יא
מָלֵא לֵב בְּנֵי־הָאָדָם בָּהֶם לַעֲשׂוֹת רָע: אֲשֶׁר חֹטֶא עֹשֶׂה רָע יב
מְאַת וּמַאֲרִיךְ לוֹ כִּי גַּם־יוֹדֵעַ אָנִי אֲשֶׁר יִהְיֶה־טּוֹב לְיִרְאֵי הָאֱלֹהִים
אֲשֶׁר יִירְאוּ מִלְּפָנָיו: וְטוֹב לֹא־יִהְיֶה לָרָשָׁע וְלֹא־יַאֲרִיךְ יָמִים יג
כַּצֵּל אֲשֶׁר אֵינֶנּוּ יָרֵא מִלִּפְנֵי אֱלֹהִים: יֶשׁ־הֶבֶל אֲשֶׁר נַעֲשָׂה עַל־ יד
הָאָרֶץ אֲשֶׁר ׀ יֵשׁ צַדִּיקִים אֲשֶׁר מַגִּיעַ אֲלֵהֶם כְּמַעֲשֵׂה הָרְשָׁעִים
וְיֵשׁ רְשָׁעִים שֶׁמַּגִּיעַ אֲלֵהֶם כְּמַעֲשֵׂה הַצַּדִּיקִים אָמַרְתִּי שֶׁגַּם־
זֶה הָבֶל: וְשִׁבַּחְתִּי אֲנִי אֶת־הַשִּׂמְחָה אֲשֶׁר אֵין־טוֹב לָאָדָם טו
תַּחַת הַשֶּׁמֶשׁ כִּי אִם־לֶאֱכוֹל וְלִשְׁתּוֹת וְלִשְׂמוֹחַ וְהוּא יִלְוֶנּוּ
בַעֲמָלוֹ יְמֵי חַיָּיו אֲשֶׁר־נָתַן־לוֹ הָאֱלֹהִים תַּחַת הַשָּׁמֶשׁ: כַּאֲשֶׁר טז
נָתַתִּי אֶת־לִבִּי לָדַעַת חָכְמָה וְלִרְאוֹת אֶת־הָעִנְיָן אֲשֶׁר נַעֲשָׂה
עַל־הָאָרֶץ כִּי גַם בַּיּוֹם וּבַלַּיְלָה שֵׁנָה בְּעֵינָיו אֵינֶנּוּ רֹאֶה: וְרָאִיתִי יז
אֶת־כָּל־מַעֲשֵׂה הָאֱלֹהִים כִּי לֹא יוּכַל הָאָדָם לִמְצוֹא אֶת־
הַמַּעֲשֶׂה אֲשֶׁר נַעֲשָׂה תַחַת־הַשֶּׁמֶשׁ בְּשֶׁל אֲשֶׁר יַעֲמֹל הָאָדָם
לְבַקֵּשׁ וְלֹא יִמְצָא וְגַם אִם־יֹאמַר הֶחָכָם לָדַעַת לֹא יוּכַל לִמְצֹא:

ביאור | מִשְׁלַחַת בַּמִּלְחָמָה. אין אדם יכול לשלוח אחרים להעביר אליהם את גורל המוות המיועד לו,[8] וְלֹא־יְמַלֵּט, יציל רֶשַׁע, הרעש והחרדה, כלומר רוב השתדלות,[9] או: קיבוץ ממון[10] אֶת־בְּעָלָיו מהמוות.

ט אֶת־כָּל־זֶה רָאִיתִי, וְנָתוֹן, ונתתי אֶת־לִבִּי לְכָל־מַעֲשֶׂה אֲשֶׁר נַעֲשָׂה תַּחַת הַשָּׁמֶשׁ, עֵת אֲשֶׁר, כאשר שָׁלַט הָאָדָם בְּאָדָם לְרַע לוֹ. שליטת אדם באדם באשר היא, מזיקה הן לשולט והן לנשלט.[11] קיימת בעיה עקרונית בעצם השלטון. י וּבְכֵן, ובאופן זה רָאִיתִי רְשָׁעִים שכעת

הם קְבֻרִים וָבָאוּ, ששקעו ונעלמו, וּמִמְּקוֹם קָדוֹשׁ יְהַלֵּכוּ, והרשיעו
בו כרצונם, וְיִשְׁתַּכְּחוּ בָעִיר אֲשֶׁר כֵּן־עָשׂוּ. ולבסוף אבד זכרם ושכחו
אותם אפילו בעיר שבה עשו את המעשים הללו.[12] גַּם־זֶה – שכחת
הרשעים הָבֶל. יא אֲשֶׁר, שכן אֵין־נַעֲשָׂה פִתְגָם, משפט, פקודת גמול
על מַעֲשֵׂה הָרָעָה מְהֵרָה. עַל־כֵּן, מכיוון שהגמול איננו מידי[13] מָלֵא, מעז
לֵב בְּנֵי־הָאָדָם בָּהֶם לַעֲשׂוֹת רָע, מתוך הדחקת הפורענות העתידה
להתרגש עליהם רק בעתיד הרחוק. יב אֲשֶׁר חֹטֶא עֹשֶׂה רָע מְאַת,
מאה[14] פעמים, ואלוקים מַאֲרִיךְ לוֹ אפו ואינו גומל לו מיד כרעתו.
כִּי, אבל גַּם־יוֹדֵעַ אָנִי אֲשֶׁר לאחר זמן יִהְיֶה־טּוֹב לְיִרְאֵי הָאֱלֹהִים אֲשֶׁר
יִירְאוּ מִלְּפָנָיו. יג וְטוֹב לֹא־יִהְיֶה לָרָשָׁע, וְלֹא־יַאֲרִיךְ יָמִים, אלא חייו יכלו
כַּצֵּל העובר על אֲשֶׁר אֵינֶנּוּ יָרֵא מִלִּפְנֵי אֱלֹהִים.

אחרי שטען שבסופו של דבר יגיע הגמול הצודק, שוב הופך קהלת
את הקערה על פיה: יד יֶשׁ־הֶבֶל אֲשֶׁר נַעֲשָׂה עַל־הָאָרֶץ, בעולם שלנו –
אֲשֶׁר יֵשׁ צַדִּיקִים אֲשֶׁר מַגִּיעַ אֲלֵהֶם, להם כְּמַעֲשֵׂה הָרְשָׁעִים, וְיֵשׁ רְשָׁעִים
שֶׁמַּגִּיעַ אֲלֵהֶם כְּמַעֲשֵׂה הַצַּדִּיקִים, ואף על פי כן אנשים מצפים לראות
את הצדק והיושר. אָמַרְתִּי שֶׁגַּם־זֶה הָבֶל, כי בגלוי אין העולם מתנהל
כפי שהוא היה אמור להתנהל.[15]

טו וְכיוון שכך שִׁבַּחְתִּי אֲנִי אֶת־הַשִּׂמְחָה הפשוטה, אֲשֶׁר אֵין־טוֹב
לָאָדָם תַּחַת הַשֶּׁמֶשׁ כִּי אִם־לֶאֱכֹל וְלִשְׁתּוֹת וְלִשְׂמוֹחַ, וְהוּא – המנהג
הזה יִלְוֶנּוּ, ילווה אותו[16] בַעֲמָלוֹ בִּימֵי חַיָּיו אֲשֶׁר־נָתַן־לוֹ הָאֱלֹהִים תַּחַת
הַשָּׁמֶשׁ. טז למסקנה זו הגעתי כַּאֲשֶׁר נָתַתִּי אֶת־לִבִּי לָדַעַת חָכְמָה
וְלִרְאוֹת, להבין אֶת־הָעִנְיָן אֲשֶׁר נַעֲשָׂה עַל־הָאָרֶץ, וגיליתי כִּי מי שעוסק
בכך גַם בַּיּוֹם וּבַלַּיְלָה שֵׁנָה בְּעֵינָיו אֵינֶנּוּ רֹאֶה, איננו מוצא מנוח. יז וְרָאִיתִי
אֶת־כָּל־מַעֲשֵׂה הָאֱלֹהִים, כִּי לֹא יוּכַל הָאָדָם לִמְצוֹא ולהבין אֶת־הַמַּעֲשֶׂה
אֲשֶׁר נַעֲשָׂה תַחַת־הַשֶּׁמֶשׁ, בְּשֶׁל אֲשֶׁר, שכן יַעֲמֹל הָאָדָם לְבַקֵּשׁ פשר
וְלֹא יִמְצָא, וְגַם אִם־יֹאמַר, ירצה הֶחָכָם לָדַעַת – לֹא יוּכַל לִמְצֹא את

שְׁלַט הָאָדָם בְּאָדָם לְרַע לוֹ
פרעה מכה בן שבט אסיאתי
לוחית שנהב
בערך 3000 לפנה״ס
קבר פרעה, אבידוס

ט א כִּי אֶת־כָּל־זֶה נָתַתִּי אֶל־לִבִּי וְלָבוּר אֶת־כָּל־זֶה אֲשֶׁר הַצַּדִּיקִים
וְהַחֲכָמִים וַעֲבָדֵיהֶם בְּיַד הָאֱלֹהִים גַּם־אַהֲבָה גַם־שִׂנְאָה אֵין
ב יוֹדֵעַ הָאָדָם הַכֹּל לִפְנֵיהֶם׃ הַכֹּל כַּאֲשֶׁר לַכֹּל מִקְרֶה אֶחָד לַצַּדִּיק
וְלָרָשָׁע לַטּוֹב וְלַטָּהוֹר וְלַטָּמֵא וְלַזֹּבֵחַ וְלַאֲשֶׁר אֵינֶנּוּ זֹבֵחַ כַּטּוֹב
ג כַּחֹטֶא הַנִּשְׁבָּע כַּאֲשֶׁר שְׁבוּעָה יָרֵא׃ זֶה ׀ רָע בְּכֹל אֲשֶׁר־נַעֲשָׂה
תַּחַת הַשֶּׁמֶשׁ כִּי־מִקְרֶה אֶחָד לַכֹּל וְגַם לֵב בְּנֵי־הָאָדָם מָלֵא־רָע
ד וְהוֹלֵלוֹת בִּלְבָבָם בְּחַיֵּיהֶם וְאַחֲרָיו אֶל־הַמֵּתִים׃ כִּי־מִי אֲשֶׁר יבחר יְחֻבַּר
אֶל כָּל־הַחַיִּים יֵשׁ בִּטָּחוֹן כִּי־לְכֶלֶב חַי הוּא טוֹב מִן־הָאַרְיֵה הַמֵּת׃
ה כִּי הַחַיִּים יוֹדְעִים שֶׁיָּמֻתוּ וְהַמֵּתִים אֵינָם יוֹדְעִים מְאוּמָה וְאֵין־עוֹד
ו לָהֶם שָׂכָר כִּי נִשְׁכַּח זִכְרָם׃ גַּם אַהֲבָתָם גַּם־שִׂנְאָתָם גַּם־קִנְאָתָם
כְּבָר אָבָדָה וְחֵלֶק אֵין־לָהֶם עוֹד לְעוֹלָם בְּכֹל אֲשֶׁר־נַעֲשָׂה תַּחַת
ד ז הַשָּׁמֶשׁ׃ לֵךְ אֱכֹל בְּשִׂמְחָה לַחְמֶךָ וּשְׁתֵה בְלֶב־טוֹב יֵינֶךָ כִּי כְבָר
ח רָצָה הָאֱלֹהִים אֶת־מַעֲשֶׂיךָ׃ בְּכָל־עֵת יִהְיוּ בְגָדֶיךָ לְבָנִים וְשֶׁמֶן
ט עַל־רֹאשְׁךָ אַל־יֶחְסָר׃ רְאֵה חַיִּים עִם־אִשָּׁה אֲשֶׁר־אָהַבְתָּ כָּל־יְמֵי

ביאור | משמעות המציאות. על כן אני משבח את השמחה הטבעית. טוב לאדם ששמחה זו מלווה אותו בעמלו, מנעימה לו את חייו ומניחה את נפשו.

החיים בצל המוות והסכנה

פרק ט פס׳ א–יב

המוות צפוי לצדיקים ולרשעים כאחד, והוא בולע הכול. גם אם נכון יותר להדחיק את המוות ולהתמקד בחיי ההווה על מנעמיהם הפשוטים, אין דרך זו מבטיחה דבר. פגעי העתיד עלולים להפתיע אף את בעלי הכשרונות. אמנם כוחה של החכמה להגן על הפרט או על סביבתו יפה מכוחם של שאר כשרונות, תכונות וקניינים, אך החברה אינה מכבדת אותה תמיד כראוי.

פרק ט א **כִּי אֶת־כָּל־זֶה**, לכל המציאות הנוכחית **נָתַתִּי אֶל־לִבִּי**, ואני מעוניין **לָבוּר**, לברר **אֶת־כָּל־זֶה** – מה נכון, טוב וחשוב, ומה שקרי, רע וטפל. וגיליתי **אֲשֶׁר הַצַּדִּיקִים וְהַחֲכָמִים וַעֲבָדֵיהֶם**, ההולכים אחריהם;[1] או: המעשים שעשו[2] הם **בְּיַד הָאֱלֹהִים**. **גַּם־אַהֲבָה וְגַם־שִׂנְאָה אֵין יוֹדֵעַ הָאָדָם**. אפילו רגשותיהם של אנשים אינם גלויים

להם לאשורם, ועל כן אין הם מצליחים למצוא את דרכם בשבילי
העולם. הַכֹּל, כל המקרים לִפְנֵיהֶם, הכול עשוי לקרות להם, ואין
הדברים בשליטתם. ב הַכֹּל יכול לקרות לאדם הפרטי כַּאֲשֶׁר, כמו
שקורה לַכֹּל.[3] מִקְרֶה אֶחָד קורה לַצַּדִּיק וְלָרָשָׁע, לַטּוֹב וְלַטָּהוֹר וְלַטָּמֵא
וְלַזֹּבֵחַ קרבנות וְלַאֲשֶׁר אֵינֶנּוּ זֹבֵחַ, כַּטּוֹב כַּחֹטֶא, לאיש הַנִּשְׁבָּע, העלול
לפעמים להישבע לשקר, כַּאֲשֶׁר, כמו למי שֶׁשְּׁבוּעָה יָרֵא, שחושש
להישבע. ג זֶה רָע בְּכֹל אֲשֶׁר־נַעֲשָׂה תַּחַת הַשֶּׁמֶשׁ, כִּי־מִקְרֶה אֶחָד לַכֹּל,
בין לרעים בין לטובים. לעיני אדם לא נגלה כל קשר בין מעשיהם
של בני האדם לבין המוצאות אותם – עליותיהם וירידותיהם, ועל
כן הוא חש שהחיים נטולי משמעות. וְגַם – קשור לעובדה הקודמת,
מאחר שאין רואים את הקשר בין הטוב והרע לבין המקרים – לֵב
בְּנֵי־הָאָדָם מָלֵא־רָע וְהוֹלֵלוֹת, שכרות ושיגעון בִּלְבָבָם בְּחַיֵּיהֶם. וְאַחֲרָיו,
אחריתו של הלב[4] לא תבוא אלא אֶל־הַמֵּתִים, המוות.[5]

ד כִּי רק לְמִי אֲשֶׁר יְחֻבַּר אֶל כָּל־הַחַיִּים, אל כל אחד מסוגי החיים – יֵשׁ
בִּטָּחוֹן. ולהמחשה – כִּי־לְכֶלֶב חַי הוּא טוֹב מִן־הָאַרְיֵה הַמֵּת.[6] חיים שפלים
עדיפים ממוות. ה כִּי רק הַחַיִּים יוֹדְעִים בוודאות שֶׁיָּמֻתוּ, ואילו הַמֵּתִים
אֵינָם יוֹדְעִים מְאוּמָה, ולא זו בלבד אלא – אֵין־עוֹד לָהֶם שָׂכָר כִּי
נִשְׁכַּח זִכְרָם. ו גַּם אַהֲבָתָם גַּם־שִׂנְאָתָם גַּם־קִנְאָתָם כְּבָר אָבָדָה, הכול
נמחק ונמוג לאחר מותם. וְחֵלֶק אֵין־לָהֶם עוֹד לְעוֹלָם בְּכֹל אֲשֶׁר־
נַעֲשָׂה תַּחַת הַשָּׁמֶשׁ. לא נותר זכר מתולדות חייהם, מעלליהם
והרפתקאותיהם בעולם הזה. הרי שהביטחון שבעצם הידיעה, גם
אם הוא מועט וגם אם הוא מעכיר את שלוות הנפש, מקנה לחיים,
בעלי התודעה, עליונות על המתים שאינם יודעים דבר.

ומסקנה מן הדברים האמורים: ז לֵךְ אֱכֹל בְּשִׂמְחָה לַחְמֶךָ, וּשְׁתֵה
בְלֶב־טוֹב יֵינֶךָ, כדאי שתמצא סיפוק בחייך הפשוטים ותימנע
מלהיטלטל בין רגשות הקנאה, השנאה והתאווה, כִּי בצורת
חיים זו תדע כי כְבָר רָצָה הָאֱלֹהִים אֶת־מַעֲשֶׂיךָ,[7] האחיזה בחדוות
החיים כשלעצמה. ח בְּכָל־עֵת יִהְיוּ בְגָדֶיךָ לְבָנִים. לבש בגדים נאים,
פשוטים ונקיים, וְשֶׁמֶן עַל־רֹאשְׁךָ אַל־יֶחְסָר. משח את שערך בשמן
כדי לטפחו. ט רְאֵה חַיִּים, חיה באושר עִם־אִשָּׁה אֲשֶׁר־אָהַבְתָּ כָּל־יְמֵי

העולם

וְשֶׁמֶן עַל רֹאשְׁךָ אַל יֶחְסָר בימי קדם סכו את הראש לשם היגיינה, כלומר לניקויו מטפילים כמו כינים. שמנים מסוימים פוגעים גם בביצי הכינים ומאפשרים את סילוקן במסרק. משיחת השמן על הראש והפנים ביטאה גם רצון טוב, קבלת פנים וכבוד. במשיחת הראש מינו את המלך והכהן.

חַיֵּי הֶבְלֶךָ אֲשֶׁר נָתַן־לְךָ תַּחַת הַשֶּׁמֶשׁ כֹּל יְמֵי הֶבְלֶךָ כִּי הוּא
חֶלְקְךָ בַּחַיִּים וּבַעֲמָלְךָ אֲשֶׁר־אַתָּה עָמֵל תַּחַת הַשָּׁמֶשׁ׃ כֹּל אֲשֶׁר י
תִּמְצָא יָדְךָ לַעֲשׂוֹת בְּכֹחֲךָ עֲשֵׂה כִּי אֵין מַעֲשֶׂה וְחֶשְׁבּוֹן וְדַעַת
וְחָכְמָה בִּשְׁאוֹל אֲשֶׁר אַתָּה הֹלֵךְ שָׁמָּה׃ שַׁבְתִּי וְרָאֹה תַחַת־ יא
הַשֶּׁמֶשׁ כִּי לֹא לַקַּלִּים הַמֵּרוֹץ וְלֹא לַגִּבּוֹרִים הַמִּלְחָמָה וְגַם לֹא
לַחֲכָמִים לֶחֶם וְגַם לֹא לַנְּבֹנִים עֹשֶׁר וְגַם לֹא לַיֹּדְעִים חֵן כִּי־עֵת
וָפֶגַע יִקְרֶה אֶת־כֻּלָּם׃ כִּי גַּם לֹא־יֵדַע הָאָדָם אֶת־עִתּוֹ כַּדָּגִים יב
שֶׁנֶּאֱחָזִים בִּמְצוֹדָה רָעָה וְכַצִּפֳּרִים הָאֲחֻזוֹת בַּפָּח כָּהֵם יוּקָשִׁים
בְּנֵי הָאָדָם לְעֵת רָעָה כְּשֶׁתִּפּוֹל עֲלֵיהֶם פִּתְאֹם׃ גַּם־זֹה רָאִיתִי יג
חָכְמָה תַּחַת הַשֶּׁמֶשׁ וּגְדוֹלָה הִיא אֵלָי׃ עִיר קְטַנָּה וַאֲנָשִׁים בָּהּ יד
מְעָט וּבָא־אֵלֶיהָ מֶלֶךְ גָּדוֹל וְסָבַב אֹתָהּ וּבָנָה עָלֶיהָ מְצוֹדִים

ביאור | **חַיֵּי הֶבְלֶךָ אֲשֶׁר נָתַן־לְךָ תַּחַת הַשֶּׁמֶשׁ כֹּל יְמֵי הֶבְלֶךָ.** גם אם אינך חכם, וחייך נטולי משמעות – ראוי שתהיה מאושר בחיי הבל אלו, **כִּי זה הוּא חֶלְקְךָ בַּחַיִּים וּבַעֲמָלְךָ אֲשֶׁר־אַתָּה עָמֵל תַּחַת הַשָּׁמֶשׁ.** זהו גורלך, שמח בו. גם אם לחיים אין משמעות בעבורך, לפחות שמח בחייך הסבירים ונטולי היומרות. י **כֹּל אֲשֶׁר תִּמְצָא יָדְךָ לַעֲשׂוֹת בְּכֹחֲךָ,** כל מה שבאפשרותך לעשות – **עֲשֵׂה** כאן ועכשיו, **כִּי אֵין מַעֲשֶׂה וְחֶשְׁבּוֹן וְדַעַת וְחָכְמָה בִּשְׁאוֹל אֲשֶׁר אַתָּה הֹלֵךְ שָׁמָּה,** אליה. לאחר המוות לא תוכל לעשות מעשים. אז גם לא יהיה מקום לשיקולים כלשהם. על כן ראוי להעדיף חיי הווה נוחים, נישואים מאושרים ומעשה ועמל המתאימים לאפשרויות.

יא אך מנגד, **שַׁבְתִּי וְרָאֹה,** וראיתי **תַחַת־הַשֶּׁמֶשׁ** שאין כל ערובה לביטחון ומרגוע גם בחיים הפשוטים, **כִּי לֹא לַקַּלִּים הַמֵּרוֹץ,** הריצה. לא תמיד יצליחו קלי הרגליים להימלט או לתפוס את מי או את מה שיבקשו לתפוס; **וְלֹא** מובטח **לַגִּבּוֹרִים** הניצחון **בַּמִּלְחָמָה; וְגַם לֹא** מובטח **לַחֲכָמִים לֶחֶם,** פרנסה; **וְגַם לֹא לַנְּבֹנִים עֹשֶׁר; וְגַם לֹא לַיֹּדְעִים חֵן.** אף שבעלי הידע עשויים להועיל לכול, לא תמיד הם מוצאים חן בעיני הבריות; **כִּי־עֵת וָפֶגַע יִקְרֶה אֶת־כֻּלָּם.** חייו של כל אחד מבעלי הכישורים הללו עלולים להישחת.[8] יב **כִּי גַּם לֹא־יֵדַע הָאָדָם אֶת־עִתּוֹ,**

את העתיד לבוא עליו. איש אינו יודע מתי יבוא כישלונו ומהיכן יצוץ. **כַּדָּגִים שֶׁנֶּאֱחָזִים בִּמְצוֹדָה רָעָה**, רשת או מכמורת שכאשר הדג נתפס בה הוא סובל, **וְכַצִּפֳּרִים הָאֲחֻזוֹת בַּפָּח**, מלכודת, **כָּהֵם**, כמותם **יוּקָשִׁים**, נלכדים **בְּנֵי הָאָדָם לְעֵת רָעָה, כְּשֶׁתִּפּוֹל עֲלֵיהֶם פִּתְאֹם**. גם בני האדם נלכדים לפתע ואינם יכולים להיחלץ. גם מי שמתמקד בחיי ההווה והוא מדחיק את המחשבה המטרידה על המוות ומסתמך על מעלותיו המולדות או על יתרונות שקנה לעצמו בחייו, אינו מוגן מפני מלכודות החיים ופגעיהם.

החכמה והסכלות ומה שבעקבותיהן

פרק ט פס' יג – פרק י

בעניין זה מוטחת ביקורת נוקבת כלפי חברה שאין בה הערכה ראויה לחכמה. בצד הדיון ביחסים בין חכמה וסכלות, מתייחס כאן קהלת לכמה נושאים נלווים: הדיבור בכלל, דיבוריהם של החכם והכסיל, היחס בין מאמצים ותוצאותיהם, כוחו של הכסף ועצות מעשיות שונות.

יג **גַּם** תופעה **זֹה**, זו **רָאִיתִי** בעניין **הַחָכְמָה תַּחַת הַשָּׁמֶשׁ, וּגְדוֹלָה הִיא**
אֵלָי, בעיני: יד **ישנה עִיר קְטַנָּה, וַאֲנָשִׁים בָּהּ מְעָט, וּבָא־אֵלֶיהָ מֶלֶךְ גָּדוֹל**
וְסָבַב, הקיף **אֹתָהּ** במצור, **וּבָנָה עָלֶיהָ מְצוֹדִים**, חומות עזר להתקפה,

מימין:
כַּדָּגִים שֶׁנֶּאֱחָזִים בִּמְצוֹדָה רָעָה
וְכַצִּפֳּרִים הָאֲחֻזוֹת בַּפָּח

משמאל:
וְסָבַב אֹתָהּ וּבָנָה עָלֶיהָ מְצוֹדִים גְּדֹלִים
סוללה וכלי מפץ המשמשים לכיבוש עיר תבליט 728 לפנה"ס נמרוד, עיראק

העולם

וְסָבַב אֹתָהּ וּבָנָה עָלֶיהָ מְצוֹדִים גְּדֹלִים המצור היה טקטיקת מלחמה מקובלת במשך כל ההיסטוריה. על מנת להכניע נקודת יישוב או יחידה צבאית הקיפו אותה וסגרו כל גישה אליה וממנה. לעתים קרובות היא הוקפה בדייק – חומה הסוגרת את הגישה מסביב למקום הנצור. לעתים היו בונים מצודות סביב העיר כדי לאפשר שליטה על דרכי הגישה אל העיר הנצורה.

גְּדֹלִים: וּמָצָא בָהּ אִישׁ מִסְכֵּן חָכָם וּמִלַּט־הוּא אֶת־הָעִיר טו
בְּחָכְמָתוֹ וְאָדָם לֹא זָכַר אֶת־הָאִישׁ הַמִּסְכֵּן הַהוּא: וְאָמַרְתִּי אָנִי טז
טוֹבָה חָכְמָה מִגְּבוּרָה וְחָכְמַת הַמִּסְכֵּן בְּזוּיָה וּדְבָרָיו אֵינָם
נִשְׁמָעִים: דִּבְרֵי חֲכָמִים בְּנַחַת נִשְׁמָעִים מִזַּעֲקַת מוֹשֵׁל בַּכְּסִילִים: יז
טוֹבָה חָכְמָה מִכְּלֵי קְרָב וְחוֹטֶא אֶחָד יְאַבֵּד טוֹבָה הַרְבֵּה: יח
זְבוּבֵי מָוֶת יַבְאִישׁ יַבִּיעַ שֶׁמֶן רוֹקֵחַ יָקָר מֵחָכְמָה מִכָּבוֹד א י
סִכְלוּת מְעָט: לֵב חָכָם לִימִינוֹ וְלֵב כְּסִיל לִשְׂמֹאלוֹ: וְגַם־בַּדֶּרֶךְ ב ג
כשהסכל הֹלֵךְ לִבּוֹ חָסֵר וְאָמַר לַכֹּל סָכָל הוּא: אִם־רוּחַ ד (כְּשֶׁסָּכָל)
הַמּוֹשֵׁל תַּעֲלֶה עָלֶיךָ מְקוֹמְךָ אַל־תַּנַּח כִּי מַרְפֵּא יַנִּיחַ חֲטָאִים
גְּדוֹלִים: יֵשׁ רָעָה רָאִיתִי תַּחַת הַשָּׁמֶשׁ כִּשְׁגָגָה שֶׁיֹּצָא מִלִּפְנֵי ה

ביאור | **גְּדֹלִים.** טו במצב זה נראה שאין לעיר סיכוי. ואולם **מָצָא**, נמצא **בָהּ** – בתוך העיר **אִישׁ מִסְכֵּן**, עני,[1] פשוט או: עלוב שהוא **חָכָם**, **וּמִלַּט**, הציל **הוּא אֶת־הָעִיר בְּחָכְמָתוֹ**. ולאחר זמן **אָדָם לֹא זָכַר אֶת־הָאִישׁ הַמִּסְכֵּן הַהוּא**. מנהיגי העיר משכו את ההערכה והכבוד לעצמם, ואת המסכן החכם הכול שכחו. טז **וְאָמַרְתִּי**, והסקתי **אָנִי** שאמנם **טוֹבָה חָכְמָה מִגְּבוּרָה**, **וְ**זאת אף על פי ש**חָכְמַת הַמִּסְכֵּן בְּזוּיָה וּדְבָרָיו אֵינָם נִשְׁמָעִים**, מקובלים ונזכרים, ואת תהילתו נוחלים אחרים.

עם זאת, בנסיבות אחרות יזכה החכם בהכרה, ודבריו יישמעו. הדבר יקרה הודות לאופן הדיבור שלו:[2] יז **דִּבְרֵי חֲכָמִים** הנאמרים **בְּנַחַת** ובקול שקט – **נִשְׁמָעִים** יותר **מִזַּעֲקַת מוֹשֵׁל בַּכְּסִילִים**. בעל שררה השולט בטיפשים מרים את קולו, אך איש מהם אינו נשמע לו. יח על כן בסופו של דבר, **טוֹבָה חָכְמָה** יותר **מִכְּלֵי קְרָב**, **וְ**אולם, אין היא מבטיחה את גורלו של החכם, שכן **חוֹטֶא אֶחָד** הכופר בטובת החכם, **יְאַבֵּד**, יצליח להשכיח ולמחוק **טוֹבָה הַרְבֵּה**. פירוש חלופי: אף על פי שטובה חכמה מכלי קרב, אין היא מבטיחה את

הרחבות | **'עיר קטנה... לא זכר את האיש המסכן ההוא'** את העיר הקטנה דרשו כמשל למצבו של האדם, המותקף על ידי המלך הגדול, הוא היצר הרע. האיש המסכן והחכם הוא היצר הטוב, המציל את האדם בתשובה ומעשים טובים, אלא שבשעה ששולט היצר הרע, אין מי שיזכור את היצר הטוב. (נדרים לב ע"ב. וראו רלב"ג על אתר, וראו גם ליקוטי אמרים, תניא ט–יז).

הצלחת הצבא, משום שגם אם הצבא פעל בעצת החכם, די בבוגד אחד כדי להכשיל הכול. פרק י א כיוצא בזה[3] – **זְבוּבֵי מָוֶת**, זבובים מתים או: זבובי קלקול, אפילו אחד מהם **יַבְאִישׁ**, יסריח, **יַבִּיעַ**, יעלה אבעבועות[4] **בשֶׁמֶן רוֹקֵחַ**, שמן ריחני ויקר. אף שהם יצורים זעירים, די בהם כדי לפגום בריחו של שמן מבושם. כך **יָקָר**, בעלת משקל יותר **מֵחָכְמָה וּמִכָּבוֹד סִכְלוּת**, טיפשות **מְעָט**. די במעט סכלות להזיק לסביבה מעודנת ואנינה, ובהמשך לאמור לעיל: די בחוטא אחד שיבאיש את מפעליו של החכם.[5]

ב **לֵב חָכָם** פונה **לִימִינוֹ**, לצד הנכון והטוב לו, **וְ**אילו **לֵב כְּסִיל – לִשְׂמֹאלוֹ**, לצד הלא נכון.[6] ג **וְגַם־בַּדֶּרֶךְ כְּשֶׁסָּכָל הֹלֵךְ, לִבּוֹ חָסֵר** דעת, **וְאָמַר לַכֹּל שֶׁסָּכָל הוּא**. הילוכו, הנהגתו ודיבוריו הסתמיים של הטיפש מעידים על טיפשותו. מהותו ניכרת לעין כול.[7]

עצה לאיש החכם: ד **אִם־רוּחַ הַמּוֹשֵׁל תַּעֲלֶה עָלֶיךָ**, אם המושל יכעס עליך, את **מְקוֹמְךָ אַל־תַּנַּח**, תעזוב. הישאר במקומך הטוב ואל תסתלק ממנו מחמת הנזיפה או הבושה, **כִּי מַרְפֵּא יַנִּיחַ חֲטָאִים גְּדוֹלִים**. אפילו חטאים גדולים ייסלחו במשך הזמן, כשכעס המושל ירפה, יחלש או יפוג, אבל אם תיטוש את מקומך מתוך מבוכה תאבד הכול.[8]

ה **יֵשׁ רָעָה רָאִיתִי תַּחַת הַשָּׁמֶשׁ – כִּשְׁגָגָה שֶׁיֹּצָא**, שיוצאת[9] **מִלִּפְנֵי הַשַּׁלִּיט**. אחת הרעות בעולם היא טעותו של בעל שררה. טעותו של בעל הסמכות עלולה להביא לרעה גדולה מטעותו של אדם פשוט.

מימין: כְּלֵי קְרָב צבא אשור

משמאל: זְבוּבֵי מָוֶת יַבְאִישׁ יַבִּיעַ שֶׁמֶן רוֹקֵחַ זבוב הפֵּרות

העולם

זְבוּבֵי מָוֶת יַבְאִישׁ יַבִּיעַ שֶׁמֶן רוֹקֵחַ זבובים תסיסניתיים (שם מדעי: Drosophilidae) הם זבובים הניזונים מנוזלי פֵּרות ריחניים שבהם השתמשו בעת העתיקה לייצור בשמים. זבובים אלו מקלקלים את הפֵּרות או המיץ המופק מהם, מחמיצים או מתסיסים אותם, וריחם הטוב נמוג ומבאיש. זבובי הפֵּרות והתסיסה מצויים בכל חלקי העולם. בעולם העתיק סגרו היטב את כלי הבשמים גם כדי למנוע את התנדפותם וגם כדי למנוע מגע עם הזבובים ורימותיהם. ייתכן שהם כונו זְבוּבֵי מָוֶת משום שריחופם של זבובי הפֵּרות דומה לריחוף זבובי הפגרים, שהם זבובים גדולים יותר.

ו הַשַּׁלִּיט: נִתַּן הַסֶּכֶל בַּמְּרוֹמִים רַבִּים וַעֲשִׁירִים בַּשֵּׁפֶל יֵשֵׁבוּ:
ז רָאִיתִי עֲבָדִים עַל־סוּסִים וְשָׂרִים הֹלְכִים כַּעֲבָדִים עַל־הָאָרֶץ:
ח ט חֹפֵר גּוּמָּץ בּוֹ יִפּוֹל וּפֹרֵץ גָּדֵר יִשְּׁכֶנּוּ נָחָשׁ: מַסִּיעַ אֲבָנִים יֵעָצֵב
י בָּהֶם בּוֹקֵעַ עֵצִים יִסָּכֶן בָּם: אִם־קֵהָה הַבַּרְזֶל וְהוּא לֹא־פָנִים
יא קִלְקַל וַחֲיָלִים יְגַבֵּר וְיִתְרוֹן הַכְשֵׁיר חָכְמָה: אִם־יִשֹּׁךְ הַנָּחָשׁ
יב בְּלוֹא־לָחַשׁ וְאֵין יִתְרוֹן לְבַעַל הַלָּשׁוֹן: דִּבְרֵי פִי־חָכָם חֵן וְשִׂפְתוֹת
יג כְּסִיל תְּבַלְּעֶנּוּ: תְּחִלַּת דִּבְרֵי־פִיהוּ סִכְלוּת וְאַחֲרִית פִּיהוּ הוֹלֵלוּת
יד רָעָה: וְהַסָּכָל יַרְבֶּה דְבָרִים לֹא־יֵדַע הָאָדָם מַה־שֶּׁיִּהְיֶה וַאֲשֶׁר
טו יִהְיֶה מֵאַחֲרָיו מִי יַגִּיד לוֹ: עֲמַל הַכְּסִילִים תְּיַגְּעֶנּוּ אֲשֶׁר לֹא־יָדַע
טז לָלֶכֶת אֶל־עִיר: אִי־לָךְ אֶרֶץ שֶׁמַּלְכֵּךְ נָעַר וְשָׂרַיִךְ בַּבֹּקֶר יֹאכֵלוּ:
יז אַשְׁרֵיךְ אֶרֶץ שֶׁמַּלְכֵּךְ בֶּן־חוֹרִים וְשָׂרַיִךְ בָּעֵת יֹאכֵלוּ בִּגְבוּרָה וְלֹא

ביאור | ממנה נובעים עיוות וחוסר צדק – ו לעתים **נִתַּן הַסֶּכֶל**, הטיפשות **בַּמְּרוֹמִים רַבִּים**. קורה שחדלי האישים הם העולים לגדולה, ואילו **עֲשִׁירִים** ברוחם[10] **בַּשֵּׁפֶל יֵשֵׁבוּ**. ז **רָאִיתִי עֲבָדִים** המתנהגים כאדונים ורוכבים **עַל־סוּסִים, וְשָׂרִים הֹלְכִים כַּעֲבָדִים עַל־הָאָרֶץ**.

יש שאנשים נכשלים דווקא מתוך מעשיהם שלהם, ובניגוד לכוונותיהם:[11] ח **חֹפֵר גּוּמָּץ**, גומה, בור – **בּוֹ יִפּוֹל, וּפֹרֵץ גָּדֵר** – **יִשְּׁכֶנּוּ נָחָשׁ** שהתחבא בין אבני הגדר וסדקיה. ט לא ברור אם העבודה תביא עמה גמול הגון, שהרי מי ש**מַּסִּיעַ אֲבָנִים** לתכלית חיובית, לא תמיד יעלה בידו להשיגה. מכל מקום צפוי וידוע שהוא **יֵעָצֵב בָּהֶם**, באבנים. הסבל והצער בעמלו בעת הולכתן ודאיים. כך גם ה**בּוֹקֵעַ**, חוטב **עֵצִים יִסָּכֶן**, יסתכן[12] **בָּם**, שכן הוא עלול להידקר ולהיפצע משבביהם; או: גופו יתחמם מדי בעת העבודה הקשה.[13] י **אִם־קֵהָה הַבַּרְזֶל** של הגרזן או של כלי חיתוך אחר, **וְהוּא**, בוקע העצים **לֹא** את **פָנִים**, פי הסכין, צדו החד **קִלְקַל**, השחיז – אז **וַחֲיָלִים יְגַבֵּר**, יהיה צורך להשקיע כוח רב מיותר בעבודה בכלי כזה, וללא הועיל. מבחינה זו – **וְיִתְרוֹן הַכְשֵׁיר חָכְמָה**. יתרון החכמה על העמל הפיזי הוא בכך שהיא מכשירה ומתקנת את המציאות בלא מאמץ והפעלת כוח.[14]

יא אִם־יִשֹּׁךְ הַנָּחָשׁ – בְּלוֹא, בלי ששום לָחַשׁ מגן. לעתים שום לחש
אינו עוזר, והנחש מכיש, ופגיעתו רעה – **וְאֵין יִתְרוֹן לְבַעַל הַלָּשׁוֹן**. כך
רעה היא פגיעתו של המדבר רעות, ואי-אפשר לעצור את הנזקים
המשתלשלים ממנה.[15] יב לעומת בעל הלשון[16] **דִּבְרֵי פִי־חָכָם** הם
דברי **חֵן**. ואילו הדברים היוצאים **מִשִּׂפְתוֹת כְּסִיל תְּבַלְּעֶנּוּ**, יביאו לאבדן
הכסיל או לאבדן חנו בעיני הזולת. יג **תְּחִלַּת דִּבְרֵי־פִיהוּ סִכְלוּת,**
וְאַחֲרִית פִּיהוּ הוֹלֵלוּת רָעָה. דבריו המתחילים בטיפשות מסתיימים
בשיגעון. יד ולעומת החכם, המשתדל לשתוק, שהרי סייג לחכמה
שתיקה,[17] **הַסָּכָל יַרְבֶּה דְבָרִים**. בדיבוריו הרבים הוא מתיימר לנבא
את העתידות, אף על פי ש**לֹא־יֵדַע הָאָדָם מַה־שֶּׁיִּהְיֶה**, ואת **אֲשֶׁר יִהְיֶה**
מֵאַחֲרָיו, לאחר מכן, בעתיד **מִי יַגִּיד לוֹ**?! טו **עֲמַל הַכְּסִילִים תְּיַגְּעֶנּוּ, אֲשֶׁר,**
כי **לֹא־יָדַע לָלֶכֶת אֶל־עִיר**. מכיוון שהכסיל אינו יודע ללכת אל יעדיו,
הוא מתעייף ומאבד כוחותיו לריק.[18]

חכמתו וסכלותו של אדם מתבטאות, בין השאר, באופן
התנהלותו: טז **אִי**, אוי **לָךְ, אֶרֶץ שֶׁמַּלְכֵּךְ נָעַר**, צעיר ובלתי מנוסה,
ההורס אותך בהבליו, **וְשָׂרַיִךְ בַּבֹּקֶר יֹאכֵלוּ**, במקום לעבוד ולעשות
לטובת המדינה. יז **אַשְׁרֵיךְ, אֶרֶץ שֶׁמַּלְכֵּךְ בֶּן־חוֹרִים**, בנם של חשובים,
איש מעלה,[19] **וְשָׂרַיִךְ בָּעֵת יֹאכֵלוּ**. הם אינם אוכלים מיד בקומם
מן השינה אלא בזמן הראוי, המתאים למשימותיהם. אז הם
אוכלים **בִּגְבוּרָה**, די צורכם להזינם בכוח **וְלֹא בַשְּׁתִי**, ואינם שותים

בור מים
('גומץ')
האלף השלישי לפנה"ס
תל ערד

העולם

וּפֹרֵץ גָּדֵר יִשְּׁכֶנּוּ נָחָשׁ בין נחלות שדה נהגו לגדור בבנייה יבשה, כלומר בניית אבנים ללא מלט, כמין טרסות. בין הסדקים והרווחים של גדר כזו מתחבאים רמשים, חרקים, לטאות ונחשים. בעונת הקור בחורף הנחשים משתדלים לשמור על חום גופם, ועל כן הם מתחבאים ואינם פעילים. הריסת גדר שבה חבוי נחש עלולה לעוררו לתגובת הגנה הכוללת נשיכת התוקף, פורץ הגדר.

אִם יִשֹּׁךְ הַנָּחָשׁ בְּלוֹא לָחַשׁ פירוש נוסף: לחש הנחש יכול לבוא מקול האוויר שהוא נושף או מקולות החיכוך של קשקשי עורו בתנועתו. שני הקולות האלו עשויים לאותת על התקרבותו המסוכנת, ויש בהם סימן אזהרה למי שבקרבתו.

בַשְּׁתִי: בַּעֲצַלְתַּיִם יִמַּךְ הַמְּקָרֶה וּבְשִׁפְלוּת יָדַיִם יִדְלֹף הַבָּיִת: יח
לִשְׂחוֹק עֹשִׂים לֶחֶם וְיַיִן יְשַׂמַּח חַיִּים וְהַכֶּסֶף יַעֲנֶה אֶת־הַכֹּל: גַּם יט כ
בְּמַדָּעֲךָ מֶלֶךְ אַל־תְּקַלֵּל וּבְחַדְרֵי מִשְׁכָּבְךָ אַל־תְּקַלֵּל עָשִׁיר כִּי
כְּנָפַיִם עוֹף הַשָּׁמַיִם יוֹלִיךְ אֶת־הַקּוֹל וּבַעַל הכנפים יַגִּיד דָּבָר: שַׁלַּח א יא
לַחְמְךָ עַל־פְּנֵי הַמָּיִם כִּי־בְרֹב הַיָּמִים תִּמְצָאֶנּוּ: תֶּן־חֵלֶק לְשִׁבְעָה ב
וְגַם לִשְׁמוֹנָה כִּי לֹא תֵדַע מַה־יִּהְיֶה רָעָה עַל־הָאָרֶץ: אִם־יִמָּלְאוּ ג
הֶעָבִים גֶּשֶׁם עַל־הָאָרֶץ יָרִיקוּ וְאִם־יִפּוֹל עֵץ בַּדָּרוֹם וְאִם בַּצָּפוֹן
מְקוֹם שֶׁיִּפּוֹל הָעֵץ שָׁם יְהוּא: שֹׁמֵר רוּחַ לֹא יִזְרָע וְרֹאֶה בֶעָבִים ד
לֹא יִקְצוֹר: כַּאֲשֶׁר אֵינְךָ יוֹדֵעַ מַה־דֶּרֶךְ הָרוּחַ כַּעֲצָמִים בְּבֶטֶן ה

ביאור | לשכרה.[20] יח **בַּעֲצַלְתַּיִם**, מתוך עצלות **יִמַּךְ**, נעשה נמוך **הַמְּקָרֶה**, התקרה. אם אין מתחזקים אותה כראוי, היא נוטה מטה ועלולה ליפול לבסוף. **וּבְשִׁפְלוּת יָדַיִם**, באי-מעש **יִדְלֹף הַבָּיִת**. בעקבות הזנחת הבית ייווצרו חורים בתקרתו, ומים ידלפו לתוכו.

בצד ערכן של החכמה והחריצות מזכיר קהלת את כוחו של הכסף: יט **לִשְׂחוֹק**, לשם שעשוע **עֹשִׂים לֶחֶם**, סעודה, **וְיַיִן יְשַׂמַּח** את האנשים **הַחַיִּים**, **וְהַכֶּסֶף יַעֲנֶה אֶת־הַכֹּל**, מספק מענה לכל דבר.

כ **גַּם בְּמַדָּעֲךָ**, אפילו במחשבתך[21] **מֶלֶךְ אַל־תְּקַלֵּל**. ואפילו בהיותך לבד **בְּחַדְרֵי מִשְׁכָּבְךָ אַל־תְּקַלֵּל עָשִׁיר**, **כִּי עוֹף הַשָּׁמַיִם יוֹלִיךְ אֶת־הַקּוֹל**, **וּבַעַל כְּנָפַיִם**, עוף **יַגִּיד דָּבָר**. סופם של דברים להתגלות, אם לא באמצעות אדם – על ידי עופות וקשרים אווריריים נעלמים.[22] עליך להיזהר אפוא אפילו ממחשבות, ובוודאי ממלים העלולות להמיט עליך צרות.

התמודדויות עם העתיד

פרק יא – פרק יב פס׳ ח

סדרת המימרות הפותחות את העניין קשורות להתמודדות האנושית עם אי-ידיעת העתיד. בהמשך קהלת קורא ליהנות מחיי ההווה של האדם בעודו צעיר, אך הוא מזכיר שבימי הזקנה לא יהיה מנוס מלתת את הדין על ההנאות שלוחות הרסן הללו. העניין מסתיים בתיאור מדורג וקשה של תקופת הזקנה שבה נפרעים מן האדם על תאוות הילדות ועל תשוקות הנעורים שמומשו ללא דין וחשבון. בדימויים פיוטיים וחזקים קהלת מתאר את דעיכתו של הגוף האנושי.[1] הזקנה והמוות הצפויים לכול מחזירים את קהלת לקראת סופו אל האמירה המהבילה שבה פתח.

פרק יא א **שַׁלַּח לַחְמְךָ עַל־פְּנֵי הַמָּיִם**, גמול חסדים ועשה טוב, גם אם

אינך יכול לראות את שכר מעשיך מיד, **כִּי־בְרֹב הַיָּמִים**, בבוא העת **תִּמְצָאֶנּוּ**, תקבל את גמולך הטוב.[2]

ב **תֶּן־חֵלֶק לְשִׁבְעָה וְגַם לִשְׁמוֹנָה**. חלק את משאביך למנות ולחלקים רבים, **כִּי לֹא תֵדַע מַה־יִּהְיֶה רָעָה**, איזו רעה תבוא **עַל־הָאָרֶץ**. ואיזה חלק ממשאביך או מאדמתך ייפגע. ראוי אפוא שלא תסתכן.

ג **אִם־יִמָּלְאוּ הֶעָבִים**, העננים **גֶּשֶׁם**, לבטח **עַל־הָאָרֶץ יָרִיקוּ** אותו, אך אין לדעת אם במקום זה יומטר הגשם או במקום אחר. **וְ**אולם, כשמדובר בעצים – **אִם־יִפּוֹל עֵץ בַּדָּרוֹם וְאִם בַּצָּפוֹן** – **מְקוֹם שֶׁיִּפּוֹל הָעֵץ שָׁם יְהוּא**, יהיה.[3] תופעות אחדות – אנו יודעים בוודאות מה ישתלשל מהן וכיצד, ואילו תופעות אחרות נשגבות מהשגתנו. ד בתנאי עמימות אלה החתירה לוודאות ולשליטה תביא לשיתוק – **שֹׁמֵר רוּחַ**, מי שמחכה עד שתכלה הרוח לגמרי, משום שקשה לזרוע כשנושבת רוח חזקה, **לֹא יִזְרָע** לעולם. **וְ**כיוצא בזה **רֹאֶה בֶעָבִים**, המתבונן בעננים כדי לכוון מעשיו ולקצור רק כאשר הוא בטוח שהגשם לא יטריד אותו בשעה שהוא קוצר,[4] **לֹא יִקְצוֹר** אף פעם. אדם צריך לפעול גם בתנאים שאינם אידיאליים ולא להתמהמה. ה **כַּאֲשֶׁר**, כשם **שֶׁאֵינְךָ יוֹדֵעַ מַה־דֶּרֶךְ הָרוּחַ**, הידיעות על משבי הרוח, ההשראה או הרצון, וכן[5] **כַּעֲצָמִים**, כעוּבָּר שנמצא **בְּבֶטֶן** האשה **הַמְּלֵאָה**, ההרה.

יִדְלֹף הַבָּיִת

מימין:
יִמָּלְאוּ הֶעָבִים גֶּשֶׁם

משמאל:
מְקוֹם שֶׁיִּפּוֹל הָעֵץ שָׁם יְהוּא

העולם

בַּעֲצַלְתַּיִם יִמַּךְ הַמְּקָרֶה גגות בתים בעת העתיקה נשענו על קורות עץ. לשם יצירת גודל בית סביר היו מחברים את הקורה מכמה יחידות. בדיקת הקורות וחיזוקן היו חיוניים לאחזקת הבית. התרשלות בכך הייתה גורמת לעתים לכריעת הקורות תחת משקל הגג ולשבירתן. לעתים היה הגג נופל על יושבי הבית.

הַמְּלֵאָה כָּכָה לֹא תֵדַע אֶת־מַעֲשֵׂה הָאֱלֹהִים אֲשֶׁר יַעֲשֶׂה אֶת־
ו הַכֹּל: בַּבֹּקֶר זְרַע אֶת־זַרְעֶךָ וְלָעֶרֶב אַל־תַּנַּח יָדֶךָ כִּי אֵינְךָ יוֹדֵעַ
ז אֵי זֶה יִכְשַׁר הֲזֶה אוֹ־זֶה וְאִם־שְׁנֵיהֶם כְּאֶחָד טוֹבִים: וּמָתוֹק הָאוֹר
ח וְטוֹב לַעֵינַיִם לִרְאוֹת אֶת־הַשָּׁמֶשׁ: כִּי אִם־שָׁנִים הַרְבֵּה יִחְיֶה
הָאָדָם בְּכֻלָּם יִשְׂמָח וְיִזְכֹּר אֶת־יְמֵי הַחֹשֶׁךְ כִּי־הַרְבֵּה יִהְיוּ כָּל־
ט שֶׁבָּא הָבֶל: שְׂמַח בָּחוּר בְּיַלְדוּתֶךָ וִיטִיבְךָ לִבְּךָ בִּימֵי בְחוּרוֹתֶיךָ
וְהַלֵּךְ בְּדַרְכֵי לִבְּךָ ובמראי עֵינֶיךָ וְדָע כִּי עַל־כָּל־אֵלֶּה יְבִיאֲךָ וּבְמַרְאֵה
י הָאֱלֹהִים בַּמִּשְׁפָּט: וְהָסֵר כַּעַס מִלִּבֶּךָ וְהַעֲבֵר רָעָה מִבְּשָׂרֶךָ כִּי־
יב א הַיַּלְדוּת וְהַשַּׁחֲרוּת הָבֶל: וּזְכֹר אֶת־בּוֹרְאֶיךָ בִּימֵי בְּחוּרֹתֶיךָ עַד
אֲשֶׁר לֹא־יָבֹאוּ יְמֵי הָרָעָה וְהִגִּיעוּ שָׁנִים אֲשֶׁר תֹּאמַר אֵין־לִי בָהֶם
ב חֵפֶץ: עַד אֲשֶׁר לֹא־תֶחְשַׁךְ הַשֶּׁמֶשׁ וְהָאוֹר וְהַיָּרֵחַ וְהַכּוֹכָבִים
ג וְשָׁבוּ הֶעָבִים אַחַר הַגָּשֶׁם: בַּיּוֹם שֶׁיָּזֻעוּ שֹׁמְרֵי הַבַּיִת וְהִתְעַוְּתוּ

ביאור | שהרי חלקי גופו של העובר סמויים מן העין,[6] כָּכָה לֹא תֵדַע אֶת כל מַעֲשֵׂה הָאֱלֹהִים אֲשֶׁר יַעֲשֶׂה אֶת־הַכֹּל. ו אשר על כן, בַּבֹּקֶר זְרַע אֶת־זַרְעֶךָ, וְלָעֶרֶב אַל־תַּנַּח יָדֶךָ, אל תתעצל וזרע שוב, אף שזרעת כבר, כִּי אֵינְךָ יוֹדֵעַ אֵי זֶה יִכְשַׁר, יצליח – הֲזֶה אוֹ־זֶה, וְאִם־שְׁנֵיהֶם כְּאֶחָד טוֹבִים.

אחרי שהמליץ לפעול חרף תנאי אי־הוודאות הללו, מדגיש קהלת כי כדאי גם ליהנות מזיוו של העולם: ז וּמָתוֹק הוא הָאוֹר, וְטוֹב לַעֵינַיִם לִרְאוֹת אֶת־הַשָּׁמֶשׁ. ח כִּי אִם־שָׁנִים הַרְבֵּה יִחְיֶה הָאָדָם, בְּכֻלָּם, בכל השנים היה ראוי שיִשְׂמָח, וְעם זאת חשוב שיִזְכֹּר אֶת־יְמֵי הַחֹשֶׁךְ, הזקנה, המוות והימים הרעים בכלל, כִּי־הַרְבֵּה יִהְיוּ, ויזכור שכָּל־שֶׁבָּא, הדברים שבאים הם הָבֶל.

ט כיוצא בזה, שְׂמַח, בָּחוּר, בְּיַלְדוּתֶךָ, וִיטִיבְךָ לִבְּךָ בִּימֵי בחורותיך, וְהַלֵּךְ בְּדַרְכֵי לִבְּךָ וּבְמַרְאֵה עֵינֶיךָ. ואולם בצד הנאתך ממרחב האפשרויות העצום הפתוח בפניך בגילך הצעיר דָע כִּי עַל־כָּל־אֵלֶּה יְבִיאֲךָ הָאֱלֹהִים

הרחבות | 'בבקר זְרע את זרעך ולערב אל תנח ידך' עצה זו יעצו חכמים גם לגבי הולדת ילדים. הם אמרו כי אם אדם יכול להוליד ילדים גם לעת זקנותו – ראוי לו לעשות כן, כי אין הוא יודע מה יעלה בחלקם, ומי מהם יהיו טובים (יבמות סב ע"ב).

בַּמִּשְׁפָּט. אכן, העצה שתעשה כרצונך מוגבלת, שהרי לא תוכל להתחמק מן המשפט הצפוי לך בעתיד על בחירותיך.[7] י וְעל כן, על אף ההמלצה שתלך בדרכי לבך, **הָסֵר כַּעַס מִלִּבֶּךָ, וְהַעֲבֵר** בכך **רָעָה מִבְּשָׂרֶךָ, כִּי־הַיַּלְדוּת וְהַשַּׁחֲרוּת**, הנעורים **הָבֶל**. הנאות אלה יאבדו כל משמעות כשתתבונן בהן מפרספקטיבה מבוגרת ותעמוד על תוצאותיהן. פרק יב א **וּזְכֹר אֶת־בּוֹרְאֶיךָ** גם **בִּימֵי בְּחוּרֹתֶיךָ**, כשאתה צעיר. **עַד אֲשֶׁר לֹא־יָבֹאוּ יְמֵי הָרָעָה, וְהִגִּיעוּ שָׁנִים אֲשֶׁר תֹּאמַר: אֵין־לִי בָהֶם חֵפֶץ**. ימי הרעה אינם ימים של פורענויות הבאות מן החוץ, אלא זמן שבו לא תוכל לעשות ככל רצונך – ימי הזִקנה.[8]

תיאור ימי הזקנה הבא מפורט ומליצי. יש בדימויים המופיעים בו כדי לעורר אימה מתקופה זו בחיי האדם: ב **עַד אֲשֶׁר לֹא־תֶחְשַׁךְ הַשֶּׁמֶשׁ וְהָאוֹר**. היחלשות ראייתו של האדם המזדקן וסבלו מביאים אותו לחוש כאילו השמש אינה מאירה עוד כמו בצעירותו, **וְהַיָּרֵחַ וְהַכּוֹכָבִים** אינם מבהיקים כבעבר, וכביכול **שָׁבוּ הֶעָבִים** להחשיך[9] גם **אַחַר** שכבר פסק **הַגָּשֶׁם**. ג **בַּיּוֹם שֶׁיָּזֻעוּ שֹׁמְרֵי הַבַּיִת**, שירעדו הידיים

זְרַע אֶת זַרְעֶךָ
חלוץ משליך זרעים בשדה
1930–1936
רודגס, פתח תקווה

העולם

וּמָתוֹק הָאוֹר וְטוֹב לַעֵינַיִם לִרְאוֹת אֶת הַשָּׁמֶשׁ העיניים הקולטות את אור השמש מאותתות לבלוטת האצטרובל שבמוח לעכב את הפרשת המלטונין (שם מדעי: Melatonin). הפרשה זו גורמת לעייפות, נמנום ושינה. המלטונין הוא מרכיב חשוב בשעון הביולוגי שכן הפרשתו משרה שינה, ואילו מיעוטו או היעדרו מאפשרים ערנות.

עַד אֲשֶׁר לֹא תֶחְשַׁךְ הַשֶּׁמֶשׁ וְהָאוֹר וְהַיָּרֵחַ וְהַכּוֹכָבִים אחד ממאפייני הזדקנות הגוף הוא הליקוי בראייה. הזדקנות עדשת העין מביאה לירידה במיקוד ובגמישות הראייה, למרחקים שונים; עכירות העדשה, הקטרקט, מדרדרת את הראייה בהדרגה; וכן מחלת הגלאוקומה, הפוגעת בעצב הראייה, עלולה לצמצם את פעילותו עד כדי עיוורון. באין מיקוד נעלמים תחילה הכוכבים, אחר כך מיטשטש הירח, ולבסוף נפגעת הראייה – אור השמש – לחלוטין.

אַנְשֵׁי הֶחָיִל וּבָטְלוּ הַטֹּחֲנוֹת כִּי מִעֵטוּ וְחָשְׁכוּ הָרֹאוֹת בָּאֲרֻבּוֹת׃
וְסֻגְּרוּ דְלָתַיִם בַּשּׁוּק בִּשְׁפַל קוֹל הַטַּחֲנָה וְיָקוּם לְקוֹל הַצִּפּוֹר ד
וְיִשַּׁחוּ כָּל־בְּנוֹת הַשִּׁיר׃ גַּם מִגָּבֹהַּ יִרָאוּ וְחַתְחַתִּים בַּדֶּרֶךְ וְיָנֵאץ ה
הַשָּׁקֵד וְיִסְתַּבֵּל הֶחָגָב וְתָפֵר הָאֲבִיּוֹנָה כִּי־הֹלֵךְ הָאָדָם אֶל־בֵּית
יֵרָתֵק עוֹלָמוֹ וְסָבְבוּ בַשּׁוּק הַסּוֹפְדִים׃ עַד אֲשֶׁר לֹא־ירחק חֶבֶל הַכֶּסֶף ו
וְתָרֻץ גֻּלַּת הַזָּהָב וְתִשָּׁבֶר כַּד עַל־הַמַּבּוּעַ וְנָרֹץ הַגַּלְגַּל אֶל־הַבּוֹר׃
וְיָשֹׁב הֶעָפָר עַל־הָאָרֶץ כְּשֶׁהָיָה וְהָרוּחַ תָּשׁוּב אֶל־הָאֱלֹהִים אֲשֶׁר ז
נְתָנָהּ׃ הֲבֵל הֲבָלִים אָמַר הַקּוֹהֶלֶת הַכֹּל הָבֶל׃ וְיֹתֵר שֶׁהָיָה ח ט
קֹהֶלֶת חָכָם עוֹד לִמַּד־דַּעַת אֶת־הָעָם וְאִזֵּן וְחִקֵּר תִּקֵּן מְשָׁלִים
הַרְבֵּה׃ בִּקֵּשׁ קֹהֶלֶת לִמְצֹא דִּבְרֵי־חֵפֶץ וְכָתוּב יֹשֶׁר דִּבְרֵי אֱמֶת׃ י

ביאור | ופעולתם תשתבש, **וְהִתְעַוְּתוּ אַנְשֵׁי הֶחָיִל**, הרגליים,[10] **וּבָטְלוּ הַטֹּחֲנוֹת**, השיניים[11] **כִּי מִעֵטוּ**, רובן נשרו, **וְחָשְׁכוּ הָרֹאוֹת בָּאֲרֻבּוֹת**, המסתכלות בחלונות, הן העיניים שראייתן כהתה.[12] ד **וְסֻגְּרוּ דְלָתַיִם בַּשּׁוּק**, הזקן מרגיש כאילו שערי השוק – כפשוטם – סגורים בפניו,[13] **בִּשְׁפַל קוֹל הַטַּחֲנָה**, כיוון שהוא כבר אינו פעיל בעולם, או אינו אוכל הרבה, אין הוא מוצא טעם לרוץ לשוק.[14] **וְיָקוּם**, יתעורר הזקן אפילו **לְקוֹל הַצִּפּוֹר**. שנתו אינה עמוקה, והוא מתקשה לחזור ולהירדם. אף שאפילו קול ציפור מעורר אותו[15] – **וְיִשַּׁחוּ**, יהיו נמוכות ושקטות **כָּל־בְּנוֹת הַשִּׁיר**. אין הוא מסוגל לשמוע היטב מנגינות, אם משום ששמיעתו כבדה או משום שהוא אינו מוצא בכך עוד טעם ועניין.[16] ואפשר שנכללת בכך חולשת השירה של הזקן עצמו, שאינו מסוגל עוד לשיר במלוא קולו.[17] ה **גַּם מִמְּקוֹם גָּבֹהַּ יִרָאוּ**, חוששים הזקנים ומחפשים דרכים לעקוף כל גבעה או תלולית.[18] **וְחַתְחַתִּים**, מכשולים **בַּדֶּרֶךְ**. כשהיו צעירים לא ראו בהם כלל מכשולים ועברו מעליהם, אבל כשכל פסיעה כרוכה במאמץ מתברר לזקנים שהדרך אינה חלקה. **וְיָנֵאץ הַשָּׁקֵד**. עצמות מסוימות מתחילות לבלוט,[19] מצד אחד,

הרחבות | 'הקוהלת' כאן נראה שאין זה שם פרטי אלא כינוי לדרשן או לחכם המדבר בפני קהל. כך גם תורגם לשפות אחרות. (וראו רש"י וראב"ע).

ומצד שני – **וְיִסְתַּבֵּל הֶחָגָב**. חלקים אחרים בגופו משמינים, ודומים
עליו כמשא.[20] **וְגַם תָּפֵר הָאֲבִיּוֹנָה**, החשק המיני פוחת ונעלם,[21] **כִּי־**
הֹלֵךְ הָאָדָם אֶל־בֵּית עוֹלָמוֹ, מותו. **וְסָבְבוּ בַשּׁוּק הַסּוֹפְדִים**. הסופדים
הם המודיעים על פטירתו, ואחר כך עורכים לו הספד פומבי. ו **עַד**
אֲשֶׁר לֹא־יֵרָתֵק, יינתק **חֶבֶל הַכֶּסֶף**, הרצון וכוח החיות האנושית, **וְתָרֻץ**,
תרוצץ[22] **גֻּלַּת הַזָּהָב**, הגולגולת, **וְתִשָּׁבֶר כַּד עַל־הַמַּבּוּעַ**, המעיין, הרומז
לבטן,[23] **וְנָרֹץ**, יתמוטט **הַגַּלְגַּל** שבו שואבים מים, וייפול **אֶל־הַבּוֹר**,
דימוי לגוף הנופל אל קברו.[24] ז **וְיָשֹׁב הֶעָפָר עַל**, אל **הָאָרֶץ כְּשֶׁהָיָה**,
וְהָרוּחַ תָּשׁוּב אֶל־הָאֱלֹהִים אֲשֶׁר נְתָנָהּ.

ח מכיוון שחייו של כל אדם זורמים אל סופם, ומעטים מאוד הדברים
שעשה שנשארים אחריו – **הֲבֵל הֲבָלִים, אָמַר הַקּוֹהֶלֶת, הַכֹּל הָבֶל**.

סיכום הספר

פרק יב פס' ט–יד

דברי הסיכום נפתחים בתיאור מפעלי החכמה של קהלת בגוף שלישי. בסיום ספרו מדגיש קהלת את מקורו האחד של השפע הרב והמגוון של דברי החכמים, ומזהיר מפני עשייה ספרותית רבה מדי.

ספר זה, שבו דיווחים על התנסויות חיים שונות והתרוצצות התודעה המחפשת פשר ומשמעות לעולמו של אדם, נחתם באמירה חד-משמעית בדבר ערכה של יראת אלוקים ושמירת מצוותיו.

ט **וְיֹתֵר מִשֶּׁהָיָה קֹהֶלֶת** איש **חָכָם** לעצמו, **עוֹד הוּא לִמַּד־דַּעַת אֶת־הָעָם,**
וְאִזֵּן, והשמיע; או: שקל בשכלו[1] **וְחִקֵּר**, חָקר **וְתִקֵּן מְשָׁלִים הַרְבֵּה**
בעל-פה ובספרים אחרים, כגון משלי, שבו משלים רבים והוראת
דעת.[2] י **בִּקֵּשׁ קֹהֶלֶת לִמְצֹא דִּבְרֵי־חֵפֶץ**, דברים בעלי ערך **וְ**כן חיפש
כָּתוּב יֹשֶׁר דִּבְרֵי אֱמֶת, דברי אמת שכבר נכתבו. יא **דִּבְרֵי חֲכָמִים** חזקים

גלגל שאיבה מבאר

העולם

וְסָבְבוּ בַשּׁוּק הַסּוֹפְדִים הספד, באכדית sipittu, הוא מערכת הטקסים הנערכת סביב מותו של אדם. בימי קדם היו באים סופדים מקצועיים להגדיל את כבוד הנפטר על ידי הפצת ידיעת מותו בציבור. הם נהגו להשמיע קולות אבל, ללבוש בגדי אבל, דוגמת שק, לפזר אפר על ראשם ולהשתתף בקבוצה בלוויה ובטקסי ההספד. (ראו גם אסתר ד,ג).

יא דִּבְרֵי חֲכָמִים כַּדָּרְבֹנוֹת וּכְמַשְׂמְרוֹת נְטוּעִים בַּעֲלֵי אֲסֻפּוֹת נִתְּנוּ
יב מֵרֹעֶה אֶחָד: וְיֹתֵר מֵהֵמָּה בְּנִי הִזָּהֵר עֲשׂוֹת סְפָרִים הַרְבֵּה אֵין קֵץ
יג וְלַהַג הַרְבֵּה יְגִעַת בָּשָׂר: סוֹף דָּבָר הַכֹּל נִשְׁמָע אֶת־הָאֱלֹהִים יְרָא
יד וְאֶת־מִצְוֺתָיו שְׁמוֹר כִּי־זֶה כָּל־הָאָדָם: כִּי אֶת־כָּל־מַעֲשֶׂה הָאֱלֹהִים
יָבִא בְמִשְׁפָּט עַל כָּל־נֶעְלָם אִם־טוֹב וְאִם־רָע:

סוף דבר הכל נשמע את האלהים ירא ואת מצותיו שמור כי זה כל האדם

ביאור

כַּדָּרְבֹנוֹת מסמרים בראשי מקלות להכאת בעלי החיים ולדקירתם כדי להאיץ בהם, **וּכְמַשְׂמְרוֹת**, מסמרים **נְטוּעִים**, תקועים ומחזיקים במקומם,[3] דברי **בַּעֲלֵי אֲסֻפּוֹת**, החכמים, שנראה שחכמתם לוקטה ממקורות שונים, **נִתְּנוּ** לאמתו של דבר **מֵרֹעֶה אֶחָד**, אלוקים.[4]

בסוף הספר שכתב קהלת, הוא מייעץ לקוראו: יב **וְיֹתֵר מֵהֵמָּה** – מעבר לספרים שכבר נכתבו, ובהם יושר דברי אמת,[5] **בְּנִי, הִזָּהֵר** מלעֲשׂות **סְפָרִים הַרְבֵּה אֵין קֵץ**. אל תכתוב ספרים רבים מדי, ובהם יש **לַהַג**, הגייה; או: גיבוב דברים **הַרְבֵּה** **ויגִעַת בָּשָׂר**, ואין בהם תועלת רבה.

יג **סוֹף דָּבָר, הַכֹּל נִשְׁמָע**, כל דברי נשמעו, ואחרי שהתברר שהילדות והנעורים הם הבל, הזִקנה איומה, ושאר הדברים הם רעות רוח, נשאר רק ערך אחד – **אֶת־הָאֱלֹהִים יְרָא, וְאֶת־מִצְוֺתָיו שְׁמוֹר, כִּי־זֶה כָּל־הָאָדָם.** יד **כִּי אֶת־כָּל־מַעֲשֶׂה** האדם[6] **הָאֱלֹהִים יָבִא בְמִשְׁפָּט עַל כָּל־נֶעְלָם**. לא תוכל להסתתר או להתחמק. גם מעשה שהדחקת ושכחת **אִם־טוֹב וְאִם־רָע** יבוא במשפט.

הרחבות

'את האלהים יְרָא ואת מצותיו שְׁמוֹר כי זה כל האדם' פסוק זה אינו בגדר תוספת ממתיקה הבאה להעניק לספר הפסימי סוף חיובי. זוהי המסקנה העולה מתוך דבריו הקודמים של קהלת. הספר כולו עסק בחיים האנושיים, בנפילתם של בני אדם ובחוסר התוחלת והתקווה שבחייהם תחת השמש. במסע תודעתי מתמשך זה הופיעו הגיגים רבים שיש בהם משום הרס היחס כלפי המציאות האנושית כשהיא לעצמה, אך אין הם פוגעים ביחסים עם אלוקים. על כן קובע קהלת בסיכום דבריו שיראת ה' ושמירת מצוותיו הן הנושא היחיד שנשאר לו ערך.

נוהגים לחזור על הפסוק שלפני אחרון משום שהפסוק האחרון הסתיים בנעימה שלילית. כך נהוג גם בסופי הספרים ישעיה, תרי-עשר ואיכה. **סוף דבר הכל נשמע את האלהים ירא ואת מצותיו שמור כי זה כל האדם.**

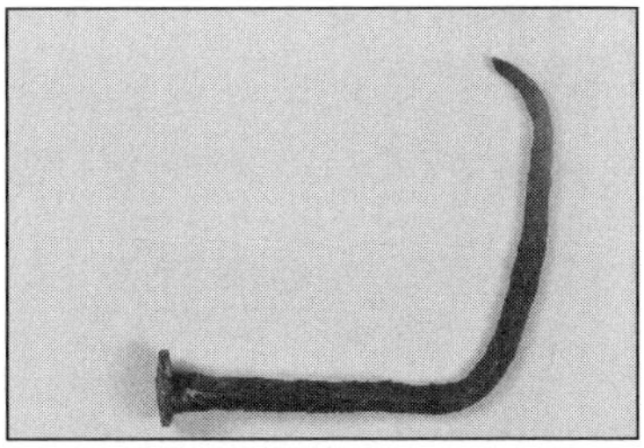

מסמר
('מַשְׂמְרוֹת')
התקופה הפרסית
נחל תות, ישראל

העולם

דָּרְבֹנוֹת וּמַשְׂמְרוֹת הם חפצים חדים שבהם דקרו בעלי חיים כדי לזרזם. הדרבן הוא הכלי שבקצהו מחובר החוד הדוקר, המשְׂמֵרה או המסמר, העשוי בדרך כלל ברזל. (ראו ישעיה מא,ז וירמיה י,ד).

אסתר

לוח זמנים לרקע מגילת אסתר לפי מניין חז"ל

לוח הזמנים הזה שונה מהלוח שבתרי-עשר.

המלך	מאורעות מרכזיים	השנים לפי חז"ל (סדר עולם)	נביאים
נבוכדנאצר	חורבן בית המקדש הראשון	ג'של"ח (422 לפנה"ס)	ירמיהו, יחזקאל דניאל
כורש הגדול (הפרסי) מלך 3 שנים	כיבוש בבל (דניאל ט,א) ע"י דריוש המדי וכורש הפרסי וייסוד האימפריה הפרסית	ג'ש"צ (370 לפנה"ס)	
	הצהרת כורש – עליית זרובבל (ששבצר) ויהושע הכהן בניית המזבח וייסוד היכל ה' (עזרא ג,י)		
אחשורוש בן דריוש המדי מלך 14 שנה	מות כורש מכתב השטנה של צרי יהודה ובנימין והפסקת בניית בית המקדש (עזרא ד,ו כד)	ג'שצ"ג (367 לפנה"ס)	
	לקיחת אסתר אל בית אחשורוש בשנת 3 למלכו	ג' שצ"ו (363 לפנה"ס)	
	תכנית המן ומפלתו	ג' ר"ב (354 לפנה"ס)	
דריוש הפרסי (=ארתחששתא) מלך 36 שנה	דיכוי מרד העיר בבל וייסוד עיר הבירה פרספוליס	ג'ת"ז (353 לפנה"ס)	
	סיום בניית בית המקדש (ג' באדר שנת 6 לדריוש. עזרא ו,טו)	ג'תי"ב (348 לפנה"ס)	חגי (352 לפנה"ס) זכריה (348–352 לפנה"ס) מלאכי (334–336 לפנה"ס)
	עליית עזרא (עזרא ז)	ג'תי"ג (347 לפנה"ס)	
	מינוי נחמיה לפחה, בניית החומה וכריתת האמנה (נחמיה י,א)	ג'תכ"ו (334 לפנה"ס)	
	עליית האימפריה היוונית-הלנית	ג'תמ"ב (318 לפנה"ס)	

מבוא לאסתר

מגילת אסתר מספרת על הניסיון הראשון להשמיד את עם ישראל כולו. לא ברור אם מאחורי הגזרה המתוארת כאן עמד יסוד דתי מובהק, או שהרקע לה היה לאומי או גזעני, שכן מצד אחד מושמצים מנהגיהם ואורחות חייהם של היהודים, אך מצד שני לשון הפקודה מתייחסת אל היהודים באשר הם. מכל מקום, העם היהודי נתפס כאן כמכלול, ולכן לציון ישועתו נקבעו ימי שמחה לעם כולו לדורותיו, כפי שמסופר בסוף המגילה.

במגילת אסתר עצמה נאמר שנכתבה על ידי מרדכי ואסתר, אולי בסיוע חכמים ויועצים. אולם היא לא נועדה להיות ספר פנימי לבני עמם בלבד, אלא פורסמה בשעתה כמסמך רשמי-למחצה.[1] יש בכך כדי להסביר את היחס המנומס כלפי המלך אחשורוש. קשה למצוא במגילה אפילו מלת ביקורת ישירה אחת על אחשורוש, שהוא אחת הדמויות המרכזיות של סיפור ההשמדה. אף שמן הכתוב במגילה אפשר להסיק מסקנות שאינן לשבחו של המלך, אין הן מפורשות בה.

בעובדה שהמגילה נכתבה גם כמסמך פרסי, אפשר לתלות גם את היעדרו של כל אזכור ישיר של אלוקים ממנה. בלי ספק האמונה בה' עומדת בתשתית המגילה, ובכל זאת היא כמעט הספר היחיד במקרא ששם ה' אינו נזכר בו כלל, אולי משום שהוא נכתב ברשות השלטונות ובהסכמתם, ויועד להיקרא על ידי הכול.[2] אכן, בתרגום השבעים ובתרגומים הארמיים נוסף קטע תפילה של אסתר, אבל אין הוא מופיע בנוסח המקורי. עם זאת, ידה הנעלמה של ההשגחה האלוקית מושכת בחוטי המגילה כולם: השתלשלות המאורעות מתוארת בה בצורה מדויקת, ובסיפור הדרמטי והמרתק הזה, שאין בו אירועים שוליים כלל, כל פרט מתחבר לפרט אחר עד שמתגלה המהלך הגדול המכוּון מלמעלה.

1. ראו מגילה ז ע"א.
2. ראו הקדמת ראב"ע למגילה ובפירושו השני להלן ה,יג בשם רס"ג.

א וַיְהִי בִּימֵי אֲחַשְׁוֵרוֹשׁ הוּא אֲחַשְׁוֵרוֹשׁ הַמֹּלֵךְ מֵהֹדּוּ וְעַד־כּוּשׁ שֶׁבַע א
וְעֶשְׂרִים וּמֵאָה מְדִינָה: בַּיָּמִים הָהֵם כְּשֶׁבֶת ׀ הַמֶּלֶךְ אֲחַשְׁוֵרוֹשׁ ב
עַל כִּסֵּא מַלְכוּתוֹ אֲשֶׁר בְּשׁוּשַׁן הַבִּירָה: בִּשְׁנַת שָׁלוֹשׁ לְמָלְכוֹ ג

המשתאות וקץ מלכותה של ושתי

פרק א

ברקע לסיפור המעשה מוצגת התרבות הנהנתנית שרווחה בממלכת פרס ומדי באמצעות משתאות המוניים ראוותניים, שפע יין ועושר רב. סירובה של המלכה לציית למלך מערער את דימויו העצמי של השליט, שהיה רגיל שהכול סרים למרותו. מנקודת מוצא זו משתלשל סיפורה של המגילה.

ביאור | פרק א

פרק א א **וַיְהִי בִּימֵי אֲחַשְׁוֵרוֹשׁ, הוּא אֲחַשְׁוֵרוֹשׁ הַמֹּלֵךְ מֵהֹדּוּ וְעַד־כּוּשׁ,**
חבש או דרום מצרים. הממלכה הפרסית הגיעה באותה תקופה
לשיא גדולתה ונוהלה בשיטה מבוזרת למדי. היא הייתה מחולקת
לְשֶׁבַע וְעֶשְׂרִים וּמֵאָה מְדִינָה. אזורים גדולים היו נתונים תחת שלטונם
של נציבים – האחשדרפנים, ועל כל מדינה או מחוז מונה פחה.
השלטון המרכזי לא היה דורסני. מעבר לדרישה לנאמנות ולתשלום
מסים, לא היה המלך מעוניין לדכא את חייהם של העמים הרבים
שהיו כפופים למרותו.
ב **בַּיָּמִים הָהֵם, כְּשֶׁבֶת הַמֶּלֶךְ אֲחַשְׁוֵרוֹשׁ עַל כִּסֵּא מַלְכוּתוֹ אֲשֶׁר בְּשׁוּשַׁן**
הַבִּירָה. שושן – או סוסא בשפות אחרות, הייתה עיר בעילם, וחורבותיה
עדיין קיימות.[1] בתוך העיר היה מבצר מלכותי – הבירה – ובו
שכנו מרכז השלטון וארמונו של אחשורוש.[2] ג **בִּשְׁנַת שָׁלוֹשׁ לְמָלְכוֹ,**

חשיארש הראשון
('אחשורוש'?)
תבליט אבן
560-331 לפנה"ס
פרספוליס, איראן

האימפריה הפרסית וחלוקתה למדינות

מלך פרס על כיסא מלכותו
תבליט אבן
331-560 לפנה"ס
פרספוליס

העולם

אֲחַשְׁוֵרוֹשׁ כיוון ששמו הפרסי של המלך לא היה אחשורוש, קשה לזהותו. יש להניח שהכוונה למלך המופיע בספרות היוונית בשם קסרקסס הראשון, ובפרסית: חשיארש, שמידע נוסף עליו השתמר על ידי ההיסטוריונים היוונים אשר תיעדו את מלחמות בני עמם עם הפרסים. מדבריהם עולה שמלך זה תפס את השלטון לאחר שעברו על הממלכה זעזועי מלחמות פנימיות, קשרים ובגידות. כמה מהתנהגויותיו של אחשורוש במגילה אפשר להסביר בכך שהוא ידע שגם בשבת המלך על כיסא המלוכה דבר אינו בטוח.

מֵהֹדּוּ וְעַד כּוּשׁ כיבושיו של מלך פרס דריוש הראשון, הקרוי גם דריוש הגדול (550–486 לפנה"ס), השתרעו מגדות האינדוס במזרח ועד ממלכת כוש – נוביה שמדרום לאסואן במצרים. הוא אף כבש שטחים ביוון ובבלקן.

שֶׁבַע וְעֶשְׂרִים וּמֵאָה מְדִינָה האימפריה הפרסית חולקה לפחוות ('מדינות'), ובראש כל אחת מהן עמד אחשדרפן. משמעה של המלה 'אחשדרפן' בפרסית עתיקה הוא מגן הממלכה. (ראו העולם להלן ג,יב). ממקורות חיצוניים ידוע על מספר קטן יותר של 'מדינות' שקבע השלטון הפרסי, אולם קרה שפחוות פוצלו או מוזגו. כמו כן חלוקתן הפנימית למחוזות עשויה הייתה להגיע ל־127.

שׁוּשַׁן הַבִּירָה בפרסית עתיקה נקראה סושא; ביוונית ולטינית – susa, ובפרסית מודרנית – שוש. העיר העתיקה והראשית של עילם שבדרום-מערב פרס, על גדות נהר shavur למרגלות הרי הזגרוס. בימי דריוש הראשון הייתה הבירה המדינית והמנהלית ואחת מארבע ערי הבירה בפרס, בצד פרספוליס, אחמתא ובבל. כנבוזי השני (מת בשנת 521 לפנה"ס), בנו של כורש השני, הגדול, עשה אותה בירתו, והיא ירדה מגדולתה לאחר כיבושי אלכסנדר.

עָשָׂה מִשְׁתֶּה לְכָל־שָׂרָיו וַעֲבָדָיו חֵיל ׀ פָּרַס וּמָדַי הַפַּרְתְּמִים וְשָׂרֵי
הַמְּדִינוֹת לְפָנָיו׃ בְּהַרְאֹתוֹ אֶת־עֹשֶׁר כְּבוֹד מַלְכוּתוֹ וְאֶת־יְקָר ד
תִּפְאֶרֶת גְּדוּלָּתוֹ יָמִים רַבִּים שְׁמוֹנִים וּמְאַת יוֹם׃ וּבִמְלוֹאת ׀ הַיָּמִים ה
הָאֵלֶּה עָשָׂה הַמֶּלֶךְ לְכָל־הָעָם הַנִּמְצְאִים בְּשׁוּשַׁן הַבִּירָה לְמִגָּדוֹל
וְעַד־קָטָן מִשְׁתֶּה שִׁבְעַת יָמִים בַּחֲצַר גִּנַּת בִּיתַן הַמֶּלֶךְ׃ חוּר ׀ כַּרְפַּס ו

ביאור | אחרי שהביס את כל מי שעמד בדרכו,[3] **עָשָׂה מִשְׁתֶּה** פומבי גדול **לְכָל־שָׂרָיו וַעֲבָדָיו**. את החגיגות לציון שבתו על כס הממלכה לא ערך מיד עם עלייתו לשלטון, אולי משום שאז היה טרוד ליישב מריבות פנימיות.[4] משהתבססה מלכותו, הזמין את **חֵיל פָּרַס וּמָדַי**. פרס ומדי היו מדינות נפרדות שהתאחדו חלקית. **הַפַּרְתְּמִים**, אצילי המדינה **וְשָׂרֵי** המלך הממונים על **הַמְּדִינוֹת לְפָנָיו**. ד **בְּהַרְאֹתוֹ אֶת־עֹשֶׁר כְּבוֹד מַלְכוּתוֹ וְאֶת־יְקָר**, כבוד **תִּפְאֶרֶת גְּדוּלָּתוֹ**. המשתה שנועד להפגין ברבים את עושרו ואת עצמתו ארך **יָמִים רַבִּים, שְׁמוֹנִים וּמְאַת יוֹם**.

ה **וּבִמְלוֹאת**, כשהסתיימו **הַיָּמִים הָאֵלֶּה**, שבהם נערך משתה לאנשים שבאו מרחוק, **עָשָׂה הַמֶּלֶךְ לְכָל־הָעָם הַנִּמְצְאִים בְּשׁוּשַׁן הַבִּירָה, לְמִגָּדוֹל וְעַד־קָטָן, מִשְׁתֶּה שִׁבְעַת יָמִים**. ייתכן שבמשתה זה ביקש לרכוש גם את אמונם של תושבי העיר, שרבים מהם היו פקידי השלטונות.[5] החגיגה נערכה **בַּחֲצַר גִּנַּת בִּיתַן הַמֶּלֶךְ**, החצר הסמוכה לגינה או לפרדס, ליד ביתן המלך – שכנראה איננו הארמון המרכזי אלא ביתו הקטן.[6] ו המקום היה מקושט בבדים יקרי ערך: **חוּר, כַּרְפַּס**, מיני בדים או צבעים

העולם | **פָּרַס וּמָדַי** מדי הייתה ממלכה עתיקה בצפון–מזרחה של פרס מדרום לים הכספי. החל מהמאה ה–9 לפנה"ס הייתה בעימות מתמיד עם אשור, ורק הברית שכרתה עם בבל בשלהי המאה ה–7 לפנה"ס אפשרה לשתיהן לנצח את אשור. בשנת 550 לפנה"ס, כבש כורש הגדול את מדי ואיחד אותה עם פרס. יש התולים את חילוף השם 'פרס ומדי' ו'מדי ופרס' (להלן י,ב; דניאל ה,כח; ו,ט ועוד) בחילופי המלכים הפרסיים והמדיים, ויש הרואים בכך ביטוי ליחסי השוויון ביניהן.

הַפַּרְתְּמִים מהמלה הפרסית העתיקה פרתמה, שמשמעה הוא הראשון, כלומר הקרוב ביותר למלך.

חֲצַר גִּנַּת בִּיתַן הַמֶּלֶךְ הארמון המלכותי בשושן, שהתגלה בחפירות, נבנה בסגנון מערבי–סורי. הוא כלל ארבעה חצרות גנים פנימיים, ובחלקו הצפוני עמד הביתן, מבנה מיוחד שימש לקבלת מוזמנים. שמו של הביתן נגזר מ–bitanu האכדית, שמשמעה חלק פנימי או מבנה פנימי בארמון או מקדש. משערים כי

חֵיל פָּרַס וּמָדַי
חיילים פרסיים (בכובע ישר)
ומדיים (בכובע מעוגל)
תבליט
המאה ה-6 לפנה"ס
פרספוליס

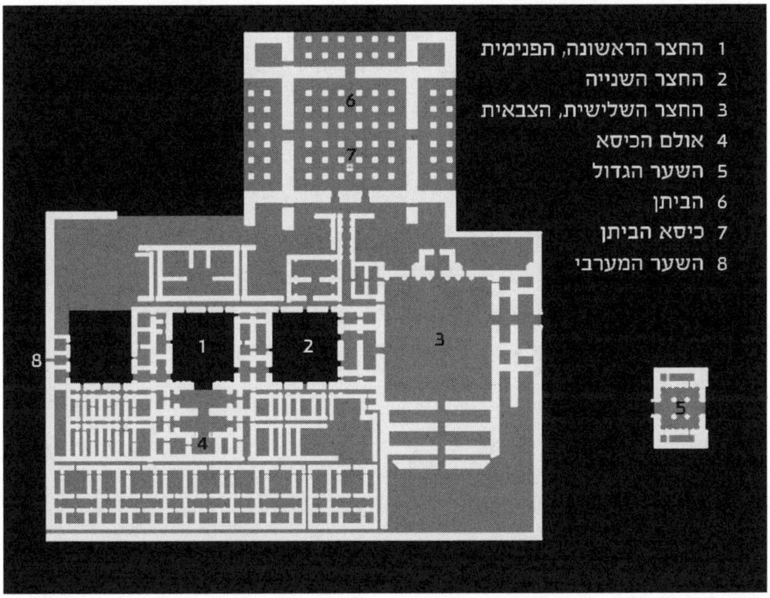

תכנית הארמון העתיק בשושן

העולם

שם זה השתלשל מהמלה apanda בפרסית המציינת אולם כניסה ובו טורי עמודים שיועד לקבלת אורחים. לפעמים ניטעו אוהלים או חופות בד לקבלת אורחים באולם ובחצר. בין השער הראשי לבניין הייתה גם חצר חיצונית. בחפירות ארמון שושן נמצא לוח בכתב היתדות המתאר את פארו של הארמון, יוקרם ונדירותם של חומריו ומומחיותם של בוניו.

חוּר אריג פשתן לבן ביותר, מלשון חיוור.

לפי דעה אחרת מדובר באריג מחורר, דמוי רשת. (ראו ישעיה יט,ט ובראשית מ,טו).

כַּרְפַּס כנראה אריג כותנה שהובאה לאזור מהודו עוד בתקופת סנחריב. שמו בסנסקריט karpasa, ובפרסית – kirpas.

וּתְכֵ֗לֶת אָחוּז֙ בְּחַבְלֵי־ב֣וּץ וְאַרְגָּמָ֔ן עַל־גְּלִ֥ילֵי כֶ֖סֶף וְעַמּ֣וּדֵי שֵׁ֑שׁ
ז מִטּ֣וֹת ׀ זָהָ֣ב וָכֶ֗סֶף עַ֛ל רִֽצְפַ֥ת בַּהַט־וָשֵׁ֖שׁ וְדַ֥ר וְסֹחָֽרֶת׃ וְהַשְׁקוֹת֙
בִּכְלֵ֣י זָהָ֔ב וְכֵלִ֖ים מִכֵּלִ֣ים שׁוֹנִ֑ים וְיֵ֥ין מַלְכ֛וּת רָ֖ב כְּיַ֥ד הַמֶּֽלֶךְ׃
ח וְהַשְּׁתִיָּ֥ה כַדָּ֖ת אֵ֣ין אֹנֵ֑ס כִּי־כֵ֣ן ׀ יִסַּ֣ד הַמֶּ֗לֶךְ עַ֚ל כָּל־רַ֣ב בֵּית֔וֹ
ט לַעֲשׂ֖וֹת כִּרְצ֥וֹן אִישׁ־וָאִֽישׁ׃ גַּ֚ם וַשְׁתִּ֣י הַמַּלְכָּ֔ה עָשְׂתָ֖ה

ביאור | **וּתְכֵלֶת**, צמר צבוע בצבע יקר. הכול **אָחוּז**, קשור **בְּחַבְלֵי־בוּץ**, פשתן לבן **וְאַרְגָּמָן**, צמר צבוע בגווני אדום-סגול יקר-המציאות. כל הבדים והחבלים היו פרושים **עַל־גְּלִילֵי כֶסֶף וְעַמּוּדֵי שֵׁשׁ**, שיש. כמו כן, עמדו שם **מִטּוֹת זָהָב וָכֶסֶף עַל רִצְפַת בַּהַט־וָשֵׁשׁ וְדַר וְסֹחָרֶת**, אבני חן נדירות ויקרות.[7] ז **וְהַשְׁקוֹת בִּכְלֵי זָהָב** כראוי למשתה מלכותי, **וְכֵלִים מִכֵּלִים שׁוֹנִים**. לאורחים הוצעו כלים בצורות וגוונים רבים לפי דרגתם וצורכיהם. **וְיֵין מַלְכוּת**, היין שניתן על חשבון המלך היה **רָב כְּיַד הַמֶּלֶךְ**, בשפע וללא מגבלות תקציביות. ח **וְהַשְּׁתִיָּה כַדָּת**, לפי חוקי הנימוס המקובלים, ובכל זאת, **אֵין אֹנֵס**. כיוון שהמלך רצה שהמשתה המלכותי יהיה גם עממי, השתייה הייתה חופשית, **כִּי־כֵן יִסַּד**, ציווה[8] **הַמֶּלֶךְ עַל כָּל־רַב בֵּיתוֹ**, ממונה בארמונו **לַעֲשׂוֹת כִּרְצוֹן אִישׁ־וָאִישׁ**, ולא להכריחם. כיוון שהמלך לא היה מעוניין להשקיע מאמצים מיוחדים

מימין: שרידי עמודים ארמון מלכי פרס המאה ה-5 לפנה"ס

משמאל: אריח ריצוף מעוטר ארמון מלכי פרס המאה ה-5 לפנה"ס פרספוליס

הרחבות | **וַשְׁתִּי** אף על פי ששמה נשמע פרסי (ראו ראב"ע, הפירוש השני), בספר הקודש של הדת הפרסית זורואסטרית (המאה ה-10 לפנה"ס) נזכרות שתי מלים דומות היכולות להורות על משמעות השם vahishta – הטובה ביותר או ushti – האהובה, אך לא ברור שמוצאה היה פרסי. מהמשך הסיפור עולה שהיא לא הייתה אחת מני נשיו ופלגשיו הרבות של המלך, וכן שהיא עצמה הייתה מודעת למעמדה הרם. לפי מסורת חז"ל, ושתי הייתה במקורה נסיכה בבלית (מגילה י ע"ב ועוד). דוגמאות להסבת שם מקומי לנכנסים לבית המלוכה – ראו בראשית מא,מה; דניאל א,ז).

בממלכתו הרבגונית, הוא העניק לעמים השונים חופש לשמר את ייחודם, את לשונם ואת מנהגיהם.

ט **גַּם וַשְׁתִּי הַמַּלְכָּה עָשְׂתָה מִשְׁתֵּה נָשִׁים** שהיה מקביל למשתה הגדול

מימין: אם הפנינה ('דר'?)

משמאל: וְכֵלִים מִכֵּלִים שׁוֹנִים המאה ה-4 לפנה"ס שושן הבירה

תְּכֵלֶת, אַרְגָּמָן צבעים שהופקו מחלזונות ים-תיכוניים. התכלת הוא צבע כחול כהה, והוא הופק מהחילזון ארגמון קהה-קוצים (שם מדעי: Murex trunculus), ואילו הארגמן, צבע אדום כהה-סגלגל או סגול עז, הופק מהחילזון ארגמון חד-קוצים (שם מדעי: Murex brandaris). את הנוזל שבו משתמשים להכנת צבעי הארגמן והתכלת הפיקו מבלוטה המכילה את חומר ההגנה של החלזונות הללו. כמות חומר הצביעה בחילזון בודד מועטת, ועל כן נדרשו אלפים רבים של חלזונות לצביעת יריעת בד או בגד. על כן השתמשו בו אצילים ומלכים. בתכלת ובארגמן השתמשו לצביעת יריעות המשכן, הפרוכת והמסך (שמות כו; לו-לח), לכיסוי כלי המשכן בעת המסעות (שם לט) וכן לבגדי הכהן הגדול (שם כח; לט). בתכלת השתמשו גם לצביעת פתיל הציצית (במדבר טו,לח-לט). בממלכה הפרסית העשירה השתמש המלך ביריעות ובבגדים כליל תכלת.

אָחוּז בְּחַבְלֵי בוּץ בוץ הוא פשתן (שם מדעי: Linum usitatissimum; באכדית: busu). (ראו תרגום אונקלוס למלה 'בד' בויקרא טז). גם חכמים כינו את הפשתן בבגדי הכהן בשם 'בוץ' (משנה יומא ג,ד). בחבלים השתמשו למתיחת הבדים שנפרשו מעל גינת ביתן המלך, שבה נערך המשתה, ולקשירתם אל עמודי השש והכסף. יתרונם של חבלי הפשתן למתיחה נבע מחוזקם הרב. נראה שאף מיתרי אוהל מועד נעשו מפשתן.

גְּלִילֵי כֶסֶף עמודים ממוטות כסף או ממתכת לבנה מבריקה שתמכו את יריעות

העולם

הבד שנמתחו לצל וליופי בחצר גינת ביתן המלך. מוטות דומים משמשים היום כעמודי לחץ ליריעות מתוחות במבנים דמויי אוהל ובמבנים מתוחים אחרים.

עַמּוּדֵי שֵׁשׁ בימי קדם לעתים קרובות הקיפו את חצרות הארמונות בעמודים (ביוון - פריסטיל, ברומא - קולונדה, ארקדה, וביהודה - אכסדרה, סטיו), שנשאו תקרות או קטעי בניין שלמים שתחתיהם השתרע אזור מוצל; ועל כן היו צריכים להיות חזקים. שש הוא שיש לבן. העדיפו להשתמש בו לעמודים מונוליטיים גליליים משום שאפשר להחליקו או לגלף בו. ייתכן שחלק מהעמודים המוצקים בשושן עמדו ללא קירוי, ועליהם נקשרו יריעות הבד המתוחות.

רִצְפַּת בַּהַט... וָדַר וְסֹחָרֶת את הארמונות והגנים בארמונות מלכי פרס ריצפו באריחי קרמיקה או אבן צבעונית שכן היו קשים ועמידים בפני שחיקה. הבהט הוא כנראה purfir, אבן אדומה קשה. דר הוא אם-הפנינה, החומר המצפה קונכיות רבות מבפנים, שנוצר מהתקשות הפרשת בעל החיים בקונכייה-הפנינה. אולם ייתכן שהדר הוא זהב (על פי 'דרניה' בפרסית עתיקה). סחרת - כנראה אבן יקרה בגוני תכלת (sikhru באכדית; 'סהרת' במצרית). הפרסים היו מומחים ביצירת אריחי קרמיקה בציפויים ססגוניים. הם היו משבצים ברצפה אריחים בגוני אבנים שונות - לבנות, אדומות, כחולות ושחורות, ואף ידעו לשוות לאריחי קרמיקה ברק מתכתי מוזהב.

מִשְׁתֵּה נָשִׁים בֵּית הַמַּלְכוּת אֲשֶׁר לַמֶּלֶךְ אֲחַשְׁוֵרוֹשׁ: י בַּיּוֹם
הַשְּׁבִיעִי כְּטוֹב לֵב־הַמֶּלֶךְ בַּיָּיִן אָמַר לִמְהוּמָן בִּזְּתָא חַרְבוֹנָא
בִּגְתָא וַאֲבַגְתָא זֵתַר וְכַרְכַּס שִׁבְעַת הַסָּרִיסִים הַמְשָׁרְתִים אֶת־פְּנֵי
יא הַמֶּלֶךְ אֲחַשְׁוֵרוֹשׁ: לְהָבִיא אֶת־וַשְׁתִּי הַמַּלְכָּה לִפְנֵי הַמֶּלֶךְ בְּכֶתֶר
מַלְכוּת לְהַרְאוֹת הָעַמִּים וְהַשָּׂרִים אֶת־יָפְיָהּ כִּי־טוֹבַת מַרְאֶה
יב הִיא: וַתְּמָאֵן הַמַּלְכָּה וַשְׁתִּי לָבוֹא בִּדְבַר הַמֶּלֶךְ אֲשֶׁר בְּיַד
יג הַסָּרִיסִים וַיִּקְצֹף הַמֶּלֶךְ מְאֹד וַחֲמָתוֹ בָּעֲרָה בוֹ: וַיֹּאמֶר
הַמֶּלֶךְ לַחֲכָמִים יֹדְעֵי הָעִתִּים כִּי־כֵן דְּבַר הַמֶּלֶךְ לִפְנֵי כָּל־
יד יֹדְעֵי דָּת וָדִין: וְהַקָּרֹב אֵלָיו כַּרְשְׁנָא שֵׁתָר אַדְמָתָא תַרְשִׁישׁ

ביאור | שנועד לגברים, בתוך אגף אחר **בבית הַמַּלְכוּת אֲשֶׁר לַמֶּלֶךְ אֲחַשְׁוֵרוֹשׁ** בנפרד כדי להימנע מפני תוצאות בלתי רצויות של משתה מעורב.[9] שלא כמשתה ההולל של המלך, משתה הנשים נחשב אירוע מכובד יותר. י **בַּיּוֹם הַשְּׁבִיעִי** למשתה, **כְּטוֹב לֵב־הַמֶּלֶךְ בַּיָּיִן**, כשרוחו של המלך הייתה טובה עליו לאחר שתייה מרובה. קשה לדעת אם היה באותו יום שיכור ממש, בין היתר משום אופיו הרשמי והממלכתי של התיאור. **אָמַר** אחשורוש **לִמְהוּמָן, בִּזְּתָא, חַרְבוֹנָא, בִּגְתָא וַאֲבַגְתָא, זֵתַר וְכַרְכַּס** – שמות פרסיים בעיקרם של **שִׁבְעַת הַסָּרִיסִים** המיוחדים

הרחבות

הסריסים בחצר המלוכה הפרסית שימשו סריסים בתפקידים שונים, ואחדים מהם עלו למדרגות גבוהות בשלטון. סירוסם נועד לא רק לשמור את צניעותן של הנשים, אלא גם נחשב פעולה המגבילה את שאפתנותם, שכן אדם שאין לו יורשים ואין לו תקווה לעתיד, לא ייזום מרידה.

'להראות... את יפיה' אף שלא נמתחת כאן ביקורת מפורשת על פקודתו של המלך הפרסי הנעלה – שבאותה עת נחשב חצי אל – ברור שדרישתו להציג לראווה את המלכה בכבודה ובעצמה היא סרת טעם. על אחת כמה וכמה – אם כשביקש לחשוף את יופייה לעיני כול, דרש ממנה לבוא 'בכתר מלכות' – בלא כל בגד אחר. (ראו מגילה יב ע"ב).

'דבר המלך לפני כל ידעי דת ודין' יש בכך אירוניה דקה: מצד אחד, בהמשך הסיפור יחליט המלך על דעת עצמו וכהרף עין החלטות שמשמעותן המוסרית והפוליטית דרמטית; ומצד שני, הוא מכנס צוות משפטי לדון בגורלה של אשתו בשעה שהוא שיכור וחמתו בוערת בו. התנהגותו מזכירה דיקטטורים אחדים בתולדות העולם ששמרו על תדמית של אנשי חוק, והקפידו שכל דבר יתועד ויתבצע באופן הרשמי ביותר.
יש לציין שאין התייעצותו של אחשורוש עם שריו אלא גינונים שבהם הוא מחצין את כבודו בפני הממסד המשפטי, אך למעשה הם נתונים לחסדיו: הוא שמינה אותם, והוא שיוכל להסירם מתפקידם ולהרוג אותם. על כן גם היועצים המשפטיים כופפים את דבריהם לרצונו המשוער של המלך, שכן בסופו של דבר החוק תלוי ועומד לפי שרירותו ומצב רוחו.

הַמְשָׁרְתִים אֶת־פְּנֵי הַמֶּלֶךְ אֲחַשְׁוֵרוֹשׁ ומצויים בקרבתו. יש לשער שהם
היו סריסים ממש ולא משרתים סתם, שכן הם היו עוברים בין
הגברים לנשים.[10] באווירת המשתה ההוללת התפאר המלך בכוחו,
ברכושו, בחכמתו ובהצלחותיו. ומתוך כך השתבח המלך באשתו
היפהפייה. יא אולם הוא לא הסתפק במלים, ופקד על סריסיו
לְהָבִיא אֶת־וַשְׁתִּי הַמַּלְכָּה לִפְנֵי הַמֶּלֶךְ בְּכֶתֶר מַלְכוּת על מנת לְהַרְאוֹת
לכל הָעַמִּים וְהַשָּׂרִים אֶת־יָפְיָהּ, כִּי־טוֹבַת מַרְאֶה הִיא.

יב וַתְּמָאֵן הַמַּלְכָּה וַשְׁתִּי לָבוֹא בִּדְבַר הַמֶּלֶךְ אֲשֶׁר בְּיַד הַסָּרִיסִים. סירובה
לציית לפקודתו של השליט העליון, שסמכויותיו לא היו מוגבלות
כלל, מעיד על מעמדה הגבוה. היא מיאנה להשפיל את עצמה
בהצגת גופה בפני הקהל. וַיִּקְצֹף, כעס הַמֶּלֶךְ מְאֹד, וַחֲמָתוֹ בָּעֲרָה
בוֹ. זעמו העז נבע מהעזתה של אשתו לדחות את דרישתו, שלא
נאמרה לה בצנעה, אלא באמצעות משלחת רשמית. רגישותו לכבודו
התעצמה עוד בשל שכרותו. במצב זה ציפה שרצונו יתמלא מיד
ובשלמות. אולי ושתי גם העבירה אליו מסרים מרומזים או לעגניים
על שכרותו, והדבר הבעיר ביותר את כעסו.[11]

יג וַיֹּאמֶר הַמֶּלֶךְ לַחֲכָמִים יֹדְעֵי הָעִתִּים, האסטרולוגים, או: החכמים
הממונים על סדרי המלוכה וקורותיה והיודעים כיצד לנהוג בכל
מצב.[12] כִּי־כֵן דְּבַר, מנהג הַמֶּלֶךְ לשטוח דבריו לִפְנֵי כָּל־יֹדְעֵי דָּת,
חוק וָדִין. המלך נוהג להביא בעיות בפני אנשי החוק והמשפט.[13]
יד וְהערה – הַקָּרֹב, היועצים הקרובים אֵלָיו: כַּרְשְׁנָא, שֵׁתָר, אַדְמָתָא, תַרְשִׁישׁ,

העולם

הַסָּרִיסִים היו בעלי משרות בחצרות המלכות של אשור ובבל ובהמשך גם בחצר מלך פרס. כיוון שבאו במגע עם נשי חצר המלכות, והיו מהם שהיו ממונים על הרמון הנשים, פגעו באבריהם. בפרס הגיעו הסריסים למעמד של יועצי המלך ונושאי משרות ממלכתיות בכירות, וכן שימשו מצביאים ושומרי ראש נאמני המלך. המלכים הפרסים סמכו על הסריסים לתפקידים הרגישים ביותר הן לשירותם האישי של המלכים (כמו נשיאת גביע היין) והן להשבתם לכס המלוכה במקרים של קשר.

וַתְּמָאֵן הַמַּלְכָּה וַשְׁתִּי לָבוֹא בִּדְבַר הַמֶּלֶךְ מעמד המלכה הראשית בארמון מלך פרס היה גבוה. היא שלטה בהליכותיה בארמון; היא הייתה מלומדת ואף יכלה לעסוק בענייני דת. הזמנתה בעת משתה היין הייתה מנוגדת לנהוג. בארמונות פרס הוזמנו להשתתף בהוללות השיכורים רק נשי ההרמון או הפילגשים, ואילו המלכה הייתה מסתלקת בתום הסעודה הרשמית. למלכה ניתנה הזכות לבחור להיראות על ידי המלך או להימנע מכך. למלך היה מעמד דתי, שכן לפי דת זרתוסטרא נחשב שליחו של הבורא, (כפי שנכתב על דריוש בכתובת behistun), ובכל זאת לא היה המלך רשאי להמרות את התקנות העתיקות הללו, אלא אם כן שונו בהסכמה.

כִּי כֵן דְּבַר הַמֶּלֶךְ לִפְנֵי כָּל יֹדְעֵי דָּת וָדִין כיוון שזכויותיה של המלכה בפרס היו מבוססות על דין עתיק, חייב הדיון בסירובה את הסכמתם של המשפטנים.

מֶרֶס מַרְסְנָא מְמוּכָן שִׁבְעַת שָׂרֵי ׀ פָּרַס וּמָדַי רֹאֵי פְּנֵי הַמֶּלֶךְ
הַיֹּשְׁבִים רִאשֹׁנָה בַּמַּלְכוּת: כְּדָת מַה־לַּעֲשׂוֹת בַּמַּלְכָּה וַשְׁתִּי טו
עַל ׀ אֲשֶׁר לֹא־עָשְׂתָה אֶת־מַאֲמַר הַמֶּלֶךְ אֲחַשְׁוֵרוֹשׁ בְּיַד
מְמוּכָן הַסָּרִיסִים: וַיֹּאמֶר מומכן לִפְנֵי הַמֶּלֶךְ וְהַשָּׂרִים טז
לֹא עַל־הַמֶּלֶךְ לְבַדּוֹ עָוְתָה וַשְׁתִּי הַמַּלְכָּה כִּי עַל־כָּל־הַשָּׂרִים
וְעַל־כָּל־הָעַמִּים אֲשֶׁר בְּכָל־מְדִינוֹת הַמֶּלֶךְ אֲחַשְׁוֵרוֹשׁ: כִּי־ יז
יֵצֵא דְבַר־הַמַּלְכָּה עַל־כָּל־הַנָּשִׁים לְהַבְזוֹת בַּעְלֵיהֶן בְּעֵינֵיהֶן
בְּאָמְרָם הַמֶּלֶךְ אֲחַשְׁוֵרוֹשׁ אָמַר לְהָבִיא אֶת־וַשְׁתִּי הַמַּלְכָּה
לְפָנָיו וְלֹא־בָאָה: וְהַיּוֹם הַזֶּה תֹּאמַרְנָה ׀ שָׂרוֹת פָּרַס־וּמָדַי יח
אֲשֶׁר שָׁמְעוּ אֶת־דְּבַר הַמַּלְכָּה לְכֹל שָׂרֵי הַמֶּלֶךְ וּכְדַי בִּזָּיוֹן
וָקָצֶף: אִם־עַל־הַמֶּלֶךְ טוֹב יֵצֵא דְבַר־מַלְכוּת מִלְּפָנָיו וְיִכָּתֵב יט
בְּדָתֵי פָרַס־וּמָדַי וְלֹא יַעֲבוֹר אֲשֶׁר לֹא־תָבוֹא וַשְׁתִּי לִפְנֵי
הַמֶּלֶךְ אֲחַשְׁוֵרוֹשׁ וּמַלְכוּתָהּ יִתֵּן הַמֶּלֶךְ לִרְעוּתָהּ הַטּוֹבָה
מִמֶּנָּה: וְנִשְׁמַע פִּתְגָם הַמֶּלֶךְ אֲשֶׁר־יַעֲשֶׂה בְּכָל־מַלְכוּתוֹ כִּי כ
רַבָּה הִיא וְכָל־הַנָּשִׁים יִתְּנוּ יְקָר לְבַעְלֵיהֶן לְמִגָּדוֹל וְעַד־קָטָן:

ביאור | **מֶרֶס, מַרְסְנָא וּמְמוּכָן** – **שִׁבְעַת שָׂרֵי פָּרַס וּמָדַי, רֹאֵי פְּנֵי הַמֶּלֶךְ**, הנפגשים עמו, שכן המלך היה ספון בארמונו, ונדיר היה לראותו פנים אל פנים,[14] **הַיֹּשְׁבִים רִאשֹׁנָה בַּמַּלְכוּת**, שרי ממשלתו הבכירים. טו השאלה המשפטית שעמדה לדיון הייתה **כְּדָת מַה־לַּעֲשׂוֹת בַּמַּלְכָּה וַשְׁתִּי עַל אֲשֶׁר לֹא־עָשְׂתָה אֶת־מַאֲמַר**, דברי **הַמֶּלֶךְ אֲחַשְׁוֵרוֹשׁ בְּיַד הַסָּרִיסִים**. כיצד יש לנהוג בסירובה הפומבי של המלכה להישמע לצו המלך שנמסר לה באמצעות המשלחת הרשמית.

טז **וַיֹּאמֶר מְמוּכָן לִפְנֵי הַמֶּלֶךְ וְהַשָּׂרִים**. בראשית נאומו הוא החריף את חטאה של המלכה, וטען כנגדה: **לֹא עַל־הַמֶּלֶךְ לְבַדּוֹ עָוְתָה**, חטאה **וַשְׁתִּי הַמַּלְכָּה** כשלא צייתה לדבריו, **כִּי** אם **עַל־כָּל־הַשָּׂרִים וְעַל־כָּל־הָעַמִּים אֲשֶׁר בְּכָל־מְדִינוֹת הַמֶּלֶךְ אֲחַשְׁוֵרוֹשׁ**. כיוון שהמעשה נעשה בפומבי, השלכותיו יתפשטו על פני הממלכה הפרסית כולה. יז **כִּי־יֵצֵא דְבַר**,

עניין **הַמַּלְכָּה עַל־כָּל־הַנָּשִׁים לְהַבְזוֹת**, להשפיל את **בַּעְלֵיהֶן בְּעֵינֵיהֶן**. אף
על פי שהמלכה לא הצהירה הצהרות ולא הטיפה לדבר, הדוגמא
האישית שהראתה עלולה להפוך לנורמה. **בְּאָמְרָם** – כאשר הנשים
ינופפו בדוגמתה ויאמרו: "**הַמֶּלֶךְ אֲחַשְׁוֵרוֹשׁ אָמַר לְהָבִיא אֶת־וַשְׁתִּי
הַמַּלְכָּה לְפָנָיו** – **וְלֹא־בָאָה**". המלכה יצרה תקדים מסוכן. יח **וּמַהַיּוֹם
הַזֶּה** והלאה **תֹּאמַרְנָה** דברים אלו **שָׂרוֹת**, נשות השרים של **פָּרַס־
וּמָדַי** – ובעקבותיהן אולי גם הנשים הפשוטות – **אֲשֶׁר שָׁמְעוּ אֶת־דְּבַר
הַמַּלְכָּה, לְכֹל שָׂרֵי הַמֶּלֶךְ**. סירובה של ושתי יעצים אותן בוויכוחיהן עם
בעליהן, **וּכְדַי**, ויש בדברים מספיק **בִּזָּיוֹן וָקָצֶף**, ביזיון שיש לכעוס עליו.
אין לראות בכך רק עלבון אישי, שהמלך אולי יכול להבליג עליו;
השלכותיו הציבוריות של המעשה נרחבות וחמורות, שכן השערורייה
החד-פעמית עלולה לשמש מופת לחיקוי בממלכה. יט אשר על כן,
אִם־עַל, בעיני **הַמֶּלֶךְ טוֹב**, **יֵצֵא דְבַר־מַלְכוּת מִלְּפָנָיו**. ההחלטה תפורסם
באופן רשמי ולא כהוראת שעה בלבד, אלא – **וְיִכָּתֵב** גם **בְּדָתֵי**, ספר
החוקים של **פָּרַס־וּמָדַי וְלֹא יַעֲבוֹר**. למרות מעמדו הנישא של המלך
חוקי הממלכה וכתביה נחשבים מחייבים, לפחות באופן רשמי.[15]
אֲשֶׁר לֹא־תָבוֹא וַשְׁתִּי לִפְנֵי הַמֶּלֶךְ אֲחַשְׁוֵרוֹשׁ. ממוכן לא פירש מה
יעלה בגורלה – אם ימיתו אותה, יַגלו אותה לצמיתות או שיוסרו
ממנה יחסי החן והחיבה שרחש כלפיה המלך, ותישלל ממנה כל
אפשרות השפעה. ואת **מַלְכוּתָהּ**, תפקידה הרשמי כמלכה, **יִתֵּן הַמֶּלֶךְ
לִרְעוּתָהּ הַטּוֹבָה מִמֶּנָּה**. המלך יפטר אותה, והוא שיחליט מי תהיה
ראויה ממנה למלא את מקומה. כ **וְנִשְׁמַע פִּתְגָם**, דבר **הַמֶּלֶךְ אֲשֶׁר־
יַעֲשֶׂה בְּכָל־מַלְכוּתוֹ כִּי רַבָּה**, גדולה **הִיא** – הממלכה. ובעקבות פרסום
התקדים המלכותי, **כָּל־הַנָּשִׁים יִתְּנוּ יְקָר**, כבוד **לְבַעְלֵיהֶן**, ולא ימרו
פיהם **לְמִגָּדוֹל וְעַד־קָטָן**.

העולם

וְיִכָּתֵב בְּדָתֵי פָּרַס וּמָדַי data הוא חוק בפרסית עתיקה. בפרס שמרו בקפדנות על ספרי החוקים על כל מה שהתווסף עליהם מעת לעת. הם נכתבו בלוחות חרס וטין בכתב היתדות וכן על קלף. הארכיונים נמצאו בחלקים המבוצרים ביותר בחומות הארמון בפרספוליס. מציאתו של חוק עתיק שיש לו משמעות מחייבת בהווה נזכרת גם בימי יאשיהו – מציאת ספר התורה בעת בדק בית המקדש (מלכים ב' כב,ח–כג,ד) ולהבדיל, בימי דריוש בעניין הצהרת כורש (ה,יז–ו,ה).

פִּתְגָם בפרסית עתיקה 'פתי גאמא' הוא ההולך לקראת, ולענייננו – המסר היוצא מן המלך אל העם. זהו מקור המלה הארמית 'פתגמא', ומשמעה – צו מפורסם, גזרה.

כא וַיִּיטַב הַדָּבָר בְּעֵינֵי הַמֶּלֶךְ וְהַשָּׂרִים וַיַּעַשׂ הַמֶּלֶךְ כִּדְבַר מְמוּכָן׃
כב וַיִּשְׁלַח סְפָרִים אֶל־כָּל־מְדִינוֹת הַמֶּלֶךְ אֶל־מְדִינָה וּמְדִינָה
כִּכְתָבָהּ וְאֶל־עַם וָעָם כִּלְשׁוֹנוֹ לִהְיוֹת כָּל־אִישׁ שֹׂרֵר בְּבֵיתוֹ
ב א וּמְדַבֵּר כִּלְשׁוֹן עַמּוֹ׃ אַחַר הַדְּבָרִים הָאֵלֶּה כְּשֹׁךְ
חֲמַת הַמֶּלֶךְ אֲחַשְׁוֵרוֹשׁ זָכַר אֶת־וַשְׁתִּי וְאֵת אֲשֶׁר־עָשָׂתָה
ב וְאֵת אֲשֶׁר־נִגְזַר עָלֶיהָ׃ וַיֹּאמְרוּ נַעֲרֵי־הַמֶּלֶךְ מְשָׁרְתָיו יְבַקְשׁוּ
ג לַמֶּלֶךְ נְעָרוֹת בְּתוּלוֹת טוֹבוֹת מַרְאֶה׃ וְיַפְקֵד הַמֶּלֶךְ פְּקִידִים
בְּכָל־מְדִינוֹת מַלְכוּתוֹ וְיִקְבְּצוּ אֶת־כָּל־נַעֲרָה־בְתוּלָה טוֹבַת
מַרְאֶה אֶל־שׁוּשַׁן הַבִּירָה אֶל־בֵּית הַנָּשִׁים אֶל־יַד הֵגֶא סְרִיס
ד הַמֶּלֶךְ שֹׁמֵר הַנָּשִׁים וְנָתוֹן תַּמְרוּקֵיהֶן׃ וְהַנַּעֲרָה אֲשֶׁר תִּיטַב
בְּעֵינֵי הַמֶּלֶךְ תִּמְלֹךְ תַּחַת וַשְׁתִּי וַיִּיטַב הַדָּבָר בְּעֵינֵי הַמֶּלֶךְ

ביאור | כא **וַיִּיטַב הַדָּבָר בְּעֵינֵי הַמֶּלֶךְ וְהַשָּׂרִים.** ממוכן שכנע אותם שהבעיה עקרונית והשלכותיה חמורות. בנאומו הציג את פתרונו לא כגחמה של המלך, אלא כתקדים חשוב בניהול המדינה. המלך הנזעם והשיכור שמח באפשרות לנפח את האירוע לממדים נרחבים. על כן – **וַיַּעַשׂ הַמֶּלֶךְ כִּדְבַר מְמוּכָן.** כאמור, בדרך הניסוח הרשמית של המגילה אין ביטויי ביקורת בוטים, אבל מבין השורות עולה דמותו הנלעגת של אחשורוש הנתונה למניפולציות. כב **וַיִּשְׁלַח סְפָרִים,** איגרות ובהן פקודה רשמית **אֶל־כָּל־מְדִינוֹת הַמֶּלֶךְ, אֶל־מְדִינָה וּמְדִינָה כִּכְתָבָהּ וְאֶל־עַם וָעָם כִּלְשׁוֹנוֹ: לִהְיוֹת כָּל־אִישׁ שֹׂרֵר בְּבֵיתוֹ.** המלך לא הזכיר במפורש את ושתי, אלא הודיע לכול שהגבר צריך להיות השליט בבית, **וּמְדַבֵּר כִּלְשׁוֹן עַמּוֹ.** בני העמים השונים שחיו בממלכה התחתנו אלה עם אלה, וכך התערבבו גם השפות.[16] משום כך הורה המלך בהזדמנות זו שמכאן ואילך שפת הבעל תהיה שפת הבית.[17]

פרק ב

המלכת אסתר

פרק ב פס׳ א–כ

תחילתו של העניין הזה נעוצה בתוצאותיו של העניין שקדם לו – חיפוש המלכה שתחליף את ושתי. בהמשכו יתוארו תולדותיה של אסתר, ובהמשך יישזרו החוטים אלו באלו לעלילה אחת.

פרק ב א **אַחַר הַדְּבָרִים הָאֵלֶּה, כְּשֹׁךְ חֲמַת**, כשנרגע כעסו של **הַמֶּלֶךְ**
אֲחַשְׁוֵרוֹשׁ, הוא **זָכַר אֶת־וַשְׁתִּי וְאֵת אֲשֶׁר־עָשָׂתָה וְאֵת אֲשֶׁר־נִגְזַר עָלֶיהָ**.
מכיוון שלא פורש בכתוב שהרגו אותה, ונדיר היה עונש מוות על
אשת אצולה בנסיבות כאלה, יש לשער שלא הומתה. אולי ושתי
הוגלתה, ואחשורוש התגעגע אליה.[1]

משרתי המלך לא היו רק מבצעי ההוראות שלו; הם גם הקשיבו
להלכי רוחו וניסו לנחש את רצונו. ב **וַיֹּאמְרוּ נַעֲרֵי־הַמֶּלֶךְ מְשָׁרְתָיו**:
הבה נמצא תחליף לושתי. **יְבַקְשׁוּ**, יחפשו **לַמֶּלֶךְ נְעָרוֹת בְּתוּלוֹת טוֹבוֹת**
מַרְאֶה, כראוי בעיניהם לכבודו של המלך. ג ובשל נטייתו של המלך
לממלכתיות, לא תישלח אליו באקראי כל נערה נאה, אלא יהיה
זה מיזם גדול, מאורגן ומכובד – **וְיַפְקֵד הַמֶּלֶךְ פְּקִידִים בְּכָל־מְדִינוֹת**
מַלְכוּתוֹ, והם יערכו את הסינון הראשוני, **וְיִקְבְּצוּ אֶת־כָּל־נַעֲרָה־בְתוּלָה**
טוֹבַת מַרְאֶה אֶל־שׁוּשַׁן הַבִּירָה אֶל־בֵּית הַנָּשִׁים, אֶל־יַד הֵגֶא שהוא **סְרִיס**
הַמֶּלֶךְ שֹׁמֵר הַנָּשִׁים, הממונה על משמר הנשים בארמון, ומעבר ליופיין
הטבעי – **נָתוֹן**, ייתנו להן את **תַּמְרוּקֵיהֶן** לעידון נוסף. ד **וְהַנַּעֲרָה אֲשֶׁר**
תִּיטַב בסוף התהליך **בְּעֵינֵי הַמֶּלֶךְ** – **תִּמְלֹךְ תַּחַת וַשְׁתִּי**.
וַיִּיטַב הַדָּבָר בְּעֵינֵי הַמֶּלֶךְ, וַיַּעַשׂ כֵּן.

מְדִינָה וּמְדִינָה כִּכְתָבָהּ
כתובת תלת-לשונית של חשיארש 485–465 לפנה״ס
מצודת ואן, מזרח טורקיה

ב וַיַּעַשׂ כֵּן: אִישׁ יְהוּדִי הָיָה בְּשׁוּשַׁן הַבִּירָה וּשְׁמוֹ מָרְדֳּכַי ה
בֶּן יָאִיר בֶּן־שִׁמְעִי בֶּן־קִישׁ אִישׁ יְמִינִי: אֲשֶׁר הָגְלָה מִירוּשָׁלַיִם ו
עִם־הַגֹּלָה אֲשֶׁר הָגְלְתָה עִם יְכָנְיָה מֶלֶךְ־יְהוּדָה אֲשֶׁר הֶגְלָה
נְבוּכַדְנֶצַּר מֶלֶךְ בָּבֶל: וַיְהִי אֹמֵן אֶת־הֲדַסָּה הִיא אֶסְתֵּר בַּת־דֹּדוֹ ז
כִּי אֵין לָהּ אָב וָאֵם וְהַנַּעֲרָה יְפַת־תֹּאַר וְטוֹבַת מַרְאֶה וּבְמוֹת
אָבִיהָ וְאִמָּהּ לְקָחָהּ מָרְדֳּכַי לוֹ לְבַת: וַיְהִי בְּהִשָּׁמַע דְּבַר־הַמֶּלֶךְ ח
וְדָתוֹ וּבְהִקָּבֵץ נְעָרוֹת רַבּוֹת אֶל־שׁוּשַׁן הַבִּירָה אֶל־יַד הֵגָי וַתִּלָּקַח
אֶסְתֵּר אֶל־בֵּית הַמֶּלֶךְ אֶל־יַד הֵגַי שֹׁמֵר הַנָּשִׁים: וַתִּיטַב הַנַּעֲרָה ט
בְעֵינָיו וַתִּשָּׂא חֶסֶד לְפָנָיו וַיְבַהֵל אֶת־תַּמְרוּקֶיהָ וְאֶת־מָנוֹתֶהָ לָתֵת
לָהּ וְאֵת שֶׁבַע הַנְּעָרוֹת הָרְאֻיוֹת לָתֶת־לָהּ מִבֵּית הַמֶּלֶךְ וַיְשַׁנֶּהָ
וְאֶת־נַעֲרוֹתֶיהָ לְטוֹב בֵּית הַנָּשִׁים: לֹא־הִגִּידָה אֶסְתֵּר אֶת־עַמָּהּ י

ביאור | ה **אִישׁ יְהוּדִי**, מארץ יהודה,[2] הפחווה העצמאית הקטנה שהפרסים קראו לה 'יהוד', **הָיָה בְּשׁוּשַׁן הַבִּירָה, וּשְׁמוֹ מָרְדֳּכַי בֶּן יָאִיר בֶּן־שִׁמְעִי בֶּן־קִישׁ, אִישׁ יְמִינִי**, משבט בנימין. הוא בא מארץ יהודה, אבל מוצאו השבטי היה בנימין. ו **אֲשֶׁר** בצעירותו **הָגְלָה מִירוּשָׁלַיִם עִם־הַגֹּלָה** הראשונה **אֲשֶׁר הָגְלְתָה עִם יְכָנְיָה**, הוא יהויכין **מֶלֶךְ־יְהוּדָה, אֲשֶׁר הֶגְלָה נְבוּכַדְנֶצַּר מֶלֶךְ בָּבֶל.** ז **וַיְהִי אֹמֵן אֶת־הֲדַסָּה.** הוא היה האפוטרופוס שטיפל בהדסה ש**הִיא אֶסְתֵּר**, הדסה היה שמה העברי, על שם ההדס, ואילו אסתר היה שמה הפרסי או הבבלי, **בַּת־דֹּדוֹ** הצעירה ממנו בהרבה, **כִּי אֵין לָהּ אָב וָאֵם. וְהַנַּעֲרָה יְפַת־תֹּאַר וְטוֹבַת מַרְאֶה, וּבְמוֹת אָבִיהָ וְאִמָּהּ לְקָחָהּ מָרְדֳּכַי לוֹ לְבַת.** כיוון שאסתר התייתמה, קרוב משפחתה אימץ אותה לבת.

ח **וַיְהִי בְּהִשָּׁמַע**, כשהתפרסם **דְּבַר־הַמֶּלֶךְ וְדָתוֹ**, פקודתו החדשה,

הרחבות | **שבטי יהודה ובנימין** שנחלותיהם סמוכות זו לזו, יצאו לגולה יחד, ואף חזרו ממנה יחד (ראו נחמיה יא,ז כה–לו). שמות אלה מעידים כי מוצאו של מרדכי בשושלת האצולה המתייחסת אל שאול המלך. (ראו פרקי דרבי אליעזר מח; מגילה טז ע"א). פרט זה משמעותי משום שלפי חוקי פרס ומדי, נדיר ביותר היה למנות אשה פשוטה לתפקיד המלכה (ראו הרודוטוס 3, 84). לכן נראה שהמועמדות, גם אם לא היו פרסיות, היו צריכות להיות בעלות מעמד. שמה של אסתר יָצא לה כאשה מיוחסת גם כשמוצאה המדויק יכוסה.

וּבְהִקָּבֵץ, כשהתאספו מרצונן **נְעָרוֹת רַבּוֹת אֶל־שׁוּשַׁן הַבִּירָה אֶל־יַד**
הֵגָי. מן הסתם ששו לבוא מארצותיהן לעיר הבירה, התרגשו לקראת
הפגישה עם המלך והשתוקקו להיבחר, שכן ידעו שהנבחרת תהפוך
למלכת האימפריה. לעומת זאת – **וַתִּלָּקַח** בעל כורחה[3] **אֶסְתֵּר אֶל־בֵּית**
הַמֶּלֶךְ, אֶל־יַד הֵגַי שֹׁמֵר הַנָּשִׁים. ט **וַתִּיטַב הַנַּעֲרָה בְעֵינָיו**. הגי, שלא היה
רק הממונה על הנשים, אלא גם המומחה המלכותי לנשים, ראה
בה מועמדת רצינית למלכות לפי היכרותו את טעמו של המלך;[4]
ונוסף על יופיה – **וַתִּשָּׂא חֶסֶד לְפָנָיו**. הוא נוכח בקסמה האישי המיוחד
ובאישיותה החיננית, ולכן דאג לצרכיה באופן מיוחד – **וַיְבַהֵל**, זירז
אֶת אספקת **תַּמְרוּקֶיהָ וְאֶת־מָנוֹתֶהָ** המיוחדות שהיא זכאית לקבל
לָתֶת לָהּ, וְאֵת שֶׁבַע הַנְּעָרוֹת הָרְאֻיוֹת לָתֶת־לָהּ מִבֵּית הַמֶּלֶךְ. לא ראוי
היה שהמועמדת להיות מלכת פרס תלך לבדה. לכן ניתנו לה
שבע משרתות. **וַיְשַׁנֶּהָ וְאֶת־נַעֲרוֹתֶיהָ לְטוֹב**, הוא היטיב את מעמדה
בְּבֵית הַנָּשִׁים. י במשך כל הזמן הזה **לֹא־הִגִּידָה אֶסְתֵּר אֶת־עַמָּהּ וְאֶת־**

פחוַת יהודה

יְהוּדִי מי שבא מארץ יהודה או מהפחווה יהד, כלומר יהודה, (בארמית: יהוד מדינתא). פחוות יהודה נוסדה בסוף המאה החמישית לפנה"ס, לאחר שכורש השני, הגדול, (שמלך בין השנים 530–538 לפנה"ס) קרא בהצהרתו לגולי בבל לשוב לארצם ולבנות את בית המקדש. הפחווה הייתה הקטנה שבפחוות האימפריה הפרסית, והשתרעה על 1600 קמ"ר בלבד. בראשה הועמדו פחות ('אחשדרפנים') מבין הגולים השבים. היא כללה את אזור ירושלים, דרום בקעת הירדן לחוף ים המלח, אזור בנימין (בית-אל והמצפה), אזור לוד, אזור גזר, אזור קעילה ועדֻלם, אזור בית-הכרם (בית-לחם), בית-צור ועין גדי.

אֶסְתֵּר וּמָרְדֳּכַי השם אסתר הוא פרסי (astra), ומשמעו בשפות ההודו-אירופיות כוכב, (ראו מגילה יג ע"א), אולי כוכב נוגה, (ראו תרגום אסתר י,ג); ואילו שמה העברי של אסתר היה הדסה. יצוין כי פרחי ההדס ושפע אבקניהם דומים לציורים עתיקים של כוכבים. ישנה השערה כי מוצא השם הוא האלילה הבבלית אישתר, ואילו מקורו של השם מרדכי – באליל הבבלי מרדוך. יש לציין כי בתעודה משושן העתיקה מימי חשיארש הראשון (שמת בשנת 424 לפנה"ס), שיש המזהים אותו עם אחשורוש, נזכר גזבר הממלכה הקרוי מרדוכה.

העולם

יא וְאֶת־מוֹלַדְתָּהּ כִּי מָרְדֳּכַי צִוָּה עָלֶיהָ אֲשֶׁר לֹא־תַגִּיד׃ וּבְכָל־יוֹם
וָיוֹם מָרְדֳּכַי מִתְהַלֵּךְ לִפְנֵי חֲצַר בֵּית־הַנָּשִׁים לָדַעַת אֶת־שְׁלוֹם
יב אֶסְתֵּר וּמַה־יֵּעָשֶׂה בָּהּ׃ וּבְהַגִּיעַ תֹּר נַעֲרָה וְנַעֲרָה לָבוֹא ׀ אֶל־
הַמֶּלֶךְ אֲחַשְׁוֵרוֹשׁ מִקֵּץ הֱיוֹת לָהּ כְּדָת הַנָּשִׁים שְׁנֵים עָשָׂר חֹדֶשׁ
כִּי כֵּן יִמְלְאוּ יְמֵי מְרוּקֵיהֶן שִׁשָּׁה חֳדָשִׁים בְּשֶׁמֶן הַמֹּר וְשִׁשָּׁה
יג חֳדָשִׁים בַּבְּשָׂמִים וּבְתַמְרוּקֵי הַנָּשִׁים׃ וּבָזֶה הַנַּעֲרָה בָּאָה אֶל־
הַמֶּלֶךְ אֵת כָּל־אֲשֶׁר תֹּאמַר יִנָּתֵן לָהּ לָבוֹא עִמָּהּ מִבֵּית הַנָּשִׁים
יד עַד־בֵּית הַמֶּלֶךְ׃ בָּעֶרֶב ׀ הִיא בָאָה וּבַבֹּקֶר הִיא שָׁבָה אֶל־בֵּית
הַנָּשִׁים שֵׁנִי אֶל־יַד שַׁעַשְׁגַז סְרִיס הַמֶּלֶךְ שֹׁמֵר הַפִּילַגְשִׁים לֹא־
תָבוֹא עוֹד אֶל־הַמֶּלֶךְ כִּי אִם־חָפֵץ בָּהּ הַמֶּלֶךְ וְנִקְרְאָה בְשֵׁם׃
טו וּבְהַגִּיעַ תֹּר־אֶסְתֵּר בַּת־אֲבִיחַיִל ׀ דֹּד מָרְדֳּכַי אֲשֶׁר לָקַח־
לוֹ לְבַת לָבוֹא אֶל־הַמֶּלֶךְ לֹא בִקְשָׁה דָּבָר כִּי אִם אֶת־אֲשֶׁר יֹאמַר
הֵגַי סְרִיס־הַמֶּלֶךְ שֹׁמֵר הַנָּשִׁים וַתְּהִי אֶסְתֵּר נֹשֵׂאת חֵן בְּעֵינֵי
טז כָּל־רֹאֶיהָ׃ וַתִּלָּקַח אֶסְתֵּר אֶל־הַמֶּלֶךְ אֲחַשְׁוֵרוֹשׁ אֶל־בֵּית
מַלְכוּתוֹ בַּחֹדֶשׁ הָעֲשִׂירִי הוּא־חֹדֶשׁ טֵבֵת בִּשְׁנַת־שֶׁבַע לְמַלְכוּתוֹ׃

ביאור | **מוֹלַדְתָּהּ.** היא הסתירה את מוצאה האתני ואת מקום הולדתה **כִּי מָרְדֳּכַי צִוָּה עָלֶיהָ אֲשֶׁר לֹא־תַגִּיד** את זהותה. גם אחרי שיצאה מביתו, וגם אחרי שהיא תעלה לגדולה, אסתר נשארה כפופה למרדכי.

יא **וּבְכָל־יוֹם וָיוֹם מָרְדֳּכַי מִתְהַלֵּךְ לִפְנֵי חֲצַר בֵּית־הַנָּשִׁים לָדַעַת אֶת־שְׁלוֹם**

הרחבות | **'כי מרדכי צוה עליה אשר לא תגיד'** מניעי מרדכי אינם מפורשים, אך ייתכן שהוא ראה באסתר מעין סוכנת חשאית. אולי מלכתחילה היה מרדכי מעדיף שהיא תינשא לאדם הגון מישראל, אבל כאשר נוכח שהיא נלקחה לבית המלך, פעל בהתאם לכך. (ראו רש"י ור"י קרא). בתור בעל מעמד בחצר המלוכה מרדכי רצה לשמור את סודה של אסתר לשימוש מפתיע בימים הבאים, אף שלא ידע מה עתיד להתרחש. הוא הבין שכדאי שיהיה לו סוכן רדום המוכן לפעול בשעת הצורך בתוך בית המלך.

'אל בית הנשים שני' לאחר שהנערות שהו עם המלך, הן נחשבו שייכות לו והועברו לבית נשים מיוחד. אילו נמסרו לגבר אחר, היה בכך משום ביזוי המלכות (ראב"ע). דוגמה לדבר – אבישג השונמית, הנערה שהייתה סוכנת לדוד, שאדניהו ביקש לעצמו. מתגובתו החריפה של שלמה המלך עולה שנערה ששכבה בחיק המלך לא תינתן לאיש, גם לא בתוך בית המלוכה (מלכים א' ב,יג–כה. וראו המוער על שמואל ב' כ,ג).

אֶסְתֵּר וּמַה־יֵּעָשֶׂה בָּהּ. מרדכי רחש כלפי אסתר חיבה אישית ודאג
לה. בתור אפוטרופוס הוא השתדל לשמוע מה מצבה בכל עת.

וכך הוכנו הנערות: יב וּבְהַגִּיעַ תֹּר נַעֲרָה וְנַעֲרָה לָבוֹא אֶל־הַמֶּלֶךְ
אֲחַשְׁוֵרוֹשׁ, מִקֵּץ הֱיוֹת לָהּ כְּדָת הַנָּשִׁים, כשהסתיימו טיפולי היופי
הקבועים בהכנתה אל המלך לפי ההוראות במשך שְׁנֵים עָשָׂר חֹדֶשׁ,
כִּי כֵּן יִמְלְאוּ יְמֵי מְרוּקֵיהֶן, זהו משך הזמן שבו נערכים הטיפולים:
שִׁשָּׁה חֳדָשִׁים היא נמשחת בְּשֶׁמֶן הַמֹּר, שנועד בין השאר להסיר שיער
מהגוף,[5] וְשִׁשָּׁה חֳדָשִׁים בַּבְּשָׂמִים השונים וּבְתַמְרוּקֵי הַנָּשִׁים. יג וּבָאופן
הזה הַנַּעֲרָה בָּאָה אֶל־הַמֶּלֶךְ לאחר שסיימה את שלב הטיפולים. אחד
מכללי טקס הגעתה – אֵת כָּל־אֲשֶׁר תֹּאמַר, תבקש הנערה יִנָּתֵן לָהּ
לָבוֹא עִמָּהּ כדי להפוך את הופעתה יפה יותר מִבֵּית הַנָּשִׁים עַד־בֵּית
הַמֶּלֶךְ. היא תוכל לבקש תכשיט מיוחד, ליווי כלשהו או מצג ראווה
שלם, וכל רצונה יתממש. יד בָּעֶרֶב הִיא בָאָה אל המלך, ונשארת
למשך הלילה, וּבַבֹּקֶר הִיא שָׁבָה אֶל־בֵּית הַנָּשִׁים הַשֵּׁנִי,[6] אֶל־יַד שַׁעַשְׁגַז
סְרִיס הַמֶּלֶךְ שֹׁמֵר הַפִּילַגְשִׁים. היא אינה חוזרת לבית שבו הכינו את
המועמדות, אלא להרמון הפילגשים, שאליו מגיעות הנערות שהיו
כבר אצל המלך.[7] נערה זו לֹא־תָבוֹא עוֹד אֶל־הַמֶּלֶךְ, כִּי אִם־חָפֵץ בָּהּ
הַמֶּלֶךְ – וְנִקְרְאָה בְשֵׁם. אם המלך זוכר אותה – הוא יורה לממונה
שיקרא לה שוב; אם לא – היא תישאר בין הפילגשים שבהרמון.

טו וּבְהַגִּיעַ תֹּר־אֶסְתֵּר בַּת־אֲבִיחַיִל שהיה דֹּד מָרְדֳּכַי, אֲשֶׁר לָקַח אותה
לוֹ לְבַת, לָבוֹא אֶל־הַמֶּלֶךְ – לֹא בִקְשָׁה דָּבָר, כִּי אִם אֶת־אֲשֶׁר יֹאמַר הֵגַי
סְרִיס־הַמֶּלֶךְ שֹׁמֵר הַנָּשִׁים. שאר הנערות ניסו להרשים, ואילו אסתר
נמנעה מיזמות כלשהן, ורק צייתה להמלצותיו של המומחה. וַתְּהִי
אֶסְתֵּר נֹשֵׂאת חֵן בְּעֵינֵי כָּל־רֹאֶיהָ. טז וַתִּלָּקַח אֶסְתֵּר אֶל־הַמֶּלֶךְ אֲחַשְׁוֵרוֹשׁ
אֶל־בֵּית מַלְכוּתוֹ בַּחֹדֶשׁ הָעֲשִׂירִי הוּא־חֹדֶשׁ טֵבֵת, בִּשְׁנַת־שֶׁבַע לְמַלְכוּתוֹ,

בקבוק בושם משיש
560-331 לפנה"ס
פרספוליס

וַיֶּאֱהַב הַמֶּלֶךְ אֶת־אֶסְתֵּר מִכָּל־הַנָּשִׁים וַתִּשָּׂא־חֵן וָחֶסֶד לְפָנָיו יז
מִכָּל־הַבְּתוּלוֹת וַיָּשֶׂם כֶּתֶר־מַלְכוּת בְּרֹאשָׁהּ וַיַּמְלִיכֶהָ תַּחַת
וַשְׁתִּי: וַיַּעַשׂ הַמֶּלֶךְ מִשְׁתֶּה גָדוֹל לְכָל־שָׂרָיו וַעֲבָדָיו אֵת מִשְׁתֵּה יח
אֶסְתֵּר וַהֲנָחָה לַמְּדִינוֹת עָשָׂה וַיִּתֵּן מַשְׂאֵת כְּיַד הַמֶּלֶךְ: וּבְהִקָּבֵץ יט
בְּתוּלוֹת שֵׁנִית וּמָרְדֳּכַי יֹשֵׁב בְּשַׁעַר־הַמֶּלֶךְ: אֵין אֶסְתֵּר מַגֶּדֶת כ
מוֹלַדְתָּהּ וְאֶת־עַמָּהּ כַּאֲשֶׁר צִוָּה עָלֶיהָ מָרְדֳּכָי וְאֶת־מַאֲמַר מָרְדֳּכַי
אֶסְתֵּר עֹשָׂה כַּאֲשֶׁר הָיְתָה בְאָמְנָה אִתּוֹ: בַּיָּמִים הָהֵם כא
וּמָרְדֳּכַי יֹשֵׁב בְּשַׁעַר־הַמֶּלֶךְ קָצַף בִּגְתָן וָתֶרֶשׁ שְׁנֵי־סָרִיסֵי הַמֶּלֶךְ
מִשֹּׁמְרֵי הַסַּף וַיְבַקְשׁוּ לִשְׁלֹחַ יָד בַּמֶּלֶךְ אֲחַשְׁוֵרֹשׁ: וַיִּוָּדַע הַדָּבָר כב
לְמָרְדֳּכַי וַיַּגֵּד לְאֶסְתֵּר הַמַּלְכָּה וַתֹּאמֶר אֶסְתֵּר לַמֶּלֶךְ בְּשֵׁם מָרְדֳּכָי:
וַיְבֻקַּשׁ הַדָּבָר וַיִּמָּצֵא וַיִּתָּלוּ שְׁנֵיהֶם עַל־עֵץ וַיִּכָּתֵב בְּסֵפֶר דִּבְרֵי כג

ביאור | ארבע שנים לאחר שאחשורוש איבד את ושתי. באותן שנים התקבצו הנערות ועברו את תקופת ההכנה שלהן. יז **וַיֶּאֱהַב הַמֶּלֶךְ אֶת־אֶסְתֵּר מִכָּל־הַנָּשִׁים, וַתִּשָּׂא־חֵן וָחֶסֶד לְפָנָיו מִכָּל־הַבְּתוּלוֹת. וַיָּשֶׂם כֶּתֶר־מַלְכוּת בְּרֹאשָׁהּ, וַיַּמְלִיכֶהָ תַּחַת וַשְׁתִּי.** תמוה שבפרס ומדי נבחרה אשה בלא ייחוס. כאמור, נראה שאף שאסתר העלימה את מוצאה, היא נתפסה כבעלת ייחוס. יח **וַיַּעַשׂ הַמֶּלֶךְ מִשְׁתֶּה גָדוֹל לְכָל־שָׂרָיו וַעֲבָדָיו, אֵת מִשְׁתֵּה אֶסְתֵּר.** הוא לא הסתפק בחגיגה פרטית לרגל מינויה של המלכה החדשה, אלא הודיע על כך לכל העמים. מכיוון שנודע לכול דבר פיטוריה של ושתי מהתפקיד, פרסם המלך ברבים שנמצאה מחליפתה. **וַהֲנָחָה לַמְּדִינוֹת עָשָׂה.** הוא הפחית מן המסים כדי שנתיניו יהיו מרוצים וישמחו עמו בשמחתו. יתרה מזו – **וַיִּתֵּן מַשְׂאֵת**, מתנות **כְּיַד הַמֶּלֶךְ** כדי להוסיף שמחה ומעורבות בקרב העם. יט **וּבְהִקָּבֵץ בְּתוּלוֹת שֵׁנִית.** נראה שמבין הבתולות שנאספו, נשארו עדיין מועמדות שלא הספיקו לבוא אל המלך, והתהליך המשיך באופן כלשהו גם לאחר בחירת אסתר.[8] **וּמָרְדֳּכַי יֹשֵׁב בְּשַׁעַר־הַמֶּלֶךְ**, נשא בתפקיד מכובד בחצר המלוכה וגם עקב אחרי הנעשה בחצר.[9]

הרחבות | **'ומרדכי ישב בשער המלך'** השם מָרְדֳּכַי מופיע ברשימת העולים בעלייה הראשונה מבבל (ראו עזרא ב,ב; מגילה טז ע"ב). ייתכן שלאחר עלייתו ארצה הוא נשלח חזרה לשושן הבירה בתפקיד מעין דיפלומטי כדי לייצג את האינטרסים של פחוות יהודה בחצר המלך.

כ עבר זמן מאז נכנסה אסתר לבית המלך, ועדיין **אֵין אֶסְתֵּר מַגֶּדֶת מוֹלַדְתָּהּ וְאֶת־עַמָּהּ, כַּאֲשֶׁר צִוָּה עָלֶיהָ מָרְדֳּכָי. וְאֶת־מַאֲמַר מָרְדֳּכַי אֶסְתֵּר עֹשָׂה** כמו שעשתה **כַּאֲשֶׁר הָיְתָה בְאָמְנָה אִתּוֹ**, בילדותה, כאשר הוא היה אומנה.

גילוי תכנית ההתנקשות במלך

פרק ב פס׳ כא–כג

כאן מופיע סיפור שלכאורה הוא צדדי ואקראי. בהמשך יתברר כיצד הוא נארג בתוך המהלך העיקרי.

כא **בַּיָּמִים הָהֵם, וּמָרְדֳּכַי יֹשֵׁב בְּשַׁעַר־הַמֶּלֶךְ**, **קָצַף**, כעסו **בִּגְתָן וָתֶרֶשׁ**,
שהיו **שְׁנֵי־סָרִיסֵי הַמֶּלֶךְ מִשֹּׁמְרֵי הַסַּף**, **וַיְבַקְשׁוּ לִשְׁלֹחַ יָד**, להתנקש **בַּמֶּלֶךְ
אֲחַשְׁוֵרֹשׁ**. בפרס רווחה אז אווירת תככים, מזימות וקשרים. אנשים
שונים טענו למלוכה. קשה לדעת מי ממלכי פרס עלה לשלטון
בזכות ייחוסו, ומי מלך בתוקף הכוח הצבאי שהקיף אותו. כב **וַיִּוָּדַע
הַדָּבָר** – דבר המרד הנרקם **לְמָרְדֳּכַי**. ייתכן שדיברו בשפה שחשבו
שאיש איננו מבין, אך מרדכי שלט בשפתם.[1] **וַיַּגֵּד לְאֶסְתֵּר הַמַּלְכָּה**,
שהיא תעביר את המסר, מאחר שלו עצמו לא היה מגע ישיר עם
המלך, בהיותו אחד הפקידים או נציג היהודים בחצר המלוכה.

וַתֹּאמֶר אֶסְתֵּר לַמֶּלֶךְ את דבר המרידה **בְּשֵׁם מָרְדֳּכָי**, שהמלך אולי יודע על קיומו.

כג **וַיְבֻקַּשׁ**, נחקר **הַדָּבָר וַיִּמָּצֵא** שאכן בגתן ותרש היו מעורבים
במזימה. **וַיִּתָּלוּ שְׁנֵיהֶם עַל־עֵץ**. נראה שתלייה הייתה הדרך המקובלת

שערי ארמון מלכי פרס
המאה ה-5 לפנה״ס
פרספוליס

העולם

שַׁעַר הַמֶּלֶךְ בתכנית הארמון בשושן, המצויה בידינו, היה מבנה מיוחד לשער המלך. (ראו בתרשים ליד א,ה לעיל, מס׳ 5). עד בית השער הורשו להגיע מבקשי פני המלך או מבקשי פני יועציו, ושם המתינו להתקבלותם או לתשובה לפניותיהם.

וַיִּתָּלוּ שְׁנֵיהֶם עַל עֵץ לדעת חוקרים, מקורה של ההוצאה להורג הפומבית בתלייה הוא בפרס העתיקה. זוהי שיטה פשוטה לביצוע שאינה מצריכה תליין מומחה, ושאין בה שפיכת דם. אולם יש המשערים כי התלייה האמורה כאן ובהמשך היא ההוקעה או השיפוד (Impalement) – תחיבתו של עמוד עץ מחודד בחזהו או בין רגליו של הנידון עד שיצא מן הצד האחר של גופו. שיטת הוצאה למוות זו ירשו הפרסים מהאשורים והבבלים.

הַיָּמִים לִפְנֵי הַמֶּלֶךְ: אַחַר ׀ הַדְּבָרִים הָאֵלֶּה גִּדַּל א ג
הַמֶּלֶךְ אֲחַשְׁוֵרוֹשׁ אֶת־הָמָן בֶּן־הַמְּדָתָא הָאֲגָגִי וַיְנַשְּׂאֵהוּ
וַיָּשֶׂם אֶת־כִּסְאוֹ מֵעַל כָּל־הַשָּׂרִים אֲשֶׁר אִתּוֹ: וְכָל־עַבְדֵי הַמֶּלֶךְ ב
אֲשֶׁר־בְּשַׁעַר הַמֶּלֶךְ כֹּרְעִים וּמִשְׁתַּחֲוִים לְהָמָן כִּי־כֵן צִוָּה־
לוֹ הַמֶּלֶךְ וּמָרְדֳּכַי לֹא יִכְרַע וְלֹא יִשְׁתַּחֲוֶה: וַיֹּאמְרוּ עַבְדֵי ג
הַמֶּלֶךְ אֲשֶׁר־בְּשַׁעַר הַמֶּלֶךְ לְמָרְדֳּכָי מַדּוּעַ אַתָּה עוֹבֵר אֵת
כְּאָמְרָם מִצְוַת הַמֶּלֶךְ: וַיְהִי באמרם אֵלָיו יוֹם וָיוֹם וְלֹא שָׁמַע אֲלֵיהֶם ד
וַיַּגִּידוּ לְהָמָן לִרְאוֹת הֲיַעַמְדוּ דִּבְרֵי מָרְדֳּכַי כִּי־הִגִּיד לָהֶם
אֲשֶׁר־הוּא יְהוּדִי: וַיַּרְא הָמָן כִּי־אֵין מָרְדֳּכַי כֹּרֵעַ וּמִשְׁתַּחֲוֶה ה
לוֹ וַיִּמָּלֵא הָמָן חֵמָה: וַיִּבֶז בְּעֵינָיו לִשְׁלֹחַ יָד בְּמָרְדֳּכַי לְבַדּוֹ כִּי־ ו
הִגִּידוּ לוֹ אֶת־עַם מָרְדֳּכָי וַיְבַקֵּשׁ הָמָן לְהַשְׁמִיד אֶת־כָּל־הַיְּהוּדִים
אֲשֶׁר בְּכָל־מַלְכוּת אֲחַשְׁוֵרוֹשׁ עַם מָרְדֳּכָי: בַּחֹדֶשׁ הָרִאשׁוֹן ז

ביאור | להוצאה להורג המלכותית בפרס, והיא נועדה גם להפגין את הגנאי שבמעשה בפומבי.[2]

וַיִּכָּתֵב, דבר ניסיונם של שני האנשים הללו להמית את אחשורוש בתאריך מסוים ואופן הצלתו תועד **בְּסֵפֶר דִּבְרֵי הַיָּמִים לִפְנֵי הַמֶּלֶךְ.**

הרחבות | **'ומרדכי לא יכרע ולא ישתחוה'** לכאורה הסיבות לסירובו של מרדכי לכרוע ולהשתחוות להמן לא היו דתיות, שהרי מסופר על אישים אחרים שכרעו והשתחוו לשרים ולמלכים, והדבר לא נחשב להם לחטא. (ראו בראשית מב,ו; שמות יח,ז; שמואל א' כד,ח; מלכים א' א,כג). אולי מרדכי, שנמנה עם אצולת יהודה, ראה בכריעתו לפני המן מעשה המשפיל את היהודים כולם. (ראו עוד ילקוט שמעוני תתרנד). וייתכן שלהימנעותו מכפיפת קומתו בפני המן היו גם שורשים ביחסיהם הבינאישיים הקודמים. לפי המסורת הם הכירו זה את זה מן העבר, ומרדכי בז להמן באופן אישי. (ראו מגילה טו ע"א–טז ע"א; מגילת סתרים כאן). יש אומרים שסירב להשתחוות מכיוון שהמן עשה עצמו כאלוה או שתלה בבגדיו צלם. (ראו מגילה י ע"ב; יט ע"א; סנהדרין סא ע"ב; ראב"ע ורלב"ג כאן).

שנאת המן שנאה אישית המתרחבת ומופנית לעם שלם היא תופעה חריגה ומתמיהה. הרקע לשנאה הזאת קשור למוצאו העמלקי של המן. אף על פי שעמלק לא היה עם גדול, שנאתו לישראל הייתה קיימת עוד מראשית ההיסטוריה של עם ישראל. (ראו שמות יז,ח–טז). ההתנגשות של המן עם מרדכי לא הייתה הגורם הבלעדי לתגובתו, אלא היא עוררה איבה קמאית שהוא ועמו רחשו לישראל מקדמת דנא.

פרק ג

המן ותכנית השמדת היהודים

פרק ג

מרדכי, שנזכר קודם לכן כבן דודה וכאומנה של אסתר, לא כופף עצמו בפני המן, המכובד בשרי פרס. את ההתרחשות הבינאישית הזאת הרחיב המן, ושכנע את המלך להתיר את דמם של כל היהודים, בני עמו של מרדכי, שחיו במדינות מלכותו.

פרק ג א **אַחַר הַדְּבָרִים הָאֵלֶּה** – מינוי אסתר ומזימת בגתן ותרש **גִּדַּל
הַמֶּלֶךְ אֲחַשְׁוֵרוֹשׁ** בין שריו **אֶת־הָמָן בֶּן־הַמְּדָתָא הָאֲגָגִי**, כנראה מזרע אגג
מלך עמלקי.[1] ייתכן ששינה את שמו העמלקי המקורי ואימץ שם בעל
צליל פרסי. **וַיְנַשְּׂאֵהוּ**, העלה את מעמדו **וַיָּשֶׂם אֶת־כִּסְאוֹ מֵעַל כָּל־הַשָּׂרִים
אֲשֶׁר אִתּוֹ**. הגבהת מעמדו של שר מן השרים והפיכתו למקורבו של
המלך ידועה גם ממקורות אחרים בני התקופה.[2] ב **וְכָל־עַבְדֵי הַמֶּלֶךְ**,
שריו ומשרתיו **אֲשֶׁר־בְּשַׁעַר הַמֶּלֶךְ כֹּרְעִים וּמִשְׁתַּחֲוִים לְהָמָן כִּי־כֵן צִוָּה־
לוֹ**, בעבורו **הַמֶּלֶךְ. וּמָרְדֳּכַי לֹא יִכְרַע וְלֹא יִשְׁתַּחֲוֶה**, מטעם שאינו ידוע.[3]

ג **וַיֹּאמְרוּ עַבְדֵי הַמֶּלֶךְ אֲשֶׁר־בְּשַׁעַר הַמֶּלֶךְ לְמָרְדֳּכָי: מַדּוּעַ אַתָּה עוֹבֵר אֵת
מִצְוַת הַמֶּלֶךְ** להשתחוות להמן?

ד **וַיְהִי כְּאָמְרָם אֵלָיו יוֹם וָיוֹם, וְלֹא שָׁמַע אֲלֵיהֶם, וַיַּגִּידוּ** זאת **לְהָמָן**. ייתכן
שהמן לא הבחין בכך מתחילה, שכן עבר לפניו קהל גדול של
משתחווים,[4] אבל הנוכחים, שביקשו לעורר מדנים, סיפרו את הדבר
להמן כדי **לִרְאוֹת הֲיַעַמְדוּ דִּבְרֵי מָרְדֳּכַי**, האם יצליח לעמוד מרדכי
בהחלטתו שלא להשתחוות להמן, **כִּי־הִגִּיד לָהֶם אֲשֶׁר־הוּא יְהוּדִי**,
ועל כן לא יוכל להשתחוות להמן.[5]

ה **וַיַּרְא** גם **הָמָן** עצמו **כִּי־אֵין מָרְדֳּכַי כֹּרֵעַ וּמִשְׁתַּחֲוֶה לוֹ, וַיִּמָּלֵא הָמָן חֵמָה**,
זעם על הביזיון הפומבי. ו המן אמור היה להעניש על כך את מרדכי
או להיפטר ממנו, אבל – **וַיִּבֶז בְּעֵינָיו לִשְׁלֹחַ יָד בְּמָרְדֳּכַי לְבַדּוֹ**. הפגיעה
האישית במרדכי לא נראתה לו מספקת **כִּי־הִגִּידוּ לוֹ אֶת־עַם מָרְדֳּכָי**.
מכאן שבימים ההם לא היה סימן חיצוני ברור לכול להבחנה בין יהודי
לבין מי שאינו יהודי. גם בשמותיהם לא ניכרו היהודים מהנכרים.
וַיְבַקֵּשׁ הָמָן לְהַשְׁמִיד אֶת־כָּל־הַיְּהוּדִים אֲשֶׁר בְּכָל־מַלְכוּת אֲחַשְׁוֵרוֹשׁ.
למרות עיסוקיו הרבים של המן, שהיה שר בכיר בממלכה אדירה,
הוא פיתח אובססיה ליהודים משום שהם **עַם מָרְדֳּכָי**, ותכנן כיצד
להיפטר מהם.

העולם

הָמָן בֶּן הַמְּדָתָא הָאֲגָגִי ייתכן ששמו של המן נגזר משם האליל העילמי הראשי humman. שמו של המן ושם אביו המדתא מתחילים באותן אותיות. להן אפשר לייחס משמעות של משקה ומזון שהפרסים קידשו – אומא. 'דתא', החלק השני של שם אביו של המן – משמעו בפרסית גם נתינה או הגשה. בפרס קודשה גם ציפור אגדית בשם homa, שלה יוחסו תכונות דומות לעוף החול ולפניקס – אריכות ימים ועמידה באש. ייתכן שהשתמשו בשמה לקריאת הנולד כדי לברך אותו. קצין פרסי בשם 'הומדת' נזכר בכתבי־יד פרסיים. בעילמית קיים גם השם aggaga. ייתכן שמשפחת המן אימצה לעצמה שמות עילמיים כדי לחפות על זרותה.

הוּא־חֹדֶשׁ נִיסָן בִּשְׁנַת שְׁתֵּים עֶשְׂרֵה לַמֶּלֶךְ אֲחַשְׁוֵרוֹשׁ הִפִּיל פּוּר
הוּא הַגּוֹרָל לִפְנֵי הָמָן מִיּוֹם ׀ לְיוֹם וּמֵחֹדֶשׁ לְחֹדֶשׁ שְׁנֵים־עָשָׂר
ג הוּא־חֹדֶשׁ אֲדָר׃ וַיֹּאמֶר הָמָן לַמֶּלֶךְ אֲחַשְׁוֵרוֹשׁ יֶשְׁנוֹ ח
עַם־אֶחָד מְפֻזָּר וּמְפֹרָד בֵּין הָעַמִּים בְּכֹל מְדִינוֹת מַלְכוּתֶךָ וְדָתֵיהֶם
שֹׁנוֹת מִכָּל־עָם וְאֶת־דָּתֵי הַמֶּלֶךְ אֵינָם עֹשִׂים וְלַמֶּלֶךְ אֵין־שֹׁוֶה
לְהַנִּיחָם׃ אִם־עַל־הַמֶּלֶךְ טוֹב יִכָּתֵב לְאַבְּדָם וַעֲשֶׂרֶת אֲלָפִים ט
כִּכַּר־כֶּסֶף אֶשְׁקוֹל עַל־יְדֵי עֹשֵׂי הַמְּלָאכָה לְהָבִיא אֶל־גִּנְזֵי הַמֶּלֶךְ׃

ביאור | המן גמר בדעתו להשמיד את היהודים, וזמם כיצד להוציא את תכנית ההשמדה אל הפועל: ז **בַּחֹדֶשׁ הָרִאשׁוֹן הוּא־חֹדֶשׁ נִיסָן, בִּשְׁנַת שְׁתֵּים עֶשְׂרֵה לַמֶּלֶךְ אֲחַשְׁוֵרוֹשׁ, הִפִּיל פּוּר** – מלה פרסית[6] – **הוּא** בעברית: **הַגּוֹרָל**, אמצעי לניחוש או למשחקים, המשמש לקבוע מה טוב או ראוי לעשות, ומהו הזמן הנכון למעשה,[7] **לִפְנֵי הָמָן**. כנהוג בקרב מלכי קדם שניסו למצוא סימנים לעתיד להיות, לטובה או לרעה.[8] המן רצה לקבוע תאריך מתאים, ולשם כך ערך חישובים והטיל גורלות **מִיּוֹם**

הרחבות | **'יֶשְׁנוֹ עם אחד'** העובדה שהמן סיפר לאחשורוש על היהודים, מעידה כי המלך ידע עליהם מעט מאוד. אף שהיהודים נמצאו תחת ממשלתו, והייתה להם אפילו מדינה קטנה מסביב לירושלים, ספק אם אחשורוש נתן דעתו על העם הקטן הזה. ב–127 המדינות שבהן מלך, שחלקן היו אולי גדולות וחזקות, חיו עמים ושבטים רבים. גם אילו היה אחשורוש מלך חרוץ ומסודר, הוא לא התוודע אל היהודים מקרוב. ידוע כי קיבל כתבי שטנה שבהם הלשינו השומרונים על היהודים (ראו עזרא ד,ו), ועל כן נראה כי למשמע דברי המן התעוררו בו אסוציאציות שליליות, ולבו היה פתוח לרעיון להשמידם.

'עשרת אלפים כִּכַּר כסף' אם מדובר כאן ב'כיכר קודש', משקלה של כיכר כסף כ–30 ק"ג. לפי זה, המן הציע להוציא מכיסו כ–300 טון כסף. נדיר הוא שסכום כזה מצוי בידי אדם פרטי. המן היה אפוא עשיר מופלג ובעל מעמד איתן – ראש השרים באימפריה. (ראו אסתר ה,יא; במדבר רבה כב,ו).

ראשית האנטישמיות הצעתו של המן והתנהלותו כלפי מרדכי והיהודים הן התיעוד הראשון של התרחשות אנטישמית של ממש. עמים שונים נלחמו בישראל במשך הדורות, אבל לא היו אלה מלחמות אנטישמיות. ישראל סבלו במצרים מפני שהיו גרים, ואולי נוכחותם איימה על השלטון. הם התעמתו עם עמים שונים בימי השופטים ובימי הבית הראשון, אבל מלחמותיהם נבעו מניגודי אינטרסים. על כן רוב המלחמות הללו לא נחרטו בזיכרון הקולקטיבי של העם. המתקפה המתוארת כאן שונה בתכלית. נאומו של המן הוא הדגם הקדום לתעמולה אנטישמית, ששימש בשינויים קלים את שונאי ישראל בדורות שבאו אחריו. (אם כי אפשר לראות אנטישמיות גם במאבקו של סנבלט החורוני, מנהיג השומרונים, בעולי בבל, הסמוך לאירועים אלו. הוא ואנשיו ביקשו לחבל בבניין ירושלים והמקדש באמצעות לעג, הרפיית ידיים, הפחדה והלשנה, עושק ואיומי השמדה. ראו נחמיה פרקים ב–ו).

לְיוֹם וּמֵחֹדֶשׁ לְחֹדֶשׁ שְׁנֵים־עָשָׂר הוּא־חֹדֶשׁ אֲדָר. הוא הסיק שבחודש אדר, מן הסתם בשנה הקרובה, תהיה מפלתם של היהודים.

מכיוון שלהמן לא היה כוח משל עצמו, הוא ביקש להסית את אחשורוש. ח **וַיֹּאמֶר הָמָן לַמֶּלֶךְ אֲחַשְׁוֵרוֹשׁ: יֶשְׁנוֹ עַם־אֶחָד מְפֻזָּר וּמְפֹרָד בֵּין הָעַמִּים בְּכֹל מְדִינוֹת מַלְכוּתֶךָ**, ואיננו ממלא מדינה שלמה,[9] **וְדָתֵיהֶם**, חוקיהם, דרכי החיים שלהם **שֹׁנוֹת מִכָּל־עָם.** חלק ניכר ממצוות התורה אכן מושתת על היבדלות מן הגויים והימנעות היהודים מעבודת אלילים. את חוקיהם שלהם הם שומרים וְאולם **אֶת־דָּתֵי הַמֶּלֶךְ אֵינָם עֹשִׂים, וְלַמֶּלֶךְ אֵין־שֹׁוֶה לְהַנִּיחָם.** הם עם קטן שאין בו חשיבות, אך זהו גורם מטריד המפר את ההרמוניה, ולכן לא כדאי לך להניח להם. ט **אִם־עַל**, בעיני **הַמֶּלֶךְ טוֹב** לשמוע להצעתי, **יִכָּתֵב** בפקודה רשמית **לְאַבְּדָם**, להשמיד את היהודים. **וַעֲשֶׂרֶת אֲלָפִים כִּכַּר־כֶּסֶף אֶשְׁקוֹל עַל־יְדֵי עֹשֵׂי הַמְּלָאכָה.** אתנדב לתת בעצמי עשרת אלפים כיכרות כסף בידי בעלי המלאכה, והם יהפכו אותן למטבעות או למטילי כסף כדי **לְהָבִיא אֶל־גִּנְזֵי הַמֶּלֶךְ.** התרומה לאוצר המלך נועדה לפצות על הפסד אפשרי הכרוך במעשה שמציע המן. המלך עלול לחשוש מאבדן משלמי המסים כשיושמדו אנשים רבים.

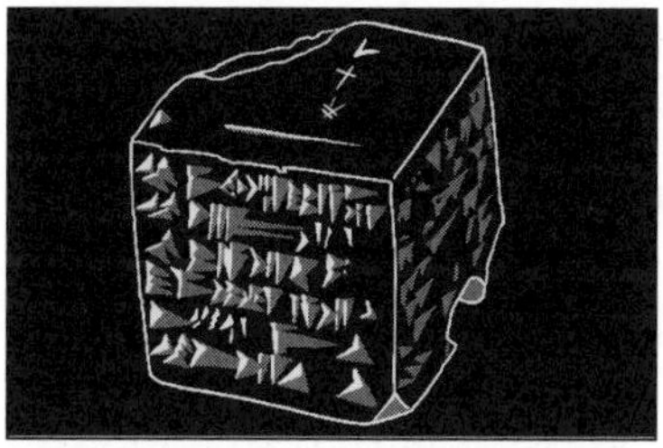

הפור של יַחִילִי
המאה ה-9 לפנה"ס
אשור

העולם

מְפֻזָּר וּמְפֹרָד מלכי אשור החלו להגלות את עשרת השבטים לצפון–מערב מסופוטמיה, ונבוכדנאצר הגלה את גלות יהודה למרכז מסופוטמיה ולדרומה. בשתי הגלויות הגיעו הישראלים למעמד כלכלי ופוליטי גבוה, ועסקו גם במסחר בינלאומי. כך הם הגיעו לכל קצותיה של האימפריה הפרסית, מאפגניסטן והודו ועד לוב ודרום מצרים ומערב אנטוליה. נראה שיהודים שירתו באניות פניקיות וניהלו עסקים עם סוחרי צידון. אפשר שהגיעו גם לתחנות המסחר המרוחקות שלהם בצפון אפריקה ובספרד.

וַעֲשֶׂרֶת אֲלָפִים כִּכַּר כֶּסֶף לפי משקל 28.8 ק"ג כסף לכיכר קודש אחת, המן הציע להעביר למלך כ-288 טון כסף. מערכת השלטון באימפריה הפרסית גבתה מסים מן היושבים בכל תחומי שלטונה, גם מן האיים הרחוקים. (ראו אסתר י,א). כך צברה עושר אגדי. לאחר תקופת הצמיחה בימי כורש הגדול ודריוש הראשון החלו המלכים והמקורבים להם לצבור הון אישי. ידוע כי אלכסנדר הגדול בזז למעלה מ-3,000 טון כסף וזהב מאוצרותיו של מלך פרס.

גִּנְזֵי הַמֶּלֶךְ 'גנזקה' בפרסית הוא חדר אוצר מצומצם. ממלה זו הועברו לעברית גם המלים 'גנזך' ו'גזבר' – שמובנה הבסיסי הוא שר האוצר. (משמעה של תוספת 'בר' במלה 'גזבר' הוא שר).

וַיָּ֧סַר הַמֶּ֛לֶךְ אֶת־טַבַּעְתּ֖וֹ מֵעַ֣ל יָד֑וֹ וַֽיִּתְּנָ֗הּ לְהָמָ֧ן בֶּֽן־הַמְּדָ֛תָא י
הָאֲגָגִ֖י צֹרֵ֥ר הַיְּהוּדִֽים׃ וַיֹּ֤אמֶר הַמֶּ֙לֶךְ֙ לְהָמָ֔ן הַכֶּ֖סֶף נָת֣וּן לָ֑ךְ וְהָעָ֕ם יא
לַעֲשׂ֥וֹת בּ֖וֹ כַּטּ֥וֹב בְּעֵינֶֽיךָ׃ וַיִּקָּרְאוּ֩ סֹפְרֵ֨י הַמֶּ֜לֶךְ בַּחֹ֣דֶשׁ הָרִאשׁ֗וֹן יב
בִּשְׁלוֹשָׁ֨ה עָשָׂ֥ר יוֹם֮ בּוֹ֒ וַיִּכָּתֵ֣ב כְּכָל־אֲשֶׁר־צִוָּ֣ה הָ֠מָן אֶ֣ל
אֲחַשְׁדַּרְפְּנֵֽי־הַמֶּ֡לֶךְ וְֽאֶל־הַפַּחוֹת֩ אֲשֶׁ֨ר ׀ עַל־מְדִינָ֜ה וּמְדִינָ֗ה וְאֶל־
שָׂרֵ֨י עַ֤ם וָעָם֙ מְדִינָ֤ה וּמְדִינָה֙ כִּכְתָבָ֔הּ וְעַ֥ם וָעָ֖ם כִּלְשׁוֹנ֑וֹ בְּשֵׁ֨ם
הַמֶּ֤לֶךְ אֲחַשְׁוֵרֹשׁ֙ נִכְתָּ֔ב וְנֶחְתָּ֖ם בְּטַבַּ֥עַת הַמֶּֽלֶךְ׃ וְנִשְׁל֨וֹחַ סְפָרִ֜ים יג
בְּיַ֣ד הָרָצִים֮ אֶל־כָּל־מְדִינ֣וֹת הַמֶּלֶךְ֒ לְהַשְׁמִ֡יד לַהֲרֹ֣ג וּלְאַבֵּ֣ד אֶת־
כָּל־הַיְּהוּדִ֡ים מִנַּ֣עַר וְעַד־זָ֠קֵן טַ֤ף וְנָשִׁים֙ בְּי֣וֹם אֶחָ֔ד בִּשְׁלוֹשָׁ֥ה עָשָׂ֛ר
לְחֹ֥דֶשׁ שְׁנֵים־עָשָׂ֖ר הוּא־חֹ֣דֶשׁ אֲדָ֑ר וּשְׁלָלָ֖ם לָבֽוֹז׃ פַּתְשֶׁ֣גֶן הַכְּתָ֗ב יד
לְהִנָּתֵ֥ן דָּת֙ בְּכָל־מְדִינָ֣ה וּמְדִינָ֔ה גָּל֖וּי לְכָל־הָעַמִּ֑ים לִהְי֥וֹת עֲתִדִ֖ים

ביאור | בהיותו אדיש לגורלם של היהודים, היה אחשורוש כנראה נרגש מהמחווה הנדיבה של השר הראשי. י על כן – **וַיָּסַר הַמֶּלֶךְ אֶת־טַבַּעְתּוֹ**, שבה החותם המלכותי **מֵעַל יָדוֹ וַיִּתְּנָהּ לְהָמָן בֶּן־הַמְּדָתָא הָאֲגָגִי צֹרֵר הַיְּהוּדִים**. לא הייתה זו הסכמה בעל-פה בלבד, אלא הענקת האישור והסמכות להמן לחתום בפועל בשם המלך.[10] יא **וַיֹּאמֶר הַמֶּלֶךְ לְהָמָן: הַכֶּסֶף** שהצעת לתת, **נָתוּן לָךְ**. הוא יישאר בידך. הממלכה תקבל על עצמה את ההפסד. **וְ**אף **הָעָם** נתון לך **לַעֲשׂוֹת בּוֹ כַּטּוֹב בְּעֵינֶיךָ**, כרצונך.

המן פעל במהירות רבה. אם פתח בצעדיו המעשיים בתחילת חודש ניסן, כבר ביום השלושה-עשר בניסן היה הכול מוכן לקראת השלב הבא של תכניתו: יב **וַיִּקָּרְאוּ סֹפְרֵי הַמֶּלֶךְ בַּחֹדֶשׁ הָרִאשׁוֹן בִּשְׁלוֹשָׁה עָשָׂר יוֹם בּוֹ. וַיִּכָּתֵב כְּכָל־אֲשֶׁר־צִוָּה הָמָן אֶל אֲחַשְׁדַּרְפְּנֵי־הַמֶּלֶךְ**, מושלי הפרובינציות **וְאֶל־הַפַּחוֹת**, מושלי האזורים הקטנים יותר, הפחוות **אֲשֶׁר עַל־מְדִינָה וּמְדִינָה וְאֶל־שָׂרֵי עַם וָעָם, מְדִינָה וּמְדִינָה כִּכְתָבָהּ וְעַם וָעָם כִּלְשׁוֹנוֹ, בְּשֵׁם הַמֶּלֶךְ אֲחַשְׁוֵרֹשׁ נִכְתָּב** מכתב הפקודה **וְנֶחְתָּם בְּטַבַּעַת הַמֶּלֶךְ**. יג **וְנִשְׁלוֹחַ**, נשלחו **סְפָרִים בְּיַד הָרָצִים אֶל־כָּל־מְדִינוֹת הַמֶּלֶךְ**, שבהם נכתב כי המלך מתיר **לְהַשְׁמִיד לַהֲרֹג וּלְאַבֵּד אֶת־כָּל־הַיְּהוּדִים מִנַּעַר וְעַד־זָקֵן טַף וְנָשִׁים בְּיוֹם אֶחָד, בִּשְׁלוֹשָׁה עָשָׂר לְחֹדֶשׁ שְׁנֵים־עָשָׂר** ש**הוּא־חֹדֶשׁ אֲדָר**. ההוראות נשלחו כמעט שנה לפני המועד,

אולי כדי לקבוע עובדות בשטח ככל האפשר וכדי להספיק להגיע לכל מקום ברחבי הממלכה. בגלל אמונתו של המן בפור שלו הוא היה נחוש להיצמד אל התאריך שעלה מן הגורל, שבו יוצאו היהודים מחוץ לחוק, ואז יותר דמם ואת **שְׁלָלָם**, רכושם מותר יהיה **לָבוֹז**, לבזוז. המלך לא הוציא את ההחלטה אל הפועל בכוח צבאו או משטרתו. הוא הודיע שבתאריך זה תימנע הגנתו של החוק מן היהודים, בהניחו כי בני העמים השונים ינצלו את ההזדמנות לבצע את תכניתו של המן. יד **פַּתְשֶׁגֶן**, נוסח, העתק[11] **הַכְּתָב** של הגזרה **לְהִנָּתֵן דָּת**, חוק **בְּכָל־מְדִינָה וּמְדִינָה, גָּלוּי לְכָל־הָעַמִּים לִהְיוֹת עֲתִדִים**, מוכנים **לַיּוֹם הַזֶּה**. אף שכנראה לא בכל פינה נידחת באימפריה הפרסית ישבו יהודים, ההודעה נשלחה לכל המדינות מטעמים בירוקרטיים: הוראתו הכללית של המלך צריכה להגיע לכל מקום.

מימין:
חותם טבעת
המאה ה־3 לפנה"ס
שושן

משמאל:
סופרים אשוריים
איור לפי תבליט אבן
המאה ה־8 לפנה"ס
נמרוד, עיראק

העולם

טַבַּעַת הַמֶּלֶךְ הצווים המלכותיים הוטבעו בדרך כלל בכתב היתדות על לוחות טין או חרס, ונחתמו בסופם בחותמת גליל שרישומיה שוקעו בחרס אחר החתימה. היו חותמות שהורכבו על טבעת האצבע, והיו חותמות שנתלו על הצוואר בשרשרת. ייתכן שהמלך לא נדרש לדעת קרוא וכתוב, שהרי את כל פקודותיו כתבו סופרים, ובעת הצורך קראו לפניו טקסטים שהיה מעונין בהם. (ראו להלן ו,א). כך יכול היה מרדכי לשחזר את אשר אירע בלי שהמלך ידע בדיוק מה נכתב באיגרת שהמן חתם בטבעתו. (ראו בביאור להלן ט,כה).

אֲחַשְׁדַּרְפְּנֵי הַמֶּלֶךְ המלה הפרסית היא חשאסרא־פאוון, ומשמעה המקורי הוא מגן הממלכה; אך הוא הורחב וחל על מושלי היחידות האדמיניסטרטיביות של הממלכה הפרסית.

הַפַּחוֹת פֶּחָה (באכדית: pihatu) הוא בעל דרגה נמוכה מאחשדרפן. הפחווה, השטח שתחת אחריותו של הפחה, הייתה חלק מהממלכה הגדולה.

מְדִינָה וּמְדִינָה כִּכְתָבָהּ וְעַם וָעָם כִּלְשׁוֹנוֹ לפי הנוהל המלכותי הפרסי המלך היה מכתיב בפרסית, והסופרים הארמים היו כותבים ארמית. כאשר האיגרת הייתה מגיעה לידי הסופר המקומי, הוא היה קורא בעיניו בארמית, ובקולו מתרגם לשפת המקום. משלוח האיגרות בשפות שונות נבע מחשיבותן וממחירן הגבוה – עשרת אלפים כיכר כסף.

פַּתְשֶׁגֶן בפרסית העתיקה זהו ההעתק הנאמן למקור החוק שנחתם בחתימה המקורית בטבעת המלך.

טו לַיּוֹם הַזֶּה׃ הָרָצִים יָצְאוּ דְחוּפִים בִּדְבַר הַמֶּלֶךְ וְהַדָּת נִתְּנָה
בְּשׁוּשַׁן הַבִּירָה וְהַמֶּלֶךְ וְהָמָן יָשְׁבוּ לִשְׁתּוֹת וְהָעִיר שׁוּשָׁן
ד א נָבוֹכָה׃ וּמָרְדֳּכַי יָדַע אֶת־כָּל־אֲשֶׁר נַעֲשָׂה וַיִּקְרַע
מָרְדֳּכַי אֶת־בְּגָדָיו וַיִּלְבַּשׁ שַׂק וָאֵפֶר וַיֵּצֵא בְּתוֹךְ הָעִיר וַיִּזְעַק זְעָקָה
ב גְדוֹלָה וּמָרָה׃ וַיָּבוֹא עַד לִפְנֵי שַׁעַר־הַמֶּלֶךְ כִּי אֵין לָבוֹא אֶל־שַׁעַר
ג הַמֶּלֶךְ בִּלְבוּשׁ שָׂק׃ וּבְכָל־מְדִינָה וּמְדִינָה מְקוֹם אֲשֶׁר דְּבַר־
הַמֶּלֶךְ וְדָתוֹ מַגִּיעַ אֵבֶל גָּדוֹל לַיְּהוּדִים וְצוֹם וּבְכִי וּמִסְפֵּד שַׂק
ד וָאֵפֶר יֻצַּע לָרַבִּים׃ ותבואינה נַעֲרוֹת אֶסְתֵּר וְסָרִיסֶיהָ וַיַּגִּידוּ לָהּ וַתָּבוֹאנָה
וַתִּתְחַלְחַל הַמַּלְכָּה מְאֹד וַתִּשְׁלַח בְּגָדִים לְהַלְבִּישׁ אֶת־מָרְדֳּכַי
ה וּלְהָסִיר שַׂקּוֹ מֵעָלָיו וְלֹא קִבֵּל׃ וַתִּקְרָא אֶסְתֵּר לַהֲתָךְ מִסָּרִיסֵי
הַמֶּלֶךְ אֲשֶׁר הֶעֱמִיד לְפָנֶיהָ וַתְּצַוֵּהוּ עַל־מָרְדֳּכָי לָדַעַת מַה־זֶּה
ו וְעַל־מַה־זֶּה׃ וַיֵּצֵא הֲתָךְ אֶל־מָרְדֳּכָי אֶל־רְחוֹב הָעִיר אֲשֶׁר לִפְנֵי
ז שַׁעַר־הַמֶּלֶךְ׃ וַיַּגֶּד־לוֹ מָרְדֳּכַי אֵת כָּל־אֲשֶׁר קָרָהוּ וְאֵת ׀ פָּרָשַׁת
הַכֶּסֶף אֲשֶׁר אָמַר הָמָן לִשְׁקוֹל עַל־גִּנְזֵי הַמֶּלֶךְ ביהודיים לְאַבְּדָם׃ בַּיְּהוּדִים

ביאור | טו **הָרָצִים** ובידם הגזרה **יָצְאוּ דְחוּפִים בִּדְבַר הַמֶּלֶךְ, וְהַדָּת נִתְּנָה בְּשׁוּשַׁן הַבִּירָה. וְהַמֶּלֶךְ וְהָמָן יָשְׁבוּ לִשְׁתּוֹת** להצלחת התכנית. מתוך שמחתם במימוש התכנית ערכו אחשורוש והמן משתה קטן. **וְהָעִיר שׁוּשָׁן** – בעיקר תושביה היהודים, שחיו סביב מרדכי ובקרבתו,[12] **נָבוֹכָה** בגלל התדהמה מן הגזרה הקשה שהתרגשה לבוא עליהם.

תגובות מרדכי ואסתר לגזרה

פרק ד

סירובו של מרדכי לכרוע לפני המן היה המניע הגלוי לגזרת השמדת היהודים. עם פרסום הגזרה הוא הזעיק את אסתר, נציגתו הנסתרת בבית המלך, להיאבק בגזרה זו. בשיחתם של מרדכי ואסתר מבוטאים הן החשש העמוק שחוו נוכח צו המלך, הן אמונתם באלוקים וביטחונם בו. בתחילת העניין מרדכי זועק ממצוקתו, ובסופו אסתר קוראת לכינוס היהודים ולצום. גם אם אין הם בטוחים שתפילתם תתקבל, שניהם מאמינים כי הזעקה והצום ישפיעו על המציאות.

פרק ד א **וּמָרְדֳּכַי**, שהיה פקיד גבוה בסביבת המלך, **יָדַע אֶת־כָּל־**

אֲשֶׁר נַעֲשָׂה. מן הסתם היה מהראשונים שקראו את העתקי הגזרה
שהופצו בממלכה. מרדכי הבין את חומרת המצב ואת משמעותו
לעתיד היהודים קודם שהבינו זאת שאר יהודי שושן. הוא התייחס
בכובד ראש ליעילות התעמולה של המן ולעצמת השפעתו על
המתרחש בחצר המלוכה. משום כך – **וַיִּקְרַע מָרְדֳּכַי אֶת־בְּגָדָיו**
לאות אבל, **וַיִּלְבַּשׁ שַׂק** והניח על ראשו **אֵפֶר. וַיֵּצֵא בְּתוֹךְ הָעִיר, וַיִּזְעַק**
זְעָקָה גְדוֹלָה וּמָרָה, זעקת תפילה ותחנונים אל אלוקים[1] וזעקת
מחאה כלפי השלטונות. ב **וַיָּבוֹא עַד לִפְנֵי שַׁעַר־הַמֶּלֶךְ,** אבל אף
על פי שהיה מבאי המקום, לא נכנס לשער **כִּי אֵין לָבוֹא אֶל־שַׁעַר**
הַמֶּלֶךְ בִּלְבוּשׁ שָׂק לפי תקנות הלבוש הממלכתיות.[2] ג **וּבְכָל־**
מְדִינָה וּמְדִינָה, מְקוֹם אֲשֶׁר דְּבַר־הַמֶּלֶךְ וְדָתוֹ, פקודתו **מַגִּיעַ, אֵבֶל גָּדוֹל**
לַיְּהוּדִים וְצוֹם וּבְכִי וּמִסְפֵּד. שַׂק וָאֵפֶר יֻצַּע, ישוטח בחוצות לשימוש
הָרַבִּים.

ד **וַתָּבוֹאנָה נַעֲרוֹת אֶסְתֵּר וְסָרִיסֶיהָ וַיַּגִּידוּ לָהּ** מה עשה מרדכי. המקורבים
לאסתר ידעו על קרבתו למלכה, שהרי בעבר מרדכי שאל בשלומה
יום יום, וגם היא זו שהעבירה את אזהרת מרדכי למלך.[3] **וַתִּתְחַלְחַל,**
הזדעזעה **הַמַּלְכָּה מְאֹד** מפני שהיא לא שמעה דבר על המתרחש.
פקודות המלך לא הועברו לבית הנשים, שכן הניחו שהן אינן צריכות
לעסוק בענייני השלטון. כיוון שרצתה לשמוע ממנו על המתרחש,
והואיל וידעה שאין הוא רשאי להיכנס בלבוש שק – **וַתִּשְׁלַח בְּגָדִים**
לְהַלְבִּישׁ אֶת־מָרְדֳּכַי וּלְהָסִיר שַׂקּוֹ מֵעָלָיו, ואולם מרדכי **לֹא קִבֵּל,** ולא
הסיר את שקו מעליו.

ה **וַתִּקְרָא אֶסְתֵּר לַהֲתָךְ,** שהיה אחד **מִסָּרִיסֵי הַמֶּלֶךְ אֲשֶׁר הֶעֱמִיד לְפָנֶיהָ.**
התך לא היה משרת פשוט אלא ניתנה בידיו סמכות לסייע למלכה.
וַתְּצַוֵּהוּ עַל מָרְדֳּכָי כדי **לָדַעַת מַה־זֶּה וְעַל־מַה־זֶּה,** מה פשר התנהגותו
ומה מבוקשו.[4] ו **וַיֵּצֵא הֲתָךְ אֶל־מָרְדֳּכָי, אֶל־רְחוֹב,** רחבת **הָעִיר אֲשֶׁר**
לִפְנֵי שַׁעַר־הַמֶּלֶךְ. מרדכי לא ניגש אל שער המלך, ולכן יצא התך אל
הרחבה שמחוצה לו, ושם שאל את מרדכי לפשר מעשיו.

ז **וַיַּגֶּד־לוֹ מָרְדֳּכַי אֵת כָּל־אֲשֶׁר קָרָהוּ,** לאו דווקא את סירובו להשתחוות
להמן, שכן ייתכן שראה בגזרת המן רק המשך מסורת השנאה
שהונחלה לו מאבותיו, בני עמלק. **וְאֵת פָּרָשַׁת הַכֶּסֶף אֲשֶׁר אָמַר**
הָמָן לִשְׁקוֹל עַל, אל **גִּנְזֵי הַמֶּלֶךְ בַּ**עבור **הַיְּהוּדִים לְאַבְּדָם.** מלבד עצם
גזרת ההשמדה עברה השמועה על התשלום העצום שהציע המן

ח וְאֶת־פַּתְשֶׁגֶן כְּתָב־הַדָּת אֲשֶׁר־נִתַּן בְּשׁוּשָׁן לְהַשְׁמִידָם נָתַן לוֹ
לְהַרְאוֹת אֶת־אֶסְתֵּר וּלְהַגִּיד לָהּ וּלְצַוּוֹת עָלֶיהָ לָבוֹא אֶל־הַמֶּלֶךְ
ט לְהִתְחַנֶּן־לוֹ וּלְבַקֵּשׁ מִלְּפָנָיו עַל־עַמָּהּ׃ וַיָּבוֹא הֲתָךְ וַיַּגֵּד לְאֶסְתֵּר
י אֵת דִּבְרֵי מָרְדֳּכָי׃ וַתֹּאמֶר אֶסְתֵּר לַהֲתָךְ וַתְּצַוֵּהוּ אֶל־מָרְדֳּכָי׃
יא כָּל־עַבְדֵי הַמֶּלֶךְ וְעַם מְדִינוֹת הַמֶּלֶךְ יוֹדְעִים אֲשֶׁר כָּל־אִישׁ וְאִשָּׁה
אֲשֶׁר־יָבוֹא אֶל־הַמֶּלֶךְ אֶל־הֶחָצֵר הַפְּנִימִית אֲשֶׁר לֹא־יִקָּרֵא
אַחַת דָּתוֹ לְהָמִית לְבַד מֵאֲשֶׁר יוֹשִׁיט־לוֹ הַמֶּלֶךְ אֶת־שַׁרְבִיט
הַזָּהָב וְחָיָה וַאֲנִי לֹא נִקְרֵאתִי לָבוֹא אֶל־הַמֶּלֶךְ זֶה שְׁלוֹשִׁים יוֹם׃
יב יג וַיַּגִּידוּ לְמָרְדֳּכָי אֵת דִּבְרֵי אֶסְתֵּר׃ וַיֹּאמֶר מָרְדֳּכַי לְהָשִׁיב אֶל־
אֶסְתֵּר אַל־תְּדַמִּי בְנַפְשֵׁךְ לְהִמָּלֵט בֵּית־הַמֶּלֶךְ מִכָּל־הַיְּהוּדִים׃
יד כִּי אִם־הַחֲרֵשׁ תַּחֲרִישִׁי בָּעֵת הַזֹּאת רֶוַח וְהַצָּלָה יַעֲמוֹד לַיְּהוּדִים
מִמָּקוֹם אַחֵר וְאַתְּ וּבֵית־אָבִיךְ תֹּאבֵדוּ וּמִי יוֹדֵעַ אִם־לְעֵת כָּזֹאת
טו טז הִגַּעַתְּ לַמַּלְכוּת׃ וַתֹּאמֶר אֶסְתֵּר לְהָשִׁיב אֶל־מָרְדֳּכָי׃ לֵךְ כְּנוֹס
אֶת־כָּל־הַיְּהוּדִים הַנִּמְצְאִים בְּשׁוּשָׁן וְצוּמוּ עָלַי וְאַל־תֹּאכְלוּ וְאַל־

ביאור | בנחרצותו לאבד את היהודים. ח **וְאֶת־פַּתְשֶׁגֶן**, העתק **כְּתָב־הַדָּת אֲשֶׁר־נִתַּן בְּשׁוּשָׁן לְהַשְׁמִידָם נָתַן לוֹ** – להתך כדי **לְהַרְאוֹת אֶת־אֶסְתֵּר** את הכתב, **וּלְהַגִּיד לָהּ** במה מדובר, ויתרה מזו – **לְצַוּוֹת עָלֶיהָ** בשמו **לָבוֹא אֶל־הַמֶּלֶךְ, לְהִתְחַנֶּן־לוֹ וּלְבַקֵּשׁ מִלְּפָנָיו עַל־עַמָּהּ.** איש מלבדה לא יוכל לעצור את המן, שמעמדו כה רם בממלכה; מרדכי איננו מקורב למלך, אבל אסתר חיה בארמון, והיא חביבה על אחשורוש. ומכיוון שגזרה זו הייתה מבוססת בעיקרה על רגש, הניח מרדכי שיהא בכוחה לבטל את הגזרה בתחנוניה.

ט **וַיָּבוֹא הֲתָךְ** השליח **וַיַּגֵּד לְאֶסְתֵּר אֵת דִּבְרֵי מָרְדֳּכָי.**

י **וַתֹּאמֶר אֶסְתֵּר לַהֲתָךְ וַתְּצַוֵּהוּ** חזרה **אֶל־מָרְדֳּכָי**, לומר לו את הדברים הבאים: יא הרי כללי הכניסה אל המלך ידועים – **כָּל־עַבְדֵי הַמֶּלֶךְ** הנמצאים בחצרו **וְעַם מְדִינוֹת הַמֶּלֶךְ יוֹדְעִים אֲשֶׁר כָּל־אִישׁ וְאִשָּׁה אֲשֶׁר־יָבוֹא אֶל־הַמֶּלֶךְ אֶל־הֶחָצֵר הַפְּנִימִית**, מקומו המיוחד של המלך, שאין

להיכנס אליו ללא הזמנה מיוחדת, שהרי מעמדו של המלך – כמעמדו של אל למחצה. **כַּאֲשֶׁר לֹא־יִקָּרֵא**, בלי רשות – **אַחַת דָּתוֹ**, דינו היחיד **לְהָמִית**, משום שפלש אל התחום האסור, **לְבַד מֵהאדם אֲשֶׁר יוֹשִׁיט־לוֹ הַמֶּלֶךְ אֶת־שַׁרְבִיט הַזָּהָב – וְחָיָה**. אם עובר אדם על החוקים ונכנס אל החצר הפנימית ללא הזמנה, והמלך אינו רוצה במיתתו, הוא יכול להרשות לו לגשת אליו בהושטת שרביטו אליו. לא נאה למלך להושיט לאנשים יד; לכן הושטת השרביט היא המסמנת שאדם מסוים רצוי לפניו. **וַאֲנִי לֹא נִקְרֵאתִי לָבוֹא אֶל־הַמֶּלֶךְ זֶה שְׁלוֹשִׁים יוֹם.** אמנם אני המלכה החביבה על המלך, אך יש לו אלפי נשים ופילגשים. אין לדעת מה מצב רוחו כעת, אך העובדה שהמלך לא הזמין אותי כבר חודש אינה מבשרת טובות. אם אכנס אליו כך, אסכן את חיי.

יב **וַיַּגִּידוּ לְמָרְדֳּכָי אֵת דִּבְרֵי אֶסְתֵּר.**

יג **וַיֹּאמֶר מָרְדֳּכַי לְהָשִׁיב אֶל־אֶסְתֵּר**: את מרגישה מוגנת בארמון, ואת
חושבת שתינצלי מפגיעתה של פקודת המן. **אַל־תְּדַמִּי בְנַפְשֵׁךְ** את
הרעיון **לְהִמָּלֵט** בהיותך בתוך **בֵּית־הַמֶּלֶךְ מִכָּל־הַיְּהוּדִים.** יד **כִּי אִם־**
הַחֲרֵשׁ תַּחֲרִישִׁי, תשתקי ולא תעשי דבר בפועל **בָּעֵת הַזֹּאת**, אני
מניח כי **רֶוַח וְהַצָּלָה יַעֲמוֹד לַיְּהוּדִים מִמָּקוֹם אַחֵר**. הגזרה מתוכננת
לעוד אחד-עשר חודש. אנו סומכים על אלוקים שיעשה נס עד אז,
וְאולם אני בטוח **שאַתְּ וּבֵית־אָבִיךְ תֹּאבֵדוּ** מכיוון שלא פעלת בזמן
הנכון. החורבן יבוא עלייך ועל כל משפחתך – ואף עלי בכללם.[5]
וּמִי יוֹדֵעַ אִם, אולי **לְעֵת כָּזֹאת הִגַּעַתְּ לַמַּלְכוּת**. את עלית לגדולה
באופן לא מתוכנן, והנה את מוצאת את עצמך בזמן ובמקום
שאת היחידה שיכולה לפעול, לשנות ולהציל. האם אינך חושבת
שבצירוף המקרים הזה טמונה משמעות?! האם אינך רואה בכך סימן
משמים?!

אסתר, כדרכה, קיבלה את דברי מרדכי – טו **וַתֹּאמֶר אֶסְתֵּר לְהָשִׁיב**
אֶל־מָרְדֳּכָי שוב על ידי שליח: טז **לֵךְ כְּנוֹס**, אסוף **אֶת־כָּל־הַיְּהוּדִים**
הַנִּמְצְאִים בְּשׁוּשָׁן לתפילה,[6] **וְצוּמוּ עָלַי**, למעני **וְאַל־תֹּאכְלוּ וְאַל־תִּשְׁתּוּ**

העולם

שַׁרְבִיט הַזָּהָב מקורה האכדי של המלה 'שרביט' הוא sabbitu, כלומר שבט, ענף או מַטה המסמלים את סמכותו של מי שנושא אותם. ('שבט' במשמעות המושאלת מן המטה הפיזי אל המלכות – ראו בראשית מט,י; שמואל ב' ז,ז. וראו רש"י דברי הימים א' יח,ה). במלכויות שונות התפתח מנהג נשיאת שרביט עשוי זהב או מצופה בזהב, וכך נהוג עד היום בידי מלכי בריטניה וסקנדינביה.

תִּשְׁתּוּ שְׁלֹשֶׁת יָמִים לַיְלָה וָיוֹם גַּם־אֲנִי וְנַעֲרֹתַי אָצוּם כֵּן וּבְכֵן
אָבוֹא אֶל־הַמֶּלֶךְ אֲשֶׁר לֹא־כַדָּת וְכַאֲשֶׁר אָבַדְתִּי אָבָדְתִּי׃ וַיַּעֲבֹר יז
מָרְדֳּכָי וַיַּעַשׂ כְּכֹל אֲשֶׁר־צִוְּתָה עָלָיו אֶסְתֵּר׃ וַיְהִי ׀ בַּיּוֹם הַשְּׁלִישִׁי א ה
וַתִּלְבַּשׁ אֶסְתֵּר מַלְכוּת וַתַּעֲמֹד בַּחֲצַר בֵּית־הַמֶּלֶךְ הַפְּנִימִית
נֹכַח בֵּית הַמֶּלֶךְ וְהַמֶּלֶךְ יוֹשֵׁב עַל־כִּסֵּא מַלְכוּתוֹ בְּבֵית הַמַּלְכוּת
נֹכַח פֶּתַח הַבָּיִת׃ וַיְהִי כִרְאוֹת הַמֶּלֶךְ אֶת־אֶסְתֵּר הַמַּלְכָּה עֹמֶדֶת ב
בֶּחָצֵר נָשְׂאָה חֵן בְּעֵינָיו וַיּוֹשֶׁט הַמֶּלֶךְ לְאֶסְתֵּר אֶת־שַׁרְבִיט
הַזָּהָב אֲשֶׁר בְּיָדוֹ וַתִּקְרַב אֶסְתֵּר וַתִּגַּע בְּרֹאשׁ הַשַּׁרְבִיט׃ וַיֹּאמֶר ג
לָהּ הַמֶּלֶךְ מַה־לָּךְ אֶסְתֵּר הַמַּלְכָּה וּמַה־בַּקָּשָׁתֵךְ עַד־חֲצִי
הַמַּלְכוּת וְיִנָּתֵן לָךְ׃ וַתֹּאמֶר אֶסְתֵּר אִם־עַל־הַמֶּלֶךְ טוֹב יָבוֹא ד

ביאור | **שְׁלֹשֶׁת יָמִים, לַיְלָה וָיוֹם**, צום כבד חריג שיארך שלוש יממות רצופות. **גַּם־אֲנִי וְנַעֲרֹתַי אָצוּם כֵּן** כי עלינו להתפלל להצלחתי. **וּבְכֵן אָבוֹא אֶל־הַמֶּלֶךְ אֲשֶׁר לֹא־כַדָּת**, שלא כחוק, **וְכַאֲשֶׁר אָבַדְתִּי – אָבָדְתִּי**. אולי יום כניסתי אל המלך יהיה היום האחרון בחיי.

יז **וַיַּעֲבֹר מָרְדֳּכָי** ממקומו, **וַיַּעַשׂ כְּכֹל אֲשֶׁר־צִוְּתָה עָלָיו אֶסְתֵּר**. הוא אסף את היהודים, סיפר להם על גזרת ההשמדה ועל מצבה של אסתר והורה להם לצום. נראה שבזכות מעמדו של מרדכי בעיני היהודים עלה בידו לכנסם, והם קיבלו את סמכותו ונשמעו לו.

אסתר מסתכנת
פרק ה

המגילה נפתחה במשתאות המוניים, ואילו בעניין שלפנינו אסתר מזמינה את המלך והמן למשתאות אינטימיים. בתחילת המגילה עברה ושתי על החוק ולא התייצבה לפני אחשורוש כשקרא לה, ואילו כאן אסתר מעיזה לעבור על החוק ולהופיע לפני המלך ללא קריאתו, תוך שהיא מסכנת את עצמה.

במהלך העניין קצב האירועים הולך וגובר, ועמו גם המתח שבו שרויות הדמויות: אחשורוש שאינו יודע את פשר הסתכנותה של אסתר והזמנותיה, המן המרגיש בבת-אחת בכבוד הרב שהוא נוחל מן המלכה ובביזויו על ידי מרדכי, אסתר שאינה יכולה לדעת אם תכניותיה ופעולותיה יסייעו בהצלת אחיה או שמא ימיטו עליה אסון, ומעל ראשו של מרדכי מרחפת סכנת מוות.

פרק ה א **וַיְהִי בַּיּוֹם הַשְּׁלִישִׁי** לצום היהודים, שאולי היה גם היום

השלישי לנתינת הפקודה, כלומר בחג הראשון של פסח, או יום
יומיים לאחר מכן,[1] **וַתִּלְבַּשׁ אֶסְתֵּר** בגדי[2] **מַלְכוּת וַתַּעֲמֹד בַּחֲצַר בֵּית־**
הַמֶּלֶךְ הַפְּנִימִית נֹכַח, מול **בֵּית הַמֶּלֶךְ. וְהַמֶּלֶךְ יוֹשֵׁב עַל־כִּסֵּא מַלְכוּתוֹ**
בְּבֵית הַמַּלְכוּת נֹכַח פֶּתַח הַבָּיִת, ורואה מי נמצא בחצר.[3] ב **וַיְהִי כִרְאוֹת**
הַמֶּלֶךְ אֶת־אֶסְתֵּר הַמַּלְכָּה עֹמֶדֶת בֶּחָצֵר, נָשְׂאָה חֵן בְּעֵינָיו. התעוררה בלבו
הרגשת החיבה שהייתה לו כלפיה כשבחר בה, ולכן – **וַיּוֹשֶׁט הַמֶּלֶךְ**
לְאֶסְתֵּר אֶת־שַׁרְבִיט הַזָּהָב אֲשֶׁר בְּיָדוֹ, ובכך העניק לה רשות רשמית
להיכנס. **וַתִּקְרַב אֶסְתֵּר וַתִּגַּע בְּרֹאשׁ הַשַּׁרְבִיט**, שזו כנראה התגובה
הטקסית המקובלת לקבלת הרשות.

ג **וַיֹּאמֶר לָהּ הַמֶּלֶךְ: מַה־לָּךְ אֶסְתֵּר הַמַּלְכָּה וּמַה־בַּקָּשָׁתֵךְ?** ברור שבאת כדי
לבקש דבר, והודות לאהבתי אלייך תוכלי לבקש **עַד־חֲצִי הַמַּלְכוּת** –
וְיִנָּתֵן לָךְ. הוא ביטא את נכונותו למענה בלשון הפרזה.
ד **וַתֹּאמֶר אֶסְתֵּר** באותו נוסח רשמי: **אִם־עַל**, בעיני **הַמֶּלֶךְ טוֹב, יָבוֹא**

מימין:
מלכתו של אשורבניפל
לבושה מלכות
על פי תבליט
המאה ה־7 לפנה"ס
נינוה

משמאל:
דריוש על כיסא
מלכותו
אוחז בשרביט
המאה ה־7 לפנה"ס
בהיסטון

העולם

כִּסֵּא מַלְכוּתוֹ בְּבֵית הַמַּלְכוּת נֹכַח פֶּתַח הַבָּיִת לפי מפת הארמון (ליד א,ה לעיל) אולם כיסא המלכות, מקום מושבו של המלך, פתוח, וממנו הוא יכול לראות את מי שעומד בחצר הפנימית.

עַד חֲצִי הַמַּלְכוּת וְיִנָּתֵן לָךְ למלכת פרס, אשת המלך הראשית, היה מעמד רם וסמכויות רבות. עדות לדבר אנו מוצאים אצל הרודוטוס. הוא תיאר כך את אטוסה אשת דריוש, אמו של חשיארש הראשון (שלדעת חלק מהחוקרים הוא אחשורוש). היא דאגה למינוי בנה אף שלא היה יורש העצר (הרודוטוס ספר 7, 2), ויכלה לצוות על מינויים חשובים ואף על יציאה למלחמות. (וראו להלן ח,א).

הַמֶּלֶךְ וְהָמָן הַיּוֹם אֶל־הַמִּשְׁתֶּה אֲשֶׁר־עָשִׂיתִי לוֹ: וַיֹּאמֶר הַמֶּלֶךְ ה
מַהֲרוּ אֶת־הָמָן לַעֲשׂוֹת אֶת־דְּבַר אֶסְתֵּר וַיָּבֹא הַמֶּלֶךְ וְהָמָן אֶל־
הַמִּשְׁתֶּה אֲשֶׁר־עָשְׂתָה אֶסְתֵּר: וַיֹּאמֶר הַמֶּלֶךְ לְאֶסְתֵּר בְּמִשְׁתֵּה ו
הַיַּיִן מַה־שְּׁאֵלָתֵךְ וְיִנָּתֵן לָךְ וּמַה־בַּקָּשָׁתֵךְ עַד־חֲצִי הַמַּלְכוּת
וְתֵעָשׂ: וַתַּעַן אֶסְתֵּר וַתֹּאמַר שְׁאֵלָתִי וּבַקָּשָׁתִי: אִם־מָצָאתִי חֵן ז ח
בְּעֵינֵי הַמֶּלֶךְ וְאִם־עַל־הַמֶּלֶךְ טוֹב לָתֵת אֶת־שְׁאֵלָתִי וְלַעֲשׂוֹת
אֶת־בַּקָּשָׁתִי יָבוֹא הַמֶּלֶךְ וְהָמָן אֶל־הַמִּשְׁתֶּה אֲשֶׁר אֶעֱשֶׂה
לָהֶם וּמָחָר אֶעֱשֶׂה כִּדְבַר הַמֶּלֶךְ: וַיֵּצֵא הָמָן בַּיּוֹם הַהוּא ט
שָׂמֵחַ וְטוֹב לֵב וְכִרְאוֹת הָמָן אֶת־מָרְדֳּכַי בְּשַׁעַר הַמֶּלֶךְ וְלֹא־
קָם וְלֹא־זָע מִמֶּנּוּ וַיִּמָּלֵא הָמָן עַל־מָרְדֳּכַי חֵמָה: וַיִּתְאַפַּק י
הָמָן וַיָּבוֹא אֶל־בֵּיתוֹ וַיִּשְׁלַח וַיָּבֵא אֶת־אֹהֲבָיו וְאֶת־זֶרֶשׁ אִשְׁתּוֹ:
וַיְסַפֵּר לָהֶם הָמָן אֶת־כְּבוֹד עָשְׁרוֹ וְרֹב בָּנָיו וְאֵת כָּל־אֲשֶׁר גִּדְּלוֹ יא
הַמֶּלֶךְ וְאֵת אֲשֶׁר נִשְּׂאוֹ עַל־הַשָּׂרִים וְעַבְדֵי הַמֶּלֶךְ: וַיֹּאמֶר הָמָן יב
אַף לֹא־הֵבִיאָה אֶסְתֵּר הַמַּלְכָּה עִם־הַמֶּלֶךְ אֶל־הַמִּשְׁתֶּה אֲשֶׁר־
עָשָׂתָה כִּי אִם־אוֹתִי וְגַם־לְמָחָר אֲנִי קְרוּא־לָהּ עִם־הַמֶּלֶךְ:

ביאור | **הַמֶּלֶךְ וְהָמָן**, האיש החשוב בממלכה והמקורב ביותר למלך **הַיּוֹם אֶל־הַמִּשְׁתֶּה אֲשֶׁר־עָשִׂיתִי לוֹ** – למלך.

ה **וַיֹּאמֶר הַמֶּלֶךְ: מַהֲרוּ אֶת־הָמָן לַעֲשׂוֹת אֶת־דְּבַר אֶסְתֵּר.** המלך נשמע

הרחבות | **'יבוא המלך והמן'** נראה שאסתר רצתה להפגין חיבה אישית וכבוד מיוחד כלפי המן כדי לעורר חששות בלב אחשורוש מפני השר הראשי שלו, ההופך חשוב מדי. ועוד, כיוון שמעמדו של המן היה רם, אישיותו חלקלקה, וכושר השכנוע שלו היה מעולה, סביר היה שיהיו לו אויבים בחצר. נערותיה וסריסיה של אסתר בוודאי דיווחו לה על המתרחש בחצר, והיא כנראה הניחה שאם יזכה המן ביחס מועדף מצד המלכה, הוא יבלוט עוד, והדבר ילבה את האיבה הסמויה והחשדות הנסתרים כלפיו. היה בדבר הימור, שכן הצלחת מזימתה של אסתר הייתה תלויה בתגובת אחשורוש, שלא היה אדם יציב ביותר.

חצר המלוכה הפרסית רחשה תככים, קשרים ומזימות, ואחשורוש – שכנראה הוא עצמו עלה לגדולה באופן לא לגמרי חוקי (ראו ילקוט שמעוני תתרמה; מגילה יא ע"א) – היה מודע לדברים הללו. אם יראה שאסתר מגלה קרבה להמן, האם אין פירוש הדבר שמתרקמת מזימה כלשהי נגד המלך, והמלכה מנסה לאותת לאיש החדש שהיא מעוניינת לסייע לו? גם אם רעיון כזה כלל לא עלה על דעתו של המן, קיוותה אסתר שחשדותיו של המלך יתעוררו, ושהמן יצטייר בעיניו כאדם בעל מעמד בכיר מדי המסכן את מעמדו. (ראו מגילה טו ע"ב).

מזלזל בהמן, שהוא כמשרת המחויב להיענות מיד לכל רצון
שמתעורר במלכה.[4]

וַיָּבֹא הַמֶּלֶךְ וְהָמָן, ששמח מאוד בכבוד שזכה בו, **אֶל־הַמִּשְׁתֶּה אֲשֶׁר־**
עָשְׂתָה אֶסְתֵּר. ו אחשורוש הבין שהמשתה איננו חגיגה לשמה
אלא נועד ליצור הזדמנות מתאימה להפניית משאלה של המלכה
במחיצת עושה דברו. לפיכך – **וַיֹּאמֶר הַמֶּלֶךְ לְאֶסְתֵּר בְּמִשְׁתֵּה הַיַּיִן:**
מַה־שְּׁאֵלָתֵךְ – **וְיִנָּתֵן לָךְ, וּמַה־בַּקָּשָׁתֵךְ** – **עַד־חֲצִי הַמַּלְכוּת וְתֵעָשׂ.**
ז **וַתַּעַן אֶסְתֵּר וַתֹּאמַר: שְׁאֵלָתִי וּבַקָּשָׁתִי.** למרות ביטויי החיבה שאסתר
שמעה מאחשורוש, היא הייתה עדיין מהוססת. היא לא בטחה
בכוחה לנקוט מיד צעד קיצוני, וידעה שאם תיכשל, היא עלולה
להסתכן גם באופן אישי. ח **אִם־מָצָאתִי חֵן בְּעֵינֵי הַמֶּלֶךְ וְאִם־עַל־**
הַמֶּלֶךְ טוֹב, לָתֵת אֶת־שְׁאֵלָתִי וְלַעֲשׂוֹת אֶת־בַּקָּשָׁתִי, יָבוֹא הַמֶּלֶךְ וְהָמָן
אֶל־הַמִּשְׁתֶּה אֲשֶׁר אֶעֱשֶׂה לָהֶם פעם נוספת, **וּמָחָר אֶעֱשֶׂה כִּדְבַר הַמֶּלֶךְ.**
אינני מוכנה נפשית עדיין לשטוח את בקשתי. אולי חוסר הביטחון
הוא שגרם לה גם להאריך בדיבור וגם לדחות את פרישת בקשתה.

אחשורוש יצא מן המשתה סקרן למדי, שכן מכניסתה אליו אתמול
שלא לפי הכללים ומהדחייה החוזרת הבין שאסתר מתכוננת לבקשה
גדולה; ט ואילו המן היה מאושר – **וַיֵּצֵא הָמָן בַּיּוֹם הַהוּא שָׂמֵחַ וְטוֹב**
לֵב. הוא ראה את עצמו בשיא גדולתו, שהרי אין הוא מקורב רק
למלך; אף המלכה קירבה אותו באופן מיוחד, ובכך ראה סימן ברור
למעמדו הרם. אולם באמצע הדרך הידרדר מצב רוחו – **וְכִרְאוֹת**
הָמָן אֶת־מָרְדֳּכַי בְּשַׁעַר הַמֶּלֶךְ, שלשם הוא שב בבגדיו הרגילים לאחר
שנגמר הצום, **וְלֹא־קָם וְלֹא־זָע מִמֶּנּוּ** והתעלם ממנו לחלוטין – **וַיִּמָּלֵא**
הָמָן עַל־מָרְדֳּכַי חֵמָה, כעס. ככל שעלתה קרנו בממלכה, כך גאה בו
הזעם על ביזיונו. י **וַיִּתְאַפַּק הָמָן** כי בינתיים לא יכול היה לעשות
דבר,[5] **וַיָּבוֹא אֶל־בֵּיתוֹ, וַיִּשְׁלַח וַיָּבֵא** לביתו **אֶת־אֹהֲבָיו וְאֶת־זֶרֶשׁ אִשְׁתּוֹ**
רבת ההשפעה. יא הוא ערך מעין מסיבה כדי לספר לידידיו שהוזמן
למשתה המכובד, **וַיְסַפֵּר לָהֶם הָמָן אֶת־כְּבוֹד עָשְׁרוֹ וְרֹב**, ריבוי **בָּנָיו.**
אמנם בהמשך יסופר על תליית עשרת בניו, אך ייתכן שהיו לו
בנים נוספים מנשים אחרות.[6] **וְאֵת כָּל־אֲשֶׁר גִּדְּלוֹ הַמֶּלֶךְ וְאֵת אֲשֶׁר**
נִשְּׂאוֹ עַל־הַשָּׂרִים וְעַבְדֵי הַמֶּלֶךְ. יב **וַיֹּאמֶר הָמָן: אַף לֹא־הֵבִיאָה אֶסְתֵּר**
הַמַּלְכָּה עִם־הַמֶּלֶךְ אֶל־הַמִּשְׁתֶּה אֲשֶׁר־עָשָׂתָה כִּי אִם־אוֹתִי, וְגַם־לְמָחָר
אֲנִי קָרוּא־לָהּ עִם־הַמֶּלֶךְ. זוהי גולת הכותרת. אינני רק השר הראשון

יג וְכׇל־זֶה אֵינֶנּוּ שֹׁוֶה לִי בְּכׇל־עֵת אֲשֶׁר אֲנִי רֹאֶה אֶת־מׇרְדֳּכַי
יד הַיְּהוּדִי יוֹשֵׁב בְּשַׁעַר הַמֶּלֶךְ: וַתֹּאמֶר לוֹ זֶרֶשׁ אִשְׁתּוֹ וְכׇל־אֹהֲבָיו
יַעֲשׂוּ־עֵץ גָּבֹהַּ חֲמִשִּׁים אַמָּה וּבַבֹּקֶר ׀ אֱמֹר לַמֶּלֶךְ וְיִתְלוּ אֶת־
מׇרְדֳּכַי עָלָיו וּבֹא עִם־הַמֶּלֶךְ אֶל־הַמִּשְׁתֶּה שָׂמֵחַ וַיִּיטַב הַדָּבָר
ו א לִפְנֵי הָמָן וַיַּעַשׂ הָעֵץ: בַּלַּיְלָה הַהוּא נָדְדָה שְׁנַת
הַמֶּלֶךְ וַיֹּאמֶר לְהָבִיא אֶת־סֵפֶר הַזִּכְרֹנוֹת דִּבְרֵי הַיָּמִים וַיִּהְיוּ
ב נִקְרָאִים לִפְנֵי הַמֶּלֶךְ: וַיִּמָּצֵא כָתוּב אֲשֶׁר הִגִּיד מׇרְדֳּכַי עַל־בִּגְתָנָא
וָתֶרֶשׁ שְׁנֵי סָרִיסֵי הַמֶּלֶךְ מִשֹּׁמְרֵי הַסַּף אֲשֶׁר בִּקְשׁוּ לִשְׁלֹחַ יָד
ג בַּמֶּלֶךְ אֲחַשְׁוֵרוֹשׁ: וַיֹּאמֶר הַמֶּלֶךְ מַה־נַּעֲשָׂה יְקָר וּגְדוּלָּה לְמׇרְדֳּכַי
ד עַל־זֶה וַיֹּאמְרוּ נַעֲרֵי הַמֶּלֶךְ מְשָׁרְתָיו לֹא־נַעֲשָׂה עִמּוֹ דָּבָר: וַיֹּאמֶר
הַמֶּלֶךְ מִי בֶחָצֵר וְהָמָן בָּא לַחֲצַר בֵּית־הַמֶּלֶךְ הַחִיצוֹנָה לֵאמֹר
ה לַמֶּלֶךְ לִתְלוֹת אֶת־מׇרְדֳּכַי עַל־הָעֵץ אֲשֶׁר־הֵכִין לוֹ: וַיֹּאמְרוּ נַעֲרֵי
ו הַמֶּלֶךְ אֵלָיו הִנֵּה הָמָן עֹמֵד בֶּחָצֵר וַיֹּאמֶר הַמֶּלֶךְ יָבוֹא: וַיָּבוֹא הָמָן

ביאור | בממלכה; נעשיתי החביב על בית המלוכה, היחיד והמיוחד. יג **וְכׇל־זֶה אֵינֶנּוּ שֹׁוֶה לִי בְּכׇל־עֵת אֲשֶׁר אֲנִי רֹאֶה אֶת־מׇרְדֳּכַי הַיְּהוּדִי יוֹשֵׁב בְּשַׁעַר הַמֶּלֶךְ.** אמנם יש לי כבוד, עושר ועתיד מזהיר, אבל מרדכי בז לי.

יד **וַתֹּאמֶר לוֹ זֶרֶשׁ אִשְׁתּוֹ וְכׇל־אֹהֲבָיו**, שהצטרפו אף הם להצעה: **יַעֲשׂוּ־עֵץ גָּבֹהַּ חֲמִשִּׁים אַמָּה, וּבַבֹּקֶר אֱמֹר לַמֶּלֶךְ, וְיִתְלוּ אֶת־מׇרְדֳּכַי עָלָיו.** אל תמתין עד למשתה. בוא כבר בבוקר אל המלך ואמור לו שיש מישהו שטורד את מנוחתך ואיננו שומע לפקודתך. בקש שיתלו אותו באופן אישי לפני שיאבדו את שאר היהודים. **וּבֹא עִם־הַמֶּלֶךְ אֶל־הַמִּשְׁתֶּה** בערב רגוע **וְשָׂמֵחַ.**

הרחבות | **׳וכל זה איננו שֹׁוה לי׳** לפי חלק מהמדרשים, מרדכי והמן הכירו זה את זה עוד בתקופה שבה היה המן אדם פשוט, (ראו מגילה טז ע״א), ועל כן הפגישה עם מי שזכר אותו בשפלותו ומתעקש שלא לחלוק לו כבוד, הייתה צורבת במיוחד.

׳מה נעשָׂה יְקר וגדולה למרדכי׳ סביר שכאשר המלך נתקל בסיפור ההתנקשות מן העבר, התעוררו בראשו תהיות: ישנם בממלכה אנשים שאינם חפצים בטובתי, עד כדי כך שניסו לשלוח יד בחיי. האם לאלו התומכים בי אני גומל טובה כראוי? ההזמנה המסתורית של אסתר למשתה נוסף בנוכחות ראש השרים מעוררת חשד. אם מי שסייע להציל את חיי לא זכה לשום גמול, אין זה פלא שאנשים מסתירים ממני את מזימותיהם (מגילה טו ע״ב; רש״י פס׳ א).

וַיִּיטַב הַדָּבָר, הרעיון **לִפְנֵי הָמָן, וַיַּעַשׂ הָעֵץ**. הוא נתן פקודה שיבנו עץ כזה כדי להכין את תלייתו של מרדכי ולקדם את המן לעבר פסגת אושרו.

הלילה שבין שני המשתאות

פרק ו

העניין הקודם הסתיים בתכלית הירידה. המן קרוא בשנית אל המלכה והמלך, והוא שש ושמח; מרדכי עומד להיתלות בו ביום; ועל היהודים מאיימת גזרת השמדה. כל תקווה אינה נראית באופק. כאן יתחילו יחסי מרדכי והמן להתהפך. המן יגיע לחצר המלך, כדי לבקש לתלות את מרדכי על העץ שהכין לו, בדיוק ברגע שבו המלך יבקש להתייעץ בשאלה כיצד לגמול למרדכי טובה. משאלות הכבוד המקננות בהמן יהפכו לו לרועץ.

פרק ו א **בַּלַּיְלָה הַהוּא** שלאחר המשתה של אסתר **נָדְדָה שְׁנַת הַמֶּלֶךְ**
ללא סיבה ברורה. **וַיֹּאמֶר**, הוא ציווה **לְהָבִיא אֶת־סֵפֶר הַזִּכְרֹנוֹת** של
דִּבְרֵי הַיָּמִים, ספר ההיסטוריה המלכותית. **וַיִּהְיוּ** קטעים מתוך הספר
נִקְרָאִים לִפְנֵי הַמֶּלֶךְ כדי לשעשעו בזיכרונות העבר. ב **וַיִּמָּצֵא כָתוּב**
בין המאורעות שעברו על המלך, **אֲשֶׁר הִגִּיד מָרְדֳּכַי עַל־בִּגְתָנָא**, בגתן **וָתֶרֶשׁ, שְׁנֵי סָרִיסֵי הַמֶּלֶךְ מִשֹּׁמְרֵי הַסַּף**, שהם קרובים למדי אל המלך, **אֲשֶׁר בִּקְשׁוּ לִשְׁלֹחַ יָד בַּמֶּלֶךְ אֲחַשְׁוֵרוֹשׁ**. ניסיון ההתנקשות שלהם, גילוי סודם על ידי מרדכי ודבר תלייתם על העץ – כל אלה תועדו.

ג **וַיֹּאמֶר הַמֶּלֶךְ: מַה־נַּעֲשָׂה יְקָר וּגְדוּלָּה לְמָרְדֳּכַי עַל־זֶה?** הרי ייתכן שניתן לו גמול כלשהו; אך פרט זה אינו קשור לדברי ימי המלך, ולכן לא נזכר בספר.

וַיֹּאמְרוּ נַעֲרֵי הַמֶּלֶךְ מְשָׁרְתָיו: לֹא־נַעֲשָׂה עִמּוֹ דָּבָר בתמורה. הוא מילא את חובתו האזרחית בהסגרת המורדים ולא קיבל שכר על כך.

ד **וַיֹּאמֶר הַמֶּלֶךְ: מִי בֶחָצֵר?** האם יש מישהו בחצר המלך כעת? נראה שהדבר אירע לפנות בוקר, והמלך חיפש מישהו שיוכל לשוחח אתו בעניינים הטורדים את מנוחתו ולהתייעץ בו.[1]

וְהָמָן בָּא בדיוק אז **לַחֲצַר בֵּית־הַמֶּלֶךְ הַחִיצוֹנָה לֵאמֹר לַמֶּלֶךְ לִתְלוֹת אֶת־מָרְדֳּכַי עַל־הָעֵץ אֲשֶׁר־הֵכִין לוֹ** כפי שיעצו לו אשתו ואוהביו. אף על פי שמרדכי ועם ישראל היו כרוכים יחד במחשבתו, מרדכי הציק לו יום יום, ולכן היה מעוניין להיפטר ממנו מיד.

ה **וַיֹּאמְרוּ נַעֲרֵי הַמֶּלֶךְ אֵלָיו: הִנֵּה הָמָן עֹמֵד בֶּחָצֵר.**
וַיֹּאמֶר הַמֶּלֶךְ: יָבוֹא.

העולם

וְהָמָן בָּא לַחֲצַר בֵּית הַמֶּלֶךְ הַחִיצוֹנָה אפילו שרים חשובים עלולים היו לעלות לגרדום אם עברו מן החצר החיצונה פנימה ללא הזמנה או רשות. (ראו 'העולם' לעיל ה,א).

כאשר חיפש המלך יועץ בלילה, ונענה כי המן ממתין בחצר החיצונה, קרא: יָבוֹא, ובכך התיר להמן להיכנס בלא פגע.

וַיֹּאמֶר לוֹ הַמֶּלֶךְ מַה־לַּעֲשׂוֹת בָּאִישׁ אֲשֶׁר הַמֶּלֶךְ חָפֵץ בִּיקָרוֹ
וַיֹּאמֶר הָמָן בְּלִבּוֹ לְמִי יַחְפֹּץ הַמֶּלֶךְ לַעֲשׂוֹת יְקָר יוֹתֵר מִמֶּנִּי׃
וַיֹּאמֶר הָמָן אֶל־הַמֶּלֶךְ אִישׁ אֲשֶׁר הַמֶּלֶךְ חָפֵץ בִּיקָרוֹ׃ יָבִיאוּ ז ח
לְבוּשׁ מַלְכוּת אֲשֶׁר לָבַשׁ־בּוֹ הַמֶּלֶךְ וְסוּס אֲשֶׁר רָכַב עָלָיו הַמֶּלֶךְ
וַאֲשֶׁר נִתַּן כֶּתֶר מַלְכוּת בְּרֹאשׁוֹ׃ וְנָתוֹן הַלְּבוּשׁ וְהַסּוּס עַל־יַד־ ט
אִישׁ מִשָּׂרֵי הַמֶּלֶךְ הַפַּרְתְּמִים וְהִלְבִּשׁוּ אֶת־הָאִישׁ אֲשֶׁר הַמֶּלֶךְ
חָפֵץ בִּיקָרוֹ וְהִרְכִּיבֻהוּ עַל־הַסּוּס בִּרְחוֹב הָעִיר וְקָרְאוּ לְפָנָיו כָּכָה
יֵעָשֶׂה לָאִישׁ אֲשֶׁר הַמֶּלֶךְ חָפֵץ בִּיקָרוֹ׃ וַיֹּאמֶר הַמֶּלֶךְ לְהָמָן מַהֵר י
קַח אֶת־הַלְּבוּשׁ וְאֶת־הַסּוּס כַּאֲשֶׁר דִּבַּרְתָּ וַעֲשֵׂה־כֵן לְמָרְדֳּכַי
הַיְּהוּדִי הַיּוֹשֵׁב בְּשַׁעַר הַמֶּלֶךְ אַל־תַּפֵּל דָּבָר מִכֹּל אֲשֶׁר דִּבַּרְתָּ׃

ביאור | ו **וַיָּבוֹא הָמָן, וַיֹּאמֶר לוֹ הַמֶּלֶךְ: מַה־לַּעֲשׂוֹת בָּאִישׁ אֲשֶׁר הַמֶּלֶךְ חָפֵץ בִּיקָרוֹ**, מעוניין להעניק לו כבוד פומבי?

וַיֹּאמֶר הָמָן בְּלִבּוֹ: לְמִי יַחְפֹּץ הַמֶּלֶךְ לַעֲשׂוֹת יְקָר יוֹתֵר מִמֶּנִּי?! ההקשר גרם להמן להבין את דברי המלך כאילו שאל אותו ישירות: איזה כבוד היית רוצה?

ז **וַיֹּאמֶר הָמָן אֶל־הַמֶּלֶךְ:** עצתי היא שלאִישׁ **אֲשֶׁר הַמֶּלֶךְ חָפֵץ בִּיקָרוֹ**, ח **יָבִיאוּ לְבוּשׁ מַלְכוּת אֲשֶׁר לָבַשׁ־בּוֹ הַמֶּלֶךְ** בפועל, **וְסוּס אֲשֶׁר רָכַב עָלָיו הַמֶּלֶךְ, וַאֲשֶׁר נִתַּן כֶּתֶר מַלְכוּת בְּרֹאשׁוֹ** של המלך בזמן הרכיבה עליו,[2] ט **וְנָתוֹן**, יתנו את **הַלְּבוּשׁ וְהַסּוּס עַל־יַד־אִישׁ מִשָּׂרֵי הַמֶּלֶךְ הַפַּרְתְּמִים**, מהשרים הבכירים, במקום לידיו של משרת זוטר,

הרחבות | **׳וַעֲשֵׂה כֵן לְמָרְדֳּכַי הַיְּהוּדִי׳** בצד הכבוד הגדול שהמלך ביקש להעניק למרדכי בהובלתו על ידי ראש השרים, אין ספק שהוא גם התכוון להשפיל את המן. מן הסתם יחסיהם העכורים של מרדכי והמן יצאו מגדר של רכילות משרתים ונודעו בחצר. אף שלמלך לא היה קשר מיוחד עם מרדכי, הוא נזכר בטובה שנעשתה לו וניצל את ההזדמנות כדי להדגיש שאיש במדינה מלבדו אינו רשאי ליהנות ממעמד עצמאי. מדברי המן המתענג על עצמו, ומבקש להיראות בכיכר העיר כמו המלך ביום הכתרתו, התרשם אחשורוש שמעמדו של השר הראשי חורג מן המידה הראויה ושאיפותיו המגלומניות עלולות לערער את כסאו שלו. בדרישתו שהמן הוא שיוביל את מרדכי, הוא דאג לפרסם את סמכותו של המלך ואת כפיפותו של המן. (ראו מלבי״ם פס׳ י).

׳אַל תַּפֵּל דָּבָר׳ היו שהבינו ממלים אלו שהמן ניסה לשכנע את המלך להמיר את הכבוד הזה במתנת כסף או בכיבוד אחר. על כן ציווה עליו המלך במפורש לעשות את כל מה שהציע ללא שינוי (מגילה טז ע״א).

וְהִלְבִּשׁוּ אֶת־הָאִישׁ אֲשֶׁר הַמֶּלֶךְ חָפֵץ בִּיקָרוֹ, וְהִרְכִּיבֻהוּ עַל־הַסּוּס בִּרְחוֹב הָעִיר, וְקָרְאוּ לְפָנָיו אותם הפרתמים שיובילו אותו: **"כָּכָה יֵעָשֶׂה לָאִישׁ אֲשֶׁר הַמֶּלֶךְ חָפֵץ בִּיקָרוֹ"**. המן יכול היה לראות את עצמו בעיני רוחו על הסוס, לבוש בלבוש המלכותי, לאחר שבחר לו בקלות את אחד השרים שירוץ לפניו.

י **וַיֹּאמֶר הַמֶּלֶךְ לְהָמָן**: זהו אכן רעיון טוב. **מַהֵר** – אין זו רק פקודה חד-משמעית, אלא גם זירוז – **קַח אֶת־הַלְּבוּשׁ וְאֶת־הַסּוּס כַּאֲשֶׁר דִּבַּרְתָּ, וַעֲשֵׂה־כֵן לְמָרְדֳּכַי הַיְּהוּדִי הַיּוֹשֵׁב בְּשַׁעַר הַמֶּלֶךְ**. ייתכן שהמלך לא הכיר היטב את מרדכי, אבל הוא לא היה דמות אנונימית. מעמדו ומקומו בחצר המלוכה היו ידועים. **אַל־תַּפֵּל דָּבָר מִכֹּל אֲשֶׁר דִּבַּרְתָּ.**

מלך פרס על סוסו
תבליט
המאה ה-3 לסה"נ
נקש-י רוסתם, ליד פרספוליס

כתר מלכות פרסי

העולם

וְסוּס אֲשֶׁר רָכַב עָלָיו הַמֶּלֶךְ על פי ההיסטוריון היווני הרודוטוס (המאה ה-5 לפנה"ס) בפרס הייתה לסוסים חשיבות גדולה, ואף יוחסה להם קדושה. סוסים נבחרים יוחדו לשימוש מלכים ואצילים בלבד. סוסים קושטו לפעמים בקישוטי ראש מעין כתרים. סוס המלך היה מיועד אך ורק למלך. מרכבתו הדו-גלגלית של המלך הייתה רתומה לסוסיו הנבחרים והמוכתרים מזן סוסים מיוחד (nisean) שאינו קיים היום. בפרסית עתיקה נקרא סוס 'אספא' או 'אספ'. המלה מרכיבה גם את שמותיהם של אנשים הן בזמן המגילה (אספתא מבני המן, להלן ט,ז) הן בשמות פרסיים בני תקופתנו. (ראו עוד שיר השירים א,ט והביאור שם).

ד וַיִּקַּח הָמָן אֶת־הַלְּבוּשׁ וְאֶת־הַסּוּס וַיַּלְבֵּשׁ אֶת־מָרְדֳּכָי וַיַּרְכִּיבֵהוּ יא
בִּרְחוֹב הָעִיר וַיִּקְרָא לְפָנָיו כָּכָה יֵעָשֶׂה לָאִישׁ אֲשֶׁר הַמֶּלֶךְ חָפֵץ
בִּיקָרוֹ: וַיָּשָׁב מָרְדֳּכַי אֶל־שַׁעַר הַמֶּלֶךְ וְהָמָן נִדְחַף אֶל־בֵּיתוֹ אָבֵל יב
וַחֲפוּי רֹאשׁ: וַיְסַפֵּר הָמָן לְזֶרֶשׁ אִשְׁתּוֹ וּלְכָל־אֹהֲבָיו אֵת כָּל־אֲשֶׁר יג
קָרָהוּ וַיֹּאמְרוּ לוֹ חֲכָמָיו וְזֶרֶשׁ אִשְׁתּוֹ אִם מִזֶּרַע הַיְּהוּדִים מָרְדֳּכַי
אֲשֶׁר הַחִלּוֹתָ לִנְפֹּל לְפָנָיו לֹא־תוּכַל לוֹ כִּי־נָפוֹל תִּפּוֹל לְפָנָיו:
עוֹדָם מְדַבְּרִים עִמּוֹ וְסָרִיסֵי הַמֶּלֶךְ הִגִּיעוּ וַיַּבְהִלוּ לְהָבִיא אֶת־הָמָן יד
אֶל־הַמִּשְׁתֶּה אֲשֶׁר־עָשְׂתָה אֶסְתֵּר: וַיָּבֹא הַמֶּלֶךְ וְהָמָן לִשְׁתּוֹת א ז
עִם־אֶסְתֵּר הַמַּלְכָּה: וַיֹּאמֶר הַמֶּלֶךְ לְאֶסְתֵּר גַּם בַּיּוֹם הַשֵּׁנִי ב
בְּמִשְׁתֵּה הַיַּיִן מַה־שְּׁאֵלָתֵךְ אֶסְתֵּר הַמַּלְכָּה וְתִנָּתֵן לָךְ וּמַה־
בַּקָּשָׁתֵךְ עַד־חֲצִי הַמַּלְכוּת וְתֵעָשׂ: וַתַּעַן אֶסְתֵּר הַמַּלְכָּה וַתֹּאמַר ג
אִם־מָצָאתִי חֵן בְּעֵינֶיךָ הַמֶּלֶךְ וְאִם־עַל־הַמֶּלֶךְ טוֹב תִּנָּתֶן־לִי
נַפְשִׁי בִּשְׁאֵלָתִי וְעַמִּי בְּבַקָּשָׁתִי: כִּי נִמְכַּרְנוּ אֲנִי וְעַמִּי לְהַשְׁמִיד ד
לַהֲרוֹג וּלְאַבֵּד וְאִלּוּ לַעֲבָדִים וְלִשְׁפָחוֹת נִמְכַּרְנוּ הֶחֱרַשְׁתִּי כִּי אֵין
הַצָּר שֹׁוֶה בְּנֵזֶק הַמֶּלֶךְ: וַיֹּאמֶר הַמֶּלֶךְ אֲחַשְׁוֵרוֹשׁ ה
וַיֹּאמֶר לְאֶסְתֵּר הַמַּלְכָּה מִי הוּא זֶה וְאֵי־זֶה הוּא אֲשֶׁר־מְלָאוֹ לִבּוֹ

ביאור | פקודת המלך לא הותירה להמן כל ברירה – יא **וַיִּקַּח הָמָן אֶת־הַלְּבוּשׁ וְאֶת־הַסּוּס וַיַּלְבֵּשׁ אֶת־מָרְדֳּכָי, וַיַּרְכִּיבֵהוּ בִּרְחוֹב הָעִיר, וַיִּקְרָא לְפָנָיו: כָּכָה יֵעָשֶׂה לָאִישׁ אֲשֶׁר הַמֶּלֶךְ חָפֵץ בִּיקָרוֹ.**

יב **וַיָּשָׁב מָרְדֳּכַי אֶל־שַׁעַר הַמֶּלֶךְ.** גם אם השפלת המן מצאה חן בעיני מרדכי, לא היה בה כדי להקל על האימה שבלבו מפני גורלם של היהודים.[3]

הרחבות | **אסתר המלכה היהודייה** כל עוד הייתה אסתר חסרת עם ומולדת, נחשב מעמדה האישי מפוקפק. סביר שאשה שאינה אומרת את עמה ואת מולדתה היא שפחה שמוצאה עלום. אפשר היה לחשוד שהיא בת לעבדים. יתרה מזו, אפילו בין עבדים ושפחות, עבד שנולד לעבדים נחשב נחות ממי שהיה בן חורין ונשבה במלחמה, ולמעשה הוא חסר מעמד. לאחשורוש לא הייתה היכרות קרובה או חיבה מיוחדת כלפי העם היהודי השוכן בשולי האימפריה שלו, אך חכמים אמרו כי אסתר המלכה הציגה את עצמה כבאה מזרע המלכות. כך התברר שאין היא שפחה שלקח המלך מאשפתות, אלא אשה מיוחסת. (מגילה טז ע"א).

וְהָמָן נִדְחַף, רץ **אֶל־בֵּיתוֹ אָבֵל וַחֲפוּי רֹאשׁ**, מבויש ונבוך. יג **וַיְסַפֵּר הָמָן**
לְזֶרֶשׁ אִשְׁתּוֹ וּלְכָל־אֹהֲבָיו אֵת כָּל־אֲשֶׁר קָרָהוּ. הוא סיפר שעשה כעצתם,
אך הגיע לחצר המלך בדיוק ברגע בעייתי, ונחל השפלה עמוקה.
וַיֹּאמְרוּ לוֹ חֲכָמָיו, שאולי כבר אינם אוהביו, **וְזֶרֶשׁ אִשְׁתּוֹ** בקור רוח:
אִם מִזֶּרַע הַיְּהוּדִים מָרְדֳּכַי אֲשֶׁר הַחִלּוֹתָ, התחלת **לִנְפֹּל לְפָנָיו – לֹא־תוּכַל**
לוֹ, כִּי־נָפוֹל תִּפּוֹל לְפָנָיו. אין יחסים פושרים עם היהודים. מי שנאבק
בהם ימצא עצמו רומס אותם, או שיגלה שהם מביסים אותו כליל.[4]

דברי חכמיו בוודאי לא שיפרו את הרגשתו. יד **עוֹדָם מְדַבְּרִים עִמּוֹ,**
וְסָרִיסֵי הַמֶּלֶךְ הִגִּיעוּ וַיַּבְהִלוּ לְהָבִיא אֶת־הָמָן בזריזות **אֶל־הַמִּשְׁתֶּה אֲשֶׁר־**
עָשְׂתָה אֶסְתֵּר, שבדרך כלל נערך בשעות הערב. כחלק מהבירוקרטיה
המלכותית נשלחו הסריסים להודיע לו שהוא מתבקש להגיע מיד
אל המשתה.

מפלת המן ועליית מרדכי לגדולה

פרק ז – פרק ח פס׳ ב

אמנם ייתכן שההשפלה שהמן עבר לא בהכרח שינתה את תכניותיו, אך מן הסתם אל המשתה השני של אסתר הוא הגיע במצב רוח ירוד. גם המשתה השני שיזמה אסתר היה אינטימי. אסתר הייתה מעוניינת שינכחו בו אחשורוש, המן והיא בלבד כדי שכך יגלה המן פתאום שהן המלך והן המלכה נגדו, ואיש אינו מלמד עליו זכות.[1]

בסוף העניין יוזמת אסתר את העלאת מרדכי לתפקיד שבו כיהן המן, וכך התהפך לחלוטין מעמדם. המן נתלה על העץ שהכין למרדכי, ומרדכי, שסירב לכרוע להמן, אכן ירש את מקומו.

פרק ז א **וַיָּבֹא הַמֶּלֶךְ וְהָמָן לִשְׁתּוֹת עִם־אֶסְתֵּר הַמַּלְכָּה**. ב **וַיֹּאמֶר הַמֶּלֶךְ**
לְאֶסְתֵּר גַּם בַּיּוֹם הַשֵּׁנִי בְּמִשְׁתֵּה הַיַּיִן: מַה־שְּׁאֵלָתֵךְ, אֶסְתֵּר הַמַּלְכָּה – וְתִנָּתֵן
לָךְ, וּמַה־בַּקָּשָׁתֵךְ? עַד־חֲצִי הַמַּלְכוּת וְתֵעָשׂ. המלך חזר על שאלתו משום
שידע שאסתר מעוניינת במשהו, שאותו היא תגלה במשתה השני.
ג **וַתַּעַן אֶסְתֵּר הַמַּלְכָּה** בנוסח המקובל **וַתֹּאמַר: אִם־מָצָאתִי חֵן בְּעֵינֶיךָ**
הַמֶּלֶךְ, וְאִם־עַל, בעיני **הַמֶּלֶךְ טוֹב, תִּנָּתֶן־לִי נַפְשִׁי בִּשְׁאֵלָתִי וְעַמִּי בְּבַקָּשָׁתִי**.
אתה מסכים להעניק לי את חצי המלכות, ואילו אני מבקשת שתציל
את חיי ואת עמי. מלות הפתיחה הדרמטיות נועדו להשפיע על
המלך, ועתה היא מבארת: ד **כִּי נִמְכַּרְנוּ אֲנִי וְעַמִּי לְהַשְׁמִיד, לַהֲרוֹג**
וּלְאַבֵּד, וְאִלּוּ לַעֲבָדִים וְלִשְׁפָחוֹת נִמְכַּרְנוּ, לו גזרו עלינו רק להימכר
כעבדים ושפחות – **הֶחֱרַשְׁתִּי**, לא הייתי מבקשת דבר **כִּי** אז **אֵין הַצָּר**,
הצרה, או: האירוע המצר לא היה **שֹׁוֶה**, שָׁווה **בְּנֵזֶק הַמֶּלֶךְ**, בפגיעה
הרגשית במלך.[2] אולם מדובר בגזרת השמדה.
ה **וַיֹּאמֶר הַמֶּלֶךְ אֲחַשְׁוֵרוֹשׁ, וַיֹּאמֶר לְאֶסְתֵּר הַמַּלְכָּה** בהפתעה, שכן עד
כה היא לא גילתה שהיא יהודייה: **מִי הוּא זֶה וְאֵי־זֶה הוּא אֲשֶׁר־מְלָאוֹ**

ו לַעֲשׂוֹת כֵּן: וַתֹּאמֶר אֶסְתֵּר אִישׁ צַר וְאוֹיֵב הָמָן הָרָע הַזֶּה
ז וְהָמָן נִבְעָת מִלִּפְנֵי הַמֶּלֶךְ וְהַמַּלְכָּה: וְהַמֶּלֶךְ קָם בַּחֲמָתוֹ מִמִּשְׁתֵּה
הַיַּיִן אֶל־גִּנַּת הַבִּיתָן וְהָמָן עָמַד לְבַקֵּשׁ עַל־נַפְשׁוֹ מֵאֶסְתֵּר
ח הַמַּלְכָּה כִּי רָאָה כִּי־כָלְתָה אֵלָיו הָרָעָה מֵאֵת הַמֶּלֶךְ: וְהַמֶּלֶךְ
שָׁב מִגִּנַּת הַבִּיתָן אֶל־בֵּית ׀ מִשְׁתֵּה הַיַּיִן וְהָמָן נֹפֵל עַל־הַמִּטָּה
אֲשֶׁר אֶסְתֵּר עָלֶיהָ וַיֹּאמֶר הַמֶּלֶךְ הֲגַם לִכְבּוֹשׁ אֶת־הַמַּלְכָּה עִמִּי
ט בַּבָּיִת הַדָּבָר יָצָא מִפִּי הַמֶּלֶךְ וּפְנֵי הָמָן חָפוּ: וַיֹּאמֶר חַרְבוֹנָה
אֶחָד מִן־הַסָּרִיסִים לִפְנֵי הַמֶּלֶךְ גַּם הִנֵּה־הָעֵץ אֲשֶׁר־עָשָׂה הָמָן
לְמָרְדֳּכַי אֲשֶׁר דִּבֶּר־טוֹב עַל־הַמֶּלֶךְ עֹמֵד בְּבֵית הָמָן גָּבֹהַּ
י חֲמִשִּׁים אַמָּה וַיֹּאמֶר הַמֶּלֶךְ תְּלֻהוּ עָלָיו: וַיִּתְלוּ אֶת־הָמָן עַל־הָעֵץ
אֲשֶׁר־הֵכִין לְמָרְדֳּכָי וַחֲמַת הַמֶּלֶךְ שָׁכָכָה: ח א בַּיּוֹם הַהוּא
נָתַן הַמֶּלֶךְ אֲחַשְׁוֵרוֹשׁ לְאֶסְתֵּר הַמַּלְכָּה אֶת־בֵּית הָמָן צֹרֵר
הַיְּהוּדִים היהודיים וּמָרְדֳּכַי בָּא לִפְנֵי הַמֶּלֶךְ כִּי־הִגִּידָה אֶסְתֵּר מַה הוּא־לָהּ:

ביאור | **לִבּוֹ לַעֲשׂוֹת כֵּן?** מי האדם שהעז לרצות להשמיד אותך ואת עמך?

ו **וַתֹּאמֶר אֶסְתֵּר: אִישׁ צַר וְאוֹיֵב – הָמָן הָרָע הַזֶּה.** המן יעץ לך להשמידנו משום שהוא אויב היהודים. ומעבר לכך, הוא אדם רע, וכוונותיו אינן טהורות. על כן לא כדאי לך לבטוח בו.

אף שמצב רוחו של המן לא היה טוב, בכל זאת הניח שהוזמן משום שאסתר רוחשת כבוד וחיבה כלפיו, וכלל לא היה מוכן להאשמות שהמלכה הטיחה בו בנוכחות המלך. **וְעל כן הָמָן נִבְעָת מִלִּפְנֵי הַמֶּלֶךְ וְהַמַּלְכָּה.**

הרחבות | **'כי כָלְתה אליו הרעה מאת המלך'** שיחתם הלילית של אחשורוש והמן שינתה את דמותו של המן בעיני המלך. הוא נוכח שהמן הוא אדם רודף כבוד המטפס בסולם השלטון בכל מחיר. אל הרושם שעשה המן על המלך בלילה מצטרפות עתה האשמותיה של אסתר. על כן התעורר בו זעם כה גדול.

ראוי לציין שבחצרות מלכות כאלה, תפקידו הגבוה של ראש השרים אינו רק מכובד מאוד, אלא גם מסוכן מאין כמוהו. המלך לא ירצה שאת התפקיד הזה ימלא אדם חזק מדי. לא לחינם מינה אחשורוש תחילה את המן לתפקיד זה, ואחר כך ימנה לו את מרדכי, ששניהם לא באו ממשפחת אצולה פרסית, ולא זו בלבד אלא שמוצאם זר. אדם כזה אפשר להוריד מדרגתו בקלות רבה בעת הצורך. (יש לשער שזה היה אחד ממניעיו של פרעה כשמינה את יוסף).

ז **וְהַמֶּלֶךְ קָם בַּחֲמָתוֹ**, בכעסו **מִמִּשְׁתֵּה הַיַּיִן אֶל־גִּנַּת הַבִּיתָן**. את מעורבותו בגזרה ואת העובדה שהוא עצמו חתם על המסמכים – שכח. נגד עיניו עמד באותה שעה רק המן המבקש להשמיד את אסתר ואת עמה. כדי להפיג את כעסו על המן קם ויצא לטייל בגינה. **וְהָמָן עָמַד לְבַקֵּשׁ עַל־נַפְשׁוֹ מֵאֶסְתֵּר הַמַּלְכָּה**. אף שכבר הבין שאין היא שוחרת טובתו כלל, אולי קיווה שתטה אליו חסד משום שלא הזיק לה עד כה, ואולי ציפה לעורר את רחמיה הנשיים כלפיו.[3] **כִּי רָאָה כִּי־כָלְתָה**, נחרצה **אֵלָיו הָרָעָה מֵאֵת הַמֶּלֶךְ**.

ח **וְהַמֶּלֶךְ שָׁב** בינתיים **מִגִּנַּת הַבִּיתָן אֶל־בֵּית מִשְׁתֵּה הַיַּיִן**, והנה הוא רואה **שֶׁהָמָן נֹפֵל עַל־הַמִּטָּה אֲשֶׁר אֶסְתֵּר** יושבת **עָלֶיהָ**. לפי המנהג הפרסי והיווני, אנשים עשירים או בעלי מעמד לא ישבו על כיסאות במשתה אלא הסבו על מיטות.[4] המן נפל על מיטתה של אסתר משום שהכניע עצמו לפניה והשתחווה כדי לבקש רחמים על נפשו, אבל המלך פירש את המעשה באופן הגרוע ביותר – **וַיֹּאמֶר הַמֶּלֶךְ**: הַאם אתה חושב **גַּם לִכְבּוֹשׁ אֶת־הַמַּלְכָּה עִמִּי בַּבָּיִת**, לאנוס את המלכה בנוכחותי?! **הַדָּבָר יָצָא מִפִּי הַמֶּלֶךְ, וּפְנֵי הָמָן חָפוּ**, נפלו והחווירו[5] מפני שהבין שהגיע סופו, ושאין הוא יכול אפילו להתנצל כראוי כי במצבו כל מה שיוכל להגיד לא יועיל.

במשתה שירתו גם מלצרים שלא נחשבו חלק מן הנוכחים. אולם כיוון שהמלך גילה את דעתו על המן, העז אחד מהם להתערב באותה רוח – ט **וַיֹּאמֶר חַרְבוֹנָה** שהיה **אֶחָד מִן־הַסָּרִיסִים לִפְנֵי הַמֶּלֶךְ: גַּם הִנֵּה־הָעֵץ אֲשֶׁר־עָשָׂה הָמָן לְמָרְדֳּכַי**, והוסיף: **אֲשֶׁר דִּבֶּר־טוֹב עַל־הַמֶּלֶךְ**. זהו המן – מי שהכין עץ תלייה למרדכי שסייע למלך. העץ הזה **עֹמֵד בְּבֵית הָמָן** והוא **גָּבֹהַּ חֲמִשִּׁים אַמָּה**. ייתכן שחרבונה לא אהב את המן מסיבותיו שלו, ועכשיו ביקש לנצל את ההזדמנות.
וַיֹּאמֶר הַמֶּלֶךְ: תְּלֻהוּ עָלָיו. אם עץ התלייה כבר מוכן, אפשר לקיים את פסק הדין בהמן עצמו תכף ומיד.

י **וַיִּתְלוּ אֶת־הָמָן עַל־הָעֵץ אֲשֶׁר־הֵכִין לְמָרְדֳּכָי, וַחֲמַת הַמֶּלֶךְ שָׁכָכָה**, נרגעה.

לאחר תלייתו של המן השתפר מצב רוחו של המלך והתעוררה בו רוח להיטיב עם אסתר. פרק ח א **בַּיּוֹם הַהוּא נָתַן הַמֶּלֶךְ אֲחַשְׁוֵרוֹשׁ לְאֶסְתֵּר הַמַּלְכָּה אֶת־בֵּית הָמָן צֹרֵר הַיְּהוּדִים**. במתנה זו היה כרוך כסף רב שצבר המן.[6] **וּמָרְדֳּכַי בָּא לִפְנֵי הַמֶּלֶךְ** לפגישה אישית **כִּי־הִגִּידָה אֶסְתֵּר מָה הוּא־לָהּ**. היא הציגה אותו בתור בן דודהּ, מחנכהּ ומאמצהּ

ב וַיָּסַר הַמֶּלֶךְ אֶת־טַבַּעְתּוֹ אֲשֶׁר הֶעֱבִיר מֵהָמָן וַֽיִּתְּנָהּ לְמָרְדֳּכָי
ג וַתָּשֶׂם אֶסְתֵּר אֶת־מָרְדֳּכַי עַל־בֵּית הָמָן׃ וַתּוֹסֶף אֶסְתֵּר
וַתְּדַבֵּר לִפְנֵי הַמֶּלֶךְ וַתִּפֹּל לִפְנֵי רַגְלָיו וַתֵּבְךְּ וַתִּתְחַנֶּן־לוֹ לְהַעֲבִיר
אֶת־רָעַת הָמָן הָאֲגָגִי וְאֵת מַחֲשַׁבְתּוֹ אֲשֶׁר חָשַׁב עַל־הַיְּהוּדִים׃
ד וַיּוֹשֶׁט הַמֶּלֶךְ לְאֶסְתֵּר אֵת שַׁרְבִט הַזָּהָב וַתָּקָם אֶסְתֵּר וַתַּעֲמֹד
ה לִפְנֵי הַמֶּלֶךְ׃ וַתֹּאמֶר אִם־עַל־הַמֶּלֶךְ טוֹב וְאִם־מָצָאתִי חֵן לְפָנָיו
וְכָשֵׁר הַדָּבָר לִפְנֵי הַמֶּלֶךְ וְטוֹבָה אֲנִי בְּעֵינָיו יִכָּתֵב לְהָשִׁיב אֶת־
הַסְּפָרִים מַחֲשֶׁבֶת הָמָן בֶּן־הַמְּדָתָא הָאֲגָגִי אֲשֶׁר כָּתַב לְאַבֵּד
ו אֶת־הַיְּהוּדִים אֲשֶׁר בְּכָל־מְדִינוֹת הַמֶּלֶךְ׃ כִּי אֵיכָכָה אוּכַל וְרָאִיתִי
בָּרָעָה אֲשֶׁר־יִמְצָא אֶת־עַמִּי וְאֵיכָכָה אוּכַל וְרָאִיתִי בְּאָבְדַן
ז מוֹלַדְתִּי׃ וַיֹּאמֶר הַמֶּלֶךְ אֲחַשְׁוֵרֹשׁ לְאֶסְתֵּר הַמַּלְכָּה
וּלְמָרְדֳּכַי הַיְּהוּדִי הִנֵּה בֵית־הָמָן נָתַתִּי לְאֶסְתֵּר וְאֹתוֹ תָּלוּ עַל־
ח הָעֵץ עַל אֲשֶׁר־שָׁלַח יָדוֹ ביהודיים׃ וְאַתֶּם כִּתְבוּ עַל־הַיְּהוּדִים בַּיְּהוּדִים
כַּטּוֹב בְּעֵינֵיכֶם בְּשֵׁם הַמֶּלֶךְ וְחִתְמוּ בְּטַבַּעַת הַמֶּלֶךְ כִּי־כְתָב
אֲשֶׁר־נִכְתָּב בְּשֵׁם־הַמֶּלֶךְ וְנַחְתּוֹם בְּטַבַּעַת הַמֶּלֶךְ אֵין לְהָשִׁיב׃
ט וַיִּקָּרְאוּ סֹפְרֵי־הַמֶּלֶךְ בָּעֵת־הַהִיא בַּחֹדֶשׁ הַשְּׁלִישִׁי הוּא־חֹדֶשׁ
סִיוָן בִּשְׁלוֹשָׁה וְעֶשְׂרִים בּוֹ וַיִּכָּתֵב כְּכָל־אֲשֶׁר־צִוָּה מָרְדֳּכַי אֶל־

ביאור | שגידל אותה. רוחו של אחשורוש הייתה טובה עליו לאחר שנפטר מהמן, ואף אסתר נהגה כלפיו בחביבות והכירה לו טובה. יתר על כן, אם אחשורוש לא ידע עד כה מיהו מרדכי היהודי, ניתנה לו עתה ההזדמנות להיזכר שהוא ידיד נאמן למלך שפעל לטובתו. ב **וַיָּסַר הַמֶּלֶךְ אֶת־טַבַּעְתּוֹ אֲשֶׁר הֶעֱבִיר מֵהָמָן וַיִּתְּנָהּ לְמָרְדֳּכָי** לאות אמון. **וַתָּשֶׂם אֶסְתֵּר אֶת־מָרְדֳּכַי עַל־בֵּית הָמָן.** היא הפכה אותו אחראי לבית המן, שהיה מעין אחוזה.

הרחבות | 'איככה אוכַל וראיתי ברעה אשר ימצא את עמי' דאגתו של אדם לעמו או למשפחתו – גם כשהיא עלולה שלא לעלות בקנה אחד עם האינטרס המלכותי, לא נתפסה כבגידה, אלא נחשבה כמעשה מכובד וראוי. כך עולה גם מתגובתו של ארתחשסתא המלך במקום אחר (נחמיה ב,א–ט).

פרק ח

הפקודה כנגד גזרת המן

פרק ח פס׳ ג–יז

אמנם בעיית המן באה על פתרונה, אבל הגזרה על העם היהודי בעינה עומדת. אסתר מבקשת לנצל את שעת הכושר ולבטל את רוע הגזרה המאיימת על עמה.

ג **וַתּוֹסֶף אֶסְתֵּר וַתְּדַבֵּר לִפְנֵי הַמֶּלֶךְ. וַתִּפֹּל לִפְנֵי רַגְלָיו, וַתֵּבְךְּ וַתִּתְחַנֶּן־לוֹ**
לְהַעֲבִיר אֶת־רָעַת הָמָן הָאֲגָגִי וְאֵת מַחֲשַׁבְתּוֹ אֲשֶׁר חָשַׁב עַל־הַיְּהוּדִים.

ד **וַיּוֹשֶׁט הַמֶּלֶךְ לְאֶסְתֵּר אֵת שַׁרְבִט הַזָּהָב** כדי לציין שהמלכה השוכבת
על הרצפה לפני רגליו ובוכה, רצויה בפניו, וכדי לרמוז לה לקום
ולומר את דבריה.

וַתָּקָם אֶסְתֵּר וַתַּעֲמֹד לִפְנֵי הַמֶּלֶךְ. ה **וַתֹּאמֶר** – ובסגנונה ניצלה את כל
אהבתו ואהדתו של המלך: **אִם־עַל**, בעיני **הַמֶּלֶךְ טוֹב, וְאִם־מָצָאתִי חֵן**
לְפָנָיו, וְכָשֵׁר הַדָּבָר לִפְנֵי הַמֶּלֶךְ, וְטוֹבָה אֲנִי בְּעֵינָיו – **יִכָּתֵב לְהָשִׁיב אֶת־**
הַסְּפָרִים שנשלחו בעקבות **מַחֲשֶׁבֶת הָמָן בֶּן־הַמְּדָתָא הָאֲגָגִי אֲשֶׁר כָּתַב**
לְאַבֵּד אֶת־הַיְּהוּדִים אֲשֶׁר בְּכָל־מְדִינוֹת הַמֶּלֶךְ, ולבטל את תוקפם. ו **כִּי**
אֵיכָכָה, איך **אוּכַל וְרָאִיתִי בָּרָעָה אֲשֶׁר־יִמְצָא**, תפקוד **אֶת־עַמִּי, וְאֵיכָכָה**
אוּכַל וְרָאִיתִי בְּאָבְדַן מוֹלַדְתִּי, מוצאי?! בשלב זה אסתר כבר לא חששה
לעצמה. היא ידעה שבה לא ייגעו לרעה, אבל היא טענה שאל לו
למלך להניח לעמה להיפגע מן הספרים שיצאו מתחת ידו.

ז **וַיֹּאמֶר הַמֶּלֶךְ אֲחַשְׁוֵרֹשׁ לְאֶסְתֵּר הַמַּלְכָּה וּלְמָרְדֳּכַי הַיְּהוּדִי**, שנכח באותו
מעמד, ובידו טבעת המלך: **הִנֵּה בֵית־הָמָן נָתַתִּי לְאֶסְתֵּר** כמחווה של
רצון טוב, **וְאֹתוֹ תָּלוּ עַל־הָעֵץ עַל אֲשֶׁר־שָׁלַח יָדוֹ בַּיְּהוּדִים.** שוב ניסה
המלך לשמור על אווירה הרמונית, תלה את האשמה בהמן בלבד,
והשכיח את מעורבותו שלו בשליחת היד ביהודים. ח **וְאַתֶּם כִּתְבוּ**
עַל־הַיְּהוּדִים במכתב אחר **כַּטּוֹב בְּעֵינֵיכֶם בְּשֵׁם הַמֶּלֶךְ וְחִתְמוּ בְּטַבַּעַת**
הַמֶּלֶךְ כך ששתי הפקודות ינטרלו זו את זו, **כִּי־כְתָב אֲשֶׁר־נִכְתָּב**
בְּשֵׁם־הַמֶּלֶךְ וְנַחְתּוֹם, ונחתם **בְּטַבַּעַת הַמֶּלֶךְ אֵין לְהָשִׁיב.** משפט המדינה
אינו מאפשר אפילו למלך לבטל את פקודותיו שלו, שכן יש להן
מעין תוקף אלוהי מוחלט. לכן עליכם לכתוב מכתב מלכותי נוסף
שניסוחו יעקוף את הפקודה הקודמת ויצמצם את משמעותה.

ט ואכן – **וַיִּקָּרְאוּ סֹפְרֵי־הַמֶּלֶךְ בָּעֵת־הַהִיא, בַּחֹדֶשׁ הַשְּׁלִישִׁי הוּא־חֹדֶשׁ**
סִיוָן בִּשְׁלוֹשָׁה וְעֶשְׂרִים בּוֹ, חודשיים ויותר לאחר תליית המן, **וַיִּכָּתֵב**
כְּכָל־אֲשֶׁר־צִוָּה מָרְדֳּכַי אֶל־הַיְּהוּדִים, שמאותה שעה כבר לא היו

העולם

בַּחֹדֶשׁ הַשְּׁלִישִׁי... בִּשְׁלוֹשָׁה וְעֶשְׂרִים בּוֹ אפשר להסביר את הסיבה להפרש הזמן הגדול בין תליית המן לבין משלוח ספרי ביטול הגזרה בכך שהמתינו לשובם של השליחים הראשונים, שליחי הגזרה, ושלחו אותם שוב כדי שדווקא הם יודיעו על ביטולה של הגזרה, לשם חיזוק אמינותה. (ראו פירוש הגר״א לסדר עולם רבא כט).

הַיְּהוּדִים וְאֶל הָאֲחַשְׁדַּרְפְּנִים וְהַפַּחוֹת וְשָׂרֵי הַמְּדִינוֹת אֲשֶׁר ׀
מֵהֹדּוּ וְעַד־כּוּשׁ שֶׁבַע וְעֶשְׂרִים וּמֵאָה מְדִינָה מְדִינָה וּמְדִינָה
כִּכְתָבָהּ וְעַם וָעָם כִּלְשֹׁנוֹ וְאֶל־הַיְּהוּדִים כִּכְתָבָם וְכִלְשׁוֹנָם׃
וַיִּכְתֹּב בְּשֵׁם הַמֶּלֶךְ אֲחַשְׁוֵרֹשׁ וַיַּחְתֹּם בְּטַבַּעַת הַמֶּלֶךְ וַיִּשְׁלַח י
סְפָרִים בְּיַד הָרָצִים בַּסּוּסִים רֹכְבֵי הָרֶכֶשׁ הָאֲחַשְׁתְּרָנִים בְּנֵי
הָרַמָּכִים׃ אֲשֶׁר נָתַן הַמֶּלֶךְ לַיְּהוּדִים ׀ אֲשֶׁר ׀ בְּכָל־עִיר וָעִיר יא
לְהִקָּהֵל וְלַעֲמֹד עַל־נַפְשָׁם לְהַשְׁמִיד וְלַהֲרֹג וּלְאַבֵּד אֶת־כָּל־חֵיל
עַם וּמְדִינָה הַצָּרִים אֹתָם טַף וְנָשִׁים וּשְׁלָלָם לָבוֹז׃ בְּיוֹם אֶחָד יב
בְּכָל־מְדִינוֹת הַמֶּלֶךְ אֲחַשְׁוֵרוֹשׁ בִּשְׁלוֹשָׁה עָשָׂר לְחֹדֶשׁ שְׁנֵים־
עָשָׂר הוּא־חֹדֶשׁ אֲדָר׃ פַּתְשֶׁגֶן הַכְּתָב לְהִנָּתֵן דָּת בְּכָל־מְדִינָה יג
הַיְּהוּדִים עֲתִידִים וּמְדִינָה גָּלוּי לְכָל־הָעַמִּים וְלִהְיוֹת היהודיים עתודים לַיּוֹם
הַזֶּה לְהִנָּקֵם מֵאֹיְבֵיהֶם׃ הָרָצִים רֹכְבֵי הָרֶכֶשׁ הָאֲחַשְׁתְּרָנִים יד
יָצְאוּ מְבֹהָלִים וּדְחוּפִים בִּדְבַר הַמֶּלֶךְ וְהַדָּת נִתְּנָה בְּשׁוּשַׁן
הַבִּירָה׃ וּמָרְדֳּכַי יָצָא ׀ מִלִּפְנֵי הַמֶּלֶךְ בִּלְבוּשׁ מַלְכוּת טו
תְּכֵלֶת וָחוּר וַעֲטֶרֶת זָהָב גְּדוֹלָה וְתַכְרִיךְ בּוּץ וְאַרְגָּמָן וְהָעִיר
ה שׁוּשָׁן צָהֲלָה וְשָׂמֵחָה׃ לַיְּהוּדִים הָיְתָה אוֹרָה וְשִׂמְחָה וְשָׂשֹׂן וִיקָר׃ טז
וּבְכָל־מְדִינָה וּמְדִינָה וּבְכָל־עִיר וָעִיר מְקוֹם אֲשֶׁר דְּבַר־הַמֶּלֶךְ יז

ביאור | המושא הסביל של הפקודה בלבד, אלא הפכו להיות גורם פעיל בביצועה, ועל כן היו הפעם אף נמעני הספרים,[1] וְאֶל הָאֲחַשְׁדַּרְפְּנִים וְהַפַּחוֹת וְשָׂרֵי הַמְּדִינוֹת אֲשֶׁר מֵהֹדּוּ וְעַד־כּוּשׁ, לְשֶׁבַע וְעֶשְׂרִים וּמֵאָה מְדִינָה, מְדִינָה וּמְדִינָה כִּכְתָבָהּ וְעַם וָעָם כִּלְשֹׁנוֹ, והפעם אֶל־הַיְּהוּדִים כִּכְתָבָם וְכִלְשׁוֹנָם. י וַיִּכְתֹּב מרדכי בְּשֵׁם הַמֶּלֶךְ אֲחַשְׁוֵרֹשׁ וַיַּחְתֹּם בְּטַבַּעַת הַמֶּלֶךְ שניתנה לו. וַיִּשְׁלַח סְפָרִים בְּיַד הָרָצִים באמצעות רכיבה על סוּסִים, רֹכְבֵי הָרֶכֶשׁ, הרוכבים על הסוסים המשובחים, רכוש המלך,[2] הָאֲחַשְׁתְּרָנִים, הפרדים[3] בְּנֵי הָרַמָּכִים, הסוסות.[4] יא אֲשֶׁר נָתַן הַמֶּלֶךְ לַיְּהוּדִים אֲשֶׁר בְּכָל־עִיר וָעִיר רשות לְהִקָּהֵל, להתאסף וְלַעֲמֹד עַל־נַפְשָׁם. אם הפקודה הקודמת התירה לכל המעוניין להתנפל על היהודים מתוך הנחה שליהודים אסור להגיב, כאן אִפשר להם המלך להתגונן

ואפילו לְהַשְׁמִיד וְלַהֲרֹג וּלְאַבֵּד אֶת־כָּל־חֵיל עַם וּמְדִינָה הַצָּרִים אֹתָם, טַף,
ילדים וְנָשִׁים, וּשְׁלָלָם לָבוֹז. הותר ליהודים לערוך מלחמה גמורה נגד
כל אויב. יב הפקודה תיכנס לתוקף בְּיוֹם אֶחָד בְּכָל־מְדִינוֹת הַמֶּלֶךְ
אֲחַשְׁוֵרוֹשׁ, בִּשְׁלוֹשָׁה עָשָׂר לְחֹדֶשׁ שְׁנֵים־עָשָׂר הוּא־חֹדֶשׁ אֲדָר, אותו
תאריך שנקבע קודם לפורענות. יג פַּתְשֶׁגֶן הַכְּתָב, העתקי המסמך
המלכותי לְהִנָּתֵן דָּת, פקודה, חוק בְּכָל־מְדִינָה וּמְדִינָה גָּלוּי לְכָל־הָעַמִּים,
יתפרסמו לעיני כול, וְלִהְיוֹת הַיְּהוּדִים עֲתִידִים, מוכנים לַיּוֹם הַזֶּה לְהִנָּקֵם
בו מֵאֹיְבֵיהֶם. ביום שיועד לפורענות, בו תהיה הגאולה. יד הָרָצִים
רֹכְבֵי הָרֶכֶשׁ הָאֲחַשְׁתְּרָנִים יָצְאוּ שוב מְבֹהָלִים וּדְחוּפִים בִּדְבַר הַמֶּלֶךְ
כדי להפיץ את הפקודה החדשה במהירות האפשרית בכל רחבי
הממלכה, וְהַדָּת נִתְּנָה גם בְּשׁוּשַׁן הַבִּירָה עצמה.

טו וּמָרְדֳּכַי, שזכה עתה במינוי חדש, יָצָא מִלִּפְנֵי הַמֶּלֶךְ לבוש בִּלְבוּשׁ
מַלְכוּת העשוי מִתְּכֵלֶת וָחוּר, כנראה אריג לבן וַעֲטֶרֶת זָהָב גְּדוֹלָה
בראשו וְתַכְרִיךְ, אדרת לשם התעטפות[5] העשויה בּוּץ, פשתן וְאַרְגָּמָן,
וְהאוכלוסייה היהודית של הָעִיר שׁוּשָׁן צָהֲלָה וְשָׂמֵחָה, שכן יהודי שושן
ראו את נציגם עולה לגדולה והופך לאיש החזק במדינה. טז לַיְּהוּדִים
הָיְתָה אוֹרָה וְשִׂמְחָה וְשָׂשֹׂן וִיקָר, שכן במקום הפוגרום הקטלני המיועד,
שבו לא היו אמורים לזכות כלל להגנה, הותר להם חוקית להתגונן
ולהילחם באויביהם. יז וּבְכָל־מְדִינָה וּמְדִינָה וּבְכָל־עִיר וָעִיר, מְקוֹם אֲשֶׁר

פרש
תבליט אבן
635-645 לפנה"ס
נינוה

הָרָצִים בַּסּוּסִים, רֹכְבֵי הָרֶכֶשׁ, הָאֲחַשְׁתְּרָנִים בְּנֵי הָרַמָּכִים השליחים הרכובים של המלך היו חלק ממערכת התקשורת והדרכים המעולה שיצר דריוש הראשון בממלכתו. כדי להגביר את מהירות הגעתם בדרכי מסופוטמיה השטוחות היו שליחי המלך הרכובים מחליפים בתחנות דרך את סוסיהם המשובחים. הָרֶכֶשׁ – על שם סוס אגדי קל ומהיר שנקרא רח'ש. הָאֲחַשְׁתְּרָנִים בְּנֵי הָרַמָּכִים היו כנראה רוכבי פרדים מהירים בני גזע סוסות נבחר, שהיה להם יתרון בדהירה באזורים ההרריים של מרכז פרס וצפונה וכן באנטוליה. ייתכן ששלושת סוגי השליחים – הרצים, הרוכבים והאחשתרנים – שימשו בסוגי שליחויות שונים: למרחקים קצרים, בינוניים וארוכים. רק השליחים לקצווי הממלכה נזקקו לפרדים המתאימים לדהירה הררית.

לְבוּשׁ מַלְכוּת תְּכֵלֶת וָחוּר, וַעֲטֶרֶת זָהָב גְּדוֹלָה וְתַכְרִיךְ בּוּץ וְאַרְגָּמָן ראו 'העולם' לעיל א,ו, וראו בראשית המגילה גם את תמונת המשנֶה למלך העומד מאחורי המלך, היושב על כיסא מלכותו ובגדיו דומים לבגדי המלך.

העולם

וְדָתוֹ מַגִּיעַ שִׂמְחָה וְשָׂשׂוֹן לַיְּהוּדִים מִשְׁתֶּה וְיוֹם טוֹב וְרַבִּים מֵעַמֵּי
הָאָרֶץ מִתְיַהֲדִים כִּי־נָפַל פַּחַד־הַיְּהוּדִים עֲלֵיהֶם: וּבִשְׁנֵים עָשָׂר א ט
חֹדֶשׁ הוּא־חֹדֶשׁ אֲדָר בִּשְׁלוֹשָׁה עָשָׂר יוֹם בּוֹ אֲשֶׁר הִגִּיעַ דְּבַר־
הַמֶּלֶךְ וְדָתוֹ לְהֵעָשׂוֹת בַּיּוֹם אֲשֶׁר שִׂבְּרוּ אֹיְבֵי הַיְּהוּדִים לִשְׁלוֹט
בָּהֶם וְנַהֲפוֹךְ הוּא אֲשֶׁר יִשְׁלְטוּ הַיְּהוּדִים הֵמָּה בְּשֹׂנְאֵיהֶם: נִקְהֲלוּ ב
הַיְּהוּדִים בְּעָרֵיהֶם בְּכָל־מְדִינוֹת הַמֶּלֶךְ אֲחַשְׁוֵרוֹשׁ לִשְׁלֹחַ יָד
בִּמְבַקְשֵׁי רָעָתָם וְאִישׁ לֹא־עָמַד לִפְנֵיהֶם כִּי־נָפַל פַּחְדָּם עַל־כָּל־
הָעַמִּים: וְכָל־שָׂרֵי הַמְּדִינוֹת וְהָאֲחַשְׁדַּרְפְּנִים וְהַפַּחוֹת וְעֹשֵׂי ג
הַמְּלָאכָה אֲשֶׁר לַמֶּלֶךְ מְנַשְּׂאִים אֶת־הַיְּהוּדִים כִּי־נָפַל פַּחַד־מָרְדֳּכַי
עֲלֵיהֶם: כִּי־גָדוֹל מָרְדֳּכַי בְּבֵית הַמֶּלֶךְ וְשָׁמְעוֹ הוֹלֵךְ בְּכָל־הַמְּדִינוֹת ד
כִּי־הָאִישׁ מָרְדֳּכַי הוֹלֵךְ וְגָדוֹל: וַיַּכּוּ הַיְּהוּדִים בְּכָל־אֹיְבֵיהֶם מַכַּת־ ה
חֶרֶב וְהֶרֶג וְאַבְדָן וַיַּעֲשׂוּ בְשֹׂנְאֵיהֶם כִּרְצוֹנָם: וּבְשׁוּשַׁן הַבִּירָה הָרְגוּ ו
הַיְּהוּדִים וְאַבֵּד חֲמֵשׁ מֵאוֹת אִישׁ: וְאֵת ׀ ז
פַּרְשַׁנְדָּתָא וְאֵת ׀
דַּלְפוֹן וְאֵת ׀
אַסְפָּתָא: וְאֵת ׀ ח
פּוֹרָתָא וְאֵת ׀
אֲדַלְיָא וְאֵת ׀
אֲרִידָתָא: וְאֵת ׀ ט
פַּרְמַשְׁתָּא וְאֵת ׀
אֲרִיסַי וְאֵת ׀
אֲרִדַי וְאֵת ׀
וַיְזָתָא: עֲשֶׂרֶת בְּנֵי הָמָן בֶּן־הַמְּדָתָא צֹרֵר הַיְּהוּדִים הָרָגוּ וּבַבִּזָּה י

ביאור | דְּבַר־הַמֶּלֶךְ וְדָתוֹ מַגִּיעַ, שִׂמְחָה וְשָׂשׂוֹן לַיְּהוּדִים, מִשְׁתֶּה וְיוֹם טוֹב, וְרַבִּים מֵעַמֵּי הָאָרֶץ מִתְיַהֲדִים, מעמידים פנים שהם יהודים,[6] או: מעמידים פנים שהם דורשי טובתם של היהודים, לא מחמת שכנוע פנימי, אלא כִּי־נָפַל

פַּחַד־הַיְּהוּדִים עֲלֵיהֶם. המכתבים לבדם עשו רושם כה חזק, שעוד לפני שבוצע האמור בהם, התעוררו שמחה וששון בקרב היהודים ונפל פחדם על אחרים.

ניצחון היהודים והנצחתו

פרק ט

בעניין זה מתואר ביצועה של הפקודה שניתנה קודם, ובוצע אף יותר ממה שכבר אישר אחשורוש. לקראת חתימתה של המגילה מסופר בה על הנצחתו של הנס בתודעת היהודים בשתי דרכים: מרדכי ייסד את ימי שמחת הישועה והניצחון הספונטניים שחלו מיד לאחר הישועה מן האיום, והפכם לימי משתה ושמחה קבועים שייזכרו ויצוינו בעם לדורותיו; ואסתר עם מרדכי כתבו את אשר אירע בספר, הוא המגילה שבה קוראים עתה.

א **וּבִשְׁנֵים עָשָׂר חֹדֶשׁ הוּא־חֹדֶשׁ אֲדָר, בִּשְׁלוֹשָׁה עָשָׂר יוֹם בּוֹ**, היום שקבע
המן להיות יום ההשמדה, **כַּאֲשֶׁר הִגִּיעַ דְּבַר־הַמֶּלֶךְ וְדָתוֹ לְהֵעָשׂוֹת**, שתי
הפקודות היו תקפות, ולכן, **בַּיּוֹם אֲשֶׁר שִׂבְּרוּ**, קיוו **אֹיְבֵי הַיְּהוּדִים לִשְׁלוֹט
בָּהֶם – וְנַהֲפוֹךְ הוּא, אֲשֶׁר יִשְׁלְטוּ הַיְּהוּדִים הֵמָּה בְּשֹׂנְאֵיהֶם**. ב **נִקְהֲלוּ**,
התאספו **הַיְּהוּדִים בְּעָרֵיהֶם בְּכָל־מְדִינוֹת הַמֶּלֶךְ אֲחַשְׁוֵרוֹשׁ** שהייתה
בהן קהילה יהודית, **לִשְׁלֹחַ יָד בִּמְבַקְשֵׁי רָעָתָם, וְאִישׁ לֹא־עָמַד לִפְנֵיהֶם
כִּי־נָפַל פַּחְדָּם עַל־כָּל־הָעַמִּים**. ג **וְכָל־שָׂרֵי הַמְּדִינוֹת וְהָאֲחַשְׁדַּרְפְּנִים
וְהַפַּחוֹת וְעֹשֵׂי הַמְּלָאכָה אֲשֶׁר לַמֶּלֶךְ**, הפקידים ונציגי השלטון **מְנַשְּׂאִים**,
מכבדים **אֶת־הַיְּהוּדִים כִּי־נָפַל פַּחַד־מָרְדֳּכַי עֲלֵיהֶם**. בזמן שנשלחו
האיגרות הראשונות, המן היה השר הגדול. עכשיו מרדכי עומד
בראש השרים, ועל כן הכול מעניקים ליהודים את חופש הפעולה
הנדרש. ד **כִּי־גָדוֹל** מעמדו של **מָרְדֳּכַי בְּבֵית הַמֶּלֶךְ, וְשָׁמְעוֹ הוֹלֵךְ**, שמו
מתפרסם **בְּכָל־הַמְּדִינוֹת כִּי־הָאִישׁ מָרְדֳּכַי הוֹלֵךְ וְגָדוֹל**.

ה **וַיַּכּוּ הַיְּהוּדִים בְּכָל־אֹיְבֵיהֶם מַכַּת־חֶרֶב וְהֶרֶג וְאַבְדָן, וַיַּעֲשׂוּ בְשֹׂנְאֵיהֶם
כִּרְצוֹנָם**. ו **וּבְשׁוּשַׁן הַבִּירָה הָרְגוּ הַיְּהוּדִים וְאַבֵּד חֲמֵשׁ מֵאוֹת אִישׁ**,
שהיו אף הם אויביהם שהתכוננו לפרוע בהם באותו יום, ואולי
גם התגרו ביהודים והודיעו להם מה הם מתכוונים לעשות,
ז **וְאֵת פַּרְשַׁנְדָּתָא וְאֵת דַּלְפוֹן וְאֵת אַסְפָּתָא**, ח **וְאֵת פּוֹרָתָא וְאֵת
אֲדַלְיָא וְאֵת אֲרִידָתָא**, ט **וְאֵת פַּרְמַשְׁתָּא וְאֵת אֲרִיסַי וְאֵת אֲרִדַי וְאֵת
וַיְזָתָא** – י **עֲשֶׂרֶת בְּנֵי הָמָן בֶּן־הַמְּדָתָא צֹרֵר הַיְּהוּדִים – הָרָגוּ, וּבַבִּזָּה לֹא**

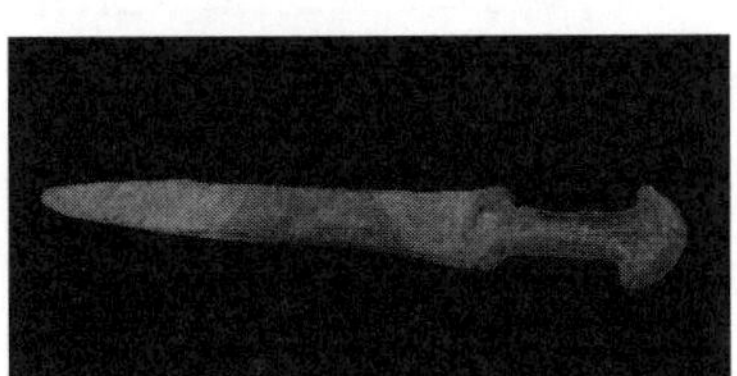

חרב
331-560 לפנה"ס
פרספוליס

לֹא שָׁלְחוּ אֶת־יָדָם׃ בַּיּוֹם הַהוּא בָּא מִסְפַּר הַהֲרוּגִים בְּשׁוּשַׁן יא
הַבִּירָה לִפְנֵי הַמֶּלֶךְ׃ וַיֹּאמֶר הַמֶּלֶךְ לְאֶסְתֵּר הַמַּלְכָּה בְּשׁוּשַׁן יב
הַבִּירָה הָרְגוּ הַיְּהוּדִים וְאַבֵּד חֲמֵשׁ מֵאוֹת אִישׁ וְאֵת עֲשֶׂרֶת
בְּנֵי־הָמָן בִּשְׁאָר מְדִינוֹת הַמֶּלֶךְ מֶה עָשׂוּ וּמַה־שְּׁאֵלָתֵךְ וְיִנָּתֵן
לָךְ וּמַה־בַּקָּשָׁתֵךְ עוֹד וְתֵעָשׂ׃ וַתֹּאמֶר אֶסְתֵּר אִם־עַל־הַמֶּלֶךְ יג
טוֹב יִנָּתֵן גַּם־מָחָר לַיְּהוּדִים אֲשֶׁר בְּשׁוּשָׁן לַעֲשׂוֹת כְּדָת הַיּוֹם
וְאֵת עֲשֶׂרֶת בְּנֵי־הָמָן יִתְלוּ עַל־הָעֵץ׃ וַיֹּאמֶר הַמֶּלֶךְ לְהֵעָשׂוֹת יד
כֵּן וַתִּנָּתֵן דָּת בְּשׁוּשָׁן וְאֵת עֲשֶׂרֶת בְּנֵי־הָמָן תָּלוּ׃ וַיִּקָּהֲלוּ טו
הַיְּהוּדִים היהודיים אֲשֶׁר־בְּשׁוּשָׁן גַּם בְּיוֹם אַרְבָּעָה עָשָׂר לְחֹדֶשׁ אֲדָר
וַיַּהַרְגוּ בְשׁוּשָׁן שְׁלֹשׁ מֵאוֹת אִישׁ וּבַבִּזָּה לֹא שָׁלְחוּ אֶת־יָדָם׃
וּשְׁאָר הַיְּהוּדִים אֲשֶׁר בִּמְדִינוֹת הַמֶּלֶךְ נִקְהֲלוּ ׀ וְעָמֹד עַל־נַפְשָׁם טז
וְנוֹחַ מֵאֹיְבֵיהֶם וְהָרוֹג בְּשֹׂנְאֵיהֶם חֲמִשָּׁה וְשִׁבְעִים אָלֶף וּבַבִּזָּה
לֹא שָׁלְחוּ אֶת־יָדָם׃ בְּיוֹם־שְׁלוֹשָׁה עָשָׂר לְחֹדֶשׁ אֲדָר וְנוֹחַ יז
וְהַיְּהוּדִים בְּאַרְבָּעָה עָשָׂר בּוֹ וְעָשֹׂה אֹתוֹ יוֹם מִשְׁתֶּה וְשִׂמְחָה׃ והיהודיים יח
אֲשֶׁר־בְּשׁוּשָׁן נִקְהֲלוּ בִּשְׁלוֹשָׁה עָשָׂר בּוֹ וּבְאַרְבָּעָה עָשָׂר בּוֹ וְנוֹחַ
בַּחֲמִשָּׁה עָשָׂר בּוֹ וְעָשֹׂה אֹתוֹ יוֹם מִשְׁתֶּה וְשִׂמְחָה׃ עַל־כֵּן יט
הַפְּרָזִים הַיְּהוּדִים הפרוזים הַיֹּשְׁבִים בְּעָרֵי הַפְּרָזוֹת עֹשִׂים אֵת יוֹם אַרְבָּעָה
עָשָׂר לְחֹדֶשׁ אֲדָר שִׂמְחָה וּמִשְׁתֶּה וְיוֹם טוֹב וּמִשְׁלֹחַ מָנוֹת אִישׁ

ביאור | **שָׁלְחוּ אֶת־יָדָם.** כיוון שהיהודים לא ראו בעימות זה מלחמה, אלא מעין התגוננות, ומאחר שלא רצו לעורר איבה כלפיהם, הם הסתפקו בהריגת האויבים ולא נגעו ברכושם, וזאת אף שבאיגרות המלך ניתנה להם הרשות לבזוז.[1]

יא **בַּיּוֹם הַהוּא בָּא מִסְפַּר הַהֲרוּגִים בְּשׁוּשַׁן הַבִּירָה לִפְנֵי הַמֶּלֶךְ** באמצעות רשת המודיעין הנרחבת שלו. יב **וַיֹּאמֶר הַמֶּלֶךְ לְאֶסְתֵּר הַמַּלְכָּה: בְּשׁוּשַׁן הַבִּירָה הָרְגוּ הַיְּהוּדִים וְאַבֵּד**, ואיבדו **חֲמֵשׁ מֵאוֹת אִישׁ וְאֵת עֲשֶׂרֶת בְּנֵי־הָמָן**, ואם כן, **בִּשְׁאָר מְדִינוֹת הַמֶּלֶךְ** אפשר לשער **מֶה עָשׂוּ**. מן הסתם

קרה כיוצא בזה גם בשאר המדינות, אף שהמספרים עדיין אינם
ידועים. בני עמך נקמו באויביהם כפי שרצית. **וּמַה־שְּׁאֵלָתֵךְ וְיִנָּתֵן
לָךְ, וּמַה־בַּקָּשָׁתֵךְ עוֹד וְתֵעָשׂ?**

יג **וַתֹּאמֶר אֶסְתֵּר** כשהתרשמה שהמלך מעוניין להסב לה נחת רוח
ולמלא את כל רצונותיה: **אִם־עַל**, בעיני **הַמֶּלֶךְ טוֹב, יִנָּתֵן גַּם־מָחָר
לַיְּהוּדִים אֲשֶׁר בְּשׁוּשָׁן לַעֲשׂוֹת כְּדָת**, כמו הפקודה של **הַיּוֹם**. אמנם לא
כך נכתב באיגרות המקוריות, אבל אני מבקשת להוציא הוראה
בעל-פה שתתיר ליהודים בשושן – שכנראה בה היה הגרעין הקשה
של אנשי המן[2] – לסיים את המלאכה, **וְאֵת עֲשֶׂרֶת בְּנֵי־הָמָן**, שכבר
נהרגו[3] **יִתְלוּ עַל־הָעֵץ** כדי להראות בפומבי שהמלך והשלטונות
תומכים במעשה, ורואים בהם פושעים ולא קרבנות אקראיים של
המהומות. יד **וַיֹּאמֶר הַמֶּלֶךְ לְהֵעָשׂוֹת כֵּן, וַתִּנָּתֵן דָּת** שהתירה יום נקמה
נוסף **בְּשׁוּשָׁן, וְאֵת עֲשֶׂרֶת בְּנֵי־הָמָן תָּלוּ.**

טו **וַיִּקָּהֲלוּ הַיְּהוּדִים אֲשֶׁר־בְּשׁוּשָׁן גַּם בְּיוֹם אַרְבָּעָה עָשָׂר לְחֹדֶשׁ אֲדָר,
וַיַּהַרְגוּ בְשׁוּשָׁן שְׁלֹשׁ מֵאוֹת אִישׁ** נוספים, **וּבַבִּזָּה לֹא שָׁלְחוּ אֶת־יָדָם**
גם הפעם. טז **וּשְׁאָר הַיְּהוּדִים אֲשֶׁר בִּמְדִינוֹת הַמֶּלֶךְ** ואולי גם במדינת
יהודה, שאינה נזכרת כאן במפורש, אבל ידוע שבאותו זמן התנכלו
אויבים בתושביה היהודים,[4] **נִקְהֲלוּ וְעָמֹד**, עמדו **עַל־נַפְשָׁם**, תחילה
התגוננו **וְנוֹחַ**, נחו **מֵאֹיְבֵיהֶם**, ואחר כך התגברו **וְהָרוֹג**, הרגו **בְּשֹׂנְאֵיהֶם
חֲמִשָּׁה וְשִׁבְעִים אָלֶף** בכל רחבי הממלכה, ושוב – **וּבַבִּזָּה לֹא שָׁלְחוּ
אֶת־יָדָם.** יז כל זה נעשה **בְּיוֹם־שְׁלוֹשָׁה עָשָׂר לְחֹדֶשׁ אֲדָר, וְנוֹחַ**
מהמלחמה **בְּאַרְבָּעָה עָשָׂר בּוֹ, וְעָשֹׂה**, ועשו **אֹתוֹ יוֹם מִשְׁתֶּה וְשִׂמְחָה**
לכבוד הניצחון. יח **וְהַיְּהוּדִים אֲשֶׁר־בְּשׁוּשָׁן נִקְהֲלוּ** לנקום באויביהם
בִּשְׁלוֹשָׁה עָשָׂר בּוֹ וּבְאַרְבָּעָה עָשָׂר בּוֹ, וְנוֹחַ מן המלחמה **בַּחֲמִשָּׁה עָשָׂר
בּוֹ, וְעָשֹׂה אֹתוֹ יוֹם מִשְׁתֶּה וְשִׂמְחָה.** הם חגגו את הניצחון יום אחד
מאוחר יותר.

יט **עַל־כֵּן הַיְּהוּדִים הַפְּרָזִים**, כלומר אותם **הַיֹּשְׁבִים בְּעָרֵי הַפְּרָזוֹת**, שאין
להן חומה, ותושביהן היו חשופים לסכנה גדולה, היו **עֹשִׂים אֵת יוֹם
אַרְבָּעָה עָשָׂר לְחֹדֶשׁ אֲדָר** מועד של **שִׂמְחָה וּמִשְׁתֶּה וְיוֹם טוֹב** לכל אחד
בביתו, ויתרה מזו – **מִשְׁלֹחַ מָנוֹת אִישׁ לְרֵעֵהוּ**, הכרוך גם ביציאה מן

העולם

הַיְּהוּדִים הַפְּרָזִים הַיֹּשְׁבִים בְּעָרֵי הַפְּרָזוֹת ייתכן שהמגילה נזקקה לפירוש נוסף ומדויק של המלה פרזים, בגלל המלה הפרסית הקרובה פרזונה, שמשמעה אנשים ממוצאים מגוונים, (דומה למלה 'פזורה'). המגילה מדגישה כי מדובר רק ביהודים החיים מחוץ לבירה המבוצרת, או ערים מבוצרות נוספות המוגנות על ידי חילות הממלכה הפרסית (ת' גינדין).

לְרֵעֵֽהוּ׃ וַיִּכְתֹּ֣ב מָרְדֳּכַ֔י אֶת־הַדְּבָרִ֖ים הָאֵ֑לֶּה וַיִּשְׁלַ֨ח סְפָרִ֜ים אֶל־ כ
כָּל־הַיְּהוּדִ֗ים אֲשֶׁר֙ בְּכָל־מְדִינוֹת֙ הַמֶּ֣לֶךְ אֲחַשְׁוֵר֔וֹשׁ הַקְּרוֹבִ֖ים
וְהָרְחוֹקִֽים׃ לְקַיֵּם֙ עֲלֵיהֶ֔ם לִהְי֣וֹת עֹשִׂ֗ים אֵ֣ת י֤וֹם אַרְבָּעָה֙ עָשָׂר֙ כא
לְחֹ֣דֶשׁ אֲדָ֔ר וְאֵ֛ת יוֹם־חֲמִשָּׁ֥ה עָשָׂ֖ר בּ֑וֹ בְּכָל־שָׁנָ֖ה וְשָׁנָֽה׃ כַּיָּמִ֗ים כב
אֲשֶׁר־נָ֨חוּ בָהֶ֤ם הַיְּהוּדִים֙ מֵאֹ֣יְבֵיהֶ֔ם וְהַחֹ֡דֶשׁ אֲשֶׁר֩ נֶהְפַּ֨ךְ לָהֶ֜ם
מִיָּג֣וֹן לְשִׂמְחָ֔ה וּמֵאֵ֖בֶל לְי֣וֹם ט֑וֹב לַעֲשׂ֣וֹת אוֹתָ֗ם יְמֵי֙ מִשְׁתֶּ֣ה
וְשִׂמְחָ֔ה וּמִשְׁלֹ֤חַ מָנוֹת֙ אִ֣ישׁ לְרֵעֵ֔הוּ וּמַתָּנ֖וֹת לָֽאֶבְיֹנִֽים׃ וְקִבֵּל֙ כג
הַיְּהוּדִ֔ים אֵ֥ת אֲשֶׁר־הֵחֵ֖לּוּ לַעֲשׂ֑וֹת וְאֵ֛ת אֲשֶׁר־כָּתַ֥ב מָרְדֳּכַ֖י
אֲלֵיהֶֽם׃ כִּי֩ הָמָ֨ן בֶּֽן־הַמְּדָ֜תָא הָאֲגָגִ֗י צֹרֵר֙ כָּל־הַיְּהוּדִ֔ים חָשַׁ֥ב עַל־ כד
הַיְּהוּדִ֖ים לְאַבְּדָ֑ם וְהִפִּ֥ל פּוּר֙ ה֣וּא הַגּוֹרָ֔ל לְהֻמָּ֖ם וּֽלְאַבְּדָֽם׃ וּבְבֹאָהּ֮ כה
לִפְנֵ֣י הַמֶּלֶךְ֒ אָמַ֣ר עִם־הַסֵּ֔פֶר יָשׁ֞וּב מַחֲשַׁבְתּ֧וֹ הָרָעָ֛ה אֲשֶׁר־חָשַׁ֥ב
עַל־הַיְּהוּדִ֖ים עַל־רֹאשׁ֑וֹ וְתָל֥וּ אֹת֛וֹ וְאֶת־בָּנָ֖יו עַל־הָעֵֽץ׃ עַל־כֵּ֡ן כו
קָֽרְאוּ֩ לַיָּמִ֨ים הָאֵ֤לֶּה פוּרִים֙ עַל־שֵׁ֣ם הַפּ֔וּר עַל־כֵּ֕ן עַל־כָּל־דִּבְרֵ֖י
הָאִגֶּ֣רֶת הַזֹּ֑את וּמָֽה־רָא֣וּ עַל־כָּ֔כָה וּמָ֥ה הִגִּ֖יעַ אֲלֵיהֶֽם׃ קִיְּמ֣וּ וְקִבְּלֻ֣ כז
הַיְּהוּדִים֩ ׀ עֲלֵיהֶ֣ם ׀ וְעַל־זַרְעָ֡ם וְעַ֣ל כָּל־הַנִּלְוִ֤ים עֲלֵיהֶם֙ וְלֹ֣א יַעֲב֔וֹר
לִהְי֣וֹת עֹשִׂ֗ים אֵ֣ת שְׁנֵ֤י הַיָּמִים֙ הָאֵ֔לֶּה כִּכְתָבָ֖ם וְכִזְמַנָּ֑ם בְּכָל־שָׁנָ֖ה
וְשָׁנָֽה׃ וְהַיָּמִ֣ים הָ֠אֵלֶּה נִזְכָּרִ֨ים וְנַעֲשִׂ֜ים בְּכָל־דּ֣וֹר וָד֗וֹר מִשְׁפָּחָה֙ כח
וּמִשְׁפָּחָ֔ה מְדִינָ֥ה וּמְדִינָ֖ה וְעִ֣יר וָעִ֑יר וִימֵ֞י הַפּוּרִ֣ים הָאֵ֗לֶּה לֹ֤א
יַֽעַבְרוּ֙ מִתּ֣וֹךְ הַיְּהוּדִ֔ים וְזִכְרָ֖ם לֹא־יָס֥וּף מִזַּרְעָֽם׃ וַתִּכְתֹּ֞ב כט
אֶסְתֵּ֧ר הַמַּלְכָּ֛ה בַת־אֲבִיחַ֖יִל וּמָרְדֳּכַ֥י הַיְּהוּדִ֖י אֶת־כָּל־תֹּ֑קֶף לְקַיֵּ֗ם

ביאור | הבית. כל זה – כדי להרבות בשמחה ולבטאה בציבור. היום שבו חגגו אז נעשה באופן ספונטני יום שמחה בשנים הבאות.[5] מרדכי מיסד את שמחתם הספונטנית בתקנה חדשה:[6] כ וַיִּכְתֹּב מָרְדֳּכַי אֶת־הַדְּבָרִים הָאֵלֶּה – עיקרי המאורעות שאירעו, וַיִּשְׁלַח סְפָרִים אֶל־כָּל־הַיְּהוּדִים אֲשֶׁר בְּכָל־מְדִינוֹת הַמֶּלֶךְ אֲחַשְׁוֵרוֹשׁ, הַקְּרוֹבִים וְהָרְחוֹקִים,

כא לְקַיֵּם עֲלֵיהֶם לִהְיוֹת עֹשִׂים אֵת חגיגות הניצחון שביוֹם אַרְבָּעָה עָשָׂר
לְחֹדֶשׁ אֲדָר וְאֵת יוֹם־חֲמִשָּׁה עָשָׂר בּוֹ כימי חג ומשתה קבועים בְּכָל־שָׁנָה
וְשָׁנָה, כב כתאריכי הַיָּמִים אֲשֶׁר־נָחוּ בָהֶם הַיְּהוּדִים מֵאֹיְבֵיהֶם באותו
דור, וְהַחֹדֶשׁ אֲשֶׁר נֶהְפַּךְ לָהֶם מִיָּגוֹן לְשִׂמְחָה וּמֵאֵבֶל לְיוֹם טוֹב – לַעֲשׂוֹת
אותם יְמֵי מִשְׁתֶּה וְשִׂמְחָה וּמִשְׁלֹחַ מָנוֹת אִישׁ לְרֵעֵהוּ וּמַתָּנוֹת לָאֶבְיֹנִים
כדי לשתף גם את העניים בשמחה.

כג וְקִבֵּל, לקח על עצמו עַם[7] הַיְּהוּדִים אֵת אֲשֶׁר־הֵחֵלּוּ לַעֲשׂוֹת בשעתם,
וְאֵת אֲשֶׁר־כָּתַב מָרְדֳּכַי אֲלֵיהֶם. כד ותמצית האירוע שכתב: כִּי
הָמָן בֶּן־הַמְּדָתָא הָאֲגָגִי צֹרֵר כָּל־הַיְּהוּדִים, ולא רק שונאו של מרדכי,[8]
חָשַׁב עַל־הַיְּהוּדִים לְאַבְּדָם. וְהִפִּל פּוּר, הוּא הַגּוֹרָל בעברית, על
מנת לקבוע את התאריך לְהֻמָּם וּלְאַבְּדָם. כה וּבְבֹאָהּ – כשבאה
אסתר,[9] או: מחשבת המן,[10] לִפְנֵי הַמֶּלֶךְ אָמַר המלך: עִם־הַסֵּפֶר
יָשׁוּב, תשוב מַחֲשַׁבְתּוֹ הָרָעָה אֲשֶׁר־חָשַׁב עַל־הַיְּהוּדִים עַל־רֹאשׁוֹ. מרדכי
נזהר שלא לכתוב שאחשורוש חתם על איגרת המן. בניסוחו תיאר
את אשר אירע, כאילו כשהופיע הספר, הופתע המלך לגלות שהשר
שלו משתמש בסמכותו לרעה, ובעקבות זאת ציווה להענישו[11] –
וְתָלוּ אֹתוֹ וְאֶת־בָּנָיו עַל־הָעֵץ.

כו עַל־כֵּן קָרְאוּ לַיָּמִים הָאֵלֶּה פוּרִים, עַל־שֵׁם הַפּוּר שהפיל המן. עַל־כֵּן –
עַל־כָּל־דִּבְרֵי הָאִגֶּרֶת של מרדכי הַזֹּאת, ובדברי האיגרת נכלל – מָה־רָאוּ
עַל־כָּכָה, מה הביא אותם לקבוע את הימים האלו; פור המן שגרם
לדאגה, לכאב הלב ולימי האבל, וּמָה הִגִּיעַ אֲלֵיהֶם, כיצד הגיעו אליהם
בסופו של דבר הניצחון והמנוחה. כז קִיְּמוּ וְקִבְּלֻ הַיְּהוּדִים עֲלֵיהֶם וְעַל־
זַרְעָם, וכיוון שימי הפורים נקבעו לכלל העם לדורותיו, הם חלים גם
עַל כָּל הגרים[12] הַנִּלְוִים עֲלֵיהֶם, אף על פי שהאירועים לא פקדו את
אבותיהם הביולוגיים. וְלֹא יַעֲבוֹר. לִהְיוֹת עֹשִׂים אֶת־שְׁנֵי הַיָּמִים הָאֵלֶּה
כִּכְתָבָם וְכִזְמַנָּם בְּכָל־שָׁנָה וְשָׁנָה. כח וְהַיָּמִים הָאֵלֶּה נִזְכָּרִים וְנַעֲשִׂים
בְּכָל־דּוֹר וָדוֹר, מִשְׁפָּחָה וּמִשְׁפָּחָה, מְדִינָה וּמְדִינָה וְעִיר וָעִיר. החג הזה
מתפשט בכל תפוצות ישראל. וִימֵי הַפּוּרִים הָאֵלֶּה לֹא יַעַבְרוּ מִתּוֹךְ
הַיְּהוּדִים, וְזִכְרָם לֹא־יָסוּף, יכלה מִזַּרְעָם. הם יישארו ימי ציון לעולם ועד.
פעמים רבות חגיגות ניצחון של עמים הן זמניות ונשכחות עם חלוף
הזמן. כאן לעומת זאת, ביקשו להשמיד את העם כולו, ועל כן אין
מדובר בניצחון לשעתו אלא במאורע הנוגע לכל דורותיו של העם.

כט וַתִּכְתֹּב אֶסְתֵּר הַמַּלְכָּה בַת־אֲבִיחַיִל וּמָרְדֳּכַי הַיְּהוּדִי אֶת־כָּל־תֹּקֶף גודל

ל אֵת אִגֶּרֶת הַפֻּרִים הַזֹּאת הַשֵּׁנִית: וַיִּשְׁלַח סְפָרִים אֶל־כׇּל־
הַיְּהוּדִים אֶל־שֶׁבַע וְעֶשְׂרִים וּמֵאָה מְדִינָה מַלְכוּת אֲחַשְׁוֵרוֹשׁ
לא דִּבְרֵי שָׁלוֹם וֶאֱמֶת: לְקַיֵּם אֶת־יְמֵי הַפֻּרִים הָאֵלֶּה בִּזְמַנֵּיהֶם כַּאֲשֶׁר
קִיַּם עֲלֵיהֶם מׇרְדֳּכַי הַיְּהוּדִי וְאֶסְתֵּר הַמַּלְכָּה וְכַאֲשֶׁר קִיְּמוּ עַל־
לב נַפְשָׁם וְעַל־זַרְעָם דִּבְרֵי הַצּוֹמוֹת וְזַעֲקָתָם: וּמַאֲמַר אֶסְתֵּר קִיַּם
י א דִּבְרֵי הַפֻּרִים הָאֵלֶּה וְנִכְתָּב בַּסֵּפֶר: וַיָּשֶׂם הַמֶּלֶךְ
ב אֲחַשְׁוֵרוֹשׁ אחשרש ׀ מַס עַל־הָאָרֶץ וְאִיֵּי הַיָּם: וְכׇל־מַעֲשֵׂה תׇקְפּוֹ וּגְבוּרָתוֹ
וּפָרָשַׁת גְּדֻלַּת מׇרְדֳּכַי אֲשֶׁר גִּדְּלוֹ הַמֶּלֶךְ הֲלוֹא־הֵם כְּתוּבִים עַל־
ג סֵפֶר דִּבְרֵי הַיָּמִים לְמַלְכֵי מָדַי וּפָרָס: כִּי ׀ מׇרְדֳּכַי הַיְּהוּדִי מִשְׁנֶה
לַמֶּלֶךְ אֲחַשְׁוֵרוֹשׁ וְגָדוֹל לַיְּהוּדִים וְרָצוּי לְרֹב אֶחָיו דֹּרֵשׁ טוֹב
לְעַמּוֹ וְדֹבֵר שָׁלוֹם לְכׇל־זַרְעוֹ:

ביאור | המאורעות,[13] או: עם כל כוחם של מרדכי ואסתר **לְקַיֵּם אֵת אִגֶּרֶת הַפֻּרִים הַזֹּאת הַשֵּׁנִית**. את האיגרת הראשונה, ובה עיקרי הדברים, שלח מרדכי. לאחר מכן כתבו שניהם איגרת ערוכה ומתוקנת, ועליה חתמה המלכה.[14] ל **וַיִּשְׁלַח** מרדכי **סְפָרִים אֶל־כׇּל־הַיְּהוּדִים, אֶל־שֶׁבַע וְעֶשְׂרִים וּמֵאָה מְדִינָה מַלְכוּת אֲחַשְׁוֵרוֹשׁ**, ובהם **דִּבְרֵי שָׁלוֹם וֶאֱמֶת**. ספרים אלו לא נכתבו בסגנון של פקודה כופה, אלא כהוראה משכנעת מטעם המנהיג הרוחני של היהודים. לא **לְקַיֵּם אֶת־יְמֵי הַפֻּרִים הָאֵלֶּה בִּזְמַנֵּיהֶם, כַּאֲשֶׁר קִיַּם עֲלֵיהֶם מׇרְדֳּכַי הַיְּהוּדִי וְאֶסְתֵּר הַמַּלְכָּה, וְכַאֲשֶׁר קִיְּמוּ עַל־נַפְשָׁם וְעַל־זַרְעָם** את **דִּבְרֵי הַצּוֹמוֹת וְזַעֲקָתָם**, כשם שכל היהודים שבתקופתם ובמלכות אחשורוש השתתפו עם מרדכי ואסתר בצום ובזעקה בשעת הגזרה, ראוי שאף בציון האירוע לדורות ישתתף העם כולו.[15] לב **וּמַאֲמַר אֶסְתֵּר קִיַּם**, העמיד את **דִּבְרֵי הַפֻּרִים הָאֵלֶּה וְנִכְתָּב בַּסֵּפֶר**. מרדכי היה איש פרטי בלבד, ולכן כוחו מוגבל. בכתיבתה ובחתימתה של אסתר קיבלו הדברים משנה תוקף ונכתבו בספר. הוא הספר שממנו אנחנו קוראים עתה.[16]

הרחבות | **'ורצוי לְרֹב אֶחָיו'** חכמים דרשו: לרוב אחיו ולא לכולם. "מלמד שפירשו ממנו מקצת סנהדרין". אולי משום שנכנס לשררה (ראו מגילה טז ע"ב ורש"י), ושמא לא היה אהוד על הכול משום שבניין ירושלים והמקדש לא התחדש בימיו, אף שאולי תרמה תקופת רגיעה זו לאפשרות לבקש את בניית המקדש ממלך פרס בהמשך.

פרק י

גדולת אחשורוש ומרדכי

פרק י

העניין הקצר החותם את המגילה חורז עם פתיחתה: המגילה נפתחה בתיאור מלוכת אחשורוש ומשתאותיו המפוארים, והיא מסתיימת בקטע שבו מתועדת ההיסטוריה המלכותית בסגנון רשמי.

א **וַיָּשֶׂם הַמֶּלֶךְ אֲחַשְׁוֵרוֹשׁ מַס עַל־הָאָרֶץ וְאִיֵּי הַיָּם**, שכן בימיו הגיעה
הממלכה הפרסית לשיא גדולתה וחוזקה. ב **וְכָל** פרטי **מַעֲשֵׂה תָקְפּוֹ**
וּגְבוּרָתוֹ של אחשורוש **וּפָרָשַׁת גְּדֻלַּת מָרְדֳּכַי אֲשֶׁר גִּדְּלוֹ הַמֶּלֶךְ** להיות
שר נכבד בממלכה, **הֲלוֹא־הֵם כְּתוּבִים עַל־סֵפֶר דִּבְרֵי הַיָּמִים לְמַלְכֵי מָדַי**
וּפָרָס. בהיותם נושאים היסטוריים, אין כאן המקום להרחיב בהם.[1]
המתעניין בהם יעיין בספרי ההיסטוריה של מלכי מדי ופרס. ג ובמה
שנוגע לענייננו – **כִּי מָרְדֳּכַי הַיְּהוּדִי** הגיע לדרגת **מִשְׁנֶה לַמֶּלֶךְ אֲחַשְׁוֵרוֹשׁ**
וְכיוון שכך, הוא היה גם מנהיג **גָּדוֹל לַיְּהוּדִים וְרָצוּי לְרֹב אֶחָיו**, אחיו
הרבים,[2] מרדכי היה **דֹּרֵשׁ טוֹב לְעַמּוֹ**, דאג לרווחת ישראל בדרכים
שעמדו לרשותו **וְדֹבֵר שָׁלוֹם לְכָל־זַרְעוֹ**. כל בניו ובני בניו נהנו מגדולתו.

וְנִכְתָּב בַּסֵּפֶר
מגילת אסתר
המאה ה–13 או ה–14
פאס, מרוקו

הקבר המיוחס לאסתר ומרדכי
המדאן, מערב איראן

העולם | **אִיֵּי הַיָּם** ממלכת פרס בשיאה שלטה על איי הים האגאי וכן על האי קפריסין. שליטה זו התאפשרה הודות לצי הפרסי החזק שבשורותיו שירתו פיניקים שכירים.

מקורות והערות

שיר השירים

פרק א – פרק ב פס׳ ז
שירי הבת לשאהבה נפשה

1. ובעקבותיהם מפרשי הפשט הראשונים: רש״י, רשב״ם, ראב״ע ועוד.
2. את הפרשנות הזאת נקטו – בסגנונות שונים – הרמב״ם, הלכות תשובה י,יג ומורה נבוכים ח״ג נא נד; רלב״ג; ר״י עראמה ומלבי״ם.
3. ראו מלכים א׳ ה,יב וההרחבה שם.
4. ראו רש״י וראב״ע.
5. תורק קרוב ל׳תמרוק׳. ראו הגר״א. פירוש זה נתמך בהצמדת המפרשים הראשונים את המלים שֶׁמֶן-תּוּרַק בניגוד לפיסוק הטעמים. מלה דומה באכדית מציינת בושם או תבלין.
6. ראו דעת מקרא.
7. ראו רשב״ם כאן ולהלן ג,ז.
8. על ראייה במשמע זלזול ראו שמואל א׳ ו,יט.
9. בלשון המקרא – בניגוד ללשון המדוברת, ההכפלה מורה כנראה על הדגשה, כמו ׳ירקרק׳ ו׳אדמדם׳. ראו ההרחבה לויקרא יג,מט.
10. השורש ש,ז,ף הוא אחד השורשים הנרדפים לר,א,י/ה. לפיכך זהו ביטוי פיוטי שפירושו: השמש ראתה אותי, הייתי גלויה לשמש. ראו ראב״ע.
11. ראו רשב״ם ג,ה.
12. כמו ׳די למה׳ בארמית המקראית (עזרא ז,כג) ו׳דלמא׳ בארמית התלמודית. שד״ל בראשית כז,מה.
13. אולי עטופה כפשוטו, אצטרך להתעטף משום צניעות.
14. כפי שנראה שהיה לרחל אמנו, לעומת רועי העדרים הגדולים, הגברים. ראו בראשית כט,ב-יא.
15. על קישוטים וסממני מלוכה בבהמות רכיבה של המלכים, ראו למשל שופטים ח,כא; ראב״ע על אסתר ו,ח ו׳העולם׳ שם.
16. ראו רלב״ג כאן; רד״ק על דברי הימים א׳ יז,כ.
17. ראו שיר השירים רבה ורש״י.
18. ראו ראב״ע.
19. ראו שיר השירים רבה.
20. ראו הקדמת הרמב״ן לשיר השירים.
21. ראו מדרש לקח טוב.
22. לחלופין, ׳בֵּית הַיָּיִן׳ יכול להתפרש ככרם, מקום שגדלים בו ענבי יין, כמו ׳בית אילן׳ – בוסתן.
23. באכדית diglu משמעו ראייה והתבוננות.
24. ראו מלבי״ם.
25. ראו הביאור וההערה לשמואל ב׳ ו,יט. ייתכן שמאכל זה הוזכר כאן בשל האישוש שהיא זקוקה לו, ואולי אותו מאכל נתפס כמאכל מחזק ומכאן שמו. אפשר שהאשישות והתפוחים מקבילים לבית היין ולעץ התפוח שהזכירה קודם.
26. ראו רש״י.
27. להלן ג,ה; ח,ד.

פרק ב פס׳ ח – פרק ג פס׳ ה
בקשות ודחיות

1. ראו אלשיך.
2. ראו שיר השירים רבה.
3. הסתיו הנזכר כאן הוא החורף. וכך גם משמעות המלה בארמית. ראו רש״י כאן; אונקלוס בראשית ח,כב; יונתן ירמיה לו,כב. קשה לדעת אם הסתיו במובן המקובל היום משקף עונה שקיימת בכלל בארץ. ראו עוד ההרחבה לבראשית ח,כב.
4. ראו פסיקתא רבתי, לו, מובא בילקוט שמעוני ישעיה תצט.

5. ראו שיר השירים רבה ורש"י כאן.
6. ראו מלבי"ם.
7. ראו ר"י מטראני.
8. ראו מצודות.
9. למשל לעיל א,ד טז.
10. ראו מדרש לקח טוב ורש"י.
11. איכה ה,כא: הֲשִׁיבֵנוּ ה' אֵלֶיךָ וְנָשׁוּבָה, חַדֵּשׁ יָמֵינוּ כְּקֶדֶם.

פרק ג פס' ו–יא

הופעת הבת ותפארת שלמה

1. ראו עוד לעיל א,ד; הקדמת המלבי"ם לשיר השירים; רשב"ם להלן ו,ח.
2. ראו ר"י מטראני.
3. ראו שבועות לה ע"ב; שיר השירים רבה א.
4. ראו למשל דניאל ה,ז.
5. לשלמה היו נשים ופילגשים רבות – ראו להלן ו,ח.

פרק ד – פרק ה פס' א

שירי הדוד לכלתו

1. ויש מפרשים: צמתך – צעיפך. וראו עוד ישעיה מז,ב.
2. ראו שיר השירים רבה ורש"י.
3. ראו רש"י כאן; ברכות נז ע"א.
4. ראו ברכות ל ע"א.
5. ראו מלכים ב' יא,י. המשמעות העכשווית ל'שלט' מושאלת מהמגן, כנראה על סמך העובדה שכבר בימים ההם נשאו חלק מהמגִנים ציור כלשהו שיזהה את בעליהם, ובמשך דורות רבים היה זה סמל למשפחות האצולה.
6. ראו רש"י.
7. ראו רמב"ן בראשית כב,ב.
8. ראו דברים ג,ט.
9. ראו רש"י וראב"ע.
10. ראו רש"י.
11. ראו ישעיה י,לד; לה,ב.
12. ראו יהושע טו,יט.
13. ראו ראב"ע ור"י קרא.
14. ראו לעיל א,יב יד.
15. ראו רשב"ם שמות ל,כג.
16. ראו שמות ל,לד; כריתות ו ע"א; רמב"ן שמות ל,לד.
17. ראו אלשיך.
18. ראו ירמיה ב,א-ג; לא,א-ג.

פרק ה פס' ב – פרק ו פס' ג

געגועי הרעיה

1. ראו אלשיך.
2. ראו ראב"ע בפירוש הראשון.
3. ראו רש"י, ר"י קרא ור"י מטראני.
4. המעיים במקרא אינם איבר מסוים דווקא, אלא החלל הפנימי של הגוף, ובהשאלה – הלב והנפש. ראו עוד תהלים כב,טו; רות א,יא.
5. ראו רש"י. חילופי הלבן והאדום עשויים להתאים לדימוי התפוח שבו הצטייר הדוד לעיל ב,ג.

6. ראו עוד דניאל י,ה ומפרשים שם.
7. ראו עוד ויקרא יג,לא.
8. ראו משנה פרה ט,ג.
9. ראו רש"י.
10. ראו אלשיך.
11. ראו ראב"ע.
12. על פי האכדית.
13. ראו רש"י וראב"ע.
14. ראו שיר השירים רבה; מדרש לקח טוב, אלשיך ומלבי"ם.

פרק ו פס' ד – פרק ז
שירי שבח והתקרבות של הדוד והרעיה

1. ראו מלכים א טו,לג; ראב"ע רלב"ג כאן.
2. ראו למשל איכה ב,טו; תהלים מח,ג; קידושין מט ע"ב.
3. התואר אֲיֻמָּה, שמשמעו המקורי הוא מטיל אימה, משמש כאן לציון ערך ההפלגה. זוהי תופעה מקבילה לשימוש של המלה 'נורא' בהקשר חיובי בעברית הקדומה. ראו למשל שמות טו,יא. בלשון ההמון בימינו יש המחליפים את המלה 'מאוד' במלה 'נורא' גם בהקשרים חיוביים. ("נורא טוב"). תופעה דומה מתקיימת גם בלשונות אחרות.
4. ראו רשב"ם וראב"ע.
5. ראו רש"י, רשב"ם ור"י מטראני.
6. ראו רשב"ם.
7. ראו שיר השירים רבה, רש"י ואלשיך.
8. ראו ר"י מטראני.
9. ראו רמב"ן איוב ח,יב.
10. אולי מכאן השם 'אביב' הקשור לצמיחה חדשה ורעננות. ראו ראב"ע כאן; רשב"ם שמות יב,יג.
11. ראו שיר השירים רבה ואלשיך.
12. נָדִיב איננו רק מי שהוא נותן אלא גם זה שביכולתו לתת, אדם נכבד ואציל. ראו למשל במדבר כא,יח ומשלי כה,ז. להלן ז,ב הדוד מכנה אותה בַּת נָדִיב. היו שראו בביטוי עַמִּי נָדִיב רמז לשם עמינדב.
13. רשב"ם כאן; רמב"ן שמות כה,יב.
14. ר"י מטראני.
15. ראו רש"י וראב"ע.
16. ראו רשב"ם.
17. רש"י העיר שאף ארוך כמגדל איננו מורה על יופי, ולכן נראה שהכוונה למצח שהוא חלק עיקרי בפנים הקרויים 'אפיים'. כיוצא בזה, כשאומרים שאנשים נופלים על אפיהם מתכוונים למצחם. ואולם יש שפירשו אַפֵּךְ במשמעות הרגילה, וכפי המופיע בפס' ט, ופירשו את הדימוי כמתייחס למבנה הישר והיפה של האף כמגדל שהיה ידוע ביופיו. ראו ראב"ע, ר"י קרא ור"י מטראני.
18. ראו רש"י.
19. ראו עוד ישעיה לה,ב.
20. ראו רש"י וראב"ע.
21. ויש מפרשים 'מלך' ממש, גם זה שהוא בן-חורין ביותר ויש לו כול, אסור הוא בחבלי שערה. ראו ראב"ע. ויש שפירשו שמנהג החתן האוהב היה לקשור על ראשו את הסרטים של כלתו. והן אולי מה שמכונה בהושע יא,יד
22. עֲבֹתוֹת אַהֲבָה. ושמא ראוי לקרוא: 'כארגמן-מלך' – המשמש את המלכים.
23. ראו רש"י.
24. ראו מלבי"ם.
25. ראו דעת מקרא.
26. ראו לעיל א,ב; ר"י קרא כאן. לחלופין, ייתכן שהמלים הוֹלֵךְ לְדוֹדִי לְמֵישָׁרִים הם דברי הרעיה שנכנסת לתוך דברי דודה ומשלימה אותם.
27. ראו רש"י וראב"ע.

28. ראו רמב"ן ויקרא יט,כ.
29. ראו רמב"ן וחזקוני שמות יג,ב-ד; דברים טז,א וראב"ע שם.

פרק ח
אהבת הֵרעים לקראת התמסדות

1. ראו ראב"ע.
2. ראו רש"י.
3. ראב"ע.
4. דברים ד,לה.
5. ראו רש"י.
6. ראו גם ישעיה ה,א-ז.
7. ראו לעיל א,ו.
8. משנה תענית ד,ח הדורשת במלות הכתוב לעיל ג,יא.
9. ראו לעיל ב,יד.

רות

פרק א פס׳ א–ה
משפחת אלימלך במואב

1. רש"י וראו תנחומא שמיני ט; רש"י עזרא ב,ב ועוד.
2. יהושע יט,טו.
3. דברי הימים א׳ ד,ד.
4. ראו פירוש שני ברש"י. וראו הביאור לשמואל א׳ יז,יב וההפניות שם.

פרק א פס׳ ו–כב
השיבה ממואב ליהודה

1. ראו המוער על שיר השירים ה,ד.
2. ראו רות רבה ב,טו.
3. ראו פסיקתא זוטרתא.
4. רש"י וראב"ע.
5. ראו רש"י על אתר; רות רבה ג,ו.
6. ראב"ע.
7. ראו רש"י.
8. רש"י.

פרק ב
ביקורה הראשון של רות בשדה בעז

1. רש"י וראב"ע.
2. ראו רש"י דברי הימים א׳ כו,ח.
3. ראו רש"י.
4. ר"י קרא.

5. ראו ראב"ע, פירוש הגר"א ומלבי"ם.
6. ראו מלבי"ם.
7. ראו גם שמואל ב' טז,ד.
8. ראו רש"י וראב"ע.
9. ראו רש"י ור"י מטראני.
10. מלבי"ם.
11. ראו ר"י קרא, רלב"ג ומלבי"ם.
12. ראו רש"י על אתר; רשב"ם שמות ג,ה.
13. ראו הגר"א ומלבי"ם.
14. ראו ראב"ע.
15. ראו ויקרא כה,כה; קדושין כא ע"א. להלכה גאולת הקרובים רשות ולא חובה. ראו רמב"ם, הלכות שמיטה ויובל יא,יח. וראו עוד רש"י ורי"ד רות ג,ט.
16. שמות לד,כב.
17. רות רבה ה,יא.

פרק ג
רות יורדת אל הגורן

1. כדבריה אליה עוד במואב – לעיל א,ט.
2. ראו כתובות ז ע"א.
3. ראו ראב"ע ומלבי"ם.
4. ראו אלשיך ומלבי"ם.
5. ראו ראב"ע ורלב"ג.
6. רש"י.
7. ראו מורה נבוכים ח"א מג.
8. רש"י וראב"ע.
9. ראו רש"י.
10. ראו מלבי"ם; רות רבה ו,ב.
11. ראו אלשיך.
12. הכינוי אֵשֶׁת חַיִל מקביל לכינוי גִּבּוֹר חַיִל, שהופיע לעיל ב,א. כינוי זה מופיע כביטוי שבח כללי גם בספר משלי, שכתב שלמה, המלך שעתיד לקום מזרעם של רות ובעז. ראו משלי יב,ד; לא,י.
13. ראו קדושין כא ע"א.
14. רות רבה ו.
15. ראב"ע ור"י בכור שור.
16. ראו רש"י, רלב"ג ומלבי"ם; רות רבה ו,ד.
17. ראו רש"י.
18. ראו פסיקתא זוטרתא, רי"ד ומלבי"ם.
19. ראו פסיקתא זוטרתא ומלבי"ם.
20. ראו מלבי"ם.

פרק ד פס' א–יב
גאולת השדה וגאולת רות

1. רש"י ור"י כספי. וייתכן ששמו היה טוֹב – ראו לעיל ג,יג.
2. ראו רמב"ן ויקרא כה,לג ומלבי"ם על אתר.
3. ראו מלבי"ם.
4. ראו ר"י מטראני לעיל ג,ט; רמב"ן בראשית לח,ט; תרגום על אתר.
5. ראו ר"י קרא ורש"י.
6. רש"י.
7. ראו ראב"ע ור"י מטראני.

8. ראו רש"י וראב"ע על אתר; בבא מציעא מז ע"א.
9. ראו דברים כה,ה-ו.
10. ראו דברים כה,ו ורמב"ן שם; רש"י ובכור שור על אתר; רלב"ג דברי הימים א' י,יג 'התועלת הרביעי'.
11. ר"י קרא. וראו אלשיך.
12. ראו לעיל א,ב.
13. ראו רש"י.

פרק ד פס' יג–יז
נישואי רות ולידתת בנה

1. ראו אלשיך.
2. סנהדרין יט ע"ב.

פרק ד פס' יח–כב
השושלת שדוד בא ממנה

3. ראו במדבר א,ז.

איכה

פרק א
ירושלים

1. ראב"ע.
2. ראו רש"י.
3. ראו רש"י וראב"ע.
4. ראו רש"י.
5. רש"י.
6. ראו יונתן ורש"י.
7. יונתן.
8. רש"י.
9. דברים כג,ד.
10. יונתן ורש"י על אתר; יבמות טז ע"ב.
11. יונתן.
12. פסיקתא זוטרתא; ר"י קרא.
13. יונתן וראב"ע.
14. רש"י.
15. רש"י וראב"ע.
16. ראו ויקרא כ,יח; יונתן.
17. ראו רש"י.
18. רש"י וראב"ע.
19. ראו ראב"ע.
20. רש"י.
21. ר"י בכור שור.
22. רש"י.
23. ראו יונתן ורש"י.

24. ראו להלן ד,טז.
25. ראו ראב"ע איוב טז,טז.
26. רש"י וראב"ע.

פרק ב
מעשה ה' בבת ציון

1. על פי תהלים קלב,ז; דברי הימים א' כח,ב. יונתן ורש"י על אתר. ראו עוד הרחבה לשמות כד,ט י.
2. יונתן ורש"י.
3. יונתן ורש"י.
4. ראו רש"י.
5. רש"י. וראו ר"י קרא יחזקאל כב,כו.
6. יונתן.
7. רש"י.
8. ראו תהלים מב,ה.
9. יונתן.
10. ראו ראב"ע איוב טז,טז.
11. ראו פסיקתא זוטרתא ורש"י.
12. ראב"ע.
13. ראו פסיקתא זוטרתא.
14. יונתן.
15. פסיקתא זוטרתא.
16. ראו רש"י.

פרק ג
הגבר הרואה בסבל עמו

1. רש"י.
2. ר"י בכור שור.
3. ראו רש"י.
4. יונתן ורש"י.
5. רש"י.
6. ר"י כספי.
7. רש"י ועוד.
8. יונתן.
9. ראו יונתן ורש"י.
10. אלשיך.
11. ראו פסיקתא זוטרתא ורש"י.
12. ראו רש"י וראב"ע.
13. ראו פסיקתא זוטרתא.
14. פסיקתא זוטרתא.
15. יונתן ורש"י.
16. ראו ראב"ע.
17. ראו יונתן וראב"ע.
18. יונתן.
19. ראו רש"י ופסיקתא זוטרתא.
20. רש"י.
21. ראו פסיקתא זוטרתא.
22. ראו רש"י.
23. ראו פסיקתא זוטרתא.

24. ראו רש"י.
25. ראו איכה רבה ג,יג.
26. ראו רש"י.
27. רש"י.
28. יונתן ורש"י.
29. ראו יונתן.
30. רש"י.
31. רש"י.
32. אבן עזרא.
33. יונתן.
34. אלשיך.
35. ראב"ע ור"י כספי.
36. ראו רש"י.
37. רש"י.
38. ראו ראב"ע.
39. ראב"ע.
40. ר' פסיקתא זוטרתא.
41. אלשיך.
42. רש"י.
43. ראב"ע.

פרק ד
שואת בני ציון היקרים

1. יונתן ורש"י.
2. יונתן ורש"י.
3. רש"י ור"י מטראני.
4. רש"י ועוד.
5. ר"י קרא ובכור שור.
6. רש"י ופסיקתא זוטרתא.
7. ראו רש"י.
8. רש"י.
9. ראב"ע שיר השירים ה,יד פירש 'פנינים' – אבני ספיר.
10. ראו יונתן ופסיקתא זוטרתא.
11. רש"י.
12. ראו פסיקתא זוטרתא ורש"י.
13. ראב"ע.
14. רש"י.
15. רש"י.
16. ראו רש"י ופסיקתא זוטרתא; ר"י כספי.
17. רש"י ויונתן.
18. ראו רש"י ופסיקתא זוטרתא.
19. ראו רש"י.
20. רש"י.
21. ראו פסיקתא זוטרתא.

פרק ה
החרפה, ההפקר ומשאלת הנצח

1. אלשיך.
2. ראו ישעיה נה,א.

3. עַל במשמעות עד – ביהושע ב,ז; יג,טז.
4. יחזקאל יז,יח.
5. ראו יונתן ורש"י.
6. יונתן ורש"י.
7. רש"י.
8. ראו פסיקתא זוטרתא.
9. רש"י.
10. ראו פסיקתא זוטרתא.
11. הר ציון בנבואות ישעיהו הוא כינוי לבית המקדש.
12. ראו יונתן ור"י בכור שור.

קהלת

פרקים א–ב

חוסר התוחלת מול המחזוריות, המוות ופגמי המציאות

1. רש"י כאן; קהלת רבה א,א.
2. ראו רש"י כאן; קהלת רבה א,ב.
3. ראו אלשיך.
4. ראו רש"י.
5. ראו יונתן ורש"י.
6. ראו תרגום ורש"י כאן; בבא בתרא כה ע"ב. יש מפרשים שנושא הפסוק עובר לרוח הנושבת, או ל'יסוד הרוח', לפי חלוקת הקדמונים לארבעה יסודות המציאות הרמוזים בפסוקים אלו: עפר, אש, רוח ומים.
7. ראו ראב"ע.
8. ראו רשב"ם כאן ועל דברים כ,ה.
9. ראו ראב"ע.
10. ראו ראב"ע.
11. ראו ראב"ע.
12. רש"י.
13. ראו ראב"ע.
14. רש"י.
15. ראו משנה כלים יח,א ורש"י כאן.
16. ראו פסיקתא זוטרתא.
17. ראו רש"י וראב"ע.
18. ראו ראב"ע.
19. ראו ראב"ע.
20. רש"י וראב"ע.
21. ראב"ע.
22. ראו פסיקתא זוטרתא וראב"ע.
23. ראב"ע.

פרק ג פס' א–יז

סדרו של העולם

1. רש"י.
2. ראו רש"י וראב"ע.
3. ראו רש"י.

מקורות והערות

פרק ג פס׳ יח – פרק ד פס׳ ג
התמודדויות עם המוות

1. ראו רש״י וראב״ע.
2. ראו רש״י.
3. ראו אלשיך.
4. ראו ראב״ע.

פרק ד פס׳ ד–טז
העמל והקדחתנות האנושית

1. ראו פסיקתא זוטרתא.
2. ראו ראב״ע.
3. ראו רש״י.
4. רש״י.
5. ראו ראב״ע.

פרק ד פס׳ יז – פרק ה פס׳ ז
הוראות הקשורות לקטנות האדם מול האלוקים

1. ראו ראב״ע. פירושים אחרים: אינם יודעים כלום רק לעשות רע; אינם יודעים על עשיית רע או שעשו רע; אינם יודעים להפוך או לסלק רע; הכסילים נותנים זבח כדי שיוכלו לעשות רע.
2. ראו מורה נבוכים ח״א נט וח״ג נב.
3. ראב״ע.
4. ראו פסיקתא זוטרתא.
5. רש״י.
6. ראב״ע.
7. ראו ראב״ע.

פרק ה פס׳ ח – פרק ו פס׳ י
בגנות צבירת כסף ונכסים למען העתיד

1. ראב״ע.
2. ראו ראב״ע.
3. ראו ראב״ע.
4. ראו רש״י.
5. ראו ראב״ע.
6. ראב״ע.
7. ראו רש״י.
8. ראו פסיקתא זוטרתא ורש״י.
9. ראו ראב״ע.
10. ראו רש״י.
11. ראו ראב״ע.
12. ראו ראב״ע.
13. ראו ראב״ע.

פרק ו פס' יא – פרק ז

מה טוב לאדם בחיים

1. פסיקתא זוטרתא ורש"י.
2. ראו ראב"ע.
3. ראו פסיקתא זוטרתא.
4. רש"י וראו ראב"ע.
5. ראב"ע.
6. ראו רש"י וראב"ע.
7. ר"י מטראני.
8. ראו ראב"ע.
9. ראו רש"י.
10. רש"י.
11. ראו ראב"ע ורלב"ג.
12. ראו רש"י ורשב"ם.
13. ראו ר"י קרא.
14. ראב"ע.
15. ראב"ע.
16. ראו רשב"ם.
17. ראו ראב"ע, רשב"ם ור"י מטראני.
18. רשב"ם ור"י קרא.
19. ראו ראב"ע.
20. ראו רש"י, ראב"ע ור"י מטראני.
21. ראו פסיקתא זוטרתא וראב"ע כאן; מורה נבוכים ח"א לב.
22. ראו ראב"ע, ר"י מטראני ורלב"ג.
23. רש"י ור"י קרא.
24. ראו ראב"ע.
25. ראו דברי הרמב"ם על שביל הזהב בהלכות דעות א,א; הקדמה לפרקי אבות ד.
26. ראו רש"י וראב"ע.
27. ראו ראב"ע כאן ובדניאל א,כ.
28. ראב"ע.
29. ראו ראב"ע.
30. ראב"ע.
31. ראו אלשיך.
32. ראו רש"י וראב"ע.
33. ראו פס' כט להלן.
34. רש"י.
35. ראו ראב"ע.
36. ראב"ע.
37. ראו ראב"ע.
38. ראב"ע; מלכים א' יא,ג.
39. ראו אלשיך.

פרק ח

הציות, הצדק ושמחת החיים

1. ראב"ע.
2. ראו ראב"ע.
3. ראו ראב"ע.
4. רש"י.
5. ראב"ע.
6. ראו רש"י.

7. רש"י.
8. רש"י.
9. כמו למשל באיוב לד,כט: וְהוּא יַשְׁקִט וּמִי יַרְשִׁעַ.
10. ראו ראב"ע ורשב"ם.
11. קהלת רבה ח,ט.
12. ראו רש"י.
13. רש"י וראב"ע.
14. ראב"ע.
15. ראו רש"י.
16. ראב"ע.

פרק ט פס' א–יב
החיים בצל המוות והסכנה

1. ראו רש"י.
2. ראו איוב לד,כה; ראב"ע ורלב"ג כאן.
3. ראו ראב"ע ופסיקתא זוטרתא.
4. ראב"ע.
5. ראו פסיקתא זוטרתא.
6. ראב"ע.
7. ר"י קרא.
8. ראב"ע.

פרק ט פס' יג – פרק י
החכמה והסכלות ומה שבעקבותיהן

1. ראו דברים ח,ט; ראב"ע כאן.
2. ראב"ע.
3. ראו רש"י ורשב"ם כאן; אמונות ודעות לרס"ג ה,ג.
4. רש"י.
5. ראו ראב"ע.
6. רשב"ם וראו רש"י.
7. רש"י וראב"ע.
8. ראו פסיקתא זוטרתא.
9. ראב"ע.
10. ראו רש"י.
11. ראו רש"י.
12. ראב"ע.
13. רש"י.
14. ראו ראב"ע.
15. ראו פסיקתא זוטרתא וראב"ע. ורשב"ם פירש: אם הנחש נושך אדם, הרי זה משום שהחובר, היודע לשלוט בנחש בלחשיו – לא לחש. ואם הוא נמנע מלהשתמש בלשונו – אין בה כל יתרון.
16. ראו ראב"ע.
17. אבות ג,יג.
18. ראו פסיקתא זוטרתא ורש"י.
19. ראו למשל מלכים א' כא,ח.
20. ראו ראב"ע.
21. רש"י.
22. ראו מורה נבוכים ח"ב מז.

פרק יא – פרק יב פס׳ ח
התמודדויות עם העתיד

1. ראו פסיקתא זוטרתא קהלת רבה יב,ו.
2. ראו רש״י.
3. ראו ראב״ע.
4. ראו רש״י.
5. רש״י.
6. ראב״ע.
7. ראו רש״י וראב״ע.
8. ראו פסיקתא זוטרתא וראב״ע כאן; קהלת רבה יב,א.
9. ראו ראב״ע.
10. ראו שבת קנב ע״א.
11. רש״י.
12. רש״י.
13. פסיקתא רבתי. ראו ר״י מטראני.
14. בשבת קנב ע״א פירשו ׳דלתים בשוק׳ – נקבים, וכן פירש רש״י. ראב״ע פירש – שפתיים. ׳הטחנה׳ פורשה אצלם כאיברי העיכול.
15. שבת שם.
16. ראו שם.
17. ראב״ע ופסיקתא רבתי.
18. שבת קנב ע״א.
19. ראו שם.
20. ראו שם.
21. שם.
22. רש״י.
23. שבת קנא ע״ב.
24. פסיקתא רבתי.

פרק יב פס׳ ט–יד
סיכום הספר

1. ראו ראב״ע.
2. תרגום קהלת.
3. ראו פסיקתא זוטרתא.
4. ראב״ע.
5. רש״י.
6. רש״י.

אסתר
פרק א
המשתאות וקץ מלכותה של ושתי

1. ראו דניאל ח,ב.
2. ראב״ע, ר״י מטראני והגר״א.
3. ראו רש״י, רשב״ם, ראב״ע ועוד.
4. ראו ראב״ע, הפירוש השני.

5. ראו מגילה יב ע"א.
6. ראו מגילת סתרים לר"י מליסא.
7. רש"י וראב"ע.
8. רש"י.
9. על פי רשב"ם, ר"י בכור שור ורלב"ג. וראו עוד דניאל ה,י.
10. ראו רלב"ג.
11. ראו מגילה יב ע"ב. וכך ניתן לפרש להלן פס' יז: כִּי־יֵצֵא דְבַר הַמַּלְכָּה... – דיבוריה.
12. ראו שני פירושי ראב"ע; ר"י קרא, ר"י מטראני ורלב"ג.
13. אסתר רבה א,טו; רש"י.
14. ראב"ע.
15. ראו להלן ח,ח.
16. ראו נחמיה יג,כג-כד.
17. רש"י ועוד.

פרק ב פס' א–כ
המלכת אסתר

1. ראו רשב"ם, ראב"ע, ר"י קרא ור"י מטראני.
2. ר"י בן נחמיאש.
3. ראו מגילה טו ע"א; תרגום וראב"ע.
4. ראו מלבי"ם.
5. מגילה יג ע"א; תרגום כאן. וראו רמב"ן שמות שמות ל,כג.
6. ראו רש"י, רשב"ם וראב"ע בפירושו השני.
7. רשב"ם ועוד.
8. ראו מגילה יג ע"א.
9. ראו רות ד,א ודניאל ב,מב; ראב"ע בפירוש השני ומלבי"ם כאן.

פרק ב פס' כא–כג
גילוי תכנית ההתנקשות במלך

1. מגילה יג ע"ב. וראו מנחות סה ע"א.
2. ראו עזרא ו,יא.

פרק ג
המן ותכנית השמדת היהודים

1. ראו בתרגומים הארמיים; מסכת סופרים יג; אגדת אסתר ג. אגג חי בתקופת שאול - ראו שמואל א' טו,ח-ט. ואולם ייתכן שאגג היה שם מלכותי קבוע למלכי העם העמלקי – ראו רשב"ם ורמב"ן במדבר כד,ז. וראו עוד ירושלמי יבמות ב,ו.
2. ראו מלכים ב' כה,כח; דניאל ה,כט.
3. ראו ר"י כספי ומגילת סתרים.
4. ר"י קרא פס' ה.
5. ראו תרגומים כאן; סנהדרין סא ע"ב ומגילה יג ע"א.
6. ראב"ע.
7. ראו ראב"ע ורלב"ג.
8. ראו יחזקאל כא,כו-כז; ההרחבה על ישעיה לו,י.
9. ראו מגילה יג ע"ב.
10. ראו רש"י.
11. רשב"ם ורלב"ג ד,ח; הפירוש השני לראב"ע ח,יג.
12. ראו רש"י וראב"ע כאן וראב"ע א,ב.

פרק ד
תגובות מרדכי ואסתר לגזרה

1. תרגום.
2. ראו מלבי"ם.
3. לעיל ב,יא כב.
4. ראו עוד נחמיה ב,ד.
5. ראב"ע.
6. תרגום; רלב"ג.

פרק ה
אסתר מסתכנת

1. ראו סדר עולם כט; פרקי דרבי אליעזר מט; אסתר רבה ח; הפיוט 'אומץ גבורותיך הפלאת בפסח'; תרגום; רש"י לעיל ד,יז ומגילה טו,א; ר"י מטראני כאן.
2. ראו רש"י; ראב"ע.
3. ראב"ע.
4. ראו מלבי"ם.
5. ראו רש"י.
6. ראו מגילה טו ע"ב.

פרק ו
הלילה שבין שני המשתאות

1. ראו רשב"ם ור"י קרא.
2. ראו מלבי"ם.
3. ראו מגילה טז ע"א ותרגום כאן.
4. ראו מגילה טז ע"א.

פרק ז – פרק ח פס' ב
מפלת המן ועליית מרדכי לגדולה

1. ר"י קרא לעיל ה,ד.
2. ראו ראב"ע ור"י קרא.
3. ראב"ע.
4. ראו לעיל א,ו; יחזקאל כג,מא ורד"ק שם.
5. ראו תרגום.
6. ראו תרגום.

פרק ח פס' ג–יז
הפקודה כנגד גזרת המן

1. השוו לעיל ג,יב.
2. ראב"ע.
3. ראב"ע ור"י מטראני.
4. ראב"ע.
5. ראב"ע.
6. ראו ראב"ע ור"י מטראני.

מקורות והערות

פרק ט
ניצחון היהודים והנצחתו

1. לעיל ח,יא. ראו ר"י קרא כאן.
2. ראו רלב"ג.
3. רש"י ורשב"ם.
4. ראו עזרא ד,ו.
5. על פי חידושי הרמב"ן מגילה ב ע"א.
6. ראב"ע פס' כ.
7. ראו תרגום. ויש מפרשים, קיבל כל אחד מן היהודים את אשר החלו לעשות.
8. מלבי"ם.
9. תרגום, רש"י, רשב"ם, ראב"ע ועוד. וראו מגילה טז ע"ב.
10. מלבי"ם.
11. ראו ראב"ע ח,ח.
12. רש"י.
13. ראו רש"י.
14. ראו ראב"ע, הפירוש השני.
15. הראב"ד פירש שהדברים מוסבים על 'תענית אסתר' שקיבלו עליהם לדורות כיום תפילה. והרבה חולקים ומפרשים על ימי התעניות לזכר החורבן, המוזכרים
16. תרגום, רש"י, ראב"ע ומלבי"ם.

פרק י
גדולת אחשורוש ומרדכי

1. סיכום תמציתי דומה המפנה את הקורא אל התיעוד הממלכתי מופיע גם במלכים א' יד,כט; טו,כג; מלכים ב' יד,טו; דברי הימים ב' כה,כו.
2. ראו לעיל ה,יא.

חמש מגילות

מְזַכִּים

כל הזכויות על התמונות שמורות להוצאת קורן ירושלים ולרב עדין אבן-ישראל (שטיינזלץ) מלבד הזכויות על התמונות הבאות:

עמ' 9: אוהלים במדבר – Etan J. Tal

עמ' 11: צאן במרבצו – Myrabella / Wikimedia Commons / CC BY–SA 3.0

עמ' 11: סוס ברכב פרעה – Bodleian Libraries, Oxford University

עמ' 11: מחרוזת לצוואר- Daderot

עמ' 11: עגיל ובו נקודות זהב- נחלת הכלל

עמ' 12: אזוביון – Xosema

עמ' 12: תליון ובו בית קיבול לעשבי בושם – נחלת הכלל

עמ' 13: עצי מור – Vladimir Melnik https://www.shutterstock.com

עמ' 13: כופר לבן – Tu7uh

עמ' 13: פריחת התמר – Victor Korniyenko

עמ' 14: ערער ברושי – Zeynel Cebeci

עמ' 14: חבצלת החוף – Zeynel Cebeci

עמ' 15: שושן צחור – Credits to Habib M'henni / Wikimedia Commons

עמ' 15: תפוח – נחלת הכלל

עמ' 17: שתי צביות – Ettore Balocchi

עמ' 17: איילה ועופר – hansbenn

עמ' 19: ניצני השקד – AnRo0002

עמ' 19: זמיר הירדן – Frebeck

עמ' 19: תור – Paco Gómez

עמ' 19: הַתְּאֵנָה חָנְטָה פַגֶּיהָ – Steve Slater

עמ' 19: יונה בחגווי הסלע – dimitrisvetsikas1969

עמ' 19: תן ארצישראלי – Shubhamjaincan

עמ' 21: הארבל – Bukvoed

עמ' 23: עשן הקטורת במשכן – באדיבות ארגון 'והראנו בבניינו' – לימודי המקדש והקדשים (הרב מנחם מקובר)

עמ' 23: לבונה – Peter Presslein

עמ' 25: עטרת עלים מוזהבים לראש – נחלת הכלל

עמ' 25: זוג יונים – Anelka

עמ' 27: פלח הרימון – noa fisher Pikiwiki Israel

עמ' 27: תליון ושרשרת בצורת מגני לוחמים – Fabien Dany – www.fabiendany.com

עמ' 27: שני עופרים – bones64

עמ' 29: הלבנון – נחלת הכלל

עמ' 29: החרמון – mykaul

עמ' 29: גַּן נָעוּל – PROanoldent

עמ' 31: Saffron crocus ('כרכֹם') – Serpico

עמ' 31: Cinnamomum cassia ('קנמון') – Simon A. Eugster

עמ' 31: אֲהָלוֹת – נחלת הכלל

עמ' 31: Boswellia thurifera ('עצי לבונה') – נחלת הכלל

עמ' 31: יערת דבש – Waugsberg

עמ' 33: טָל... רְסִיסֵי לָיְלָה – Luc Viatour / https://Lucnix.be

עמ' 33: כף מנעול – Pixalotte

מְזַכִּים

עמ' 35: יונה על מים – kaigraphick
עמ' 37: אקוומרין – Kopytin Georgy https://www.shutterstock.com
עמ' 37: כריזוליט – Erik Lernestål
עמ' 37: גוש שנהב – Mauro Cateb
עמ' 37: עֲרֻגוֹת הַבֹּשֶׂם – Laslovarga
עמ' 39: נחל תרצה – תמר הירדני
עמ' 39: שחר – victormsaucedo
עמ' 39: אגוז באביב לפני הבשלתו – Victor Korniyenko
עמ' 39: תמרים לפני הבשלתם – משה רענן
עמ' 41: הֵנֵצוּ הָרִמֹּנִים – נחלת הכלל
עמ' 41: שרשרת עשויה חוליות זהב – נחלת הכלל
עמ' 41: ערמת חִטים אחרי הזרייה – Dûrzan cîrano;
עמ' 41: מגדל דוד – Ohevami1
עמ' 43: הר הכרמל – צילום: ד"ר אבישי טייכר
עמ' 43: תכשיטים וגדילים לראש – Sailko
עמ' 43: עצי תמר – נחלת הכלל
עמ' 43: סנסני תמר – കാക്കര
עמ' 43: אֶשְׁכְּלוֹת הַגֶּפֶן – Roberto Vertzo
עמ' 43: פָּרְחָה הַגֶּפֶן פִּתַּח הַסְּמָדַר – Stojanoski Slave
עמ' 45: דודאים – tato grasso
עמ' 47: התפוח – Christopher, Tania and Isabelle Luna
עמ' 49: תכשיט בצורת חומה או טירה – Museo nazionale di Ravenna
עמ' 49: כרם – Tomascastelazo
עמ' 55: בית-לחם – נחלת הכלל
עמ' 55: הרי מואב – DavidB
עמ' 61: קוצרים – weegiboy
עמ' 63: עומרים בשדה – Xtuv Photography https://www.shutterstock.com
עמ' 65: צֶבֶת – יוחנן בן יעקב
עמ' 65: חביטת חיטה במקל – יוחנן בן יעקב
עמ' 67: שעורים – congerdesign
עמ' 67: חיטים – Böhringer
עמ' 67: שדה בכלות קציר – Mark Robinson
עמ' 67: זרייה בגורן – יוחנן בן יעקב
עמ' 73: נעל חליצה – נחלת הכלל
עמ' 75: הקבר המיוחס לישי ורות – Neil Ward
עמ' 83: נשים וילדים יוצאים בעגלה לגלות – Neuroforever
עמ' 85: הרומאים נושאים את כלי המקדש בצעדת הניצחון שלהם – בית השלום
עמ' 87: דריכה בגת – Luke
עמ' 87: יהודים מוגלים מלכיש – Photograph by Mike Peel
עמ' 89: הקרב בלכיש – נחלת הכלל
עמ' 89: החדר השרוף – נחלת הכלל
עמ' 89: קשתות דרוכות לירייה – Carole Raddato
עמ' 93: רוש עקוד – Mick Talbot
עמ' 95: שרידי נחושתיים – Portable Antiquities Scheme
עמ' 95: דֹּב – נחלת הכלל
עמ' 95: לענה – takomabibelot

חמש מגילות

עמ' 99: ציד ציפורים – נחלת הכלל
עמ' 101: נקבת לוויתן ובנה – Kurzon
עמ' 101: נקבת תן וגורה – Alastair Rae
עמ' 101: יענים במדבר – Peter Dowley
עמ' 101: אבני חן – Mauro Cateb
עמ' 103: כיבוש ירושלים מתואר בכרוניקה בבלית – Trustees of the British Museum©
עמ' 105: נשר – Artemy Voikhansky
עמ' 107: תליית אנשים מיהודה – kevincellis36109
עמ' 115: וְזָרַח הַשֶּׁמֶשׁ – נחלת הכלל
עמ' 115: וּבָא הַשָּׁמֶשׁ – נחלת הכלל
עמ' 115: הַנְּחָלִים הֹלְכִים אֶל הַיָּם – Steve
עמ' 119: כְּרָמִים – Shuhrataxmedov
עמ' 119: גַּנּוֹת וּפַרְדֵּסִים – Leonard Bentley
עמ' 119: תמשיח קבר נבמון – נחלת הכלל
עמ' 123: עֵת לָטַעַת (מימין) – USFS Region 5
עמ' 123: וְעֵת לַעֲקוֹר נָטוּעַ (משמאל) – Armando Frazao https://www.shutterstock.com
עמ' 129: חבל – Quinn Dombrowski
עמ' 133: מטמון מטבעות – Hanay
עמ' 137: צל – Ann W
עמ' 139: סירה קוצנית – Zeynel Cebeci
עמ' 145: פרעה מכה בן שבט אסיאתי – CaptMondo
עמ' 149: דגים ברשת – Department of Foreign Affairs and Trade
עמ' 149: ציפור לכודה – נחלת הכלל
עמ' 149: סוללה וכלי מפץ – נחלת הכלל
עמ' 151: צבא אשור – נחלת הכלל
עמ' 151: זבוב הַפֵּרוֹת – Sanjay Acharya
עמ' 153: בור מים – Sarashany1234
עמ' 155: דליפת מים – נחלת הכלל
עמ' 155: ענני גשם – נחלת הכלל
עמ' 155: עץ כרות – Daniel Gonzalez Follow
עמ' 157: חלוץ משליך זרעים בשדה – נחלת הכלל
עמ' 159: גלגל שאיבה מבאר – Darren Wickham
עמ' 161: מסמר – צילום קלרה עמית, יורם להמן, יעל יולוביץ, מיקי קורן, מריאנה סלצברגר, באדיבות רשות העתיקות
עמ' 166: חשיארש הראשון – Jona Lendering; Site: www.livius.org
עמ' 177: מלך פרס על כיסא מלכותו – alisamii
עמ' 169: חיילים פרסיים ומדיים – Peter Liu
עמ' 170: שרידי עמודים בארמון מלכי פרס – Hansueli Krapf
עמ' 170: אריח ריצוף מעוטר מארמון מלכי פרס – Nightryder84
עמ' 171: אם הפנינה – Chris 73 / Wikimedia Commons
עמ' 171: כלים משושן הבירה – Siren-Com
עמ' 177: כתובת תלת-לשונית של חשיארש – Philippe Chavin
עמ' 181: בקבוק בושם משיש – נחלת הכלל

מְזַכִּים

עמ' 183: שערי ארמון מלכי פרס – elishka
עמ' 189: חותם טבעת – Fabien Dany www.fabiendany.com
עמ' 189: סופרים אשוריים – נחלת הכלל
עמ' 195: מלכתו של אשורבניפל לבושה מלכות – נחלת הכלל
עמ' 195: דריוש על כיסא מלכותו אוחז בשרביט – O.Mustafin
עמ' 201: מלך פרס על סוסו – Penn State University Libraries
עמ' 201: כתר מלכות פרסי – mjnaderi
עמ' 209: פרש – Benjamín Núñez González
עמ' 211: חרב – Darafsh
עמ' 217: מגילת אסתר -Deror avi
עמ' 217: הקבר המיוחס לאסתר ומרדכי – Philippe Chavin